Hermes
Hand
Lexikon

ETB

Martin Luther und die Reformation

Gestalten · Ereignisse
Glaubensinhalte · Kontroversen

Von Hubert Stadler

Hermes Hand Lexikon

ECON Taschenbuch Verlag

Hermes Handlexikon

1. Auflage 1983
© 1983 by ECON Taschenbuch Verlag GmbH, Düsseldorf
Alle Rechte vorbehalten

Redaktion: Eginhard Hora
Herstellung: Franz Richarz, Dorothea Grandjean
Bildredaktion: Angelica Pöppel
Umschlagdesign: Ludwig Kaiser
Satz: Friedrich Pustet, Regensburg
Reproduktion: Kaufmann Repro, Stuttgart
Druck und Bindung: Landshuter Druckhaus Ltd.
Printed in Germany
ISBN 3–612–10014–9

Die Reihe »Hermes Handlexikon« wurde
von Bodo Harenberg begründet

Inhalt

Einführung

Der heute geltende Epochenbegriff »Reformation« bezog sich im 16. Jh. auf eine über lange Zeit gewachsene, aus der Geschichte überlieferte Forderung an die kirchlichen Institutionen, sich zu reformieren. Die Konzilien der ersten Hälfte des 15. Jh.s und auch einige Päpste der Folgezeit hatten sich sehr ernsthaft um eine Erneuerung der Kirche bemüht. Der Erfolg war allerdings äußerst gering, so daß die Forderung nach Reformation unvermindert starke Berechtigung für sich in Anspruch nehmen konnte. Die Mißstände waren durch das sogenannte Renaissance-Papsttum sichtbar vermehrt worden – insbesondere durch die Praktiken aufgrund des enormen finanziellen Bedarfs für die päpstliche Selbstdarstellung in Kirchen- und Palastbauten und die kostspielige Mäzenatenrolle der Päpste.

Leicht übersehen wird bei einer Darstellung der Reformationsepoche die innere Doppeldeutigkeit des Begriffs *reformatio*. Schon die zeitgenössischen Gegner interpretierten die Reformbewegung negativ als eine unzulässige Neuerung im kirchlichen Gebrauch, wie, umgekehrt, der damalige Vorwurf, daß Neues geschaffen wurde, bis heute sehr häufig nur als grundsätzlich positiv zu beurteilende Neuerung aufgefaßt wird. Im Begriff der Reformation steckt aber auch der Gedanke der rückwärtsgewandten Orientierung des Zurückgebens der alten, ursprünglichen Form an das christliche Glaubensleben.

Diesen doppelten Sinn von Reformation möchte das vorliegende Lexikon durch eine breite Berücksichtigung von unterschiedlichen Gestalten in der Reihe der Reformatoren, in der Hauptsache des deutschen Sprachraums, erfahrbar machen. Erst in dieser Weise kann einerseits deutlich werden, daß nicht lediglich einzelne »große« Reformatoren die Umwandlung der Kirche im 16. Jh. getragen haben, andererseits lassen gerade die ernsthaften Auseinandersetzungen zwischen den Reformatoren sichtbar werden, wie der Versuch einer Erneuerung der Kirche und zugleich einer Rückführung auf ihre Urstrukturen notgedrungen zu Differenzen in der Konzeption des Glaubenslebens führen mußte.

Über die Gruppe der reformatorischen Theologen und Herrschergestalten hinaus wurden insbesondere noch einige beispielhafte biographische Artikel in das Lexikon integriert, die zumindest punktuell einen Einblick in das Leben des 16. Jh.s außerhalb der Höfe und Universitäten, auch neben dem Predigtamt der evange-

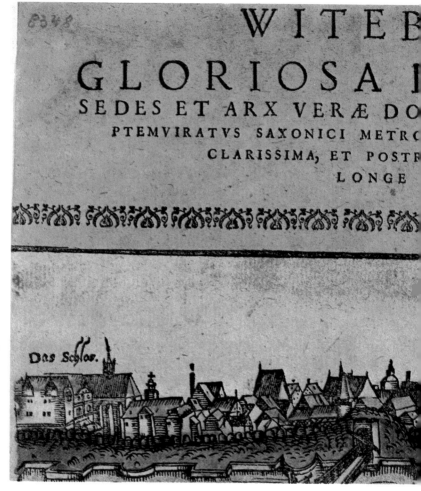

Dieser 1558 in der Cranach-Werkstatt entstandene Holzschnitt trägt die Inschrift: »Wittenberg – glorreiche Gottesstadt, Sitz und Burg der wahren katholischen Lehre, des sächsischen Siebenmännerkollegiums, Hauptstadt, lichtvollste unter den europäischen Universitäten, schließlich auch lange ganz heilige Jahrtausendstadt.«

lischen Pfarrer erlauben; allerdings beschränkt sich diese Ergänzung auf offenkundig engagierte evangelische »Laien« wie etwa Sebastian Lotzer oder Argula von Grumbach. Ohne daß die der Reformation förderlichen politischen Konstellationen völlig unberücksichtigt bleiben, verschafft die Konzentration der biographischen Einträge auf Theologen und »kleine« Reformatoren dem Leser einen Einblick darin, wie ernsthaft und auf welch breiter Basis der christliche Auftrag aufgenommen wurde, die alte Kirche aus ihren gewachsenen Machtstrukturen und dogmatischen Festlegungen herauszuführen und ein Christentum zu schaffen, das nicht

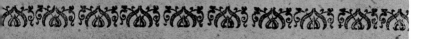

ERGA,

EI CIVITAS,

TRINÆ CATHOLICÆ, SE-

OLIS, ACADEMIARVM IN EVROPA

MI MILLENARII LOCVS

NCTISS:

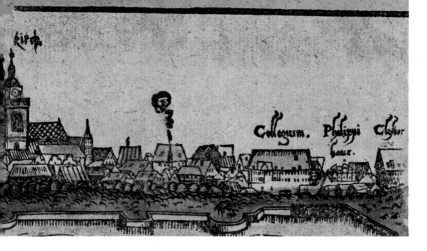

in erster Linie in der Welt lebt. Gerade unter diesem Gesichtspunkt wurde auch versucht, einzelne biographische Artikel in der Marginalspalte durch bekenntnishafte Äußerungen der Reformer und Reformanhänger zu ergänzen.

Reformation der alten Kirche

An den beiden großen Gestalten der ersten Stunde, Martin Luther und Huldrych Zwingli, zeigt sich, wie schwierig es war, die tatsächliche Lage der Kirche übereinstimmend einzuschätzen. Luther glaubte lange Zeit nicht an eine grundlegende Verderbtheit der Kirche und wandte sich zunächst an die kirchlichen Autoritäten wie Erzbischof Albrecht von Mainz und den »besser zu unterrichtenden Papst« Leo X. mit der Forderung, akute Mißbräuche wie Ablaßhandel und Ablaßpredigt abzustellen. Er unterschätzte dabei unrealistisch die Abhängigkeiten der kirchlichen Selbstdarstellung durch Papst und Bischöfe von solchen Praktiken, die zum Teil die notwendigen finanziellen Mittel für die Aufrechterhaltung der päpstlichen und bischöflichen Hofhaltung einbringen mußten. Erst durch Bannandrohung und Bann wurde er von den hierarchischen Institutionen selbst über diesen Sachverhalt »aufgeklärt« und gründlich belehrt.

Huldrych Zwingli erwies sich in dieser Frage als der sehr viel scharfsichtigere Realist, indem er seine Aufklärungsarbeit unmittelbar auf die Gläubigen richtete und sich gewissermaßen erst im Auftrag und zur Verteidigung der Bürger dann an die Obrigkeiten wie den Zürcher Rat und den Konstanzer Bischof mit seinen Forderungen wandte. Solcher Realismus dürfte zum Teil wohl auch der Hintergrund dafür sein, daß sich Zwingli nicht in der Lage sah, die »Kompromisse« Luthers mit der alten Theologie anzunehmen. Dies wurde vor allem in der Abendmahlslehre wirksam, wo ihm Luthers Position viel eher aus den altkirchlichen theologischen Traditionen begründet erschien als auf dem Text des *Neuen Testaments* beruhend.

Hier wird zum erstenmal in der Reformation die Differenz zwischen Glaube und Wissen erfahrbar. Während Zwingli darauf bestand, daß die Kirche nur das aussagen und praktizieren darf, was menschliches Wissen sicher erarbeiten kann, griff Luther auch das auf, was er aus seiner Glaubenserfahrung an Sicherheit gewann. Für Zwingli stand im Vordergrund die humanistische, wissenschaftliche Erklärung und Auslegung der biblischen Texte und eine vollständige Orientierung des Gemeindelebens daran. Für Luther war dieses neue wissenschaftliche Konzept hingegen lediglich ein wichtiges Werkzeug der Verkündigung und der Reinigung der kirchlichen Lehre; wo jedoch diese Wissenschaft keine sicheren Aussagen machen konnte, mußte sie aus der Glaubensgewißheit bestärkt werden. Dies wird recht deutlich an der schwierigen Situation, der sich der Humanist und Philologe Philipp Melanchthon im Rahmen der Wittenberger Reformation gegenübersah. Vor allem nach Luthers Tod wurde er immer wieder angefeindet und verdächtigt, dem Schweizerischen Konzept zu nahe zu kommen.

Zunächst aber blieben Wittenberg und Luther Zentrum der reformatorischen Bewegung und auch Hauptziel der altkirchlichen Angriffe. Dies war sicher in dem größeren Umfang und der breiteren Verständlichkeit des volkssprachlichen Schrifttums der Wittenberger, aber wohl auch in nicht zu unterschätzendem Maße in einer größeren Nähe zum traditionellen Religionsverständnis begründet. Dies galt auch, nachdem mit Luthers Bibelübersetzung und mit der Beseitigung der Vorrechte des geistlichen Amtes (Allgemeines Priestertum) eine befreite, unmittelbare Glaubenserfahrung des einzelnen möglich erschien, die das Einbringen persönlichen Erlebens in die Lebensgestaltung der Gemeinde möglich machte und trotzdem für lange Zeit die Hoffnung und Erwartung einer Aussöhnung mit der Papstkirche offenhalten konnte – im Vertrauen darauf, daß diese ihre Mängel bald einsehen werde.

Luthers Hinarbeiten auf eine solche Aussöhnung ließ die Einrichtung von Landeskirchen als das ideale Organisationskonzept für die Reformation erscheinen. Damit war nämlich gesichert, daß die evangelische Bewegung in die Institutionen des Reiches eingegliedert blieb und zugleich ein politischer Rahmen aufrechterhalten wurde, der dann die ersehnte Erneuerung der Gesamtkirche in ihren notwendigen Veränderungen als beständige Stütze begleiten konnte und sollte.

Der spätere Vorwurf der »Obrigkeitsreformation« erhält seine Berechtigung allerdings daraus, daß mit dieser Option der Lutherischen zugleich gesichert war, daß sie aus den konstitutionellen Erfolgen der Reichsstände und Reichsstädte unmittelbar Vorteile zogen und ihr Bekenntnis schließlich als zweite Reichsreligion Anerkennung fand; statt Einheit zu fördern, wurde das Landeskirchentum dann auch letztlich zum Inbegriff der Spaltung.

Reformierung der Reformation

Die zweite Generation der Schweizer Reformatoren sorgte für eine Änderung dieses Trends. Vor allem die in der Zusammenarbeit von Heinrich Bullinger und Jean Calvin erreichte Annäherung zwischen der Schweizer Reformation und Genf führte zu einer Kirchenkonzeption, die die organisatorischen Voraussetzungen für eine Durchsetzung reformatorischen Gedankenguts weiterentwickelte.

Ganz im Sinne Zwinglis erkannte sein Nachfolger Bullinger in Zürich, daß das entscheidende Element die Bewahrung und Fortführung der Reformation ist. Deshalb reagierte er auf die Niederlage von Kappel (1531), in der sich abzeichnete, daß eine politische Niederlage zugleich die religiöse Niederlage sein könnte, mit einer Neuordnung der Zürcher Reformation. Er trennte konsequent kirchliche und weltliche Ordnungsmacht voneinander, ohne allerdings deshalb Verknüpfungen zwi-

Die folgende doppelseitige Karte gibt in farbigen Feldern die Kerngebiete der einzelnen Konfessionen wieder, wie sie für die zweite Hälfte des 16. Jh.s Geltung hatten. Die aus den einzelnen Gebieten herausführenden Pfeile deuten auf die Einflußbereiche der Reformationszentren hin. In diesen Einflußbereichen kam das reformatorische Gedankengut manchmal zu entscheidender Wirksamkeit, auch wenn sich das betreffende Territorium weiterhin offiziell als römisch-katholisch definierte.

Römisch-katholische Christen
Lutherische Christen
Orthodoxe Christen
Reformierte Christen
Täuferische Christengemeinden
Anglikanische Christen

Island

Trondheim

Oslo

Schottland

Edinburgh

Irland
Dublin

York

Nordsee

Kopenhagen

Atlantischer Ozean

Wales

Oxford

England

London

Canterbury

Utrecht

Brüssel

Lübeck

Hamburg

Bremen

Hannover

Magdeburg

Berlin

Münster

Köln

Leipzig

Wittenberg

Dresden

Mainz

Fulda

Prag

Paris

Heidelberg

Nürnberg

Nantes

Straßburg

Stuttgart

Augsburg

Basel

Wien

Zürich

Innsbruck

Lyon

Genf

Santiago
de Compostela

Bordeaux

Turin

Mailand

Zagreb

Toulouse

Marseille

Genua

Venedig

Lissabon

Madrid

Barcelona

Florenz

Korsika

Rom

Sevilla

Mallorca

Sardinien

Neapel

Mittelmeer

Palermo

Algier

Tunis

Sizilien

Moslems

Heiden

Heiden

Åbo

Stockholm

Nowgorod

Riga

Moskau

Kasan

Ostsee

Danzig

Königsberg

Warschau

Krakau

Kiew

Budapest

Belgrad

Bukarest

Split

Sofia

Schwarzes Meer

Istanbul

Thessaloniki

Moslems

Patras

Athen

Täbris

»Erasmus von Rotterdam, eine Zierde der deutschen Nation, hat zwar die Mißbräuche des Papstes höflich und artig in seinen lateinischen Büchern angesprochen, *der Luther* aber hat der römischen H—— das Gewändlein hinten und vorn richtig aufgedeckt. Der Luther hat ein altes Haus niedergerissen, aber kein anderes an die Stelle gebaut. Mit ihm hat Huldrych Zwingli das Papsttum zu bekämpfen begonnen, aber er hat sich bald in der Abendmahlsfrage mit dem Luther zerstritten, und es sind aus ihnen zwei rohe Völker entsprungen und es hat sich mit ihnen nichts gebessert. Einzig ein aufgeblasenes und geschwollenes Wissen hatten sie, Fleisch essen, Weiber nehmen [heiraten], Mönche und Pfarrer ausschelten, das war ihr höchster Gottesdienst! Aber eine Veränderung im Leben, einen aus ihrem Wort neugeborenen Menschen, sah man bei keinem der beiden.«

Aus dem Hutterschen *Geschicht-Buch* von Caspar Braitmichel

schen beiden völlig aufzugeben. Damit entfiel die unmittelbare Abhängigkeit der Kirchengemeinde von einer reformatorischen Einstellung der Obrigkeit. Auf ähnliche Weise sorgte Calvin in Genf für die Einrichtung einer von der kirchlichen Gemeinde klar abgegrenzten politischen Gemeinde. Keiner der Theologen ging zwar so weit, Kirche und Staat voneinander zu trennen, dennoch schufen sie die Voraussetzungen dafür, daß eine Uniformität zwischen weltlicher Obrigkeit und kirchlicher Gemeinschaft in Zukunft nicht mehr unabdingbar erschien.

Das zweite Element ihrer Reformierung der Grundansätze lag im Aufgreifen und weiteren Ausbau der Vorgabe Zwinglis, daß die kirchliche Lehre sich einzig an einer wissenschaftlichen Interpretation der biblischen Texte zu orientieren habe. Damit wurde nämlich auch die kirchliche Dogmatik gewissermaßen für die Einzelgemeinde verfügbar, selbst wenn sie in keinen organisatorisch übergeordneten Rahmen eingegliedert war. Dies erwies sich als ein entscheidendes Mittel, die eigenständige Kraft der einzelnen Gemeinschaften gegen Repressionen zu festigen.

Auf diesen Elementen dürfte die besonders erfolgreiche Evangelisierung durch die reformierte Kirche in den verschiedensten Ländern Europas wesentlich beruht haben. Der reformierte Protestantismus konnte sich beispielsweise in Frankreich gegen massive staatliche Bedrohung halten und schließlich sogar Einfluß gewinnen auf einen Staat, der sich weiterhin als ausschließlich römisch-katholische Macht definierte. Auf ähnliche Weise waren es in der Hauptsache die reformierten Gemeinden in Ungarn, die der Habsburgischen Gegenreformation Widerstand leisten konnten und sie schließlich überstanden.

Kritik aller institutionalisierten Kirchen

Die Organisation der lutherischen Reformation im Landeskirchentum und die Gemeindeorganisation der reformierten Kirchen untergruben letztlich das institutionelle Fundament der altgläubigen Einrichtungen. Zwar büßten die Altgläubigen ihre bisherige politische Sonderstellung ein, zugleich aber neutralisierten sich die drei Kirchengemeinschaften bald gegenseitig und konnten die politische Lage kaum weiter für ihre Ausbreitung nutzen. Ihre Annäherung an die weltlich-politischen Realitäten der Zeit trug ihnen aber neue Kritik ein und führte zur Ausbildung der sogenannten »radikalen« Reformation.

Diese Gruppen, von Luther als Täufer und »Schwärmer« apostrophiert, lehnten jedwede kirchliche Organisation, die Privilegien in der politischen Verfaßtheit der

Welt in Anspruch nahm oder Kompromisse mit innerweltlichen, gesellschaftlichen Mißständen einging, grundsätzlich ab. Sie wollten sich von der Welt absondern und lebten zum Teil in unmittelbarer Erwartung der Wiederkunft Jesu Christi, seines Weltgerichts und eines anbrechenden »Gottesreiches«. Zeitweise waren einzelne Gruppen auch der Überzeugung, sie müßten kämpfend der Herrschaft Gottes zum Durchbruch verhelfen; solche Vorstellungen kennzeichneten einzelne Phasen des Bauernkriegs, soweit er religiös motiviert war, und vor allem die Errichtung des Täuferreichs in Münster.

In ihrem Selbstverständnis zogen diese Gruppen die radikale Konsequenz aus der Übergabe der Bibel an den Gemeinen Mann. Sie lehnten die gelehrte Bibelauslegung der Theologen ab, weil sie ihnen wesentlich als eine Flucht vor den wirklichen Konsequenzen des geoffenbarten Gotteswortes erschien. Aus ihrem unmittelbaren Schriftverständnis bezogen sie auch das Gebot, sich nicht in dieser Welt einzurichten, sondern sich in dauernder Bereitschaft für das zukünftige Gottesreich zu halten. Die augenfälligste Konsequenz ihres Verständnisses von Christentum war, daß sie die Kindertaufe für wertlos hielten und ablehnten, da sich erst der mündige Mensch für den Glauben entscheiden und sich bekehren könne. Die Taufe wurde ihnen zum am

Unten: Eine Darstellung aus der Wittenberger Vollbibel (1534): Der seine Familie und sein Gesinde unterrichtende Hausvater soll die institutionell geordnete Verkündigung im täglichen Leben ergänzen. Sein Auftrag dazu fließt aus dem Allgemeinen Priestertum des Christen. Für die Bewegung der Täufer ist dies Symbol der Verkündigung überhaupt, denn nur der im Alltag gelebte Glaube ist ihnen Zeichen der Erlösung und Gewißheit der Erwählung zur dauernden Gemeinschaft mit Gott.

»1525 [haben] andere gelehrte Männer ernstlich darüber nachgedacht und erkannt, daß die christliche Kirche ein heiliges, reines, von den Greueln der Welt abgesondertes Volk sein müsse; man müsse sich von der Welt abtrennen, ein völlig abgestorbenes Leben nach der Regel Christi führen! Ihnen sind bald andere aus Gottes Gnade nachgefolgt. Zu solch herrlichem Werk hat ihnen Gott Männer im Schweizerland erweckt, unter denen war Balthasar Hubmaier, Konrad Grebel, Felix Manz und Georg von Chur [Jakob Blaurock]. Auch Thomas Müntzer von Allstedt in Thüringen, ein hochbegabter, sehr beredter Mann, stieß zu ihnen; er hat sehr viele vortreffliche Regeln aus der Heiligen Schrift angeführt gegen die römische und auch die lutherische Kirche. Er lehrte über Gott, auch über sein lebendig machendes Wort und seine himmlische Stimme gegen alle Buchstabengläubigen . . . Da erhob sich unversehens die Bauernschaft im Land, die er nicht in christlichem Frieden bewahren konnte. Diese Empörung wurde ihm angelastet . . . aber Gott hat seine Unschuld in vielen frommen Herzen aufgehen lassen und bezeugt.«
Aus dem Hutterschen *Geschicht-Buch* von Caspar Braitmichel

erwachsenen Menschen vollzogenen Zeichen der Bekehrung und Abwendung von der Welt. Sie gerieten damit unmittelbar in Konflikt mit einer gesellschaftlichen Umwelt, in der jedes Kind getauft war, so daß die Erwachsenentaufe die häretisch-widerrechtliche Wiederholung eines schon vollzogenen Aktes wurde. Deshalb wurden sie allgemein als Wiedertäufer (Anabaptisten) gebrandmarkt.

Trotz scharfer Ablehnung durch alle drei Kirchengemeinschaften wurden die Täufer bezeichnenderweise unmittelbar von seiten des Reiches verfolgt. Das heißt, ihre Unzulässigkeit wurde durch Reichsgesetz festgestellt, nicht, wie bisher üblich, durch reichsrechtliche Vollzugsnormen einer kirchenrechtlichen Verurteilung. Dies läßt darauf schließen, daß von den Zeitgenossen die von den Täufern drohende Gefahr nicht in der theologischen Abweichung, sondern entscheidend in der Ablehnung einer Beteiligung am politischen Leben gesehen wurde. Allerdings muß dabei bedacht werden, daß ein einheitlich anerkanntes Kirchenrecht damals nicht verfügbar war.

Das Täufertum hatte seine frühen Ursprünge im Gebiet der Schweizer Reformation (Konrad Grebel), entfaltet hat es sich jedoch unter der zeitweilig liberalen Religionspolitik in Böhmen und Polen (Jakob Huter, Peter Walpot) und im holländisch-niederdeutschen Untergrund (Menno Simons). Als Mennoniten und Hutersche Brüder haben sie eine ihren Prinzipien gemäße organisatorische Form gefunden, die sich über die Reformationsjahrzehnte hinaus und durch verschiedene Verfolgungen hindurch als tragfähig erwiesen hat.

Lexikalischer Teil

Abendmahlsstreit

In der altkirchlichen Tradition verfestigte sich zwischen dem 9. und 11. Jh. eine realistische Interpretation der Abendmahlsfeier (Messe). Dies wurde vor allem im 12. Jh. zum Gegenstand ausführlicher Kontroversen, die auf dem vierten Laterankonzil (1215) durch die Dogmatisierung der Transsubstantiationslehre beendet wurden. Es ging dabei im wesentlichen um das nun dogmatisch festgeschriebene Bekenntnis zur realen Anwesenheit Jesu Christi in den Materialien Brot und Wein, die in der Eucharistie ausgeteilt wurden; noch schien nichts auf die Ausbildung der Abendmahlstheologie des Konzils von Trient (1545–1563) hinzuführen, in der die Meßfeier als »unblutige« Wiederholung von Jesu Kreuzesopfer definiert werden sollte.

Zweifel an der offiziellen Abendmahlslehre blieben indes während des gesamten Mittelalters wach; insbesondere im nominalistischen Denken, das aus logischen Gründen die positive Darstellung von Glaubensgeheimnissen ablehnte und in den Kirchenkritiken von John Wiclif (um 1320–1384), der die Transsubstantiationslehre verwarf, und von Jan Hus (um 1370–1415), dessen Schüler die Einführung des »Laienkelchs« in die Abendmahlsfeier forderten. Dies führte zum einen zur Gleichsetzung der reformatorischen Abendmahlslehren mit bereits als Ketzereien verurteilten Auslegungen

Jan Hus als Prediger. In der Nachfolge des englischen Kirchenreformers John Wiclif, der 1378 von Papst Gregor XI. als Ketzer gebannt worden war, lehnte auch Hus, tschechischer Priester und Professor an der neugegründeten Universität Prag, das altkirchliche Eucharistieverständnis ab und forderte das Abendmahl in beiderlei Gestalt. Trotz starker Unterstützung durch den auf nationale Unabhängigkeit drängenden König Wenzel von Böhmen und getragen von breiter Zustimmung im Volk, wurde Hus an 6. 7. 1415 während des Konzils in Konstanz als Ketzer verbrannt.

»VI. Vom Sakrament des Altars
Vom Sakrament des Altars
halten wir, daß Brot und Wein
im Abendmahl sei der wahrhaftige Leib und Blut Christi,
und werde nicht allein gereicht
und empfangen von frommen,
sondern auch von bösen
Christen.
Und daß man nicht soll einerlei
Gestalt allein geben. Und wir
bedürfen der hohen Kunst nicht,
die uns lehre, daß unter einer
Gestalt so viel sei als unter
beiden, wie uns die Sophisten
und das Concilium zu Constanz
lehren. Denn obs gleich wahr
wäre, daß unter einer so viel sei
als unter beiden, so ist doch die
einige Gestalt nicht die ganze
Ordnung und Einsetzung, durch
Christum gestift und befohlen.
Und sonderlich verdammen und
verfluchen wir in Gottes Namen
diejenigen, so nicht allein beide
Gestalt lassen anstehen, sondern
auch gar herrlich daher verbieten, verdammen, lästern als
Ketzerei, und setzen sich damit
wider und über Christum, unsern
Herrn und Gott.
Von der Transsubstantiation
achten wir der spitzigen Sophisterei gar nichts, da sie lehren,
daß Brot und Wein verlassen
oder verlieren ihr natürlich
Wesen, und bleibe allein Gestalt
und Farbe des Brots, und nicht
recht Brot. Denn es reimet sich
mit der Schrift aufs beste, daß
Brot da sei und bleibe, wie es
S. Paulus selbst nennt: Das Brot,
das wir brechen, und: Also esse
er von dem Brot.«
Martin Luther, *Schmalkaldische
Artikel, Teil III.*

und des weiteren zur altkirchlichen Festschreibung der
realistisch-materialen Interpretation, daß in der geweihten Hostie der Leib Jesu Christi auch außerhalb
der Meßfeier konkret gegenwärtig ist und damit das
sakramentale Geschehen verdinglicht wurde.

In ihren Abendmahlslehren waren sich die Reformatoren in der Ablehnung des Opfercharakters der altkirchlichen Messe einig, weil ihnen das als Mißachtung
der Einmaligkeit des Opfers Jesu Christi erschien und
der Vorstellung Vorschub leisten konnte, Menschen
könnten am Erlösungswerk mitwirken. Sie bekräftigten
dies noch durch ihre Ablehnung eines besonderen Priestertums (→ *Allgemeines Priestertum*), der sogenannten
»Winkelmessen« ohne Teilnahme einer Gemeinde, der
Meßstipendien und des Hostienkultes (Fronleichnams-
prozession). Uneinig blieben die Reformatoren im sa-
kramentalen Verständnis des Abendmahls.

Martin Luther legte zunächst den Akzent seiner Verkündigung auf die Verheißung der Sündenvergebung in
den Einsetzungsworten (Matthäus 26, 26–28), betonte
dann aber die wirkliche Gegenwart Jesu Christi in Brot
und Wein, nachdem Karlstadt (→ *Andreas Bodenstein*)
und → *Huldrych Zwingli* diese Elemente der Abendmahlsfeier zu bloßen Symbolen und die Feier selbst zum
öffentlichen Bekenntnisakt erklärt hatten. Luther dagegen hielt daran fest, daß das Gnadenmittel in der
leibhaftigen Gegenwart Jesu in der Mitte der Gemeinde
liege. Obwohl Zwingli 1527 die Abendmahlsgabe und
die *geistige* Gegenwart Jesu in der Feier anerkannte,
war die Differenz so groß, daß das → *Marburger Religionsgespräch* (1529) am Artikel 15, der das Abendmahl behandelte, scheiterte.

Auf dem Reichstag zu Augsburg 1530 lagen deshalb
neben dem → *Augsburger Bekenntnis* eigene Bekenntnisse der oberdeutschen Städte (Straßburg, Konstanz,
Lindau und Memmingen) und Zwinglis vor. In der
Folgezeit bemühte sich → *Martin Bucer* um eine Vermittlung und erreichte schließlich 1536 in Wittenberg
die Anerkennung seiner Überarbeitung dieses Vierstädtebekenntnisses: Danach wird Jesus Christus *zugleich* mit dem Genuß von Brot und Wein in geistiger
Weise von den Teilnehmern am Abendmahl aufgenommen. Dies geschieht auf der Basis des persönlichen
Glaubens des einzelnen; deshalb können auch Personen zum Mahl zugelassen werden, die als »unwürdig«
gelten (→ *Wittenberger Konkordienformel*). Da Bucer
aber die zwinglianischen Schweizer unter → *Heinrich
Bullinger* nicht für diese Einigung gewinnen konnte,
wurde aus der Wittenberger Konkordienformel kein
Unionsbekenntnis, sondern es wurde in ihr lediglich die
Orthodoxie der Oberdeutschen bestätigt. Für die zwinglianischen Schweizer veröffentlichte Bullinger im selben Jahr das Erste → *Helvetische Bekenntnis*.

In der großen Tradition der Abendmahlsdarstellungen der christlichen Kunst, deren bedeutendstes Beispiel wohl Leonardo da Vincis Abendmahl *(1495 bis 1498) im Refektorium von S. Maria delle Grazie in Mailand ist, steht auch diese Darstellung von Lucas Cranach d. J. für den 1565 geschaffenen Reformationsaltar in der Marienkirche von Dessau. Da das reformatorische Abendmahlsverständnis in der Einsetzung von Brot und Wein keinen Opferritus, sondern im wesentlichen einen Glaubensakt sah, konnte der evangelische Cranach statt der Apostel zeitgenössische Gestalten der Reformation um Jesus Christus versammeln.*

Das vermittelnde Abendmahlsverständnis Bucers wirkte auf die Theologie von → *Jean Calvin*, der dann mit Zugeständnissen an den Symbolismus bei den Zwinglianern in der → *Zürcher Einigung* von 1549 mit Bullinger eine einheitliche Schweizer Konfession schuf. Dies ließ allerdings aufs neue den Konflikt mit den orthodoxen Lutheranern offen ausbrechen, die im Gegenzug zu diesem »vergeistigten« Abendmahlsverständnis die leibhaftige Gegenwart Jesu Christi in Brot und Wein sowie seine wirkliche Aufnahme durch das Essen und Trinken in der liturgischen Feier betonten. Dieser Gegensatz sollte nicht mehr überbrückt werden und bildete ein wesentliches Element der Ausbildung der getrennten Kirchengemeinschaften von lutherischen und reformierten Christen.

Hielten die reformierten Kirchen immerhin noch am Abendmahl als einem Element des Gemeindelebens und als gemeinschaftlichem Bekenntnisakt fest, so bezeichneten täuferische und spiritualistische Bewegungen die Feier als völlig überflüssige Äußerlichkeit; zwischen diesen Positionen bildeten sich verschiedene Mischformen aus. Lediglich die anglikanische Kirche näherte sich wieder der altkirchlichen Auffassung an.

Die unterschiedlichen Lehrauffassungen prägten sich auch in der Abendmahlsliturgie aus und wirkten so auch auf eine äußerliche Trennung hin.

Das sowohl vom altkirchlichen Eucharistieverständnis als auch von Luther abweichende reformierte Abendmahlsverständnis Huldrych Zwinglis wurde von dem Augsburger Prediger Michael Keller in seiner Schrift Etliche Sermones von dem Nachtmal Christi *erläutert. Titelblatt der Erstausgabe (1526).*

». . . lieber Leser . . . sieh du, daß . . . dein Leben nach seinem [Gottes] Willen gestaltet werde . . .: denn der Glaube, daß hier Fleisch und Blut gegessen werde, macht nicht selig; denn Gott hat solches nicht verheißen. ›Wer mein Fleisch ißt und mein Blut trinkt‹ (Johannes 6,54) bezieht sich nicht auf das leibliche Essen, von dem die [Wittenberger] im Sakrament reden, sondern auf das Vertrauen in den Sohn Gottes, der sein Leben für unseren Tod gegeben hat, wie alle Gläubigen wohl wissen, für die wir hier einzig schreiben – nicht für die, die in Gottes Wort noch nicht unterrichtet sind.«
Huldrych Zwingli, *Freundschaftliche Auseinandersetzung . . . mit Martin Luther,* 1527

Die Austeilung von Brot und Wein in einer evangelischen Abendmahlsfeier.

Wurde das Abendmahl in jedem lutherischen Gottesdienst gefeiert – unter weitgehender Beibehaltung altkirchlicher Riten –, so war im reformierten Ritus der Wortgottesdienst die regelmäßige Gemeindefeier, während sich die Abendmahlsfeier auf besondere Gelegenheiten beschränkte. Die Betonung des Bekenntnischarakters bei den Reformierten machte Zugeständnisse an die Lutheraner im Rahmen der Kirchenordnungen unmöglich. Als eine Gegenreaktion vollzog sich die Ausbildung früher lutherischer Orthodoxie in der → *Wittenberger Konkordienformel* (Artikel 7), nach der die Gegenwart Jesu Christi »in, mit und unter dem Brot« fixiert wurde; mit dieser Formel wurden abschwächende Interpretationen dogmatisch ausgeschlossen.

Auch im Luthertum und im Anglikanismus scheiterte praktisch die erwünschte regelmäßige Abendmahlsteilnahme – wie schon in der Alten Kirche –, und es bildete sich die besondere Abendmahlsfeier heraus.

Das für die Konfessionsbildung im 16. Jh. so bedeutsame Problem des Abendmahlsverständnisses trat in der Gegenwart wiederum in den Vordergrund, als ein erster wesentlicher Schritt auf die Ökumene hin unternommen wurde, indem man die Kommunionsgemeinschaft (Interkommunion) zwischen den Mitgliedern der getrennten Kirchen anstrebte.

Ablaß

Aus der christlichen Bußpraxis des 1. Jahrtausends begann sich während des 11. Jh.s in der Alten Kirche eine Rechtspraxis herauszubilden, die dem Papsttum kirchliche Strafverfügungen und vor allem ihre Umwandlung in Wiedergutmachungsleistungen reservierte, ohne die Schuldtilgung durch die Absolution des Priesters zu beeinträchtigen, sofern die Lossprechung von bestimmten Verfehlungen kirchenrechtlich nicht dem Papst allein vorbehalten war. Im gängigen Verständnis der Binde- und Lösegewalt des Petrus-Nachfolgers wurde diese besondere Befugnis des Papstes schließlich auch auf die Erlassung zeitlicher Sündenstrafen nach dem Tod (Fegfeuer) bezogen.

Obwohl sich gegen ein solches Ablaßverständnis von Anfang an theologische Opposition meldete, setzte es sich in der Praxis mit Hilfe der Auffassung durch, Jesus und die Heiligen hätten der Kirche einen Schatz an Verdiensten hinterlassen, über den der Heilige Stuhl als Rechtsnachfolger verfügen könnte und sollte. Die juristische und fiskalische Formierung und Konsolidierung, die das Papsttum vor allem im 14. und 15. Jh. erreichte, führte dazu, daß auch die Ablaßvergabe zum Teil auf bestimmte Geldspenden für die Kirche umgestellt wurde; die persönliche Bußleistung (Wiedergutmachung, gute Werke) wurde gewissermaßen ausgemünzt.

Gnadenstuhl aus dem 17. Jh. im Wiener Dom- und Diözesanmuseum. Diese Dreifaltigkeitsdarstellungen sind vermutlich im 12. Jh. aufgekommen. Die Bezeichnung »Gnadenstuhl« ist erst seit dem Ende des 19. Jh.s in der Kunstgeschichte gebräuchlich. Sie entstammt der Lutherschen Bibelübersetzung (Hebräer 5,16): »Denn wir haben nicht einen Hohenpriester, der nicht künde mitleiden haben mit unser schwacheit / Sondern der versucht ist allenthalben / gleich wie wir / Doch / on sünde.
Darumb lasset uns hinzu tretten / mit freidigkeit zu dem Gnadenstuel / Auff das wir barmhertzigkeit empfahen / und gnade finden / auff die zeit / wenn uns Hülffe not sein wird.«
In ungewollt ironischer Weise bezieht sich also dieser Gnadenstuhl auf den Ablaßstreit, wenn der den gekreuzigten Gottes- und Menschensohn haltende, die Erlösung der Menschheit annehmende Vater mit einer in Darstellungen des 15. und 16. Jh.s geläufigen Weise mit der päpstlichen Tiara gekrönt ist. Der gnädige Gott der Lutherschen Theologie und der Ablaß gewährende Papst rücken so sinnfällig in ein Bild.

*Flugblatt gegen den Ablaßhandel
(1517). Der Text endet mit den
Zeilen: »So bleibet nun Christi
Verdienst / einig allein unser
Gewinst. / Des Tetzels Kram und
Papsts Betrug / findet bei uns
kein Recht noch Fug.«*

Links: *Ablaßbrief mit der Aufforderung zu einem Kreuzzug gegen
Tataren und ostkirchliche ketze-
rische Ruthenen (1509).*

Rechts: *Flugblatt gegen den
Ablaß und das siebenköpfige
»Papsttier«.*

Die juristisch-fiskalische Versachlichung kirchlicher
Leistungen leistete wachsendem Mißbrauch Vorschub,
der in Deutschland in der Ablaßgewährung für Spenden
zum Bau der Peterskirche in Rom einen Höhepunkt
erreichte (»Peterspfennig«).

Erzbischof Albrecht von Mainz wurde ein Anteil an
den Einnahmen aus diesem Ablaß zuerkannt, um seine
Abgaben an die Kurie für den Erwerb seiner Pfründen
zu kompensieren und seine Förderung der Ablaßpredigt – oder besser des »Ablaßhandels« – sicherzustellen.
Die Einnahmen Albrechts aus diesem Handel bildeten
die Sicherheit für seine Kreditaufnahme bei der Fugger-
schen Bank; deshalb reisten Vertreter des Bankhauses
mit den Ablaßpredigern durch die Lande, um diese
Anteile direkt einzukassieren. Konnten allein schon
diese Umstände religiösen Anstoß erregen, so mußten
die marktschreierischen theologischen Simplifizierun-
gen mancher Ablaßprediger, die durch die von Albrecht verantworteten Richtlinien gedeckt waren, Proteste der gelehrten Theologen geradezu hervorrufen.

In dieser Situation eröffnete Luther, der mit dem
Problem in seiner Seelsorgepraxis konfrontiert worden
war, mit den in Latein verfaßten *95 Thesen* vom 31. 10.
1517 die theologische Diskussion um das Ablaßpro-
blem. Der breite Anklang, den seine Thesen unter den
Befürwortern einer kirchlichen Reform fanden, und
ihre schroffe Ablehnung durch kuriale Kreise leiteten
die erste Phase der Reformation ein. Obwohl die Thesen sich lediglich gegen die Ablaßpraxis richteten und
vorerst sowohl die Theorie vom Kirchenschatz an über-
zähligen Verdiensten als auch die päpstliche Autorität
unangetastet ließen, führten die Auseinandersetzungen
mit den Verteidigern der kirchlichen Tradition zu einer
Differenzierung der Rechtfertigungsproblematik in der
Lutherschen Lehre, die dann aber bald diese Institutio-

nen selbst in Frage stellte. 1518 veröffentlichte Luther vor dem Hintergrund dieser Auseinandersetzungen den in Deutsch verfaßten *Sermon von Ablaß und Gnade.* Damit wurde der Konflikt auf eine Ebene gehoben, auf der notwendig irgendwann die grundsätzlichen Fragen ausgesprochen und beantwortet werden mußten: Ist das Papsttum eine Einrichtung göttlichen oder lediglich menschlichen Rechts? Sind die Entscheidungen der »Kirche in der Zeit« korrigierbar oder nicht?

Die römisch-katholische Kirche hat im Zuge ihrer inneren Reform (Konzil von Trient, 1545–1563) Mißbräuche des Ablaßwesens beseitigt, hält aber bis heute an der theologischen Konzeption und an der Heilswirksamkeit des Ablasses fest.

Johannes Agricola (Johann Schneider oder Schnitter)

(* 20. 4. 1492 oder 1494 Eisleben, † 22. 9. 1566 Berlin)

Johannes Agricola. Kupferstich von B. Jenichen (1565).

Johannes Agricola erhielt seine erste Erziehung im Martineum in Braunschweig, einer vom Minoritenorden betreuten Schule. Mit zwölf Jahren ging er nach Leipzig, wo er 1509/10 das Universitätsstudium begann. Vermutlich wollte Agricola Mediziner werden, er verließ aber nach dem Bakkalaureat die Universität und wirkte als Lehrer in Braunschweig, wo er mit reformkatholischem Denken vertraut wurde. Seit 1512 konnten Studenten aus dem Braunschweigischen an die neugegründete Universität Wittenberg gehen; ihnen hat sich Agricola 1515/16 angeschlossen. Zu Luther entwickelte sich dort schnell ein enges Vertrauensverhältnis; Agricola war vor allem von der Predigttätigkeit des Reformators ergriffen. Bei Melanchthon, mit dem er gemeinsam 1519 das Bakkalaureat der Theologie erlangte, erwarb er das philologische Rüstzeug für seine Arbeit. Als Protokollant nahm Agricola an der Leipziger Disputation (1519) teil. Auch der Verbrennung der päpstlichen Bannandrohungsbulle am 10. 12. 1520 durch Luther wohnte er bei.

Johannes Agricola (Magister Eisleben) wirkte vom Mai 1520 an als Dozent an der Artistenfakultät, deren Dekan er 1523 war. Während der »Wittenberger Bewegung« (1521/22) geriet er zwar unter den Einfluß → *Andreas Bodensteins* (Karlstadt), doch konnte ihn Luther wieder in seine theologische Arbeit integrieren, und Agricola las fortan in der Theologenfakultät über die Schriftinterpretation. Darüber hinaus hielt er regelmäßig biblische Unterweisungen für die Jugend der Stadt ab, so daß ihn Melanchthon als den »Katecheten unserer Stadt« bezeichnen konnte.

1525 übernahm Agricola das Rektorenamt an der Eislebener Schulgründung des Grafen von Mansfeld, der nach den Wirren des Bauernkrieges eine evangeli-

*Agricolas und Luthers Heimat-
stadt Eisleben.*

sche Lateinschule in seinem Gebiet wünschte. Außerdem verwaltete Agricola ein Predigeramt an der St. Ni-
colai-Kirche. Sein Ansehen als Prediger brachte ihm
auch 1526, 1529 und 1530 die Berufung als Reichstags-
prediger des kursächsischen Hofes ein.

Aufgrund der *Visitationsartikel* Melanchthons von
1527, in denen die Notwendigkeit der Unterrichtung
der Zöglinge hinsichtlich der Gesetzesreligion der alttestamentlichen Tradition betont wurde, kam es zu einem
ersten ernsthaften Zerwürfnis zwischen Agricola und
den Wittenberger Theologen. Melanchthon betrachte-
te die Belehrung im Gesetz, also der alttestamentlichen
mosaischen Ethik, als unverzichtbar für die »Zähmung
des Fleisches« und die Sensibilisierung und Schärfung
des Gewissens. Agricola stellte dagegen die Aufhebung
des Gesetzes durch die Heilsbotschaft des Evangeliums
in den Vordergrund: Buße und Umkehr müßten im
Namen Jesu, nicht aber im Namen »Moses' oder eines
zornigen Richters« gepredigt werden. Im November
dieses Jahres konnte der Gegensatz durch die Schlich-
tungsformel von Torgau einstweilen überbrückt werden; die widerstreitenden Tendenzen ließen sich damit
aber nicht vollständig beseitigen.

Nachdem Agricola mit seiner Familie 1536 nach Wittenberg gekommen war und die → *Konkordienformel*
sowie die Schmalkaldischen Artikel mitunterzeichnet
hatte, tauchten Mitte 1537 von seiner Predigt und Lehre
geprägte Thesen auf, in denen das Evangelium zum
»neuen Gesetz« erklärt wurde. Diese »antinomisti-
schen«, die Bindung an das alttestamentliche Gesetz
zurückweisenden Anschauungen wurden insbesondere
von Bugenhagen, Justus Jonas und Cruciger als Gefähr-
dung der reformatorischen Sündenlehre angesehen, obwohl Agricola versuchte, sie auf Aussagen Luthers zu
stützen. Luther selbst wandte sich im Dezember 1537

zum erstenmal ausdrücklich gegen den Antinomismus. 1540 plante man, die Differenzen in einem förmlichen Prozeß vor dem Landesherrn auszutragen, doch im September entzog sich Agricola dem Verfahren durch die Flucht nach Kurbrandenburg.

Unter Kurfürst Joachim II. von Brandenburg wurde Agricola Hofprediger und später Generalsuperintendent und Visitator in Brandenburg. Formell erreichte der Hof eine Aussöhnung mit Wittenberg, die durch eine von Melanchthon konzipierte Widerrufungsschrift Agricolas besiegelt wurde. 1541 begleitete der Hofprediger den Kurfürsten zum Regensburger Reichstag, und 1547/48 war er in Augsburg an den Interims-Verhandlungen beteiligt (→ *Augsburger Interim*). Agricolas Annahme des Interims beruhte vermutlich auf dem Mißverständnis, es werde auch auf die Altgläubigen Anwendung finden. In seinen letzten Lebensjahren schloß sich Agricola dem Kampf der orthodoxen Lutheraner gegen die vermittelnden Positionen der Philippisten an. Dennoch wurde nie wieder volles Vertrauen zwischen den Lutheranern und Agricola hergestellt.

Im Pestjahr 1566 starb Johannes Agricola am 22. 9. in Berlin.

Agricolas Verständigungsschwierigkeit mit Luther dürfte teilweise darin beruht haben, daß ihm eine formelle Ausbildung in scholastischer Theologie fehlte; er kannte also nicht den Widerpart der Formulierungen des frühen Luther und überschätzte deshalb die Tragfähigkeit dieser Aussagen.

Der Antinomismus Agricolas fand vor allem in seinen *Evangeliensummarien* seinen Niederschlag, die er in seiner Zeit in Eisleben begonnen und 1537 publiziert hatte. Während des von 1537 bis 1540 dauernden Streites in Wittenberg verhinderte Luther den Weiterdruck dieser Summarien. Luther fürchtete die konsequente Weiterentwicklung von Agricolas Position, zumal ähnliche Ansichten in Pommern, Lüneburg und Freiberg in Sachsen bereits verbreitet waren. In seinen Angriffen überspitzte er die Lehre Agricolas unzutreffend, obwohl die Folgerungen, die er den Antinomisten unterstellte, sachlich in engem Zusammenhang mit ihrem Verzicht auf eine strikte Integration von Gesetz und Evangelium standen.

Obwohl die ausdrückliche Ablehnung von Agricolas Position durch Luther seine Aufnahme in die Lehrtraditionen der lutherischen Landeskirchen verhinderte, war Agricolas Wirken für die Zukunft der evangelischen Lehre bedeutsam als Gegengewicht zu Melanchthons Betonung der am *Alten Testament* orientierten Gesetzestheologie. Die massive Kritik Luthers hat aber dazu geführt, daß bis heute eine umfassende und fundierte Darstellung und Beurteilung von Agricolas Werk fehlt.

Martin Agricola (Martin Sore oder Sohr)
(* 6. 1. 1486 Schwiebus / Brandenburg, heute Polen,
† 10. 6. 1556 Magdeburg)

Martin Agricola stammte aus bäuerlichen Verhältnissen und wurde nach eigenen Aussagen »vom Pflug« zur Musik berufen. Nach einer autodidaktischen Ausbildung wirkte er um 1510 und 1524 in Magdeburg als Lehrer an der ersten protestantischen Schule der Stadt.

Er war einer der ersten Komponisten, Musiktheoretiker und -pädagogen, die sich mit den Bedürfnissen der reformatorischen Kirchen nach gottesdienstlicher Musik und mit der Edition volkssprachlicher Musikalien beschäftigten. Er schuf einen großen Teil des noch heute im Deutschen gebräuchlichen musikalischen Vokabulars und überlieferte wertvolles Material zur Geschichte der Musikinstrumente des frühen 16. Jh.s.

Michael Agricola
(* um 1510, † 1557)

Michael Agricola, im östlichen Nyland (Südfinnland) geboren, war Schreiber des ersten evangelischen Bischofs von Åbo. Er besuchte von 1536 bis 1539 die Universität Wittenberg, wo er den Magistergrad erlangte. Danach kehrte er nach Finnland zurück und wurde Rektor der Schule von Åbo und Gehilfe des Bischofs, den er nach dessen Tod (1550) vertrat, ehe er 1554 selbst Bischof der Stadt wurde. 1557 starb Michael Agricola auf der Rückreise von einer diplomatischen Mission in Moskau.

Michael Agricola wurde in seiner reformatorischen Tätigkeit zum Begründer der finnischen Schriftsprache, die er durch Herausgabe eines großen *Gebetbuches* (1544) und durch seine Übersetzung des *Neuen Testaments* (1548) förderte.

Albrecht von Mainz
(* 18. 6. 1490, † 24. 9. 1545 Mainz)

Albrecht, als Markgraf von Brandenburg geboren, erhielt nach dem Tod seines Vaters, Kurfürst Johann Ciceros von Brandenburg († 1499), unter der Führung von Eitelwolf vom Stein eine gediegene humanistische Ausbildung. 1509 wurde er Domherr zu Mainz, und 1513 erhielt er die Priesterweihe. Im März 1513 erwarb er das Erzbistum Magdeburg und die Administratur Halberstadt, ein Jahr darauf das Erzbistum Mainz. Am 14. 5. 1514 wurde er schließlich auch zum Bischof geweiht. Mit der Mainzer Pfründe war die Erzkanzlerwürde des Reiches und der Primat unter den deutschen Bischöfen verbunden. So avancierte Albrecht nicht nur tatsächlich, sondern auch formell mit 24 Jahren zum mächtigsten Fürsten des Reiches.

M D X X IIII
SIC · OCVLOS · SIC · ILLE · GENAS · SIC · ORA · FEREBAT ·
ANNO · ETATIS · SVE · XXXIIII

ALBERTVS · MI · DI · SA · SANC · ROMANAE · ECCLAE · TI · SAN ·
CHRYSOGONI · PBR · CARDINA · MAGVN · AC · MAGDE ·
ARCHIEPS · ELECTOR · IMPE · PRIMAS · ADMINI ·
HALBER · MARCHI · BRANDENBVRGENSIS ·

Albrecht von Mainz.
Kupferstich von Albrecht Dürer
(1523).

Da er alle Abgaben an die Kurie, die für die Pfründen
sowie für die Genehmigung zur Ämterkumulierung
angefallen waren, persönlich übernommen hatte, befand er sich in arger Finanznot. Papst Leo X. kam ihm
entgegen, indem er ihm im März 1515 für acht Jahre die
Erlaubnis zum Vertrieb des Ablasses für den Bau der
Peterskirche übertrug. Die Nutzung dieses Privilegs in
seinen Bistümern war der anstößige Hintergrund für die
öffentliche Wortmeldung Luthers und anderer reformatorischer Theologen und Prediger (→ *Ablaß*). 1518
wurde Albrecht zum Kardinal ernannt.

Die weltkluge Lebensweise des Erzbischofs gab häufig Anlaß zu religiösem Ärgernis, zugleich aber war sie
es wohl, die zu seiner gemäßigten Haltung gegenüber
den Reformatoren führte. In seiner Hofhaltung erwies
er sich als Renaissance-Mäzen, der an seinem Hof
Humanisten versammelte und Künstler mit der Ausgestaltung seiner Residenzen, insbesondere mit der Aus-
stattung des Neuen Stiftes in Halle, das er am 28. 6.
1520 gegründet hatte, betraute. An diesen Ausgestal-
tungen waren Meister wie Peter und Albrecht Vischer,
Matthias Grünewald und Lukas Cranach beteiligt.

1535 verlor Albrecht in seinem älteren Bruder →
Joachim I. von Brandenburg und 1539 in Herzog →
Georg von Sachsen zwei wichtige Partner altkirchlicher
versöhnlicher Religionspolitik. Im Januar 1541 über-

Jakob Fugger der Reiche (1459
bis 1525), dessen Bankimperium
im Auftrag vom Papst und von
Albrecht von Mainz das Inkasso
der Ablaßgelder übernahm.
Holzschnitt von H. Burgkmair.

IACOBVS·FVGGER·CIVIS·AVGVSTAE

»Was aber den Beitrag in den
Kasten zur Aufbauung besagter
Kirche des obersten Apostels
anlangt, so sollen die Pöniten-
tiarii und Beichtväter, nachdem
sie den Beichtenden dergleichen
vollkommene Vergebung und
Größe des Ablasses erklärt
haben, dieselben fragen: Wie viel
Geld oder andere zeitliche Güter
sie nach ihrem Gewissen für
besagte vollkommene Vergebung
geben wollten? und dieses
darum, damit sie dieselben
hernach desto leichter zum
Beitrag bringen mögen. . . .
Wir deklarieren auch, daß zur
Erlangung dieser zwei vornehm-
sten Gnaden nicht nötig sei, zu
beichten, oder die Kirchen und
Altäre zu besuchen, sondern nur
den Beichtbrief zu kaufen . . .
Die vierte vornehmste Gnade ist
für die Seelen, die im Fegfeuer
sind, nämlich eine vollkommene
Vergebung aller Sünden, welche
Vergebung der Papst besagten
Seelen, die sich im Fegfeuer
befinden, fürbittweise ange-
deihen und widerfahren läßt,
nämlich auf diese Art: daß für
dieselben eine Einlage in den
Kasten durch lebende Personen
geschehe, die einer für sich zu
geben oder zu tun hätte. . . .
Auch ist nicht nötig, daß die
Personen, welche für die Seelen
in den Kasten legen, in dem
Herzen zerknirscht sind und mit
dem Munde gebeichtet haben,
indem diese Gnade sich auf die
Liebe, worinnen der Verstorbene
abgeschieden ist, und nur auf die
Einlegung des Lebenden grün-
det, wie aus dem Text der Bulle
deutlich ist. Auch sollen sich die
Prediger aufs fleißigste bemühen,
diese Gnade aufs kräftigste zu
verkündigen, weil durch dieselbe
den abgeschiedenen Seelen ganz
gewiß zu Hülfe [zu] kommen,
aus dem Werk des Kirchenbaues
des heiligen Petri, sehr nützlich
und überflüssig geraten wird.«
Ablaßinstruktion Erzbischof
Albrechts von Mainz

nahmen auf dem Landtag von Kalbe die Landstände
von Magdeburg und Halberstadt Albrechts Schulden
und begannen im Gegenzug mit der Durchführung der
lutherischen Reformation. Albrecht verließ seine Residenz in Halle, nachdem er schon zuvor die Kunstschät-
ze des Neuen Stiftes nach Aschaffenburg und Mainz
hatte bringen lassen. Nach dem Regensburger Reichstag von 1541 wandte er sich einer entschieden kurialen
Haltung in der Religionsfrage zu und berief im September 1542 den Jesuiten Petrus Faber nach Mainz. Weiterhin allerdings förderte er die Einberufung des Konzils
von Trient, um die Glaubensfrage einer theologischen
Lösung zuzuführen. An den Tagungen des Konzils
hatte er allerdings keinen Anteil mehr.

Der geistliche Kurfürst Albrecht starb am 24. 9. 1545
auf der Martinsburg und wurde im Dom zu Mainz
beigesetzt.

Mit seiner kirchlichen und weltlichen Machtfülle war
Erzbischof Albrecht von Mainz sicherlich eine der
Schlüsselfiguren in den Religionsstreitigkeiten im
Deutschen Reich. Humanistische Neigungen ver-
dankte sich wohl zunächst seine versöhnliche Haltung
gegenüber Luther, dessen Schriften er zwar am 19. 1.
1520 auf dem Marktplatz zu Mainz verbrennen ließ,
dessen Anhänger er aber anfangs nicht verfolgte. In
Mainz schützten vor allem → *Wolfgang Capito* und →
Caspar Hedio die Reformer, sie verloren aber etwa ab
1523 an Einfluß im Mainzer Kapitel. Albrecht selbst
zögerte die Veröffentlichung des Wormser Edikts (→
Wormser Reichstag) in seinen Territorien hinaus. In
Magdeburg, Frankfurt am Main und Erfurt konnte er
sich gegen den Reformwillen der Bürgerschaften jedoch nicht behaupten. Persönlich widersetzte er sich
zwar der Aufforderung Luthers, dem Beispiel seines
Vetters → *Albrecht von Brandenburg-Ansbach* zu folgen und die reformatorische Lehre anzunehmen, aber
er lehnte bis 1540 ein militärisches Vorgehen gegen die
Reformation ab; nur Ludwig V. von der Pfalz teilte mit
ihm diese Haltung. Seine Neutralität in den frühen
Kämpfen brachte ihn bei den altgläubigen Fürsten in
Mißkredit, so daß er sich nachträglich gezwungen sah,
sich an ihren Kriegskosten zu beteiligen. Erst im Juni
1524 knüpfte er Kontakte mit dem Regensburger Bund
und im Juli 1525 mit dem Dessauer Bund, hielt aber
zugleich an seinen Versuchen fest, zu einer gütlichen
Einigung mit den Reformern zu kommen.

Die Anziehungskraft der Reformatoren, das Erstar-
ken des Schmalkaldischen Bundes, dem auch Magde-
burg und Frankfurt am Main 1531 beitraten, sowie das
Scheitern des Leipziger Religionsgesprächs im April/
Mai 1534 versperrten diesen Weg zu Einheit. So trat
Albrecht 1533 dem Hallischen Bund und 1538 dem
Nürnberger Bund bei. Seine Forderung nach einem

Allgemeinen Konzil hielt er aber weiterhin aufrecht. Erst nachdem er die Diözesen Magdeburg und Halberstadt 1541 verlassen mußte, wurde seine Haltung entschieden antireformatorisch.

Gab zunächst die durch Albrecht von Mainz geförderte Ablaßpredigt Anlaß zu dem ersten öffentlichen Auftreten der reformerischen Theologie, so hat sicher sein langes Zögern, in der Religionsfrage eine definitive Stellung zu beziehen, Ausbildung und endgültige Erstarkung der reformerischen Bewegung in den Jahren 1521 bis 1540 entscheidend gefördert. Hätte er sich von Anfang an der altkirchlichen Seite kompromißlos angeschlossen, wäre die Streuung der reformatorischen Lehren sicher umfassend behindert worden, und möglicherweise wäre sogar die Ketzergerichtsbarkeit im altkirchlichen Sinne Herr der Lage geworden.

Neben Albrecht Dürer und Lucas Cranach d. Ä. ragt als bedeutendster deutscher Maler, der in das Geschehen der Reformation verwickelt war, Matthias Grünewald (1460/80?–1528) hervor. Sein geniales und berühmtestes Werk, die 1512–1516 entstandenen Bildtafeln des Hochaltars in der Kirche des Antoniterklosters in Isenheim, hat er noch als Hofmaler von Albrecht von Mainz geschaffen. Etwa 1525/26 mußte er aber wegen seines Eintretens für die Reformation und die aufständischen Bauern in das lutherische Frankfurt flüchten.

Albrecht von Brandenburg-Ansbach

(* 17. 5. 1490 Ansbach, † 20. 3. 1568 Schloß Tapiau)

Albrecht, neuntes Kind des Markgrafen Friedrich von Brandenburg-Ansbach und von Sophies von Polen, erhielt 1501–1507 als Domherr in Köln eine scholastische Ausbildung. 1507 wurde er Domherr in Würzburg und Bamberg, und 1509 begleitete er Maximilian I. auf seinem Italienzug. Vor dem Eintreffen des kaiserlichen

Albrecht von Brandenburg-Ansbach. Gemälde von Lucas Cranach d. Ä. (1528).

Hofes in Rovereto erkrankte Albrecht jedoch und im folgenden Jahr übernahm er dann die Verwaltung der ungarischen Güter seines Bruders Georg. In dieser Stellung erreichte ihn die Berufung auf das Hochmeisteramt des Deutschen Ordens; am 13. 2. 1511 wurde er in Sachsen investiert. 1512 traf er in der Hochmeisterresidenz in Königsberg ein. Es gelang ihm, den Polenkönig, der von ihm den Lehenseid forderte, bis zum Tode Maximilians I. (1519) hinzuhalten. Über dieser Frage kam es zu den Verheerungen des »Reiterkriegs«, der 1521 mit einem Waffenstillstand endete. Daraufhin suchte Albrecht Unterstützung im Reich und bei der Kurie. Auf diesen Reisen traf er 1523 heimlich mit Luther und Melanchthon zusammen, und die Gespräche mit den beiden Reformatoren bewogen ihn zu Entscheidungen, die am 8. 4. 1525 in Krakau zur Niederlegung der Hochmeisterwürde und der Belehnung Albrechts und seiner Brüder mit dem Preußischen Ordensland als Erbherzogtum durch die polnische Krone führten.

Albrecht wählte Luthers Lehre als Bekenntnis des Herzogtums, das nur von sieben seiner Ordensbrüder aus diesem Anlaß verlassen wurde; von altkirchlicher Seite wurden allerdings die rechtlichen Ansprüche auf dieses geistliche Territorium aufrechterhalten. In die erste Landesordnung (1525) des Herzogtums Preußen integrierte Albrecht eine Ordnung des kirchlichen Wesens; sie wurde damit zu einem Vorbild späterer Kirchenordnungen evangelischer Territorien. Albrecht bemühte sich politisch vor allem um eine Revitalisierung des Landes, das besonders in seinen südlichen Teilen schwer verwüstet war, und um die Einsetzung evangelischer Prediger.

1526 heiratete er Dorothea von Holstein († 1547), die Tochter Friedrichs I. von Dänemark, die ihn in seiner evangelischen Politik unterstützte. Das Herzogtum Preußen wurde als erstes evangelisches Territorium zum Zufluchtsort für lutherische und täuferische Flüchtlinge aus Polen, Litauen, Holland und Böhmen. Daraus entstand teilweise eine bekenntnismäßige Vielfalt, die erst Ende der Dreißiger Jahre durch die Übernahme des → *Augsburger Bekenntnisses* ihr Ende fand. 1545 traf der Herzog ein wiederholtes Mal mit Luther, Melanchthon und Bugenhagen in Wittenberg zusammen, um die Verbindungen zu den dortigen Lehrern zu festigen.

Drei Jahre nach dem Tod seiner ersten Frau heiratete Albrecht 1550 Anna von Braunschweig-Lüneburg-Calenberg. Sein einziger männlicher Erbe, Albrecht Friedrich, erwies sich als regierungsunfähig, so daß 1558–1563 die Mitbelehnung Kurbrandenburgs mit Preußen vereinbart wurde. Diese Vereinbarung wurde 1568 wiederhergestellt, nachdem in der Zwischenzeit die fränkische Linie der Hohenzollern (Ansbach) Anspruch auf Preußen erhoben hatte. Herzog Albrecht starb am 20. 3. 1568 auf Schloß Tapiau.

Zur Unterstützung und Ordnung der evangelischen Predigt in seinem Land sorgte Albrecht von Preußen für Visitationen durch Bischöfe, die er persönlich begleitete; außerdem gab er Anordnungen für Synoden in den Bistümern und für eine Landessynode und regelte die Bischofs- und Pfarrerwahl. In den Königsberger Druckereien ließ er Bibel, Katechismus, Gesang- und Predigtbücher in der Landessprache sowie in den Sprachen der angrenzenden Länder drucken und exportieren.

Die Glaubensvielfalt, die mit den Flüchtlingen ins Land gekommen war, wollten die Lutheraner vereinheitlichen, aber Albrecht widersetzte sich sogar Luthers Wünschen in dieser Richtung und behielt seine tolerante Haltung bei. Die Königsberger Lutheraner konnten allerdings durchsetzen, daß Verstöße gegen die Kirchenordnung geahndet wurden, bis schließlich die Annahme des Augsburger Bekenntnisses als Landesbekenntnis auch dogmatisch klare Verhältnisse geschaffen hat.

Die engen Beziehungen zu Wittenberg wurden auch durch familiäre Bindungen gestärkt. So war Luthers Schwager Johann von Bora bis 1534 Burggraf von Memel, der Sohn Hans Luther studierte mit einem Stipen-

Die alte Albertus-Universität auf der Dominsel des Kneiphofes in Königsberg, die Herzog Albrecht am 17. 8. 1544 mit von Philipp Melanchthon entworfenen Statuten als Academia Regiomontana *gegründet hat.*

dium des Herzogs in Königsberg und starb 1575 dort im preußischen diplomatischen Dienst. Luthers Tochter Margarete war mit dem herzoglichen Rat und Amtshauptmann Georg von Kunheim verheiratet. Melanchthons Tochter Anna war die Frau des Rektors der Universität Königsberg, Georg Sabinus.

Die Königsberger Universität entwickelte sich zum evangelischen Hort, der den Bestrebungen der altkirchlichen Gegenreformation Paroli bot. 1549 wurde →
Andreas Osiander als altstädtischer Pfarrer und Theologieprofessor nach Königsberg berufen. Er löste 1551 den Dogmenstreit zwischen seiner Universität und Wittenberg aus, der zu einer bis 1566 andauernden Entfremdung zwischen den beiden Hochschulen führte. Die 1568 für Preußen erlassene Kirchenordnung übernahm wieder vollständig die Wittenbergische Orthodoxie.

Hieronymus Aleander
(* 13. 2. 1480 Motta di Livenza, † 1. 2. 1542 Rom)

Hieronymus Aleander (italienisch: *Girolamo Aleandro*), Sohn eines Arztes, studierte zunächst in Motta, dann in Venedig, Pordenone und an der Universität Padua vornehmlich griechische, hebräische, aramäische und syrische Sprache. Im Sommer 1501 übernahm er einen diplomatischen Auftrag des päpstlichen Nuntius in Venedig, den er aber wegen einer Erkrankung nicht ausführen konnte. So nahm er 1502 neuerlich seine humanistischen Studien auf und arbeitete daneben bei dem venetianischen Drucker Aldo Manuzio mit. 1504 bis 1506 weilte er wieder in Padua und traf danach dann in Venedig auf Erasmus von Rotterdam, mit dem er zeitweise die Unterkunft teilte. 1508 reiste er mit einem Empfehlungsschreiben von Erasmus nach Frankreich, wo er in Paris und für kurze Zeit auch in Orléans alte Sprachen in öffentlichem und privatem Unterricht lehrte. 1513 wurde er zum Rektor der Universität Paris gewählt.

Im Dezember 1513 wurde er Sekretär des Bischofs von Paris, des Kanzlers Ludwigs XII. 1514 wechselte Aleander als Kanzler an den Hof des Fürstbischofs von Lüttich, eine weitaus reichere Pfründe, und ging 1516 als Agent des Fürstbischofs nach Rom.

Hieronymus Aleander. Kupferstich von Agostino di Musi (1536).

In Rom wurde Hieronymus Aleander 1517 Sekretär Kardinals Giulio de' Medici, des späteren Papstes Klemens VII., und 1519 päpstlicher Bibliothekar unter Papst Leo X. 1520 sandte ihn dieser als außerordentlichen Nuntius zu Kaiser Karl V., und Aleander entwarf in dieser Funktion das Wormser Edikt (→ *Wormser Reichstag*, 1521). Mit dem Tod Leos X. erloschen seine Ämter, aber er erreichte von Papst Hadrian VI. die Bestätigung als päpstlicher Bibliothekar. Erst Klemens VII. zog Aleander wieder zu engerer Mitarbeit heran, so zu einem Gutachten über die Luthersche Angelegenheit. Während dieses Pontifikats wurde er auch zum Priester geweiht und mit dem Erzbistum Brindisi versorgt. 1524 reiste Aleander als Nuntius an den Hof von Franz I. von Frankreich und geriet 1525 gemeinsam mit dem König auf dem französischen Italienfeldzug in die Gefangenschaft der kaiserlichen Truppen; gegen Zahlung eines Lösegeldes gelang ihm die Rückkehr nach Rom. Vor dem »Sacco di Roma« (1527), der Plünderung Roms durch kaiserliche Truppen, zog er sich in sein Bistum zurück, um dann 1529 nach Venedig zu ziehen. Seine Beziehung zur Kurie war durch finanzielle Streitigkeiten gestört; erst wieder im August 1531 wurde er als außerordentlicher Nuntius an den Kaiserhof entsandt. Im März 1533 wurde er schließlich Nuntius in Venedig.

1535 holte ihn Papst Paul III. für Aufgaben der Konzilsvorbereitungen zurück an die Kurie. 1538 wurde Aleander in den Kardinalsrang erhoben und zum Legaten in Deutschland ernannt, um einer Annäherung Habsburgs an die Protestanten entgegenzuarbeiten. Im folgenden Jahr kehrte er nach Rom zurück und übernahm das Amt eines Konzilslegaten; das Konzil kam zu dieser Zeit wegen zu geringer Beschickung nicht zustande.

»An demselben letzten Sonntage kam die Nachricht, daß Martin [Luther] gefangen genommen sei, und man murmelte sehr vernehmlich, daß wir die Anstifter der Tat seien. Wir schwebten in der größten Gefahr, da die Lutheraner das Volk mit dem zwiefachen Vorgeben aufwiegelten, daß Luther ein Mann voll des heiligen Geistes sei, und sodann, daß wir das ihm zugesicherte Geleit gebrochen hätten . . .
Wenn dem doch so wäre, denn Luther hatte ja das Geleit schon durch sein Predigen gebrochen; dieser ganze Hof tobte und besonders gegen uns, indem man die Drohung aussprach, daß, wenn sichs so verhielte, das Volk zuerst uns und dann alle Pfaffen in Deutschland erwürgen würde.«
Aus dem Bericht Aleanders vom Wormser Reichstag, 1521

Nach der Plünderung Roms durch die Heere Karls V., dem »Sacco di Roma« (1527), erfolgte die Versöhnung zwischen Papsttum und Reich in der Kaiserkrönung Karls V. durch Papst Klemens VII. in Bologna (1530), der letzten Krönung durch einen Papst in der deutschen Geschichte. Fresko (Ausschnitt) von Giorgio Vasari im Palazzo Vecchio in Florenz (1555–1562).

1541 trat Hieronymus Aleander zugunsten eines Neffen als Erzbischof von Brindisi zurück und starb am 1. 2. 1542 in Rom.

Aleander war zunächst wirksam als Vermittler humanistischen Geistes und der alten Sprachen, die besondere Bedeutung für das Studium der biblischen Urtexte hatten. Er erwies sich zeit seines Lebens als ein verläßlicher Diener der Päpste, ohne an eigenständiger politischer Profilierung übermäßig interessiert zu sein.

Seine umfangreich aufgebauten Aktensammlungen sind für die heutige Geschichtsforschung eine besonders bedeutsame Quellenfundgrube, die über die Entwicklungen der ersten zwei Reformationsjahrzehnte, insbesondere über die Situationseinschätzung durch die Kurie, wichtige Aufschlüsse vermittelt.

Allgemeines Priestertum

In den alten (heidnischen) Religionen hatten sich generell besondere Priesterkasten herausgebildet.

Im Judentum waren aus den Familien- und Stammeshäuptern, die religiöse Führungsaufgaben erfüllten, die priesterlichen Würdenträger der Gesetzeslehrer, Schriftgelehrten und Tempeldiener hervorgegangen.

Eine solche Organisationsform ist für die christliche Urkirche kaum zu erkennen, im Laufe ihrer Entwick-

Martin Luther und Jan Hus reichen in dieser allegorischen Darstellung das Abendmahl in beiderlei Gestalt. Die Beichtszene (links oben) mit Luther und Johann Friedrich I. dem Großmütigen von Sachsen und der Tischbrunnen, der vom Blut Jesu Christi gespeist wird, symbolisieren reformatorisches Beicht- und Taufverständnis. Holzschnitt aus der Cranach-Schule (um 1551).

lung hat sich jedoch eine Unterscheidung zwischen weltlichem und geistlichem Stand durchgesetzt, die die Ausprägung einer neuen Priesterkaste mit sich brachte. Dagegen haben die Reformatoren Einwände erhoben: Den Anfang machte Luther mit seiner 1520 publizierten Schrift *An den christlichen Adel deutscher Nation.*

Aus reformatorischer Sicht machte die Taufe alle Christen zu Gliedern des geistlichen Standes, zu Teilhabern des allgemeinen Priestertums. Allerdings gab es auch in den reformatorischen Kirchen einen besonderen Berufsstand, der für die Ausübung der Wortverkündigung und der Sakramentsverwaltung zuständig war. Hierzu mußte der einzelne von der Gemeinde berufen werden; dies war der reformatorische Gedanke der Ordination im Unterschied zur altkirchlichen Priesterweihe. Das priesterliche Leben mußte sich im Amtsverständnis der Reformatoren zur Welt hin offenhalten, so daß im politischen und sozialen Wirken innerhalb der Gemeinde eine Unterscheidung zwischen Laien und Amtsträgern nicht stattfand (→ *Zwei-Reiche-Lehre*).

»Wenn ein Häuflein frommer Laienchristen, die keinen von einem Bischof geweihten Priester bei sich hätten, gefangen und in eine Wüste versetzt würde und sie sich dort darüber einig würden, daß sie einen unter sich – er wäre verheiratet oder nicht – erwählten und sie ihm das Amt, zu taufen, Messe zu halten, zu absolvieren und zu predigen, anbefehlen würden, so wäre der wahrhaftig ein Priester, wie wenn ihn alle Bischöfe und Päpste geweiht hätten.«
Luther, *An den christlichen Adel deutscher Nation,* 1520

Nikolaus von Amsdorff

(* 3. 12. 1483 Torgau, † 14. 5. 1565 Eisenach)
Nikolaus von Amsdorff entstammte einer thüringi-

»Meinen lieben Freunden, Brüdern und Kindern in Christo zu Magdeburg wünsche ich von Gott dem Vater und unserm Herrn Jesus Christus Glück, Heil, Stärke, Kraft und Seligkeit. Amen.

Dieweil nun das Interim ausgegangen und jedermann geboten ist, es anzunehmen, so habe ich euch zum Trost, da ich bis in das achtzehnte Jahr das heilige Evangelium lauter und rein gepredigt habe, diese meine Antwort, Glaube und Bekenntnis ausgehen lassen wollen, darauf ich mit Gottes Gnade und Hilfe bis in den Tod verharren und bleiben will. Darum ermahne und bitte ich euch, ihr wollt euch an dem Interim nicht stoßen noch ärgern, sondern an dem Wort, das ihr gehört und angenommen habt, unbeweglich festhalten und es öffentlich bekennen, so wird euch Jesus Christus, unser lieber Herr, am jüngsten Tage vor seinem himmlischen Vater und allen Engeln wiederum bekennen. Und laßt euch des Kaisers Name nicht erschrecken, . . . denn Seine Majestät weiß nicht, daß er keine Gewalt und Macht hat, die Herzen und Gewissen zu regieren, denn es ist allein Leib und Gut und kein Gewissen noch Seele unter seiner Macht und Gewalt, sondern er ist Gottes Wort genauso unterworfen wie wir anderen. Weil er aber unsere Seelen und Gewissen mit seinem Interim angreift und also unserm Herrn Christus in sein Amt und Reich eingreift, welches kein Herr auf Erden vom andern leidet noch duldet, so müssen und sollen wir Prediger und Befehlshaber unseres Herrn Jesus Christus . . . nicht gegen Kaiserliche Majestät, sondern gegen das Interim und seine Urheber Einwand erheben und Widerstand leisten, es gehe uns darüber, wie Gott will, und wenn es nicht anders sein soll, Leib und Gut darüber lassen.« Amsdorff, *Antwort, Glaube und Bekenntnis auf das schöne und liebliche Interim,* 1548

schen Adelsfamilie; seine Mutter war eine Schwester von Johannes von Staupitz, dem Ordensvikar und theologischen Ziehvater des jungen Luther. Er kam 1497 an die Leipziger Thomasschule, immatrikulierte sich 1500 an der Universität Leipzig und wechselte 1502 an die neugegründete Universität Wittenberg, wo er 1511 das Lizentiat der Theologie erlangte. Er hatte damit eine profunde scholastische Bildung erworben, die für nominalistische Tendenzen, wie sie → *Gabriel Biel* vermittelt hatte, offen war. Seit 1508 war Amsdorff Stiftsherr in Wittenberg und erhielt später noch aus anderen Pfründen seinen Unterhalt. Bis 1524 blieb er im akademischen Amt und als Prediger in Wittenberg, wo er sich großer Wertschätzung durch den kurfürstlichen Hof erfreuen konnte. 1510 und 1511 war er Dekan der philosophischen Fakultät, 1513 und 1522 amtierte er als Rektor der Universität.

Im September 1516 brachte ihn eine Promotionsdisputation in erstmaligen Kontakt mit Luther, dessen Römerbriefkolleg von 1515/16 den Disputationsthesen zugrunde lag. Nikolaus von Amsdorff reagierte zunächst befremdet auf diese Thesen, eine tiefere Beschäftigung mit ihnen ließ ihn zur Zustimmung finden, die sich in einer erfreuten Nachricht an Johann Lang in Erfurt dokumentiert hat. In der Folge gehörte er dem engen Kreis der Reformer an, war theologisch von der Rechtfertigungslehre Luthers überzeugt und zugleich sicher, in ihr den alten Glauben der Apostel wiedergefunden zu haben. 1519 zur Leipziger Disputation und 1521 zum Reichstag von Worms begleitete er Martin Luther. Nach seiner Rückkehr vom Reichstag führte er mit Melanchthon die Arbeit der Reformatoren während Luthers Aufenthalt auf der Wartburg fort. Danach beteiligte er sich an den Übersetzungsarbeiten zu Luthers deutscher Bibelausgabe.

1524 wurde Nikolaus von Amsdorff auf Luthers Anraten und gegen den Widerstand der altkirchlichen Prediger Superintendent und Pfarrer an St. Ulrich in Magdeburg. In achtzehnjähriger Tätigkeit gegen altgläubige, zwinglianische und täuferische Tendenzen (→ *Melchior Hoffmann*) brachte er die Reformation zur Entfaltung – in voller Übereinstimmung mit Wittenberg. Er kümmerte sich um die Ordnung von Gottesdienst und Schulwesen im erzbischöflichen Magdeburg, wobei ihn → *Caspar Cruciger* und Georg Major unterstützten. Während dieser Zeit war er jeweils für einige Wochen zur Unterstützung und zum Ausbau der Reformation 1528 und 1531 in Goslar sowie 1530 in Einbeck in Niedersachsen. Einen Ruf als Probst nach Nürnberg lehnte Amsdorff nach Rücksprache mit Luther 1534 ab, nahm aber nach dem Tod Herzog → *Georgs des Bärtigen* (1539) Einfluß auch auf die Reformierung des Herzogtums Sachsen, insbesondere in Leipzig und Meißen.

Als 1541 der Bischofsstuhl von Naumburg vakant wurde und das Kapitel den reformkatholischen Julius Pflug zum Nachfolger wählte, konnte Kurfürst Johann Friedrich von Sachsen den Naumburger Rat gewinnen und mit ihm gemeinsam auf eine Besetzung des Bistums durch Amsdorff hinarbeiten. Nikolaus von Amsdorff wurde am 20. 1. 1542 von Luther selbst ordiniert. Nach der Niederlage des Schmalkaldischen Bundes (1547) wurde Amsdorff verjagt und Pflug wieder eingesetzt.

Amsdorff begann danach den Kampf um den Erhalt der lutherischen Orthodoxie, zunächst von Weimar, 1548 dann von Magdeburg und 1552 von Eisenach aus, wo er auch die Jenaer Lutherausgabe anregte. Seine Autorität in Fragen der Kirchenaufsicht war weiterhin unumstritten, obwohl er nun kein Amt mehr innehatte und auch der fürstliche Schutz nicht mehr so wirksam wie früher war. 1554 hielt Amsdorff Herzog Johann Friedrich als »untertäniger Kaplan« die Grabrede.

Am 14. 5. 1565 starb Nikolaus von Amsdorff und wurde im Chorraum der Eisenacher Georgenkirche beigesetzt.

In praktischen Fragen vertraute Amsdorff weitgehend auf die Führung Luthers. Seine reformatorische Überzeugung war allerdings nicht geprägt durch ein Bekehrungserlebnis, sondern durch theologisch-wissenschaftliche Einsicht. Amsdorff war deshalb wie kein

Luther-Denkmal und die romanische Basilika der Nikolaikirche in Eisenach, der letzten Wirkungsstätte von Nikolaus von Amsdorff.

»Und *in summa,* es liegt alles an der Messe; wenn die Messe steht und bleibt als rechter wahrer christlicher Gottesdienst, so steht und bleibt das Papsttum mit allen seinen Affen und Pfaffen, und wir Lutherischen fallen mit unserer Lehre und unserem Glauben als Ketzer und Buben hinten hinüber. Fällt aber die Messe als menschliche Erdichtung und rechte wahre Abgötterei, so fällt das ganze Papsttum mit Mönchen, Pfaffen und allen ihren Gottesdiensten dahin, und wir Lutherischen bleiben mit unserer Lehre und unserem Glauben ewiglich. Das weiß ich fürwahr und gewiß als ein teures, wertes Wort, weil Gottes Wort in Ewigkeit bleibt. So können auch wir Lutherischen nicht die falschen Propheten sein, von denen die Schrift sagt, und wenn alle Mönche und Pfaffen bersten sollen. Denn wir verbieten nicht, ehelich zu werden oder Speisen zu meiden. Trotz euch, Rom, Trier, Köln und Mainz! Pfeift auf, so wollen wir tanzen!«
Amsdorff, *Antwort, Glaube und Bekenntnis auf das schöne und liebliche Interim,* 1548

anderer geeignet, zu einem Vorkämpfer lutherischer Orthodoxie zu werden.

So brach er schon während der Zeit der »Wittenberger Bewegung« (1521/22) mit → *Andreas Bodenstein* (Karlstadt) und Luther bestätigte diese Entscheidung nach seiner Rückkehr von der Wartburg. 1527 und 1537 vertrat Amsdorff Luthers Position im Streit zwischen → *Johannes Agricola* und Melanchthon und vollzog auch Luthers Trennung von Erasmus von Rotterdam mit, die Melanchthon ablehnte. In den Religionsgesprächen war Amsdorffs Kompromißbereitschaft sehr begrenzt, sobald er einen Verlust an Klarheit in Glaubenslehren befürchtete. So hat er 1536 wohl Luthers *Schmalkaldische Artikel* unterschrieben, nicht jedoch die → *Wittenberger Konkordienformel.* Bei den Gesprächen in Hagenau, Worms und Regensburg (1540/41) hat er die Vermittlungsversuche gegenüber den Altgläubigen nur widerwillig akzeptiert, den Kompromißversuch mit den katholischen Ständen im *Regensburger Buch* lehnte er ausdrücklich ab. Während dieser beiden Jahrzehnte hielt er engen Kontakt mit Luther und wurde Taufpate von dessen Tochter Magdalene.

Sein direkter Kampf um lutherische Orthodoxie begann mit der Ablehnung des Augsburger und Leipziger Interims. Daraus resultierte auch eine Loslösung von Melanchthon, der das Leipziger Interim mitverantwortet hatte; diese Distanzierung gipfelte schließlich in der Entfremdung zwischen den Universitäten Wittenberg und Jena, die zu einer eigenen *Jenaer Lutherausgabe* (ab 1556) führte, mit der nach Ansicht Amsdorffs einzig ein nicht korrumpierter Text Luthers vorgelegt worden war. Zeitweilig verdächtigte er in seinem Eifer für die reine Lehre sogar → *Bugenhagen* der Abweichung von der evangelischen Verkündigung.

Seine wichtigsten Kampfschriften richten sich gegen das altgläubige Dogma der Werkgerechtigkeit, vor allem in Fragen der Bußpraxis, gegen das Papsttum und seinen Anhang sowie gegen unklare Formulierungen des lutherischen Abendmahlverständnisses. In seinen Kampfschriften differenzierte er dabei kaum zwischen unterschiedlich orientierten Gegnern; Calvin hat er beispielsweise vorgeworfen, seine Lehre sei mit der Zwinglis identisch.

In den zentralen Punkten seiner Lehrdarstellung sollte ihm die → *Konkordienformel* der lutherischen Kirchen (1580) nachträglich Recht geben.

Jakob Andreae (Faber Fabricius; Schmiedjakob)
(* 25. 3. 1528 Waiblingen, † 7. 1. 1590 Tübingen)

Jakob Andreae, der Sohn eines Schmieds von fränkischer Herkunft, hatte in Tübingen Theologie studiert und war 1546 in Stuttgart Diakon geworden. 1548 wurde er in Tübingen zum Doktor der Theologie promoviert und übernahm danach das Amt eines Stadtpfarrers und Superintendenten in Göppingen; später wurde er Generalsuperintendent. 1561 berief Herzog Christoph ihn als Professor der Theologie und Kanzler der Universität nach Tübingen. Andreae arbeitete in der Tradition der lutherischen Ausprägung der Württembergischen Kirche durch → *Johannes Brenz*.

Nach dem → *Augsburger Religionsfrieden* (1555) wurde Jakob Andreae zur zentralen Figur beim Aufbau der Württembergischen Landeskirche. Nach dem »Scheitern« des Naumburger Fürstentags (→ *Konkordienbuch*) wies Herzog Christoph von Württemberg Jakob Andreae an, für die Einigung der lutherischen Kirchen tätig zu werden; August von Sachsen und Julius von Braunschweig unterstützten ein solches Vorhaben in besonderer Weise. Wesentlich Andreaes Bemühungen verdankte sich die 1577 im *Berger Buch* fertiggestellte und 1580 veröffentlichte Konkordienformel des → *Konkordienbuchs*. Daneben hatte Jakob Andreae um 1573 als Theologe und Kanzler der Universität Tübingen an den Versuchen einer Vereinigung mit der griechisch-orthodoxen Kirche verantwortlich mitgewirkt. Durch den Patriarchen von Konstantinopel wurde im Rahmen dieser Korrespondenz anerkannt, daß das → *Augsburger Bekenntnis* ein genuin christliches und rechtgläubiges Bekenntnis sei. Allerdings kam es nicht zu einer Kirchenunion, und der Briefwechsel brach bald völlig ab. Der Ratschlag Jakob Andreaes, der habsburgischen Gegenreformation in den Stammlanden keinen Widerstand zu leisten, wurde für die evangelischen Stände Österreichs zum Verhängnis und trug wohl dazu bei, daß die Rekatholisierung der habsburgischen Lande nahezu lückenlos gelungen ist.

Augsburger Bekenntnis
(Reichstag zu Augsburg 1530)

Kaiser Karl V. hoffte, auf dem Reichstag von 1530 eine Einigung zwischen Reformatoren und Altgläubigen oder zumindest eine Widerlegung der reformatorischen Theologie herbeiführen zu können. Von den Gegnern der Reformatoren waren Anstalten gemacht worden, einzelne Sätze der neuen Lehren als ketzerisch anzuprangern. Deshalb begannen die Reformatoren ihrerseits mit der Vorbereitung einer Darstellung ihres Glaubens auf dem Reichstag, um einer Verurteilung von aus dem Zusammenhang gerissenen Sätzen entgegenzuwirken.

Da Luther sich noch immer in Reichsacht befand, wagte sein Landesherr, Friedrich III. der Weise, nicht, ihn mit nach Augsburg zu nehmen; er brachte ihn auf die Veste Coburg, die noch in seinem Herrschaftsbe-

reich und doch nahe genug zum Tagungsort der Reichsstände lag. In Augsburg selbst war es Melanchthon, der
federführend die Formulierung eines evangelischen Bekenntnisses erarbeitet hat. Grundlage dieser Schrift
waren die *Schwabacher* und *Marburger Artikel* sowie
die *Torgauer Artikel*.

Die endgültige Fassung des *Augsburger Bekenntnisses* umfaßte 28 Artikel. Sie waren in zwei Teile geglie-
dert: Die Artikel 1–21 behandelten Glauben und Lehre
generell, insofern sie nach Meinung der Evangelischen
einheitlich von Altgläubigen und Reformern anerkannt
werden konnten; die Artikel 22–28 betrafen jene Punkte, um die Streit herrschte. Als strittige Fragen wurden
angeführt: die Gewährung des Laienkelchs, der Ehestand der Pfarrer, das Verständnis der Abendmahlsfeier, die Beichte, die Speisegesetze (Fasten), das Ordensgelübde und der Umfang der Bischofsgewalt.

Luther wurde über den Fortgang der Arbeiten durch
Kuriere informiert und richtete neben einer umfangreichen Korrespondenz selbst ein Sendschreiben an die
auf dem Reichstag versammelten evangelischen Theologen (*Vermahnung an die Geistlichen*). Er bedauerte
zwar die vorsichtige Zurückhaltung in der Fassung des
Bekenntnisses, die Zugeständnisse in Fragen wie Fegfeuer, Heiligenkult und Einschätzung des Papsttums
sowie der Besonderheit des Priestertums im altkirchli-

*Dieses Bild gehört zu den vielen
allegorisierenden Gedenkbildern
zur Verlesung des* Augsburger
Bekenntnisses *vor Kaiser Karl V.
Die protestantischen Reichs-
fürsten (links) und Städtevertreter
(rechts) heben die Hand zum
Bekenntnisschwur. Gemälde von
Georg Balthasar von Sand (um
1630).*

chen Verständnis machte; er war jedoch insgesamt der Meinung, daß mit diesem Bekenntnis Jesus Christus auf dem Reichstag »öffentlich und trefflich verkündet« werde.

Das *Augsburger Bekenntnis* wurde in lateinischer wie in deutscher Sprache vorgelegt. Zunächst nur von den kursächsischen Theologen als Bekenntnis vorgetragen, erlangte die Schrift durch den Beitritt der übrigen evangelischen Stände den Charakter einer Staatsschrift. Nur die vier oberdeutschen Städte Straßburg, Konstanz, Lindau und Memmingen sowie der schweizerische Reformator Zwingli legten dem Kaiser eigene Bekenntnisse vor. Im Druck erschien das *Augsburger Bekenntnis* zuerst 1531 in einer von Melanchthon autorisierten Fassung.

Das *Veränderte Augsburger Bekenntnis (Confessio Augustana variata)* von 1540 erschien als offizielle Neuausgabe für die Religionsgespräche von 1540/41 in Worms. In ihm waren das *Wittenberger Gutachten* für den Schmalkaldischen Bundestag vom März/April 1540, die *Apologie* des Augsburger Bekenntnisses *(Apologia Confessionis)* von Melanchthon und die → *Wittenberger Konkordienformel* von 1536 verarbeitet worden. Von den Lehrfragen war insbesondere der Artikel 4 über die Frage der Rechtfertigung erweitert worden; der Artikel 10, der die Abendmahlsfrage be-

Das Augsburger Bekenntnis *(1530)*.

handelte, war weniger differenziert dargestellt. Zunächst wurde dieses Bekenntnis nur von altkirchlicher Seite kritisiert, später regte sich aber auch unter den Lutheranern Widerstand dagegen (etwa von seiten → *Amsdorffs*), so daß in der Konkordienformel von 1580 auf die unveränderte Fassung (*invariata*) des *Augsburger Bekenntnisses* von 1530 zurückgegriffen wurde.

Der Kaiser forderte die altgläubigen Theologen zu einer Stellungnahme bzw. Widerlegung des vorgelegten Bekenntnisses auf. Daraus entstand zunächst die *Responsio theologorum* (Theologenantwort), die in weitschweifiger Weise auf alle altkirchlichen Vorwürfe gegen die Reformatoren einging, ohne sich konkret mit den 28 Artikeln des Bekenntnisses zu befassen. Dieser Text wurde vom Kaiser zur nochmaligen Bearbeitung zurückgewiesen. Die zweite Fassung, die *Catholica et quasi extemporalis responsio* (Katholische Entgegnung gewissermaßen aus dem Stegreif), fiel äußerst polemisch aus und operierte mit persönlichen Verunglimpfungen der Autoren des *Augsburger Bekenntnisses*. Auch diese Fassung hielt der Kaiser für unangemessen.

So entstand zuletzt die *Confutatio Confessionis Augustanae* (Zurückweisung des Augsburger Bekenntnisses), die zunächst einen Konsens in essentiellen Fragen des Glaubens zugestand, dann aber darauf hinwies, daß gute Werke, Siebenzahl der Sakramente, Heiligenverehrung sowie kirchliche Autorität unverzichtbar und heilsnotwendig seien. Aus diesen Gründen haben sich die Autoren der *Confutatio* auf kirchendisziplinarische Fragen wie Priesterehe und Laienkelch konzentriert, deren Tolerierung sie – zumindest für die Zeit bis zu einem Allgemeinen Konzil – nicht ausschließen wollten. Von den evangelischen Ständen wurde eine Unterwerfung unter diese *Zurückweisung* gefordert, ohne daß der schriftliche Text übergeben wurde. Sie wurde

Der Augsburger Reichstag. Kupferstich von Georg Köler (um 1630).

als Erlaß des Kaisers in die Reichstagsakten aufgenommen, stellte also kein Bekenntnis der altkirchlichen Theologen dar. Im Druck erschien der Text der *Confutatio* erst 1559.

Im Auftrag der Evangelischen unternahm es Melanchthon in seiner *Apologie*, zur Ablehnung der *Confutatio* Stellung zu nehmen. Diese Apologie bildete gemeinsam mit dem *Augsburger Bekenntnis* die Grundlage für Verhandlungen des Schmalkaldischen Bundes am 1. 9. 1531 in Schmalkalden; im folgenden Jahr – beim Bundestag im April zu Schweinfurt – erkannten auch die oberdeutschen Städte beide Schriften als ihrem Bekenntnis entsprechend an.

Nahezu die Hälfte der *Apologie* bezog sich auf Artikel 4, auf die Frage der Rechtfertigung aus dem Glauben, bzw. auf die Einwände der *Confutatio* gegen Artikel 4 und 6, also die Verdienstlichkeit von guten Werken. Von Melanchthon wurde die Rechtfertigung *allein* aus dem Glauben deutlich hervorgehoben. Zugleich wurden aber in Fragen der Kirchendisziplin und Sakramentenlehre Kompromisse angeboten, die einen Weiterbestand der Einheit des abendländischen Christentums als möglich erscheinen ließen.

Insgesamt muß das *Augsburger Bekenntnis* einschließlich der *Apologie* als ein letzter Versuch der reformerischen Theologen angesehen werden, die Einheit des westlichen Christentums zu wahren, ohne auf wesentliche Ergebnisse der erarbeiteten theologischen Neuorientierung verzichten zu müssen.

Im Jahr 1717 konnte in Augsburg, nach einer langen Zeit der Unterdrückung der evangelischen Kirche, erstmals ein Jubiläum, der Thesenanschlag Luthers, öffentlich gefeiert werden. Der in barocker Manier gestaltete Kupferstich aus dem Jubiläumsjahr trägt den Titel Eigentliche Abbildung des Leuchters wahrer Religion, wie dieselbe in der Augspurgischen Confession kürtzlich begriffen *und gibt neben einer Fülle von Emblemen und Bibelzitaten in 21 Medaillons die Artikel des* Augsburger Bekenntnisses *wieder.*

Augsburger Interim

Am 30. 6. erließ der Reichstag zu Augsburg von 1548 26 Kapitel eines *Interims*, das den Status der Reichskirche bis zu einer Entscheidung durch das Allgemeine Konzil aufgrund kaiserlichen Erlasses regeln sollte. Das Interim bot, zum Teil in protestantischer Formulierung, eine in der Sache katholische Theologie und gestand darüber hinaus lediglich die Gewährung des Laienkelchs sowie die Gültigkeit der Ehen evangelischer Geistlicher zu. Kurfürst Joachim von Brandenburg, Markgraf Albrecht von Brandenburg-Kulmbach und Erzbischof Albrecht von Mainz begrüßten diesen Erlaß des Kaisers, die übrigen katholischen Fürsten stimmten eher unwillig zu. Papst Paul III. akzeptierte die Vereinbarung erst im August 1549.

Die evangelischen Stände blieben damit unzufrieden; lediglich Landgraf Philipp von Hessen – nach der Niederlage im Schmalkaldischen Krieg kaiserlicher Gefangener – leistete seine Unterschrift. Das Zentrum des theologischen Widerstands gegen diese vorläufige Regelung war Magdeburg (→ *Matthias Flacius »Illyricus«* und → *Nikolaus von Amsdorff*).

Im November 1548 trafen sich in Alt-Zelle Moritz von Sachsen, Melanchthon und Georg III. von Anhalt Dessau, um das sogenannte *Leipziger Interim* zu verfassen, das anstelle des kaiserlichen Erlasses für die protestantischen Stände einen Kompromiß anbieten sollte. Es stellte fest, daß katholische Zeremonien und Heiligenbilder sowie ähnliche Bräuche weder gut noch böse seien, sondern indifferent (griechisch: *adiaphora*), also nicht der *Heiligen Schrift* widersprächen. Die Annahme dieses Dokuments durch den sächsischen Landtag zu Leipzig im Dezember 1548 führte zu neuerlichen Kontroversen mit der aufkeimenden lutherischen Orthodoxie.

Augsburger Religionsfriede
(Reichstagsabschied 1555)

Durch den »Fürstenaufstand«, den antikaiserlichen Pakt der deutschen Fürsten unter Führung von → *Moritz von Sachsen* 1552, war die Autorität Kaiser Karls V. im Reich geschwächt worden; des weiteren war in England unter Königin Maria Tudor, der Katholischen, und in den Niederlanden unter der spanischen Inquisition die Gegenreformation in Gang gekommen. Den Kaiser vertrat auf diesem Reichstag König Ferdinand I., und von den Fürsten waren nur wenige persönlich erschienen. Die Versammlung ähnelte einem Diplomatentreffen.

Das schleppende Verfahren der sonst üblichen Verhandlungen bewog Ferdinand zu der Neuerung, die religiösen Parteien direkt miteinander verhandeln zu lassen. Basis der Gespräche war je ein Gutachten der lutherischen Kurfürsten und der Fürsten (altgläubige Mehrheit), deren Ergebnisse am 19. 6. 1555 den Reichsstädten und am 21. 6. dem König vorgelegt wurden. Sie bestanden in einem Kompromiß, der die reichsrechtlichen Durchführungsbestimmungen dem Kaiser überließ. Ferdinand I. drängte zunächst auf Behandlung der Fragen des Landfriedens und der Reform des Reichskammergerichts, ehe er am 30. 8. seinen Religionsfriedensentwurf bekanntgab, der sich am Reichstagsabschied von 1544 (Speyer) orientierte, der damals – wegen der Bedrohung des Kaisers durch Franz I. von Frankreich – ein Friedensgebot vorgesehen hatte. Am 9. 9. 1555 gewährte Ferdinand eine zehntägige Frist für Rückfragen der Verhandlungspartner bei ihren Auftraggebern, und in den Schlußverhandlungen am 20. 9. konnte er seine Auffassung ohne wesentliche Abstriche durchsetzen.

Den Reichsständen, die dem Augsburger Bekenntnis folgten, wurde ein »beständiger, beharrlicher, unbedingter, für und für ewig währender« Friede gewährt. Dieser Friede räumte ein Auswanderungsrecht für an-

»Und damit ein solcher Friede der gespaltenen Religion wegen . . . aufgerichtet und erhalten werden möge, deshalb sollen die Kaiserliche Majestät, wir, die Kurfürsten, Fürsten und Stände des Heiligen Reiches, keinen Stand des Reiches wegen der Augsburgischen Konfession und deren Lehre, Religion und Glauben mit Gewalt überziehen, beschädigen, vergewaltigen oder auf andere Wege wider sein Gewissen und seinen Willen . . . zwingen . . .

Dagegen sollen die Stände, die der Augsburgischen Konfession angehören, die Römische Kaiserliche Majestät, wir, die Kurfürsten, Fürsten und andere Stände des Heiligen Reiches, die der alten Religion anhängen, . . . gleichergestalt bei ihrer Religion, ihrem Glauben und Kirchengebräuchen, Ordnungen und Zeremonien . . . bleiben lassen; . . . auch sollen sie mit der Tat oder sonst im Unguten nichts gegen sie unternehmen, sondern ein jeder lasse es sich allewege nach dem Inhalt und den Aufzeichnungen der Rechte, Ordnungen, Abschiede und geltenden Landfrieden des Heiligen Reiches gegen den andern an gebührenden ordentlichen Rechten begnügen, und zwar in allem bei der fürstlichen Ehre, wahren Worten und bei Vermeidung der Strafe des geltenden Landfriedens.

Doch sollen alle anderen, die den beiden erwähnten Religionen nicht anhängen, in diesem Frieden nicht berücksichtigt, sondern gänzlich davon ausgeschlossen sein.«
(*Augsburger Religionsfriede*, Textauszug)

dersgläubige Untertanen der Reichsstände ein, jedoch nicht für Untertanen der kaiserlichen (habsburgischen) Erblande. Sollten geistliche Fürsten zum Augsburger Bekenntnis übertreten, so sollten sie ihrer Ämter und Pfründen verlustig gehen, jedoch nicht ihren Ehrenrang einbüßen. Die Reichsstädte wurden dazu verpflichtet, beide Konfessionen zu tolerieren; sie wurden damit vom Recht der Stände zur Reformierung ihres Herrschaftsbereichs ausgeschlossen. Straßburg lehnte deshalb eine Besiegelung des Reichstagsabschieds ab. Für den Besitzstand der geistlichen Güter wurde das Jahr des Passauer Vertrags (1552) als maßgebend festgelegt, in dem zwischen Kaiser und Ständen des Augsburger Bekenntnisses vereinbart worden war, daß die Religionsfrage ausschließlich mit friedlichen Mitteln beigelegt werden sollte.

Das Augsburger Bekenntnis wurde durch den Religionsfrieden ein reichsrechtlicher Tatbestand, der theologisch nicht mehr hinterfragbar war. Als geltende Rechtsbasis für ein evangelisches Christentum auf Reichsboden wurde er auch ein Jahrhundert später in die Verhandlungen zum Westfälischen Frieden (*Osnabrücker Instrument* von 1648, Artikel 5) einbezogen.

Die heute geläufige Formel *Cuius regio, eius religio* (Wes die Herrschaft, des der Glaube) stammt erst aus dem Jahre 1599, sie gibt aber in ihrer Verkürzung das Neuartige an diesem Friedenskonzept trefflich wieder, das in der territorial eingegrenzten Glaubenseinheit und Kirchenhoheit seinen Ausdruck findet.

»Wo aber unsere, der Kurfürsten, Fürsten und Stände Untertanen, die der alten Religion oder der Augsburgischen Konfession anhängen, ihrer Religion wegen aus unseren, der Kurfürsten, Fürsten und Stände des Heiligen Reiches Ländern, Fürstentümern, Städten oder Flecken mit Weib und Kindern an andere Orte ziehen und sich dort niederlassen wollen, soll solcher Ab- und Zuzug, auch der Verkauf ihres Hab und Guts gegen einen angemessenen gemäßen Abtrag der Leibeigenschaft und Nachsteuer, wie es an jedem Ort von alters her üblich, hergebracht und gehalten worden ist, jedermann ungehindert zugestanden und bewilligt werden, und es soll ihnen auch an ihren Ehren und Pflichten in jeder Beziehung nicht vergolten werden, doch soll den Obrigkeiten an ihren Gerechtigkeiten und Gewohnheiten in bezug auf die Leibeigenen, ob sie sie als ledig zählen oder nicht, hierdurch nichts abgesprochen oder genommen sein.« (*Augsburger Religionsfriede*, Textauszug)

August I. von Sachsen

(* 31. 7. 1526 Freiberg, † 12. 2. 1586 Dresden)

August folgte 1553 seinem Bruder → *Moritz (von Sachsen)* als Kurfürst und wurde damit zum führenden protestantischen Fürsten Deutschlands. Er änderte die Richtung der sächsischen Politik und suchte einen Ausgleich mit dem habsburgischen Kaisertum. Damit leistete er einen wesentlichen Beitrag zur Erzielung des → *Augsburger Religionsfriedens*, der die religiös begründeten blutigen Auseinandersetzungen zwischen katholischen und lutherischen Fürsten beendete.

In Lehrfragen hielt sich August I. zunächst an Philipp Melanchthon und seine Schüler. Als seine Berater sich dem Calvinismus anzunähern schienen, sorgte er für deren harte Bestrafung und von 1574 an durch seinen beständigen Kampf um Glaubensreinheit für einen orthodoxen Lutheranismus in seinen Besitzungen. Von seiner Frau, Prinzessin Anna von Dänemark, wurde er in seinen politischen Bemühungen unterstützt; durch Förderung von Handel und Wirtschaft sowie durch Finanz- und Rechtsreformen hatte er die Entwicklung Sachsens entscheidend vorantreiben können.

August I. von Sachsen. Gemälde von Lucas Cranach d. J. (um 1580).

COLLOQVIA DOCT·
Mart: Luthers/ So er in vielen
Jaren/ gegen gelarten Leuten/ auch frembden Gle-
stauf und seinen Tischgesellen geführt/ Nach
den Haubtstücken vnserer Christlichen Lere/ zusammen
getragen.

Johan. 6. Cap.
Samlet die vbrige Brocken/ daß nichts vmbkomme.

Gedruckt zu Eisleben/ bey
Urban Gaubisch.

1 5 6 6

*Titelblatt der 1566 in Eisleben
erschienenen Erstausgabe der*
Tischreden oder Colloquia
Martin Luthers, *die Aurifaber
nach eigenen und fremden Mitschriften zusammengestellt hat.
Sie reichen von 1531 bis in die
letzten Lebenstage Luthers. Abwechselnd in Deutsch und Latein
verfaßt, sind die Gesprächsproto-
kolle authentische, von den jeweiligen Protokollanten unmittelbar
festgehaltene Mitschriften von
Luthers Äußerungen in seinem
Freundeskreis.*

»Ein guter Prediger soll diese
Eigenschaften und Tugenden
haben. Zum ersten, daß er fein
richtig und ordentlich lehren
könne. Zum andern soll er einen
feinen Kopf haben. Zum dritten
wohl beredt sein. Zum vierten
soll er eine gute Stimme haben.
Zum fünften ein gutes Gedächtnis. Zum sechsten soll er wissen
[rechtzeitig] aufzuhören. Zum
siebenten soll er seines Dinges
gewiß und fleißig sein. Zum
achten soll er Leib und Leben,
Gut und Ehre dran setzen. Zum
neunten soll er sich von jedermann lassen vexieren und ge-
hein [zum besten haben
lassen]«.
(Luthers *Tischrede* Nr. 6793 aus
Aurifabers Sammlung)

Johannes Aurifaber (Johann Goldschmied)
(* 1519 Weimar, † 18. 11. 1575 Erfurt)

Johannes Aurifaber konnte im Herbst 1537 mit einem Stipendium des Grafen Albrecht von Mansfeld das
Studium an der Universität Wittenberg aufnehmen.
1539 erlangte er das Bakkalaureat, und später wurde er
Magister Artium. 1540–1543 wirkte er als Lehrer zweier
Mansfelder Grafen. 1544/45 zog er mit Graf Vollrad
von Mansfeld als Feldprediger nach Frankreich; nach
seiner Rückkehr wurde er der letzte Famulus Luthers
im Wittenberger Haus. Er begleitete diesen auf seiner
letzten Reise nach Mansfeld und Eisleben, wo er dann
Zeuge von Luthers Tod wurde.

Im Schmalkaldischen Krieg wirkte Aurifaber als
Feldprediger unter Johann Friedrich von Sachsen, und
nach Kriegsende (1547) kam er an den Weimarer Hof.
1550 wurde er zweiter Hofprediger und am 15. 7. 1556
einziger Hofprediger in Weimar. Er verwarf sowohl das
→ *Augsburger Interim* (1548) als auch die Abweichungen → *Andreas Osianders* in Königsberg (1552) und
sorgte seit 1556 für die Berufung von Gnesiolutheranern in wichtige Ämter, wobei er mit → *Amsdorff*
zusammenarbeitete. Außerdem wurde er einer der Mit-
verfasser des *Weimarer Konfutationsbuches* (1559).

Als sich der Hof von den Gnesiolutheranern abwandte, wurde Aurifaber am 22. 10. 1561 entlassen und
siedelte nach Eisleben in das Gebiet der Mansfelder
Grafen. 1565 floh er vor der Pest nach Erfurt, wo er im
folgenden Jahr Pfarrer an der Predigerkirche wurde.
Von 1569 bis 1572 wurde in Erfurt der Streit um das
Rektorat der Universität auf den Kanzeln ausgetragen,
und Aurifabers vermittelnde Haltung in dieser Frage
wurde vom Rat der Stadt anerkannt; er wurde zum
Senior des Erfurter Ministeriums bestellt.

Johannes Aurifaber starb am 18. 11. 1575 in Erfurt.
In der Predigerkirche wurde er auf seinem Grabstein
porträtiert.

Von besonderer Bedeutung – neben seinem Einsatz
für ein orthodoxes Luthertum – war die Publikationstä-
tigkeit Aurifabers. Er hatte es sich zur Aufgabe gemacht, unveröffentlichte Werke und Nachschriften von
Vorlesungen oder Predigten Luthers für den Druck
vorzubereiten. Gemeinsam mit Georg Rörer arbeitete
er an der *Jenaer Lutherausgabe* (1553–1558). In Eisleben gab er die Briefe und Predigten des Reformators in
Ergänzung sowohl zur Wittenberger als auch zur Jenaer
Ausgabe heraus. 1566 erschien sein wichtigstes und am
weitesten verbreitete Werk, das bis heute über zwanzig
Auflagen erlebte: die *Tischreden Oder Colloquia Doct.
Mart. Luthers*.

Obwohl seine Editionsmethoden schon unter den
Zeitgenossen umstritten waren, muß festgehalten werden, daß Aurifaber von besonderer Bedeutung dadurch

geworden ist, daß er kein idealisiertes Lutherbild hinterlassen, sondern seinen Lehrer mit allen Ecken und Kanten porträtiert hat.

Die Sammlung der Schriften von Johannes Aurifaber wurde durch Julius von Braunschweig zwischen 1577 und 1580 aufgekauft und in die Wolfenbütteler Bibliothek eingegliedert.

Bauernkrieg – 1524/1525

Der Deutsche Bauernkrieg steht in einer langen Reihe von Aufstandsbewegungen im feudalen Europa, deren Traditionen seit dem 14. Jh. nicht mehr völlig abbrechen. Ja, die »Bundschuh«-Bewegung im Südwesten Deutschlands (seit der 1. Hälfte des 15. Jh.s) reicht mit ihren lokalen Aufständen bis an die Reformationszeit heran (Speyer 1502, Lehen im Breisgau 1513, Oberrhein 1517). Die Ursachen der blutigen Auseinandersetzungen von 1524 und 1525 (70–100 000 Opfer auf seiten der Aufständischen) entziehen sich einer einheitlichen Erklärung – sosehr einzelne historische Schulen sich darum bemühen: Fragen der religiösen Erneuerung, der rechtlichen Verunsicherung durch die Aushöhlung des mittelalterlichen, auf gegenseitiger Treue beruhenden Lehensverhältnisses und soziale Klassenkonflikte waren aufs unterschiedlichste in die akuten und konkreten Ziele der Rebellion verflochten.

Die Aufstände begannen im Frühsommer 1524 am Südostrand des Schwarzwaldes, nahe der schweizerischen Grenze; sie griffen im Dezember auf Oberschwaben über, wo im März 1525 in Memmingen die von → *Sebastian Lotzer* entworfenen *Zwölf Artikel* mit den Forderungen der Bauern erschienen (Abschaffung der Leibeigenschaft, Einschränkung der Fronarbeit, Abgabenminderung, das Recht, einen Pfarrer nach eigener Wahl zu berufen u. a.). Im Frühjahr erlebten die Unruhen eine rasche Ausbreitung über Oberdeutschland und Franken. Bald griffen sie auch auf Thüringen, Österreich und die Schweiz über. Damit war etwa ein Drittel des deutschen Reichsgebiets von Aufständen erfaßt. Eines der Zentren war Mühlhausen in Thüringen, wo → *Thomas Müntzer* predigte, dem dann im Erzgebirge und in Böhmen die Gewinnung der Bergleute für die Aufstandsbewegung gelang. Ähnliche Bündnisse bildeten sich in Salzburg und Tirol, wo der Zwinglianer → *Michael Gaismair* das Haupt der Bewegung war; er erreichte noch im Frühjahr 1526 die Einführung der *Tiroler Landesordnung,* des Verfassungsentwurfs für eine demokratische Bauernrepublik. Außer in Tirol schlugen der Schwäbische Bund und vereinigte fürstliche Heere die Aufständischen schon im Mai und Juni 1525 nieder.

Der Schwäbische Bund, geführt von Georg III.,

Flugschrift der »Bundschuh«-Bewegung. Holzschnitt (1513).

Bannerträger der aufständischen Bauern. Holzschnitt (1525).

Truchseß von Waldburg, siegte am 4. 4. 1525 in Leipheim und neutralisierte am 17. 4. eine große Bauernstreitmacht durch den Vertrag von Weingarten; dies erwies sich als taktisches Manöver. Die brutalen Bluttaten der Bauern bei der Einnahme von Weinsberg (16. 4.) machten trotz ihres Sieges ihr Ansehen zunichte. Sie konnten zwar noch den Miltenberger Vertrag mit dem Erzstift Mainz am 7. 5. und den Ortenauer Vertrag vom 25. 5. in Rechen auf der Grundlage der *Zwölf Artikel* erreichen. In der Zwischenzeit hatten aber schon die thüringischen Bauern in der Schlacht bei Frankenhausen vom 15. 5. 1525 und in der freiwilligen Übergabe von Mühlhausen (25. 5.) sowie die elsässischen Bauern in der Schlacht von Zabern am 16. 5. ein schreckliches Ende gefunden.

Da reformatorisches Gedankengut in ländliche Gebiete eben erst einzufließen begonnen hatte, ist es in den *Zwölf Artikeln* und anderen Schriften der aufrührerischen Bauern propagandistisch simplifiziert und verkürzt worden, so daß sich die Abgrenzung der Reformatoren teilweise aus diesen »Halbwahrheiten« erklärte. Diese Distanzierung verschärfte sich weiter, als Reformationsgegner, wie → *Thomas Murner*, → *Johannes Cochläus* und → *Hieronymus Emser* in ihren Polemiken Luther als Hetzer zum Aufruhr und seine Bewegung als »Luthers Bundschuh« charakterisierten;

manchmal wurde ihm gar die Verfasserschaft der *Zwölf Artikel* zugeschrieben. Auch Fürsten und Politiker schlossen sich dieser polemischen Sicht häufig an, obwohl es auch in den Reihen der Altgläubigen Differenzierungen gab, etwa beim bayrischen Kanzler → *Leonhard von Eck*, der die »Kleinmütigkeit der Obrigkeit« und soziale Mißstände für die Macht der Bewegung verantwortlich erklärte.

Luther lehnte in seinem Kampf gegen geistliche Obrigkeiten Gewalt zwar nicht immer grundsätzlich ab, aber dieses sein Zugeständnis wurde seit den »Wittenberger Unruhen« von 1521/22 deutlich eingeschränkt, ja, die Frage, »Gewalt für das Evangelium« einzusetzen oder nicht, sollte zum Scheidepunkt zwischen Luther und einigen seiner Schüler bzw. Anhänger werden. Die Unterscheidung zwischen der religiösen Mündigkeit eines Christen (»Freiheit eines Christenmenschen«) und einer faktischen Befreiung von der Obrigkeit wurde damit zum Thema evangelischer Verkündigung. Gewaltsamer Widerstand konnte sich für Luther nicht allein aus persönlicher Unfreiheit legitimieren.

Auf die teilweise Identifizierung der evangelischen Bewegung mit den Aufständen der Bauern hatten auch die zeitgenössischen Flugschriften Einfluß, die den Gemeinen Mann als Kämpfer gegen die Altgläubigen stilisierten; solche Blätter waren vor allem gegen die Pole-

Titelblatt einer Ausgabe der Zwölf Artikel *der Bauernschaft (1525): »Handlung, Artikel und Instruktion, so wie sie von allen Heerhaufen und Kampfgruppen der Bauern, die sich gemeinsam verpflichtet haben, entschieden worden sind.«*

Einblattdruck eines schweizerischen Bauern, auf dem Erasmus von Rotterdam mit Martin Luther als Bauern erscheinen, wie sie das von Gott ausgehende und durch Jesus Christus geoffenbarte Evangelium (die Apostelallegorien werden in die Mühle geschüttet) ausmahlen und im Backtrog zubereiten. Die Allegoriefigur der Streitschrift Karsthans *schlägt derweil auf die Figuren des Papstes, des Kardinals und des Mönchs ein.*

»Der dritte Artikel. Zum Dritten ist es bisher Brauch gewesen, daß man uns als Leibeigene gehalten hat, was erbärmlich erscheint in Hinblick darauf, daß uns Christus alle durch sein kostbares Blutvergießen erlöst und freigekauft hat, den Schafhirten gleicherweise wie den Höchsten, keinen ausgenommen. Deshalb ergibt sich aus der Heiligen Schrift, daß wir frei sind und frei sein möchten. Nicht, daß wir völlig frei sein wollten, keine Obrigkeit haben wollen, das lehrt uns Gott nicht. Wir sollen nach Geboten leben, nicht nach freiem fleischlichen Mutwillen. Vielmehr wollen wir Gott lieben, ihn als unseren Herrn in unserem Nächsten erkennen und alles das tun, was wir gerne an uns getan hätten, wie es uns Gott beim Letzten Abendmahl geboten hat . . .«
Zwölf Artikel, März 1525

miken Thomas Murners gerichtet worden. Die Flugschriften *Karsthans* (1520/21), *Neu-Karsthans* (Sommer 1521; verfaßt wahrscheinlich von → *Martin Bucer*) und *15 Bundesgenossen* (1521; verfaßt von Johann Eberlin von Günzburg) mit dem Schlagwort »Der Bauer wird witzig« (d. h. wird gewitzt oder klug) gaben den neuen Gedanken und dem Unmut der Zeit Ausdruck.

Die eifrige Nutzung des neuen Mediums Buchdruck hatte auch den reformatorischen Schriften einen weitgespannten Rahmen von Öffentlichkeit verschafft, die den Bauern erlaubte, aus ihnen eine allgemeine Begründung ihrer Aktionen abzuleiten; dadurch wurden die Aufstände über ihre jeweiligen lokalen Anlässe hinaus geformt und konnten auch weitere Kreise der Bevölkerung in ihren Bann ziehen. Dies wurde möglicherweise durch Bündnisse der Alten Kirche mit den Gegnern der Bauern noch verschärft, ohne daß damit der Bauernkrieg unmittelbar zum reformatorischen Aufstand wurde. Es ging in ihm durchaus schon um die Erzwingung kirchlicher und säkularer Reformen, aber eine wirkliche Konfessionalisierung setzte erst deutlich später ein.

Luther hat zunächst in seiner *Ermahnung zum Frieden* auf die *Zwölf Artikel* als berechtigte Forderungen Bezug genommen, dann aber – nach persönlicher Information im Thüringischen – ihre Verbindung mit schwärmerischen Theologien (Müntzer) und ihre Bereitschaft zum gewaltsamen Aufstand zum Anlaß genommen, in einem Anhang (*Auch wider die räuberischen und mörderischen Rotten der anderen Bauern*) die Fürsten zur Wiederherstellung der Ordnung aufzufordern. Dieser Anfang Mai 1525 geschriebene Anhang erschien allerdings erst nach dem Sieg der Fürsten und wurde zum Teil auch noch ohne die *Ermahnung zum Frieden*, in der die Obrigkeiten hart kritisiert werden, abgedruckt,

Titelblätter der Luther-Schriften Wider die mordischen und reubischen Rotten der Bauern (links) *und* Ermahnung zum Frieden (rechts).

so daß er bis heute in der historischen Beurteilung häufig dazu diente, Luther als »Fürstenknecht« zu charakterisieren. Zentral für seine Haltung war jedoch seine Meinung, daß die religiöse Erneuerung nicht mit dem Schwert vorangetrieben werden dürfe: Auch die Abstellung von Mißbräuchen habe sich in den Bahnen geltender Ordnungen (Verfassungen) zu vollziehen.

Schärfer noch als Luther nahmen Philipp Melanchthon (*Wider die Artikel der Bauernschaft,* 1525) und Georg Spalatin, Organisator des sächsischen Kirchenwesens unter Friedrich III. dem Weisen, für die gegenwärtige Ordnung Stellung. Insgesamt scheinen die wichtigen Reformatoren in der Ablehnung des Aufruhrs, aber auch in der Verurteilung der standrechtlichen Blutbäder, in denen die Fürsten Rache übten, einig gewesen zu sein; befürchteten sie doch, daß dieses Fürstenverhalten auch gegen die religiöse Reform Schule machen könnte – eine Vorahnung mancher Aspekte der Gegenreformation. Einige Humanisten, wie etwa Erasmus von Rotterdam, empfanden den Aufruhr als eine Perversion und zeigten kaum Verständnis für die Proteste und Forderungen der Aufständischen.

Trotz der massiven Angriffe aus dem lutherischen Lager gegen die Aufständischen versiegten in der Folgezeit weder Interesse und Engagement des gemeinen Mannes an der Reformation, noch schlossen sich die Obrigkeiten massenweise der lutherischen Lehre als Herrschafts- und Disziplinierungsmittel an. Als Folgen des Bauernaufstandes müssen wohl die Anstrengungen der Reformer angesehen werden, ihre reformerischen Bestrebungen zu organisieren und Kirchenordnungen zu erlassen. Damit wäre der Bauernkrieg auch ein Beitrag zu einer konkreten Ausgestaltung der reformerischen Kirchenvorstellung gewesen – ein erster Schritt in die von den Reformatoren zunächst (→ *Augsburger Bekenntnis*) noch nicht akzeptierte Richtung der Konfessionalisierung und Aufhebung christlicher Einheit.

»Zum dritten Artikel. Von der Leibeigenschaft.

Es ist auch ein Frevel und gewaltsam, daß sie [die Bauern] nicht leibeigen sein wollen. Was sie aus der Schrift anführen, Christus habe uns frei gemacht, darin ist die Rede von geistlicher Freiheit, daß wir gewiß sind, daß durch ihn unsere Sünden ohne unsere Genugtuung hinweggenommen sind und daß wir kühn von Gott Gutes erwarten, erbitten und erhoffen dürfen; auch daß Christus den Heiligen Geist den seinen gibt, wodurch sie dem Teufel widerstehen können, damit der Teufel sie nicht in Sünde stoßen kann wie die Gottlosen, deren Herzen er in seiner Gewalt hat; er treibt sie zu Mord, Ehebruch, Gotteslästerung usw. Und die christliche Freiheit ist im Herzen. Sie läßt sich nicht mit fleischlichen Augen erkennen. Äußerlich trägt ein Christ duldsam und fröhlich alle weltliche und bürgerliche Ordnung und benötigt sie wie Speise und Kleidung. Er kann leibeigen und untertan sein, er kann auch edel und ein Regent sein, er kann sich nach sächsischem oder römischem Recht im Gebrauch und in der Verteilung der Güter richten. Solche Dinge beirren den Glauben nicht, ja, das Evangelium fordert, daß man solche weltliche Ordnungen um des Friedens willen einhalte . . .«

Gutachten Philipp Melanchthons zu den *Zwölf Artikeln,* Juni 1525

Hans Sebald Beham

(* 1500 Nürnberg, † 22. 11. 1550 Frankfurt)

Hans Sebald Beham war der bedeutendste der »Kleinmeister des Holzschnitts«, zu denen auch sein Bruder Barthel (* 1502, † 1540) und Georg Pencz (* um 1500, † um 1550) zählten. Alle drei waren von Albrecht Dürers Spätstil beeinflußt und hatten wahrscheinlich in Dürers Atelier gearbeitet.

1525 wurden die drei »Nürnberger gottlosen Maler« wegen ihrer schwärmerischen oder täuferischen Anschauungen für kurze Zeit aus der Stadt verbannt. Hans Sebald Beham zog später nach Frankfurt am Main.

252 Stiche und Holzschnitte sind von Hans Sebald Beham erhalten, von denen einige offensichtlich als

großformatige Wanddekorationen angelegt waren. Seine Motive sind Szenen aus Bibel und Mythologie, aber auch aus dem zeitgenössischen Alltag (Genre).

Bekenntnisschriften

Unter Bekenntnisschriften versteht man eine Sammlung urkundlicher christlicher Lehraussagen, durch die eine verfaßte Kirchengemeinschaft ihre Heilserkenntnis offiziell zum Ausdruck bringt. Diese Schriften sind eine Besiegelung der Identität und der Verkündigungsnorm der jeweiligen Kirchengemeinschaft.

Ihren Ursprung haben die reformatorischen Bekenntnisschriften im Bekenntnisakt der Reformatoren (→ *Augsburger Bekenntnis*). Bald dienten aber diese Bekenntnisse dem jeweiligen Landesherrn zur theologisch-rechtlichen Absicherung und Lehrnorm für sein Territorium; sie wurden zu symbolischen Büchern einzelner Glaubensgemeinschaften, die nicht mehr unmittelbar in der christlichen Ökumene vereinigt waren. Eine solche Einheit wird auch nicht auf Kosten der Klarheit der gemeinschaftlichen Lehre angestrebt. Damit werden die Bekenntnisschriften zu einem Ausdruck der Spaltung, obwohl sie nicht Grund der Spaltung sind. Die Gemeinschaftlichkeit der christlichen Ökumene kann also nicht durch einen Vergleich der Bekenntnis-

Das Augsburger Bekenntnis *(1530) in einer handschriftlichen Abschrift des Originaldrucks. Die beiden Blätter zeigen die Artikel 22 (Das Abendmahl in beiderlei Gestalt) und Artikel 23 (Vom Ehestand der Priester).*

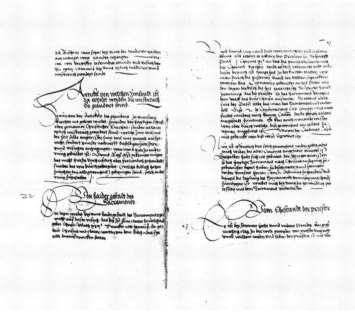

schriften, sondern nur durch ein gemeinsames Verständnis der Bibel gefördert werden.

Die Alte Kirche kannte verschiedenste Bekenntnisformeln, die schon im Kanon des *Neuen Testaments* nebeneinander existierten. Im Kampf gegen Irrlehren und im Zusammenhang mit der Reichsgesetzgebung unter Konstantin und Justinian (4.–6. Jh.) entstand eine Einengung der Bekenntnisformeln, die damit zu einer speziellen Form des *Lehr*bekenntnisses, also der Normung der Lehre, entwickelt wurden. Die römisch-katholische Kirche blieb nach der Reformation mit der *Professio fidei*, die auf dem Konzil von Trient (1545–1563) formuliert wurde, bei dieser Tradition des Lehrbekenntnisses.

In den reformatorischen Schriften – insbesondere Luthers – sollte die lebendige Bekenntnisvielfalt wiederhergestellt werden. Die Beibehaltung des Begriffs »Bekenntnis« (*confessio*), die ausdrückliche Betonung der verschiedenen Ebenen und Ausdrucksformen eines Bekenntnisaktes, scheint dies zu belegen. So wurde in der lateinischen Ausgabe des → *Konkordienbuches* von 1583 für diese Sammlung von symbolischen Büchern die Überschrift *Confessio fidei et doctrinae* (*Bekenntnis des Glaubens und der Lehre*) angewandt, und im Text wurde jeweils nebeneinandergestellt *credimus, docemus et confitemur* (»wir glauben, wir lehren und wir bekennen«) – wie um zu betonen, daß es sich dabei um unterschiedene Bezugsweisen des Christen zur Offenbarung handle.

Für das lutherische Bekenntnis wurde im *Konkordienbuch* festgelegt, daß die *Heilige Schrift* einzige Regel und Norm des Glaubens und der Lehre sei. Die übrigen Bestandteile des *Konkordienbuches* wie die urkirchlichen *Glaubensbekenntnisse* und das *Augsburger Bekenntnis* einschließlich der *Artikel von Schmalkalden* von Luther sowie der *Apologie* und des Traktats *Über die Macht und den Primat des Papstes* von Melanchthon wurden lediglich als Richtlinien für das rechte Verständnis der *Bibel* aufgefaßt. Zusätzlich fanden sich noch regionale Überlieferungen in den Kirchenordnungen der Territorien, die als eben solche Verstehenshilfen aufgefaßt und bewahrt wurden.

Das reformierte Bekenntnis kennt keine autoritative Sammlung symbolischer Bücher, obwohl dazu einzelne Anläufe unternommen wurden (→ *Helvetische Bekenntnisse*). Wesentlich beruhte das reformierte Bekenntnis auf den partikularen Bekenntnissen der einzelnen Gemeinschaften und ihrer gegenseitigen Anerkenntnis. Es wurde in diesen Gemeinden als jeweils gegenwartsbezogener Glaubensausdruck verstanden.

In der anglikanischen Kirche dienten die gemeinsame äußere Gestaltung des Gottesdienstes und seine gemeinsame textliche Grundlage, die das *Book of Com-

Die Apologie der Augsburgischen Konfession *in der Handschrift von Philipp Melanchthon.*

Titelseite der 1549 in London erschienenen Erstausgabe des Book of the Common Prayer. *Diese in Englisch verfaßte Einheitsliturgie des Anglikanismus ist seit ihrer Zusammenstellung durch Erzbischof Thomas Cranmer trotz vielfältiger Revisionen im Laufe der kirchenpolitischen und konfessionellen Entwicklung in England bis heute die Bekenntnisbasis der englischen Staatskirche geblieben. Es enthält in anglikanischer Umsetzung die vier Meßbücher der alten Kirche, das Missale, das Brevier, das Manuale und das Pontifikale, sowie Episteln aus den Evangelien und dem Alten Testament.*

mon Prayer vorsah, als Rahmen der Einheit der Gemeinden im Bekenntnis.

In den übrigen kleineren christlichen Gemeinschaften und Kongregationen wurden im wesentlichen unverbindliche religiöse Bekenntnisformen genutzt, die sich häufig an der reformierten oder an der anglikanischen Praxis orientieren.

Theodor Beza (de Bèze)
(* 24. 6. 1519 Vézelay/Burgund, † 13. 10. 1605 Genf)

Der junge Theodor Beza wurde 1528 von seinen vermögenden Eltern zur Erziehung in das Haus des deutschen Humanisten Melchior Vollmar in Orléans gegeben. Er begleitete seinen Lehrer 1530 nach Bourges; als dieser reformatorisch gesinnte Vollmar aber 1535 aus dem unsicheren Frankreich nach Tübingen übersiedelte, kehrte Beza nach Orléans zurück. Dort bemühte er sich auf väterlichen Wunsch um das Lizentiat der Rechte, schloß 1539 dieses Studium ab und erhielt von seinem Vater die Erlaubnis, sich in Paris den humanistischen Studien zu widmen. Schon in Orléans hatte er mit dem Schreiben von Versen begonnen, die später unter dem Titel *Poemata* veröffentlicht wurden.

In Paris heiratete Beza heimlich Claudine Denosse, da er einen Skandal fürchtete und auch seiner Pfründen

Theodor Beza. Altersbildnis eines anonymen Malers (1605).

im heimatlichen Vézelay nicht verlustig gehen wollte. Erst nach einer schweren Krankheit entschloß er sich zur Abreise nach Genf, wo er mit seiner Frau am 23. 10. 1548 eintraf.

Das Pariser Parlament erklärte Beza am 3. 4. 1549 für verbannt und konfiszierte seine Güter; am 31. 5. wurde eine Nachbildung Bezas auf dem Place Maubert als Ketzer verbrannt. Das Verbannungsdekret und die Verurteilung zum Ketzertod wurden allerdings 1564 aufgehoben; bis dahin hatte Beza bei Frankreichbesuchen um sein Leben zu fürchten.

Zunächst fand Beza eine Aufgabe in Lausanne, an deren Akademie er zehn Jahre lang Griechisch lehrte und von 1552–1554 als Rektor amtierte. Für französische Mitflüchtlinge hielt er Vorlesungen über den *Römerbrief*, und unter seinen humanistischen und polemischen Abhandlungen fanden sich die ersten Untersuchungen über die Funktion von Kunst und Rhetorik für die Religion; er hat in dieser Zeit ein geistliches Schauspiel über Abraham geschrieben. Außerdem arbeitete er an einer kommentierten Übersetzung des *Neuen Testaments*. Gegen das Gebot des Berner Senats von 1554, zu Fragen der Prädestinationslehre Schweigen zu bewahren, veröffentlichte Beza im folgenden Jahr heimlich die *Tabula praedestinationis* zur Unterstützung Calvins, mit dem er später, 1558 und 1559, in zwei gemeinsam verfaßten Schriften die Gegner abwies. 1558 schrieb Beza dann die prägnanteste Zusammenfassung seiner Theologie, die *Confession de la foy chrestienne* (gedruckt in Genf 1559), deren lateinische Ausgabe von 1560 er im Unterschied zu seinen anderen Schriften in späteren Jahren nicht mehr überarbeitete oder änderte.

Während der Herrschaft Königin Marias, der Katholischen, in England (1553–1558) propagierte Beza eine schweizerisch-englisch-französische Allianz gegen Papst und Kaiser, um die protestantischen Fürsten zu stützen. Damit begann seine ausgedehnte diplomatische Karriere. 1557 traf er sich in Göppingen mit württembergischen Theologen zu Religionsgesprächen, die in der Abendmahlsfrage zu einem Konflikt mit → *Bullinger* führten. In Bern erregte er zugleich Mißfallen durch seine Kritik an Lehre und Kirchenzucht der Stadt; 1558 führte der Versuch seiner Anhänger, der Kirche von Lausanne eine neue Verfassung zu geben, nicht nur zur Ablehnung des Ansinnens durch den Berner Senat, sondern auch zu einer Vermahnung der Theologen, die Beza zur Kündigung und zum Umzug nach Genf bewog.

Dort wurde er in kurzer Frist Geistlicher und erhielt die Bürgerrechte; schon am 5. 6. 1559 wurde er zum Rektor der Akademie ernannt, an der er abwechselnd

Theodor Beza war der Verteidiger der französischen Calvinisten bei dem Religionsgespräch auf Schloß Saint-Germain bei Poissy im September und Oktober 1561, zu dem der französische König Karl IX. und seine Mutter, die mächtige Katharina de' Medici, geladen hatten. Im Vordergrund dieses Stiches sind in Predigertalaren die Calvinisten zu sehen; in ihrer Mitte, wortführend und mit erhobener Hand in Bekennergeste, steht Theodor Beza. Dieses Religionsgespräch scheiterte.

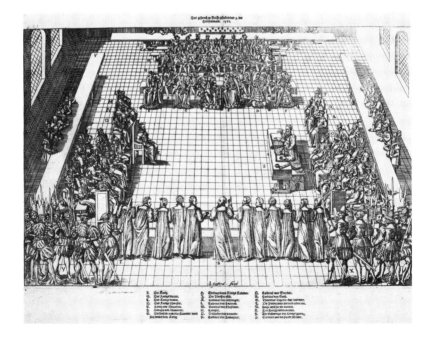

mit Calvin den Theologiekurs hielt. Angriffe deutscher Theologen auf Calvins Abendmahlslehre konterte Beza zunächst versöhnlich, bald jedoch mit grimmigster Satire. Zugleich unternahm er mehrere Reisen nach Frankreich (1560–1563), um die Theologie der reformierten Kirche zu verkünden, die hugenottischen Führer bei deren Kontakten mit Katharina de' Medici, der Königinmutter und Regentin, zu beraten, die zu einem Ausgleich oder zu einer gegenseitigen Anerkennung von Hugenotten und Katholiken hätten führen sollen. Das Blutbad von Vassy (März 1562) zerstörte diese Hoffnungen und setzte den Beginn der französischen Religionskriege, die erst 1598 im Toleranzedikt von Nantes ein Ende fanden. Beza diente den hugenottischen Führern Coligny und Condé als Finanzminister, Ratgeber und Pamphletist. Die Gefangennahme Condés im März 1563 beendete die Kämpfe zunächst und Beza kehrte im selben Jahr nach Genf zurück. Dort mußte er neben seinen Ämtern als Geistlicher und als Lehrer an der Akademie bald auch die Vertretung des erkrankten Calvin übernehmen; noch zu dessen Lebzeiten wurde er als Nachfolger zum Moderator der Genfer Pastoren gewählt. Nach dem Tod Calvins (27. 5. 1564) verfaßte er dessen erste Biographie. Bis 1580 wurde Beza jährlich wiedergewählt, und auch nach Ende seiner Amtszeit wurde sein Rat in der Stadt geschätzt und beachtet.

1566 bemühten sich Beza und Bullinger um Einigung der reformierten Führer in England, Schottland, Polen, Ungarn, Frankreich und den Niederlanden auf die Bekenntnisschrift Bullingers (Zweites → *Helvetisches Bekenntnis*), weil sie in Sorge um die reformierte Kirche in Kurpfalz waren, die unter starken Druck von seiten der Lutheraner geraten war.

1568 erreichte Genf ein starker Flüchtlingsstrom aus Frankreich, nachdem den französischen Calvinisten, den Hugenotten, die Ausübung ihres Gottesdienstes verboten worden war. Bei den Friedensverhandlungen von 1570 zwischen den Konfessionen in Frankreich, die zu eingeschränkter Religionsfreiheit der Hugenotten führten, war Beza wiederum gegenwärtig; es war damals auch zu einem Treffen mit Heinrich von Navarra, dem späteren König Heinrich IV., gekommen. Nach der blutigen Bartholomäusnacht von 1572, dem Überfall und der Ermordung von mehreren tausend Hugenotten in Paris, verhandelte Beza mit Karl IX. über die Möglichkeit der Flüchtlinge, ihren Besitz zu veräußern, um sich damit das Leben im Exil zu sichern. Die französischen Führer der Folgezeit beachteten den Rat Bezas, und Heinrich IV. besuchte ihn im Jahre 1600 sogar persönlich in Genf.

1574 veröffentlichte Theodor Beza anonym eine Abhandlung über die Rechte der Obrigkeiten; darin stellte

»Wir lehren, daß Christus aus zweien Naturen bestehe, einer göttlichen und einer menschlichen, welche eine Person beider Naturen bilden, jedoch mit Wahrung und Unterscheidung sowohl der göttlichen als der menschlichen Eigenschaften.
Wir bekennen also, daß Christi menschliche Natur verherrlicht ist, und zwar auf der höchsten Stufe der Herrlichkeit, so jedoch, daß dadurch wohl die Schwäche der Natur aufgehoben, nicht aber die Natur umgewandelt ist. Indessen ist der Umstand, daß alle menschlichen Körper endlich und umschrieben sind und darum nur räumlich existieren, nicht ein Merkmal der Schwäche, sondern der Natur des Menschen . . .
Aber dennoch zertrennen wir Christum nicht. Denn wir lehren, daß die göttliche Natur, welche überall ist, überall persönlich mit dem Fleische verbunden und daß darum der ganze Christus überall ist, nicht nach der Eigentümlichkeit des Fleisches, sondern nach der Einheit der Person. Und daraus folgt nicht, daß Christus überall, wo er als Gott ist, auch als Mensch sei. Was nämlich überall ist, muß darum, weil es unendlich ist, notwendig Gott sein. Gott ist aber nicht in einen Menschen verwandelt, sondern mit einem Menschen verbunden, so daß Gott und Mensch Eine Person sind.«
Beza, *Über die Lehre von den Sakramenten,* um 1560

Die Bartholomäusnacht in Paris (23./24. 8. 1572), das blutige Massaker an den französischen Calvinisten, das alle Vermittlungsanstrengungen Theodor Bezas zunichte machte.

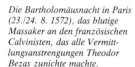

».. . Was du mir von der herrlichen Verhandlung schreibst, war mir freilich schon von andrer Seite bekannt . . . Das war ein ganz glücklicher Tag, an dem den Kirchen die Freiheit errungen wurde, die man ihnen geben mußte, die aber sehr schwer herauszubekommen war. Deine Rede ist uns gebracht worden; Gott hat darin wunderbar deinen Geist und deine Zunge gelenkt. Was darin die heiligen Väter ärgerte, mußte gesagt werden, wenn du nicht schmählich ausweichen und dich ihren Vorwürfen aussetzen wolltest . . . Daß durch dieses eine Ärgernis das Gespräch abgebrochen sei, ist törichtes Gerede. Sie hätten hundert andere Anstöße finden können, obwohl sie sich jetzt nur auf einen [das Abendmahl] verbissen haben und so gewissermaßen allem übrigen zustimmen. So ist auch das ganz glücklich ausgefallen.«
Calvin an Beza über den scheinbaren Erfolg der Gespräche in Poissy, 24. 9. 1561

er fest, daß Ämter durch die Wahl des Volkes von Gott dem jeweiligen Träger anvertraut würden; damit habe das Volk auch das Recht, einen Tyrannen, einen schlechten Herrscher, zu stürzen.

Gegen die lutherischen Angriffe veranlaßte Beza die Sammlung der reformierten Bekenntnisse von Frankreich, Schottland, Belgien, Polen und der Schweiz, die 1581 in Genf als *Harmonia confessionum* veröffentlicht wurden. Die Unüberbrückbarkeit der Differenzen zwischen beiden Parteien war endgültig im Scheitern von Religionsgesprächen deutlich geworden, zu denen Pfalzgraf Friedrich III. (beispielsweise nach Maulbronn, 1564) eingeladen hatte.

1595 schränkte Beza seine Vorlesungstätigkeit an der Genfer Akademie ein, vier Jahre später mußte er sie ganz aufgeben. 1597 veräußerte er seine Bibliothek, darunter auch Bücher aus Calvins Besitz, um seinen Unterhalt weiter zu gewährleisten, und 1598 gab er die fünfte und letzte Auflage seines kommentierten *Neuen Testaments* heraus. Zuletzt nahezu gänzlich bettlägrig, starb Beza am 13. 10. 1605 in Genf.

In seiner Theologie ist Theodor Beza sicher sehr eng an Calvin gebunden, und häufig wurde ihm deshalb jede Eigenständigkeit abgesprochen, so daß man seine theologischen Schriften lange Zeit nicht beachtet hat.

Seine fundierte und außerhalb der »Tagespolitik« stehende humanistische Arbeit hat aber wesentlichen Anteil daran, daß seine Beteiligung an der Genfer Bibelübersetzung sowie sein eigenes annotiertes *Neues Testament* deutliche Einflüsse in der reformatorischen Textedition und Exegese der *Heiligen Schrift* hinterlassen haben. So nutzte beispielsweise die offizielle *King-James-Bible* in England seine Vorarbeiten.

Sein Wirken als Kirchenmann und Diplomat brachte ihm beständige Anerkennung, und er muß wohl als

Baumeister des theologischen Bündnisses der reformierten Kirchen und damit als Begründer ihrer »Orthodoxie« im 17. Jh. angesehen werden.

Gabriel Biel
(* vor 1410 Speyer, † 7. 12. 1495 Stift St. Peter auf dem
Einsiedel im Schönbuch)

Gabriel Biel besuchte ab 1432 die Universität Heidelberg, wo er 1435 das Bakkalaureat und im März 1438
den Magister Artium erwarb. Damit begann seine Vorlesungstätigkeit. 1442/1443 und 1451 arbeitete er an der
Universität in Erfurt, möglicherweise in der theologischen Fakultät. 1453 wurde er zum Priester der Diözese
Mainz geweiht und begann mit seinen Studien an der
theologischen Fakultät von Köln. Sein Lizentiat in
Theologie erwarb er 1457 in Erfurt und daran anschließend wirkte er von 1457 bis 1465 als Mainzer Domprediger.

In seiner Mainzer Zeit wurde Gabriel Biel mit dem
Wirken der »Brüder vom gemeinsamen Leben« bekannt und beteiligte sich an den Gründungen von Bru-
derhäusern im Marienthal (1463) und Königsstein
(1465), bevor er 1468 der Kongregation beitrat und zum
ersten Rektor des Bruderhauses in Butzbach gewählt
wurde. 1471 vereinigte er die drei Häuser unter seiner
Leitung zu einem Generalkapitel und in der Folgezeit
ist er an weiteren Neugründungen beteiligt gewesen.
1479 wurde Gabriel Biel Probst des Bruderhauses in
Urach und 1484 Professor für Theologie in Tübingen
(gegründet 1477), wo er 1487 und 1489 auch das Rektorat innehatte. 1492 trat Biel vom Lehramt an der Universität zurück und übernahm die Leitung des neugegründeten Stifts St. Peter auf dem Einsiedel im Schönbuch, das Graf Eberhard im Bart von Württemberg
gestiftet hatte und dessen Verfassung eine Vertretung
der drei Landstände in der Stiftung vorsah.

Am 7. 12. 1495 starb Gabriel Biel im Stift St. Peter
und wurde auch dort beigesetzt. Sein Schüler Wendelin
Steinbach brachte den Nachlaß in das Bruderhaus nach
Butzbach, von wo er in die heutige Universitätsbiblio-
thek Gießen eingegliedert wurde.

Gabriel Biel versuchte in seiner umfassenden Lehr-
und Predigttätigkeit die verschiedenen Richtungen
scholastischer Theologie einander anzunähern. Insbesondere bemühte er sich um eine Verbindung von nomi-
nalistischer Wissenschaft und *Devotio moderna*: Der
Nominalismus, der aus logischen und erkenntnistheore-
tischen Gründen positive Aussagen über Gott verworfen hatte, bot die geeignete theoretische Neuorientierung für die *Devotio moderna*, eine besonders aus den
Niederlanden hereinwirkende religiöse Erneuerungsbewegung aufgrund einer individualistisch-mystischen

Gotteserfahrung. Viele der Werke Biels waren zu Beginn des 16. Jh.s weit verbreitet. Sie bildeten den Traditionshintergrund sowohl der Reformatoren als auch der katholischen Reformer. Seine Theologie war wohl das verbreitetste »Lehrbuch« altkirchlicher Gesinnung für die erste Reformatorengeneration; sie war vielleicht einer der Gründe, weshalb eine Versöhnung und Einheit mit der Alten Kirche den »Neuerern« so lange möglich erschien.

Ambrosius Blarer (Blaurer)

(* 4. 4. 1492 Konstanz, † 6. 12. 1564 Winterthur)

Ambrosius Blarer entstammte einer seit dem 14. Jh. in Konstanz ansässigen Patrizierfamilie, die den Beinamen »von Girsberg« (nach ihrem Gut im Thurgau) führte.

Ambrosius Blarer.

Am 17. 1. 1505 wurde Blarer in Tübingen immatrikuliert und trat danach ins Benediktinerkloster in Alpirsbach ein. 1511 wurde er zum Bakkalaureus und im folgenden Jahr zum Magister Artium promoviert. Er blieb dann weiter in Tübingen und widmete sich, während dieser Zeit in enger Beziehung zu Melanchthon stehend, humanistischen Studien. Nach seiner Rückkehr ins Kloster wurde er zum Lektor und Pfarrverweser in Alpirsbach ernannt und erhielt spätestens 1521 auch das Amt des Priors anvertraut.

1522 beschäftigte er sich mit Lutherschriften zur Bibelauslegung, was ihm den Anstoß gab, das Kloster heimlich zu verlassen. Im Februar 1525 nahm er die Predigttätigkeit in St. Stephan zu Konstanz auf und wurde zugleich Mitglied des Rates der Stadt. Erst 1538 erhielt er eine städtische Besoldung als Prediger. Er entwickelte sich zum publizistischen Vertreter der Reformation in seiner Vaterstadt und beteiligte sich an der »Konstanzer Disputation« von 1527, die zu einer Neuordnung des Gottesdienstwesens führen sollte. In diesem Zusammenhang profilierte er sich zum »Protagonisten des Oberdeutschen Protestantismus«, der eine kommunale Ekklesiologie vertrat, also die Suche nach einem vollkommenen, Gott uneingeschränkt gehorsamen Gemeinwesen zum Ziel der Stadtordnung machte. Ambrosius Blarer hielt engen Kontakt zu Zwingli in Zürich, Oekolampad in Basel und Capito und Bucer in Straßburg; er schlug sich auch im → *Abendmahlsstreit* auf deren Seite, obwohl er die apodiktischen Aussagen Zwinglis nicht akzeptieren konnte.

Von 1528 bis 1540 widmete sich Blarer ausgedehnter kirchenpolitischer Tätigkeit im oberdeutschen Raum und folgte dem Ruf von ostschweizerischen Kommunen sowie schwäbischen Reichsstädten (Memmingen, Ulm, Esslingen, Isny), dort die Reformation voranzutreiben. 1534 ernannte ihn Herzog Ulrich zu einem der Landes-

Eines der beiden ältesten erhaltenen geistlichen Lieder Ambrosius Blarers. In Konstanz erschienener Einblattdruck (1526).

reformatoren von Württemberg, entließ ihn aber im April 1538 aus dieser Stellung, weil sich Blarer weigerte, der → *Wittenberger Konkordienformel* und den Schmalkaldischen Artikeln beizupflichten.

Ab 1540 beschränkte sich das Wirken Blarers auf Konstanz, das durch die Niederlage des Schmalkaldischen Bundes in eine Krise geraten war, weil die Konstanzer eine Unterwerfung unter den Kaiser aus Glaubensgründen abgelehnt hatten. So wurde die Stadt am 14. 10. 1548 durch habsburgische Truppen erobert und zur Rückkehr zum altkirchlichen Glauben gezwungen. Ambrosius Blarer mußte fliehen und war dann von 1551 bis 1559 Pfarrer im Bernischen Biel, hat sich aber danach nach keinem weiteren Wirkungsbereich mehr umgesehen. Er starb am 6. 12. 1564 in Winterthur.

Schon im 16. Jh. erhielt Blarer den Titel eines »Apostels Schwabens«, weil er sich um den Aufbau der evangelischen Kirche von Württemberg besonders verdient gemacht hatte, obwohl später die durch ihn durchgesetzte oberdeutsch-reformierte Prägung dieser Kirche zurückgenommen wurde.

Ambrosius Blarer hat keine spezifische theologische Lehre entwickelt, sondern hat immer nur auf Fragen der Lebenspraxis, die er vor allem in pastoralen, aber auch in polemischen Schriften zum Ausdruck brachte, geantwortet. Er förderte im oberdeutschen Raum auch

die Kirchenlieddichtung, die von hier aus nachträglich
auch Eingang in die deutschsprachige Schweiz fand. Zu
den Kleinodien der deutschen religiösen Literatur zählt
Blarers Totenklage auf seine Schwester → *Margarete
(Blarer)* von 1541.

Seine Position als predigender Patrizier machte Blarer in seiner Heimatstadt, aber auch dann, wenn der
Konstanzer Rat ihn an auswärtige Obrigkeiten »verlieh«, zum Partner, nicht zum Untergebenen der jeweiligen Politiker. Blarer bemühte sich vor allem um eine
Reform der Zeremonien im Sinne ihrer Fundierung in
der Bibel und um die Einrichtung von Institutionen
kirchlich-bürgerlicher Sittenzucht und Armenpflege;
seine Schwester Margarete muß dabei ein Vorbild an
Tatkraft gewesen sein. In der Neuordnung der Universität Tübingen, die er im Auftrag Herzog Ulrichs übernahm, übte Blarer »bischöfliche« Funktionen im Dienst
der neuen Kirche aus, die auch Ordnungsaufgaben bei
Predigeranstellungen betrafen.

Margarete Blarer (Blaurer)

(* wahrscheinlich 1493 Konstanz, † 15. 11. 1541 Konstanz)

Margarete Blarer wuchs mit ihren Geschwistern Ambrosius, Thomas und Barbara »an der Münstergasse« in
Konstanz auf. Sie war in den humanistischen Freundeskreis ihrer Brüder einbezogen. Als Ambrosius 1522
heimlich das Kloster verließ, unterstützte und versteck-
te Margarete ihn gegen den Widerstand der Mutter in
Konstanz, bis er im Zuge der Reformation in der Stadt
seine Predigertätigkeit aufnehmen konnte.

Im Gegensatz zum Eheideal der Reformatoren bekannte sich Margarete Blarer zum ehelosen Leben. In
ihrer Korrespondenz mit Bucer, Bullinger und Capito,
aber auch in Briefen ihres Bruders Ambrosius wurde
diese Frage öfters erörtert. In dieser Einstellung widmete sie sich zeitlebens mit größter Entschiedenheit
karitativen Aufgaben. In ihrem Haus richtete sie eine
Art Waisenanstalt ein, die Ambrosius als ihre »kleine
heilige Gemeinde«, die für das Reformwerk beten möge, apostrophierte. Zwischen 1535 und 1538 übernahm
sie auch die Versorgung ihrer beiden Nichten, während
ihr Bruder mit seiner Frau in Tübingen weilte.

Margarete Blarer hat sich immer auch rege an den
kirchlichen und theologischen Streitfragen beteiligt,
wobei ihr klares Urteil vom gesamten Freundeskreis
geschätzt wurde. Die → *Wittenberger Konkordienformel* von 1536, in der sich die oberdeutschen Städte unter
der Führung → *Martin Bucers* mit Luther und Melanchthon aussöhnten, führte zu einer Abkühlung ihres
Verhältnisses zum Straßburger Reformator, weil sie mit
der Konstanzer Kirche an enger Beziehung zur schwei-

Der wahrscheinlich älteste erhaltene Brief Ambrosius Blarers an seine Schwester Margarete aus dem Jahr 1509.

zerischen Theologie festhielt. Im Pestjahr 1541 infizierte sich Margarete bei der Pflege Pestkranker im Armenspital auf der Klosterinsel und erlag der Seuche.

Georg Jakob Blaurock
(* um 1492 im Graubündener Gebiet, † 6. 9. 1529 Klausen)

Jörg Blaurock zog zum Studium aus der Eidgenossenschaft angeblich nach Leipzig (1513) und wurde danach 1516 Vikar in Trins in Graubünden, möglicherweise seinem Geburtsort. 1518 verzichtete er auf seine Stelle und schloß sich mit anderen Graubündnern den Täufern an; sein Täufername war Georg vom Hause Jakob. Er hielt mehrere ergebnislose Disputationen über die Taufe mit Zwingli (1525), wurde gefangengenommen und ausgewiesen. Auch in Bern (1528) und Biel (1529) konnte er sich aufgrund der strengen antitäuferischen Gesetzgebung nicht halten. Nachdem die Führer der südtirolischen Täufergemeinde von Klausen hingerichtet worden waren, machte Blaurock diese Gemeinde zu seinem Zentrum. Seine gemütvolle und anschauliche Rhetorik machte ihn zu einem beliebten Volksprediger. Obwohl er keinerlei soziale Umsturzpläne hegte, wurde er in Klausen bald aufgegriffen, grausam gefoltert und als Ketzer verbrannt.

Jan Bockelson (Johann von Leyden)
(* 1509 bei Leiden, 22. 1. 1536 Münster)

Jan Bockelson, unehelicher Sohn des Dorfschultheißen Jan Beukel (daher Beukelson) und von Beruf Schneider, wanderte durch England und Flandern und betätigte sich währenddessen auch als Dichter und Schauspieler. Später heiratete er und wurde Schankwirt

Jan Bockelson im Ornat und mit den Attributen seiner Würde als König der Täufer im Münsterschen Täuferreich. Kupferstich von H. Aldegrever (1536).

»Wollte Gott, daß ich ein rechter Bauer, Ackersmann oder Handwerksmann wäre, daß ich mein Brot im Gehorsam gegen Gott äße, das heißt, im Schweiß meines Angesichts. Ich habe aber der armen Leute Arbeit gegessen, denn ich habe gar nichts dafür [für meinen Lebensunterhalt] getan [und] ich habe sie dazu nicht mit Recht benutzt, noch mit Recht benutzen vermögen. Doch nichtsdestoweniger habe ich ihre Arbeit in mein Haus genommen. Könnte ich's, ich wollte ihnen alles zurückgeben, das ich empfangen habe . . . Was meinst du, Luther, ob uns Blasen nicht ehrlicher in den Händen stünden als goldene Ringe?«
Andreas Bodenstein, *Anzeige einiger Hauptartikel der christlichen Lehre . . .*, 1525

in Leiden. Auf Handelsreisen gelangte er bis Lissabon und auch nach Lübeck. Im Frühjahr 1533 kam er erstmals nach Münster und wurde von → *Bernhard Rothmann* für das Luthertum gewonnen.

Wieder in den Niederlanden, schloß er sich den täuferischen Lehren von → *Melchior Hofmann* und Jan Mathys an; von letzterem wurde er im Herbst 1533 getauft und zum »Apostel« bestellt. Im Januar 1534 kehrte er nach Münster zurück und gab der dortigen Reformation eine täuferische Wendung. Unter ihm wurden die Festungsmauern ausgebaut und die Bürgerschaft zum Abwehrkampf vorbereitet. Im April war Bockelson der anerkannte Führer der Stadt geworden; im September wurde Jan Bockelson als König des »Täuferreichs« ausgerufen. Er führte die Gemeinwirtschaft und die Vielehe ein und unterwarf sich die Stadt vollständig, wobei er auch vor Hinrichtungen nicht zurückschreckte. Er versuchte die Täufer außerhalb Münsters zu einer gemeinsamen Erhebung anzuspornen, hatte damit aber keinen Erfolg. Als der Bischof von Münster und Philipp von Hessen im Juni 1535 die Stadt einnahmen, wurde Jan Bockelson gefangen und im Januar 1536 hingerichtet. Sein Leichnam wurde in einem Käfig an der Lambertikirche zur Schau gestellt.

Andreas Bodenstein, genannt Karlstadt
(* um 1477 Karlstadt, † 24. 12. 1541 Basel)

Andreas (Rudolf) Bodenstein hatte an den Universitäten Erfurt und Köln Rechte und Theologie studiert und übernahm 1505 in Wittenberg den Lehrstuhl für Thomismus. Er betreute Luther bei seiner Beschäftigung mit Augustinus und anderen Kirchenvätern und promovierte ihn 1512 zum Doktor der Theologie. 1517 stellte er sich entschieden auf die Seite Luthers und verteidigte in der Leipziger Disputation mit Johannes Eck (Juli 1519) dessen Lehren so offensiv, daß er mit Luther gemeinsam in der Bulle *Exsurge Domine* unter Banndrohung gestellt wurde. 1521 war Karlstadt auf Einladung Christians II. kurz in Dänemark, kehrte jedoch, da eine Reformation nicht möglich schien, im Juni nach Wittenberg zurück. Hier übernahm er mit Melanchthon die Leitung der Reformation; in seinen Flugschriften zu Zölibat, Messe und Laienkelch plädierte er für konkrete reformerische Aktionen. Bei seinem Weihnachtsgottesdienst verzichtete er auf die Meßgewänder, ließ jene Texte entfallen, die entgegen der reformatorischen Abendmahlsauffassung (→ *Abendmahlsstreit*) einen Opfercharakter der Liturgie anzudeuten schienen, und sprach zum erstenmal in Deutschland die Einsetzungsworte in der Muttersprache; zur Kommunion reichte er den Anwesenden Hostie und Kelch in die Hand.

Andreas Bodenstein, gen. Karlstadt. Die Szene rechts verweist auf den Karlstadt angelasteten Bildersturm in Wittenberg 1522. Anonymer Kupferstich.

1522 beschloß der Rat der Stadt, einige der praktischen Reformen zu übernehmen, als es aber zur Zerstörung von Heiligenbildnissen und -statuen kam, wurde Karlstadt vor Friedrich den Weisen zitiert und als »Urheber« zur Rechenschaft gezogen. Auch Luther, der wegen dieser »Wittenberger Unruhen« von der Wartburg zurückgekehrt war, sah in Karlstadt den verantwortlichen Aufrührer. Karlstadt verweigerte daraufhin seine weitere Mitarbeit in der akademischen Lehre und im Prüfungswesen, die er als Herbeiführung von Privilegien ansah, legte seinen Professorentalar ab, kleidete sich als Bauer und ließ sich von seinen Nachbarn von nun an »Bruder Andreas« nennen. 1523 zog er sich dann als Pfarrer nach Orlamünde zurück, wo er seine Reformen einführte und die Wittenberger in Traktaten angriff. 1524 wurde er vom Kurfürsten und von Luther der Zusammenarbeit mit Müntzer verdächtigt und ausgewiesen; Luther nahm ihn aber in den Jahren 1525 bis 1529 noch einmal unter einschränkenden Bedingungen in Wittenberg auf. Danach zog Andreas Bodenstein durch Holstein und Friesland, zuletzt nach Zürich. 1534 wurde er in Basel Professor für Altes Testament und söhnte sich wieder mit dem Gedanken einer akademischen Ausbildung der Geistlichen aus, ja, schließlich forderte er sie sogar allgemein.

Katharina von Bora

(* 29. 1. 1499 Lippendorf bei Leipzig, † 20. 12. 1552 Torgau)

Katharina von Bora wurde nach dem Tod ihrer Mutter (1504) ins Kloster gegeben; aus dem Kloster Nimbschen bei Grimma konnte sie gemeinsam mit anderen Nonnen 1523 fliehen. Luther war den Nonnen bei ihrer Flucht vor allem dadurch behilflich, indem er vorab ihre

Katharina Luther, geb. von Bora.
Bildnis (Ausschnitt) von Lucas
Cranach d. Ä. (1526).

Unterbringung bei Wittenberger Familien vermittelt und so ihre soziale Einbindung in die Gesellschaft sichergestellt hatte.

Im Frühjahr 1525 wurde die Ehe zwischen Luther und Katharina von Bora geschlossen; Bugenhagen und Cranach waren Trauzeugen. Katharina, die mit größter Umsicht und Kompetenz die Leitung des großen und vor allem gastfreien Haushalts des Reformators versah, fand daneben immer noch ausreichend Zeit und Interesse, sich gründlich mit dem geistigen Horizont und dem Werk ihres Mannes vertraut zu machen, so daß sie sich gelegentlich aktiv an den *Tischgesprächen* beteiligen konnte. Immerhin hat sie Luther auch veranlaßt, auf Erasmus von Rotterdams Schrift *Über den freien Willen* öffentlich zu antworten. Nach Luthers Tod führte Katharina den Haushalt mit den Studentenunterkünften weiter, um sich und ihre Kinder zu versorgen.

Caspar Braitmichel
(* ?, † 1573)

Caspar Braitmichel war Hutterscher Prediger, der durch → *Peter Walpot* angeregt worden war, aus den Archiven der Brüder in Neumühl und Austerlitz das Material für eine »Chronik« der Bruderschaft zu gewinnen. In diese Chronik der Brüdergemeinde hat Braitmichel deren Grunddokumente eingearbeitet; er konnte die Chronik bis zum Jahr 1542 ausführen, ehe er wegen seiner Sehschwäche die Arbeit abbrechen mußte; dies legt die Vermutung nahe, daß er erst kurz vor seinem Tod mit der Niederschrift begonnen hat: Die erste Geschichtsdarstellung der Täuferbewegung aus der Feder eines Mitglieds der Bruderschaft wäre dann etwa um 1570 verfaßt worden. Diese handschriftliche Chronik wurde von Braitmichels Nachfolgern bis 1665 fortgeführt und wird heute im Hutterer »Bruderhof« in Bon Homme (South Dacota, USA) aufbewahrt.

In dem von Caspar Braitmichel geschriebenen Teil der Chronik wurde der Nachweis unternommen, daß die »Erwählten«, die sich in der Bruderschaft gefunden haben, Nachkommen der alttestamentlichen Patriarchengeschlechter sind, mit denen Gott seinen Bund geschlossen hatte. Dieses Selbstverständnis steht in engem geistigen Zusammenhang mit der Geschichtsschreibung der niederländischen Mennoniten.

Johannes Brenz

(* 24. 6. 1499 Weil der Stadt, † 11. 9. 1570 Stuttgart)

Johannes Brenz, der Sohn von Martin Heß, genannt Prentz, Schultheiß und Richter in seiner Heimatstadt, besuchte ab 1510 die Trivialschule in Heidelberg und im folgenden Jahr die Lateinschule in Vaihingen/Enz. Im Herbst 1514 wurde er an der Universität Heidelberg immatrikuliert und 1516 zum Bakkalaureus und um 1518 zum Magister Artium promoviert. 1520 wurde er Kanonikus der Heilig-Geist-Kirche in Heidelberg. Seine bei → *Johannes Oekolampad* erworbenen Griechischkenntnisse gab er an Bucer weiter; zu fränkischen reformatorischen Pfarrern wie Erhard Schnepf unterhielt er enge Beziehungen. Obwohl Johannes Brenz teilweise durch den Humanismus der oberdeutschen Reformer beeinflußt war, blieb seine Theologie ausschließlich durch Luther geprägt, den er gemeinsam mit Bucer im April 1518 bei der Heidelberger Disputation kennengelernt hatte.

Johannes Brenz.
Anonymer Kupferstich.

Vom Herbst 1522 an wirkte Johannes Brenz in Schwäbisch Hall als Prediger an der Michaelskirche und wurde zum anerkannten Führer der Haller Reformation, obwohl er keine Pfarrerstelle in der Stadt innehatte. Er wurde 1523 zum Priester geweiht und arrangierte 1524 eine Disputation im Franziskanerkloster der Stadt, die zur Auflösung dieses Klosters führte. Weihnachten 1526 wurde die erste evangelische Abendmahlsfeier in Schwäbisch Hall abgehalten. 1527 erschien eine Kirchenordnung der Stadt und im Jahr darauf der erste Katechismus. Zentrum der exegetischen Arbeit von Brenz waren seine Predigten, die sich mit insgesamt dreißig biblischen Büchern befaßten.

»Auch wenn man hört, daß niemand dem anderen schwere Bürde, Schmach oder Schaden auferlegen soll, so legt man dies nun dahin aus, daß einer meint, er darf auch schwere Bürde, Schmach oder Schaden nicht mehr erdulden oder sich von einer solchen Belastung mit dem Schwert befreien . . . Ein Herr über Leibeigene sein oder eines Herrn Leibzücken sein, ist eine weltliche Ordnung, die der evangelischen Einrichtung nichts gibt, sie nimmt ihr aber auch nichts . . .

Das [evangelische Leben] wird niemals herbeigeführt werden können durch Lärmen, Aufruhr und Schwertzücken, sondern durch fleißiges und ernsthaftes Gebet zu Gott und durch willigen Gehorsam gegen die Obrigkeit. Diese zwei Stücke würden auch die Obrigkeit, wo sie Türken wären, zu Christen machen . . .«

Johannes Brenz, Sermon vom Gehorsam der Untertanen gegen ihre Obrigkeit, 1525

1530 heiratete Brenz die Witwe Margarete Wetzel. 1543 arbeitete er die zweite Kirchenordnung für Schwäbisch Hall aus. Daneben blieb er aber in Bildung, Recht und Politik tätig, Gebiete, in denen er schon seit 1525 auch überregionale Bedeutung erlangt hatte; so hatte er ab 1528 Beratungen und Gutachten für Brandenburg-Ansbach und auch für Nürnberg (→ *Lazarus Spengler*) abgegeben.

1529 nahm Brenz an den → *Marburger Religionsgesprächen* teil, und auch auf dem Augsburger Reichstag von 1530 war er anwesend. 1535 lehnte er eine Berufung nach Frankfurt am Main ab, nahm aber Einfluß auf die Reformation in Württemberg und die Städtereformation in Schwaben. 1537 und 1538 übertrug man ihm Lehrtätigkeiten in Tübingen.

Auch an den letzten Versuchen einer Vermittlung zwischen Altgläubigen und Evangelischen in den Religionsgesprächen von Hagenau und Worms (1540) sowie Regensburg (1541 und 1546) war Brenz beteiligt. Die schwierige Situation der dem altgläubigen Kaiser direkt zugeordneten Reichsstädte führte während des Schmalkaldischen Krieges 1546 zur ersten Flucht von Brenz aus Schwäbisch Hall, und 1548 verließ er die Stadt endgültig, weil eine kaiserliche Besatzung die Durchführung des → *Augsburger Interims* erzwingen sollte. Er fand Unterschlupf in der Burg Hohenwittlingen bei

Die Michaelskirche in Schwäbisch Hall, in der Johannes Brenz sein Wirken als reformatorischer Theologe und Kirchenpolitiker begann.

Urach, von der sein Beiname Wittlingensis stammt, in Straßburg, in Basel, in Stuttgart, auf Burg Hornberg im Schwarzwald (1549) und am Hof Ulrichs von Württemberg in Urach (Herbst 1550), danach in Mägerkingen, Sindelfingen, Stuttgart und Ehningen bei Böblingen. Er versuchte also im Einflußbereich der oberdeutschen Reformation zu bleiben und hat Berufungen ins Ausland ausgeschlagen. Anfang 1552 beteiligte er sich an der württembergisch-reichsstädtischen Theologengesandtschaft, die auf Wunsch Herzog Christophs von Württemberg auf dem Konzil von Trient vertreten sein sollte.

1553 wurde Johannes Brenz zum Probst der Stuttgarter Stiftskirche und zum herzoglichen Rat ernannt; in dieser Position kam ein enges Vertrauensverhältnis zu Herzog Christoph zustande, das den Aufbau der evangelischen Kirche des Landes wesentlich förderte. Dieses Wirken fand 1559 seinen Abschluß in der *(Großen) Württembergischen Kirchenordnung*. Sie sollte die Konsolidierung des deutschen Luthertums, von Brenz gemeinsam mit Herzog Christoph angestrebt, absichern helfen. Diesem Ziel diente auch die Teilnahme von Brenz am Wormser Kolloquium (1556), am Frankfurter Fürstentag (1558) und an den Maulbronner Religionsgesprächen (1564) mit der Kurpfalz. Am 11. 9. 1570 starb Johannes Brenz in Stuttgart; unter der Kanzel der Stiftskirche wurde er beigesetzt.

Johannes Brenz, von Luther hoch geschätzt, errang sich eine feste Position innerhalb der Reformation, die die Bedeutung seiner Ämter weit überragte. 1525 nahm er zum erstenmal gegen die symbolistische Deutung des Abendmahls durch die Schweizer (Oekolampad, Zwingli) Stellung; diese Stellungnahme hat Luther später sehr gelobt. Im Januar 1526 erschienen von Brenz die *Syngramma Suevicum* und im Frühjahr 1527 der *Johanneskommentar* mit einem Exkurs zu Kapitel 6, Vers 63; beide Texte setzten sich speziell mit der Abendmahlslehre auseinander. Zunächst wandte sich Brenz nur gegen die Tendenz, den Einsetzungsworten Jesu Christi allein symbolisch-zeichenhafte Bedeutung zuzuerkennen, weil ihm damit auch die Realität der Menschwerdung Gottes in Frage gestellt schien; erst auf Anregung Luthers untermauerte er dies mit einer differenzierten Christologie. Seine Lehre hat Johannes Brenz 1552 im Abendmahlsstreit zwischen Calvin und → *Joachim Westphal* weiter präzisiert, indem er aufzeigte, daß mit der Personeinheit von Gott und Mensch in Jesus Christus auch die Beschränktheit seines Menschseins aufgehoben sei; damit schwenkte er auf den lutherischen Gedanken der Ubiquität, der Allgegenwärtigkeit Christi ein. Sein für Württemberg verbindliches Bekenntnis führte zum Bruch mit Melanchthon (1559) und wurde in den folgenden Jahren von

»Es gibt allein zwei Dinge und wesentliche Stücke des Gottesdienstes, deren ein jeder Christ bedarf; nämlich Glaube und Liebe. Glaube gegenüber Gott, Liebe gegenüber dem Nächsten, die zwei Stücke sind so nötig zur ewigen Seligkeit, daß ein Christ verpflichtet ist, sie einzuhalten, selbst wenn er mitten in der Türkei wohnen sollte . . .
Nun hat Christus vor allem drei Stücke empfohlen, die in der allgemeinen Versammlung der Christen einzurichten sind; nämlich das Evangelium predigen, taufen und das Abendmahl Christi nach seiner Vorschrift zu feiern . . .«
Erste Haller Kirchenordnung, 1527

Reformation der Kirchenordnung zu Schwäbisch Hall *(1527)* von Johannes Brenz, die erste evangelische Kirchenordnung in Deutschland überhaupt.

ihm in mehreren Schriften dargestellt, in denen er sich mit der Personaleinheit der beiden Naturen in Jesus Christus befaßte.

Das Sakramentsverständnis von Brenz in der Abendmahlslehre führte auch zu Konflikten mit Täufern und Spiritualisten (z. B. → *Schwenckfeld*) und brachte ihn in eine prominente Gegnerposition zur Täuferbewegung. Zeitlebens lehnte er zwar die Todesstrafe gegen Täufer ab, hielt aber ihren Ausschluß aus der bürgerlichen Gemeinschaft für gerechtfertigt.

Für die evangelische Mitwirkung am Konzil von Trient verfaßte Brenz 1551 die *Confessio Virtembergica* und eine Auslegung des Katechismus. Darin hielt er unter anderem an der schon 1527 bezogenen Position fest, daß es keine Indifferenz in der evangelischen Praxis und Lehre gebe, weil ein Rückzug hinter einmal als wahr Erkanntes oder als falsch Verworfenes nicht möglich sei. Seine Ablehnung des Augsburger Interims bedeutete für die evangelische Position den konsequenten Anspruch auf Katholizität (Allgemeingültigkeit); sie war für Brenz die Legitimation, das Konzil in Trient zu beschicken. Dort wurde diese Position nicht diskutiert, und Brenz arbeitete in der Folge (1555–1559) an einer *Apologie* des *Württembergischen Bekenntnisses*.

In der Rechtfertigungslehre gelangte Württemberg unter Brenz zu einer vermittelnden Position zwischen

Beschreibung des Heiligen Sakraments nach Nürnberger Recht *von Johannes Brenz. Einblattdruck mit einem kolorierten Holzschnitt, der unter dem Einsetzungsmahl Jesu Christi (auf der Empore) das evangelische Abendmahl in beiderlei Gestalt abbildet.*

→ *Andreas Osiander* und den orthodoxen Theologen Wittenbergs und konnte damit für einige Zeit die alleinige Vorherrschaft des Philippismus verhindern.

Die reformatorische Politik von Johannes Brenz wirkte sich vor allem in seiner Mitbeteiligung an den Kirchenordnungen von Schwäbisch Hall, Brandenburg-Ansbach, Nürnberg und Württemberg (aber auch Heilbronn, Preußen und Jülich-Berg sowie zeitweise von Kursachsen und Kurpfalz) aus. In seiner politischen Theorie und Ethik nahm die von Gott beauftragte Obrigkeit eine besondere Stellung ein, so daß das evangelische Widerstandsrecht eng eingeschränkt wird (als Recht zum passiven Widerstand). Zugleich aber erschien es Brenz als Aufgabe der Prediger, Handlungen der Obrigkeit zu beurteilen und zu bewerten. Am vollständigsten ist diese Position in der *Württembergischen Kirchenordnung* ausgeformt, in der die Regelung kirchlichen Lebens durch die weltliche Obrigkeit nicht als »Notbischofsamt«, sondern als endgültige Einrichtung erscheint: So wurde beispielsweise sogar die freie Pfarrerwahl durch die Gemeinde abgelehnt, wohl aber erhielt die Gemeinde ein Recht zur Abwahl des Pfarrers.

In seinem unermüdlichen und versöhnlichen Wirken für eine lutherische Theologie und Kirchenverfassung dürfte Brenz entscheidend dazu beigetragen haben, daß das Luthertum nicht in seine verschiedenen Richtungen zerfiel, sondern im *Konkordienbuch* von 1580 zu einer einheitlichen Grundverfassung finden konnte.

Gregor Brück (Bruck; Gregorius Pontanus)
(* nach 12. 10. 1485 Brück, † 15. 2. 1557 Jena)

Gregor Brück wurde als Gregor Heinz im damals kursächsischen Brück geboren, weshalb während seines Studiums sein Name in »Pontanus« latinisiert wurde; manchmal nannte man ihn auch »Heinz de Bruck«. Er selbst unterschrieb zumeist mit »Gregorius Bruck, doctor«.

Er kam im Winter 1502/03 nach Wittenberg, wo er am 22. 12. 1505 Bakkalaureus wurde, und ging danach zum Studium nach Frankfurt/Oder. Ab 1508 war er wieder in Wittenberg, wo er am 29. 3. 1509 das Bakkalaureat beider Rechte erwarb. Doktor beider Rechte wurde er erst nach der Rückkehr vom Wormser Reichstag (1521).

Etwa seit 1515 war Brück als Advokat an Fürstenhöfen und Staatskanzleien unterwegs, wurde dann aber gemeinsam mit Lucas Cranach d. Ä. 1519 Ratsherr in Wittenberg. Die Universität Wittenberg wollte ihn als Professor gewinnen, doch noch im selben Jahr berief Friedrich der Weise ihn zum »täglichen Hofrat« und 1520 zum Kanzler Johanns von Sachsen, seines mitregierenden Bruders und Nachfolgers. Bis Januar 1529

Titelseite des Hexenhammers *in einer Ausgabe von 1511. Nachdem Papst Innozenz VIII. 1484 die berüchtigte Bulle* Summis desiderantes affectibus *erlassen hatte, mit der die Hexenverfolgung in Europa dogmatisch legalisiert worden war, hatten die beiden deutschen Dominikaner und Inquisitoren Heinrich Institoris und Jacob Sprenger 1489 mit Billigung der Theologischen Fakultät der Universität Köln den* Hexenhammer *veröffentlicht. Das Buch war die peinlich genaue Beschreibung der Überführung und Bestrafung der als Hexen verfolgten Frauen und bildete die praktische Grundlage für den bis weit in das 18. Jh. reichenden verbrecherischen Wahn der Hexenverfolgung. Johannes Brenz war einer der wenigen, die die Verfolgung in seinen Predigten anprangerten. Dem Arzt Johann Wier aus Jülich schrieb er: »Du wirst das verdienstlichste Werk tun, wenn Du Dich fortan der unglückseligen Weiber annimmst und sie entweder Genossen Deines oder meines Standes, Ärzten oder Theologen, empfiehlst, statt daß sie dem Schwert oder der Flamme des Henkers überliefert werden.«*

Gregor Brück.
Zeitgenössischer Holzschnitt.

amtierte Brück als Kanzler, zog sich dann »wegen Schwachheit des Leibes, besonders des Gesichts« zurück, um aber auch künftig als »Rat von Haus aus« auf Lebenszeit dem sächsischen Hof zu dienen.

Der Name seiner ersten Frau, die kurz vor dem 17. 11. 1527 starb, ist nicht überliefert; aus dieser Ehe stammen mindestens sechs Kinder, von denen der Sohn Gregor in der Ahnenreihe Goethes steht. Aus Brücks zweiter Ehe mit Barbara Wöllner aus Jena entstammen fünf weitere Kinder. Von 1529 bis 1547 wohnte Gregor Brück in Wittenberg, war aber während des Schmalkaldischen Krieges in der Bundesfestung Magdeburg und kurz in Weimar. In den ersten Augusttagen 1547 zog er dann schon nach Jena, wo er sich an der Universitätsgründung beteiligte. Am 15. 2. 1557 starb Gregor Brück in Jena und wurde in der Michaeliskirche beigesetzt.

Durch seine umfangreiche Korrespondenz stand Gregor Brück mit den wichtigen Reformatoren und Humanisten sowie mit den meisten protestantischen Fürsten in Kontakt; Lucas Cranach d. J. hat ihn auf dem bekannten Reformatorenbild von 1543 in zentraler Position inmitten der führenden Theologen dargestellt.

Auf den Reichstagen zeigte sich in besonderem Maße sein weitreichender Einfluß auf die Reformation. Vertrat er zunächst nur Kursachsen, so übertrugen ihm bald die anderen Anhänger der *Protestation von Speyer* (1529), deren Verfasser er war, bzw. die Reichsstände des → *Augsburger Bekenntnisses*, dessen Vorrede er geschrieben hatte, ihre Agenden auf ihn. Ebenso spielte er auf den Schmalkaldischen Bundestagen eine zentrale Rolle. In den »Reformationsprozessen« vor dem Reichskammergericht verteidigte er die Schmalkaldener und andere evangelische Reichsstände.

Gregor Brück unterstützte Luther, sich immer auf dessen Theologie berufend, in seiner Friedenspolitik vor allem gegenüber Philipp von Hessen. Er bemühte sich auch um den Ausbau des landeskirchlichen Regiments und entwarf die erste Visitationsinstruktion (16. 6. 1527) für Kursachsen.

Seine enge Verbindung mit den Reformatoren verlieh auch seiner Kanzlertätigkeit, die wichtige Ansätze zu Gerichtsreform und auch Beisitzerfunktionen bei Prozessen umfaßte, großen Einfluß auf die Ausbildung des positiven Rechts, insbesondere des Eherechts, auch in protestantischen Territorien außerhalb Kursachsens.

Martin Bucer
(* 11. 11. 1491 Schlettstadt/Elsaß, † 1. 3. 1551 Cambridge)

Martin Bucer, Sohn des Küblers Klaus Butzer, der 1508 das Straßburger Bürgerrecht erwarb, besuchte

Ich weyß nichts dann Christum den gecreußigten/ 1.Cor.2.

Martin Bucer. Holzschnitt des Meisters SD (1586).

wahrscheinlich die berühmte Lateinschule seiner Geburtsstadt Schlettstadt und trat 1506 ins Dominikanerkloster ein. Sein Klostereintritt erfolgte offenbar ohne religiöse Motivation und zielte auf ein weiteres Studium ab. 1515/16 wurde Bucer in Mainz zum Priester geweiht und begann im Januar 1517, sein Studium in Heidelberg fortzusetzen. Dort lernte er bei → *Johannes Brenz* Griechisch und erwarb den Magistergrad in Philosophie sowie das Bakkalaureat in Theologie. Unter dem Eindruck von Erasmus von Rotterdam und auch von Luther, den er bei der Heidelberger Disputation von 1518 kennengelernt hatte, bemühte sich Bucer seit 1520 um eine Befreiung vom Ordensgelübde. In Gesprächen mit → *Hieronymus Aleander* versuchte er die Dispens von der Kurie zu erlangen; die Verhandlungen darüber wurden von Rom an den Bischof von Speyer verwiesen, der Bucer am 29. 4. 1521 aus dem Dominikanerorden entließ. Bucer wurde anschließend Kaplan bei Pfalzgraf Friedrich, übernahm dann aber aus Abneigung gegen das Hofleben ein Pfarramt in Landstuhl, das unter dem Protektorat von Franz von Sickingen stand. In dieser Zeit heiratete er Elisabeth Silbereisen aus Mosbach am Neckar, eine ehemalige Nonne des Klosters Lobenfeld.

1522 ließ sich Bucer beurlauben, um seine Frau nach Straßburg zu bringen und dann auf Sickingens Kosten in

». . . Wer als Herr eines Ortes anerkannt wird, dessen Gesetz wird daselbst gehalten. Niemand wird die Stadt für kaiserlich halten, die ihre Angelegenheit und ihre Regierung nach Gebot und Verbot des französischen Königs richtet, ohne auf das kaiserliche Gesetz zu achten; so dürfen auch wir uns weder göttlicher Ordnung rühmen noch uns als Gottes Volk ausgeben, wenn bei uns allerlei Rechtssatzungen, Ordnungen und Mandate angenommen, gefürchtet und gehalten werden mehr als Gottes Gesetz, nach dem wir allein leben sollten.«

Bucer, *Daß niemand sich selbst, sondern anderen leben soll . . .,* 1523

Wittenberg weiter zu studieren. In Weißenburg bat ihn der Pfarrer um Predigthilfe, und Bucer blieb den Winter über bei ihm; ihrer beider evangelische Predigten hatten den bischöflichen Bann zur Folge. Nach Sickingens Niederlage geriet die Stadt in Bedrängnis und bat den Pfarrer und Bucer um Auszug aus der Stadt. Sie kamen im April/Mai 1523 in Straßburg an. Dort erhielten sie die Unterstützung von → *Wolfgang Capito* und → *Matthäus Zell*, der bischöfliche Bann verwehrte ihnen jedoch zunächst eine öffentliche Tätigkeit. Martin Bucer begann deshalb seine exegetische Tätigkeit vor einem privaten Kreis im Hause des Pfarrers Zell. Im August 1523 ließ man ihn dann als dessen Vertreter auf der Münsterkanzel predigen, wo er im Winter den *Kolosserbrief* auslegte. Im April 1524 wurde Bucer durch die Zunft der Gartner vor der Stadt zum Pfarrer gewählt und durch den Rat der Stadt bestätigt; zugleich wurde ihm das Bürgerrecht verliehen. Damit begann in Straßburg die Einführung der Reformation, und die religiöse Führung ging von Capito auf Bucer über. 1531 wurde Bucer zum Pfarrer von St. Thomas in Straßburg bestellt.

Martin Bucer wurde nun in theologische Kontroversen mit dem altkirchlich gesinnten Franziskaner → *Thomas Murner* verwickelt, war aber auch mit zwinglianischen und täuferischen Lehren beschäftigt. Obwohl er in diesen Auseinandersetzungen bei Luther Rat einholte, kam es doch zu einer »oberdeutschen« Abendmahlsauffassung (→ *Abendmahlsstreit*) – vor allem weil Bucer die ausformulierte konservative Position von Brenz nicht annehmen konnte.

Bucers Vermittlungsversuche im Bauernkrieg (1525) blieben erfolglos. Zugleich erwies sich der Abendmahlsstreit als ein Trennungskriterium zwischen den evangelischen Predigern, das eine geordnete Reformierung Straßburgs behinderte; Straßburg praktizierte zudem besondere Toleranz und nahm als eine der wenigen Städte auch flüchtige Täufer auf.

1526 wurde das Thomasstift der Stadt in eine Schule umgewandelt, mit deren Führung Wolfgang Capito und → *Jakob Sturm* betraut wurden; damit wurde auch die Frage der reformatorischen Verwendung der Kirchengüter aufgeworfen. Die von Philipp von Hessen initiierten → *Marburger Religionsgespräche* von 1529 blieben trotz aller Vermittlungsversuche Bucers ohne Einigungserfolg, und im folgenden Jahr legten Capito und Bucer auf dem Augsburger Reichstag das *Vierstädtebekenntnis* (*Confessio Tetrapolitana*) vor, nachdem sie im Auftrag des Straßburger Rates das *Augsburger Bekenntnis* abgelehnt hatten. Im September 1530 zeichnete sich allerdings bei einem Treffen auf der Veste Coburg eine Annäherung zwischen Luther und Bucer ab. In der Folgezeit übernahm Bucer die Beratung der reformato-

Titelblatt der Erstausgabe der Confessio Tetrapolitana, *des Vierstädtebekenntnisses (Straßburg 1531).*

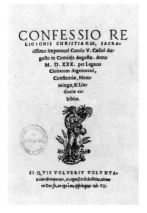

CONFESSIO RE
LIGIONIS CHRISTIANAE, SACRA-
tissimo Imperatori Carolo V. Cæsari Au-
gusto in Comitijs Augustæ. Anno
M. D. XXX. per Legatos
Ciuitatum Argentorati,
Constantiæ, Mem-
mingæ, & Lin-
daviæ ex-
hibita.

SI QVIS VOLVERIT VOLVNTA-
tem eius obtemperare, is cognoscet de doctrina, utrum
ex Deo sit, an ego à me ipso loquar. Joh. VII.

risch Gesinnten in den Städten Ulm, Augsburg, Schweinfurt und Frankfurt/Main.

In Straßburg wurden die Beziehungen zwischen Predigern und Obrigkeit durch die Einrichtung einer Synode geregelt, die die Grenzen kirchlicher Freiheit klarstellen und Zuwiderhandelnde ausweisen sollte. Die erste Synode von 1533 verpflichtete auf das *Vierstädtebekenntnis* sowie auf die alte Straßburger Liturgie von 1524, die später Calvin als Vorbild für Genf dienen sollte. Kaspar von Schwenckfeld verließ, enttäuscht von dieser rigorosen Kirchenpolitik, Straßburg und begann seine Wanderung durch Oberdeutschland; der Täufer → *Melchior Hofmann* wurde gefangengesetzt, aber seine Anhänger etablierten sich in Münster. Mit den dortigen Täufern versuchte Bucer sich zu verständigen; seine Appelle blieben aber erfolglos.

Martin Bucers Bemühungen, zwischen den theologischen Positionen der Reformatoren sowie der Reformkatholiken zu vermitteln, hatten politisches Verständnis gefunden und wurden vor allem von Philipp von Hessen weiterverfolgt. 1540 schien auch der Kaiser auf einen solchen Kurs einzuschwenken, und es kam zu Verhandlungen mit den Altkirchlichen in Hagenau, Worms und Regensburg. Hermann von Wied, der Kölner Erzbischof, der an diesen Gesprächen beteiligt war, hoffte, mit Bucers Hilfe dieses Vermittlungskonzept in der Reformation seines Erzstiftes Köln umzusetzen. Der letztliche Mißerfolg dieser Bemühungen traf Bucer schwer. Noch immer auf eine Aussöhnung hoffend, nahm er 1548 am Reichstag zu Augsburg teil, sah seine Erwartungen jedoch durch die Definition und Verabschiedung des Interims enttäuscht und formulierte seine Ablehnung (→ *Augsburger Interim*).

Vor dem Zorn des Kaisers mußte Bucer schließlich auch Straßburg fluchtartig verlassen (1. 3. 1548), und er entschloß sich, der Einladung Thomas Cranmers, des Erzbischofs von Canterbury, zu folgen; Fagius und Valerain Poullain begleiteten ihn nach England; am 24. 4. 1549 trafen sie in London ein. Fagius starb bald darauf; Bucer wurde Regius Professor in Cambridge und begann im Dezember mit seinen Vorlesungen. Zu dem Kreis seiner Hörer gehörte der spätere Erzbischof Matthew Parker. Bucers Gutachten (*Censura*) des *Book of Common Prayer* wurde für dessen endgültige Gestalt als Bekenntnisschrift und als liturgisches Fundament des Anglikanismus bedeutsam.

Martin Bucer kränkelte im englischen Klima und wurde deshalb von seiner zweiten Frau Wibrandis Rosenblatt und seiner Familie vom September 1550 bis Februar 1551 besucht. Er starb bald darauf trotz aufopfernder Pflege und Sorge um ihn am 1. 3. 1551 und wurde zwei Tage später in der Great St. Mary Church beigesetzt.

»Zu der Vorrede unseres Bekenntnisses wiederholen die päpstlichen Gelehrten zunächst, daß wir darin zugeben, daß wir jene Lehre, die in einigen Teilen vom allgemeinen Brauch sich entfernt hat, angenommen haben . . . Obwohl wir doch nichts weiter bekennen und auch nichts weiter wahr ist, als daß von uns die Lehre angenommen wurde, die zwar etwas vom üblichen Gebrauch entfernt, aber die unbezweifelbare Lehre Christi ist. Dieses haben wir auch in der Vorrede umfassend dargestellt und bezeugt. Jener allgemeine Brauch, von dem wir abgewichen sind, besteht darin, daß man die Leute in den Predigten allgemein gelehrt hat, daß sie des Verdienstes Christi, unseres Herrn, eher durch der Priester Weihegewalt, durch Gebet, Gesang und andere Zeremonien als durch wahren Glauben teilhaftig würden. Ebenso: Daß wir durch unser Handeln für die geschuldeten Sündenstrafen selbst Genugtuung leisten müßten oder aber solches durch die Messen der Priester, ihr Psalmengebet, Schenkungen an sie und Schmücken ihrer Stifte, Kirchen, Altäre, Glocken, Bilder, durch des Papstes Ablaß, auch durch der lieben Heiligen Fürbitte, die allerdings sie, die Priester, am besten erwerben könnten, abtragen und ausgleichen müssen: Damit ist die Welt soweit gekommen, daß sie auf solche Dinge alles ausgerichtet hat und daneben des hungernden, dürstenden, unbekleideten, obdachlosen, kranken und gefangenen Christus wenig gedacht hat. Daher sind oft tausend Gulden für Holz, Stein, Messen und dergleichen aufgewendet worden, wo dem Armen keine zwanzig zugefallen sind.«
Apologie der Vorrede des Vierstädtebekenntnisses, 1531

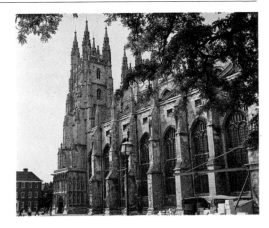

*Die Kathedrale von Canterbury,
seit dem 12. Jh. Zentrum der
englischen Kirche und seit dem
Reformationswerk durch Erzbischof Thomas Cranmer bis
heute Metropole der anglikanischen Kirche.*

»Damit habt ihr nun, liebe
Brüder, [einen Bericht darüber]
was durch uns auf der Synode
mit Hoffmann verhandelt
worden ist. Daraus seht ihr wohl,
wie schwer dieser Mensch in
Satans Fängen liegt, denn in
seinem ersten Artikel, den er
für das einzig rechte Evangelium
ausgibt, verleugnet er beide
Wahrheiten: Gottheit und
Menschheit in Christus und
damit den ganzen Christus. Im
zweiten Artikel [leugnet er] die
Vorsehung Gottes, seine Erwählung und die Kraft der Erlösung
Jesu Christi; er erhebt dagegen
die elenden, unwirksamen Fähigkeiten unserer verdorbenen
Natur. Im dritten nimmt er den
großen Trost hinweg, daß wir in
der christlichen Gemeinde Verzeihung der Sünden erlangen. Im
vierten zerreißt und zerstört er
die Gemeinschaft der heiligen
und wahren Kirche, indem er
behauptet, die Kindertaufe
stamme vom Teufel.«
Verhandlungen gegen den Täufer Melchior Hoffmann auf der
Straßburger Synode von 1533

Am 6. 2. 1557 wurde Bucer auf Anordnung Königin
Marias I., der Katholischen, exhumiert und zusammen
mit seinen Schriften dem nachträglichen Ketzertod, der
Verbrennung, überantwortet. Im Juli 1560 rehabilitier-
ten Erzbischof Parker und Königin Elisabeth I. den
Straßburger Reformator.

Seine Grundprägung in wissenschaftlicher Hinsicht
hatte Martin Bucer in der thomistischen Schulung des
Dominikanerordens und durch Erasmus von Rotterdam erhalten. Diese beiden Einflüsse wurden 1518
durch das Erlebnis der Disputation Luthers in Heidelberg um den theologischen Aspekt im reformatorischen
Sinne ergänzt.

Seine eigentliche Bedeutung gewann Martin Bucer
als Organisator und Kirchenpolitiker der Reformation.
Er war immer ein praktischer und kein systematischer
Theologe. Von ihm stammte auch die erste evangelische Pastoraltheologie, die *Von der wahren Seelsorge*
handelte. Schon 1535 äußerte Bucer, daß es die Pflicht
der Obrigkeit sei, »die reine lere zu bewaren« und
weder Predigt noch Tat gegen diese reine Lehre zu
gestatten. Gegen eine solche Regelung kann der Einzelne nach Bucers Ansicht weder sein Gewissen noch
seinen persönlichen Glauben in Anspruch nehmen;
darin ist ein deutlich antihumanistisches Element von
Bucers theologischer Staatslehre enthalten. Durch das
Aufgreifen dieser Position durch Landgraf Philipp erhielt diese Ansicht erstmalig eine politische Dimension.
Wesentlich für die gesamte Reformation wurde diese
Haltung durch den besonderen Einfluß, den Bucer auf
Calvin in Fragen der Liturgie, der Kirchenverfassung
und des Kirchenrechts erlangte. Dies strahlte aus auf
Schweden, in der Schweiz auf Bern und Basel, auf die
Vorstellung der Waldenser, aber auch der Böhmischen
Brüder von einer Gemeindeordnung.

Am 21. 10. 1550 widmete Martin Bucer dem englischen König Eduard VI. seine Schrift *De regno Christi* (*Von der Herrschaft Christi*), in der er die Gestaltung des kirchlichen Lebens beschreibt. Aus seiner Sicht ist eine Teilnahme am Sakrament Pflicht, alle anderen religiösen Übungen seien durch Jesus Christus freigestellt. Das in dieser Schrift angezielte Vorhaben, England zum klassischen Land der Reformation zu machen, scheiterte zwar weitgehend, trotzdem blieben in der englischen Religionspraxis Elemente dieser Sicht gegenwärtig.

Erst im 20. Jh. begann man, Bucers Mitwirkung an der → *Wittenberger Konkordienformel* von 1536 ernsthaft zu würdigen, und räumte mit der Vorstellung auf, er sei ausschließlich als reformierter Theologe anzusehen. Vor dem Hintergrund dieser neuen Einschätzung beschloß 1952 die Internationale Bucer-Kommission die Edition einer Gesamtausgabe seiner Werke.

Johannes Bugenhagen
(Johannes Pomeranus; Hans Pommer)
(* 24. 6. 1485 Wollin, † 20. 4. 1558 Wittenberg)

Am 24. 1. 1501 wurde Johannes Bugenhagen, Sohn des Ratsherrn Gerhard Bugenhagen, in Greifswald immatrikuliert, wir haben jedoch keine sichere Nachricht, ob bzw. wann er dieses Studium abschloß. 1504 wurde er Rektor der Stadtschule in Treptow an der Rega, die der dortigen Prämonstratenserabtei unterstand, und im darauffolgenden Jahr kirchlicher Notar. 1509 erfolgte seine Weihe zum Priester, als der er mit einem Vikariat im Priesterseminar an der Marienkirche in Treptow betraut wurde. In dieser Funktion hat er Sprachenstudium und exegetisches Wirken verbunden. Bugenhagen muß als erfolgreicher theologischer Autodidakt gelten, der 1512 mit Humanistenkreisen Kontakt aufnahm und humanistisches Gedankengut unter seinen Schülern förderte. Ein Ergebnis dieser Profilierung war, daß ihm 1517 Abt Johann Baldewan von Belbuck das biblische Lektorat seines Klosters übertrug, das er eben neu eingerichtet hatte. In seinen Predigten erwies sich Bugenhagen als Erasmianer; sie sind aus der Zeit 1518/19 erhalten.

Johannes Bugenhagen. Gemälde von Lucas Cranach d. Ä. (1537).

Um 1520 machte Bugenhagen mit Lutherschriften Bekanntschaft und ließ sie in seine Arbeit als Lektor einfließen. Dies führte zu seinem Entschluß, zum Studium nach Wittenberg zu ziehen, wo er am 29. 4. 1521 immatrikuliert wurde. Der Ortsbischof und der Herzog von Pommern zwangen die in Treptow zurückgebliebenen Anhänger Luthers Ende 1521 zur Flucht; die Flüchtlinge übernahmen hernach verschiedenste Aufgaben und Funktionen in der reformatorischen Bewegung. Bugenhagen wohnte in Wittenberg bei Melan-

»Diese Artikel glauben wir und predigen sie

Zum ersten: von uns selbst

Da wir alle von Natur Sünder sind, das ist Übertreter der Gebote Gottes, und wissen nichts von der Gnade Gottes, sind voller Blindheit und Unglaubens und deswegen des Teufels eigen, darum sind wir alle gefallen in Gottes strenge Gerichte, und es ist unmöglich, daß wir daraus mit unserem Verstande oder Weisheit und mit unserem Vermögen und unserer Gerechtigkeit herauskommen. Hier hilft keine Kreatur weder im Himmel noch auf Erden, auch kein Werk oder Leiden. Solche Predigt heißen wir eine Predigt des Gesetzes, aus welchem wir erkennen unsere Sünde und Verdammnis . . .

. . .

Zum dritten: vom christlichen Leben

Daß niemand durch seine Werke oder Leiden von Sünden frei und ein Christ oder Sohn Gottes wird, denn sonst wäre Christus nichts nütze . . .«

Bekenntnis Johannes Bugenhagens, 1529

chthon und begann seine Arbeit mit einer Psalmeninterpretation, die er im Dezember 1523 Friedrich dem Weisen widmete. Im Herbst 1522 heiratete er.

1523 wurde Johannes Bugenhagen gegen den Widerstand des altgläubigen Stiftskapitels Stadtpfarrer von Wittenberg und begann mit der Neuorganisation des Gottesdienstes, des Schulwesens und der Diakonie. Zugleich arbeitete er an der Bibelübersetzung Luthers mit und hielt weiter seine exegetischen Vorlesungen, die zwischen 1524 und 1527 veröffentlicht wurden. 1524 lehnte er eine Berufung zum Pfarrer von St. Nikolai in Hamburg ab, gab aber in einem Sendschreiben den Anhängern der Reformation in Hamburg Ratschläge für ihre Arbeit. Im Sommer des folgenden Jahres wandte sich Bugenhagen zum erstenmal in der Abendmahlsfrage gegen Zwingli mit seiner Schrift *Wider den neuen Irrtum bei dem Sakrament.* 1526 legte er dann seine Programmschrift *Von dem Christenglauben und rechten guten Werken* vor, die, zunächst an die evangelische Gemeinde Hamburgs gerichtet, für seine weitere Tätigkeit grundlegend wurde. Von 1528 bis 1542 weilte Bugenhagen häufig außerhalb Wittenbergs – er wurde dann von Luther vertreten – um Visitations- und Reformationsaufgaben für die Kirchen und Schulen im politischen und theologischen Einflußbereich der sächsischen Reformatoren wahrzunehmen. Auf diese Tätigkeit geht eine Fülle nord- und mitteldeutscher Kirchenordnungen des 16. Jh.s zurück. Er lehnte es aber ab, eine dauerhafte Stellung außerhalb Wittenbergs anzunehmen, an dessen Universität er, 1533 zum Doktor der Theologie promoviert, ordentliches Mitglied der theologischen Fakultät geworden war. In den Statuten der Universität Wittenberg von 1536 wurde das von Bugenhagen besetzte Stadtpfarramt als vierte theologische Professur der Universität integriert.

Ordinationsbuch der Stadtkirche Wittenberg von 1539 mit eigenhändigen Änderungen des Textes durch Johannes Bugenhagen.

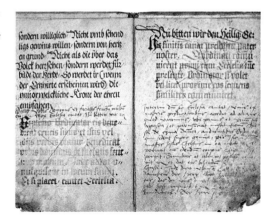

Die späteren Jahre, insbesondere nach dem Tod Luthers (1546) und der Niederlage des Schmalkaldischen Bundes der evangelischen Fürsten und Städte (1547), waren mit immer verantwortungsvollerer Tätigkeit für Stadt und Universität Wittenberg ausgefüllt, wobei Bugenhagen ins politische Zwielicht geriet, weil er mit Moritz von Sachsen zusammenarbeitete, während der frühere Kurfürst Johann Friedrich in kaiserlicher Gefangenschaft gehalten wurde.

1556 begann Johannes Bugenhagen zu kränkeln; am 20. 4. 1558 starb er in Wittenberg.

Johannes Bugenhagen war als Stadtpfarrer zugleich Beichtvater Luthers, und es verwundert deshalb sehr, daß er einseitig als der Praktiker im Reformatorenkreis um Luther beschrieben wurde, ohne daß sein theologischer Standort ausreichend erforscht worden wäre.

Am Beginn seiner Tätigkeit steht jedenfalls die Bibelexegese in seinen Predigten, die als Kritik an der *Vulgata*, der maßgebenden lateinischen Bibelübersetzung der Alten Kirche, schon in seiner Treptower Zeit, also vor seiner engeren Bekanntschaft mit Luther, begonnen und durch die Verbreitung seiner exegetischen Kommentare – insbesondere in Oberdeutschland – zumindest bis zum endgültigen Ausbruch des Abendmahlsstreits weit gewirkt hat. Seine *Passionsharmonie* wurde zu einem Volksbuch der evangelischen Frömmigkeit bis ins 17. Jh. hinein und war bis nach Polen, Island, Finnland und sogar Grönland verbreitet.

In der Rechtfertigungslehre folgte Bugenhagen weitgehend Luther, er versuchte aber, einen eigenständigen Bezug in der klaren Definition der beiden Elemente Gesetz und Evangelium in der Auseinandersetzung mit Karlstadt und Müntzer zu erarbeiten.

Seine anerkannte Hauptleistung bestand aber ganz sicher in der Wahrnehmung von Bischofsfunktionen im gesamten Einflußbereich der sächsischen Reformatoren, wie sie in der Kirchenordnung der Stadt Braunschweig von 1528 geregelt waren, aber während seiner Tätigkeit in den verschiedenen Teilen Nord- und Mitteldeutschlands immer wieder den zeitlichen und örtlichen Gegebenheiten angepaßt wurden. Die Problembereiche einer Kirchenordnung waren in seiner Schrift *Von dem Christenglauben und rechten guten Werken* (1526) umrissen und gliederten sich in drei Hauptbereiche: Predigt/Gottesdienst – Schule/Universität – Diakonie. Von dieser Schrift ging eine besondere und weitreichende Wirkung für das evangelische Schulwesen aus. Die reformatorische Arbeit Bugenhagens reichte auch nach Dänemark und Norwegen, wo ihn Christian III. für sein Land zu gewinnen suchte. Von etwa 1535 an hielt Bugenhagen sogar für einige Zeit täglich Vorlesungen an der neuerrichteten Universität Kopenhagen, deren Rektor er 1538 war.

König Christian III. von Dänemark (1534–1559), der 1536 in Dänemark und Norwegen die Reformation einführte.

Heinrich Bullinger

(* 4. 7. 1504 Bremgarten, † 17. 9. 1575 Zürich)

Heinrich Bullinger war unehelicher Sohn eines Pfarrers in Bremgarten (heute Kanton Aargau); seine Eltern haben später im Zuge der Reformation geheiratet. 1516 besuchte er die Stiftsschule von Emmerich, an der einige Lehrer der *Devotio moderna* zuneigten. Im Sommer 1519 ging Bullinger als Student nach Köln, wo er 1520 Bakkalaureus und 1522 Magister Artium wurde. Die Ausbildung verlief zwar nach den scholastischen Lehrplänen, aber auch in Köln sind schon humanistische Lehrer tätig gewesen.

Zum Bruch mit der römischen Kirche fühlte sich Bullinger, durch elterliche und schulische Erziehung ohnehin bereits entscheidend geprägt, durch seine Lektüre der lateinischen und griechischen Kirchenväter und der Bibel, vor allem aber durch seine Bekanntschaft mit den Schriften von Erasmus, Luther und Melanchthon um 1522 gedrängt. Im folgenden Jahr kehrte er als Lehrer an der neugegründeten Schule des Zisterzienserklosters Kappel in seine Heimat zurück und lehrte dort bis 1529 die humanistischen Fächer Grammatik, Rhetorik und Logik. Daneben hielt er schon früh öffentliche Vorlesungen über die *Paulus-Briefe*, was schließlich zur Reformation des Klosters und seiner Übergabe an die Stadt Zürich beitrug. Bul-

Heinrich Bullinger. Gemälde eines unbekannten Malers (1537).

linger wurde Pfarrer von Kappel und Hausen sowie Mitglied der Zürcher Synode. 1529 heiratete er Anna Adlischweiler und zog als Prediger in seine Vaterstadt Bremgarten. Die Niederlage der Evangelischen und der Tod Zwinglis in der Kappeler Schlacht zwangen Bullinger jedoch zur Flucht nach Zürich, wo er am 9. 12. 1531 zum Nachfolger Zwinglis gewählt wurde. Nach der Kappeler Niederlage stellte sich ihm als erste Aufgabe die Regelung des Verhältnisses von Kirche und Rat der Stadt. Zugleich Schulherr der beiden Lateinschulen und der »Prophezey« von Zürich, hat Bullinger auch diese Aufgabe sofort in Angriff genommen und mit seiner Studienordnung *De propheta libri duo* gewissermaßen eine humanistisch-theologische Studienordnung geschaffen. 1534 erhielt er das Zürcher Bürgerrecht und wurde »Zünfter zur Meise«. Als Prediger im Großmünster hat Heinrich Bullinger in der Folgezeit an die 7500 Predigten gehalten. Eine wichtige Grundlage dieser Tätigkeit waren seine von 1532 bis 1546 verfaßten Kommentare zu allen Schriften des *Neuen Testaments* (ausgenommen die *Apokalypse*).

Als Vorsteher der Zürcher Kirche wurde Bullinger zum anerkannten Haupt der reformierten Eidgenossenschaft. In dieser Funktion hat er wesentlich zur Bekenntnisbildung beigetragen. So hat er in Abgrenzung zur *Wittenberger Konkordienformel* 1536 das Erste → *Helvetische Bekenntnis* geschaffen. 1545 entstand das *Wahrhafte Bekenntnis der Diener der Kirchen zu Zürich*. Im *Consensus Tigurinus* von 1549 (→ *Zürcher Einigung*) hat Bullinger die Kirchen der deutschen Schweiz mit der Genfer Kirche Calvins versöhnt, und in der Folgezeit nahm er, zeitweise neben Calvin, eine wichtige Stellung als Lehrer und Berater der reformierten Kirchen Europas ein. Auf der Grundlage dieses Wirkens und vor dem Hintergrund der römisch-katholischen Glaubensdarstellung auf dem Konzil von Trient entstand 1561 bzw. 1566 aus Bullingers Feder das Zweite → *Helvetische Bekenntnis*, sein Testament für die von ihm geführten Kirchen. – Am 17. 9. 1575 starb Heinrich Bullinger in Zürich.

Unter dem Eindruck der Niederlage von Kappel setzte Heinrich Bullinger am 13. 12. 1531, nur vier Tage nach seiner Amtsübernahme, seine Grundsätze dem Rat der Stadt auseinander. Sie bedeuteten ein Ende der gewaltsamen Expansionspolitik der reformierten Kirche und erfüllten damit eine der Bedingungen des Friedens von Kappel: Einerseits sollten die Theologen sich nicht mehr direkt in die Staatsgeschäfte einmischen, andererseits aber hatte die Obrigkeit die freie Predigt auch zu Fragen von Politik und Gesellschaft zu garantieren. Geprägt war dieser Vorschlag von dem Bundesgedanken in Bullingers Theologie, den er auf das Verhältnis von Kirche und Staat anwandte. Hatte

»Gott, Vater, Sohn und Heiligem Geist, unserm einigen ewigen wahren allmächtigen Gott und Heiland gehört allein alle Ehre von Ewigkeit zu Ewigkeit. Amen.
Durch seine Gnad und Hilfe habe ich, Heinrich Bullinger der Ältere, zur Zeit Pfarrer am Großmünster der Zürcher Kirche, mir vorgenommen, einfach, klar und wahrhaft die Geschichte zu beschreiben, die sich in der Eidgenossenschaft, besonders zu Zürich, von dem Jahre Christi 1519 an mit der Änderung der Religion und der Einrichtung christlicher Reformation zugetragen hat . . . Denn sonst vergessen die Menschen, die keinen Dank wissen, über ihrer Arbeit auch vortreffliche Dinge bald, herrliches Wirken Gottes, gute Lehren und hervorragende Beispiele sogar verblassen; sie können aber durch fleißige schriftliche Aufzeichnung wieder in Erinnerung gebracht und dem Wissen der Menschen löblich und nützlich eingeprägt werden . . .«
Bullinger, *Reformationsgeschichte,* Vorrede

Titelblatt einer Rede Heinrich Bullingers über Studium und Pflichten des reformierten Predigers.

DE PROPHETAE OFFI
CIO, ET QVOMODO DIGNE AD=
miniſtrari poſſit, oratio, Hein=
rycho Bullingero
Authore.

✿

❧❦ IESVS ☙❧
Hic eſt filius meus dilectus in quo placata eſt anima mea: ipſum audite. Matthæi
XVII.

»In den Predigten wurde nicht von unserer Bosheit und verderbten Art der Sünde gelehrt, nicht von rechter Verzeihung der Sünden, nicht von der Gerechtmachung des Glaubens durch den einen Tod Jesu Christi. Man lehrte vielmehr, der Mensch könne durch sein Tun und Lassen, aus seinen Kräften, durch gute Werke oder Verdienst selig werden. Es wurde auch die Ohrenbeichte, Genugtuung und Fegfeuer sowie der Ablaß gepredigt. Die Mutter Gottes Maria wurde der Welt besser eingeprägt als ihr Sohn, unser Herr Christus selbst, und die Fürbitte der Heiligen mehr als das Priestertum und die Mittlerschaft Christi . . .«
Bullinger, *Reformationsgeschichte* (Religiöser Zustand der Schweiz vor 1519)

Bildnis des alten Heinrich Bullinger. Holzschnitt von Tobias Stimmer (1571).

Zwingli zunächst gegen die Täufer eine Unterscheidung von *Altem* und *Neuem Testament* im Adam-Noah-Bund mit der Menschheit (Tat Gottes) und im Abraham-Christus-Bund mit der Kirche (Gnade Gottes) herausgestellt, so verarbeitete Bullinger nun dieses Konzept in einen Entwicklungszusammenhang, indem er in Abraham eine Erneuerung und in Jesus Christus die Erfüllung des Bundes mit der gesamten Menschheit sah. Das in der *Heiligen Schrift* bewahrte Geheimnis der Gemeinschaft mit Gott wurde durch Gott in seiner Kirche sichtbar gemacht, ohne daß für Bullinger die Grenzen zwischen menschlichem Gemeinwesen und christlicher Gemeinde verschwammen. Das christliche Gemeinwesen entstand für Bullinger aus dem Zusammenwirken von Prophetenstand und Obrigkeit sowie durch das persönliche Vertrauen zwischen beiden. Er hat in der Folge dieses Prophetenamt durch seine »Fürträge« geprägt, die er als Vorsteher der Zürcher Kirche persönlich oder schriftlich dem Rat überbrachte. Außerdem hat er die »Synode« durch das Statut vom 22. 10. 1532 konsolidiert. Sie sollte zweimal jährlich zusammentreten und durch den gemeinsamen Vorsitz von Kirchenvorsteher und Bürgermeister gekennzeichnet sein. Mitglieder der Synode waren sämtliche Pfarrer und Lehrer der Kirche sowie acht Ratsvertreter.

In der *Kirchenordnung* (1532) nahm Heinrich Bullinger zu Fragen der Liturgie, der Kirchenzucht, der Krankenbetreuung (Pest) und der Flüchtlingsaufnahme (vor allem Engländer, Locarner und Franzosen) Stellung. Dabei unterschied er klar zwischen Aufgaben der christlichen Obrigkeit und Aufgaben der Kirche; so wurde etwa die Ehegerichtsbarkeit der staatlichen Autorität zugewiesen.

An den innerprotestantischen Konflikten wie Abendmahlsstreit, Täufertum und Antitrinitarismus, aber auch an politischen Problemen nahm Bullinger vor allem in Abhandlungen und Briefen Anteil. Sein Briefwechsel umfaßt etwa 12 000 Schreiben von oder an Bullinger; er selbst hat um die 2000 Briefe geschrieben. Dieser Briefwechsel stellte aus der Sicht der Partner eine Art »Weltkirche« durch das persönliche Band der Korrespondenz her.

Von besonderer Bedeutung für den Ausbau des reformierten Kirchenwesens ist Bullingers Verhältnis zu Calvin, das zwar oft durch grundsätzliche Meinungsverschiedenheiten belastet, aber zugleich auch immer für beide Seiten fruchtbar gewesen ist. Heinrich Bullinger hat die Ereignisse der Zeit konkret verarbeitet und reflektiert, indem er zunächst eine *Reformationsgeschichte* der Schweiz geschrieben, daneben aber auch zeitlebens Materialien zur kirchlichen und allgemeinen Geschichte der Schweiz zusammengetragen hat (Aktensammlungen, Drucke, Manuskripte). Seine Arbeit in diesem Bereich wurde später als in großen Teilen parteiisch verurteilt, aber aus heutiger Sicht erscheint Bullinger zwar als selbstbewußter Reformer, der sich zugleich jedoch als im wesentlichen gerechter Beobachter erwiesen hat.

Auch seine theologischen Schriften hat Bullinger als politische Stellungnahme verstanden, indem er Abhandlungen über Grundsatzfragen vornehmlich protestantischen oder konfessionell noch unentschiedenen Fürsten widmete; so gingen Widmungsbriefe an Heinrich VIII. und Eduard VI. von England, an Christian von Dänemark und Landgraf Wilhelm von Hessen sowie Franz II. und Karl IX. von Frankreich. Seine Schriftauslegungen und Predigten dagegen widmete er hauptsächlich Freunden und Kollegen.

Von 1531 bis 1550 konzentrierte sich Heinrich Bullinger ganz auf theologische Grundlagenforschung, die sich um die römische Kirche und die Gestalten Luthers, Melanchthons, Zwinglis und auch Calvins rankte. Dargestellt hat er diese Forschungsergebnisse in den *Dekaden*, 50 Lehrpredigten, die mit der *Institutio* Calvins vergleichbar sind und auf die Lehrauffassung der reformierten Kirche der Pfalz Einfluß gewannen.

Von 1550 an wurden diese »Vorarbeiten« präzisiert und im Zweiten → *Helvetischen Bekenntnis* zusammengefaßt. Heinrich Bullinger hat damit endgültig und klar den Gedanken einer Bundestheologie als Grundlage reformierten Kirchentums herausgestellt.

Jakob Cajetan (Jacopo Gaetano; Thomas de Vio)

(* 20. 2. 1469 Gaeta, † 9. 8. 1534 Rom)

Cajetan trat 1484 in den Dominikanerorden ein, wo er den Ordensnamen »Thomas« erhielt. Zum Studium weilte er in Neapel, Bologna und Padua, und 1494 erlangte er in Ferrara den Magistergrad im Rahmen einer glanzvollen Disputation mit Giovanni Pico della Mirandola. Danach auf einen Lehrstuhl in Padua berufen, wurde er 1497 von der Universität Pavia abgeworben. Von 1500 bis 1518 wirkte Cajetan zunächst als Generalprokurator und dann als Generalmagister des Dominikanerordens in Rom und lehrte zugleich an der päpstlichen Universität Sapienza Theologie. Auf dem Laterankonzil (1512–1517) vertrat Cajetan die gesamten Bettelorden, aber auch Herzog Georg von Sachsen. 1517 wurde er in den Kardinalsrang erhoben und in den beiden folgenden Jahren war er päpstlicher Legat in Deutschland. Er trat auf dem Reichstag von 1518 in Augsburg für einen Kreuzzug gegen die Türken ein. Im Anschluß an diesen Reichstag kam es zum ersten offiziellen Verhör Luthers durch Cajetan. Auf der Wahlversammlung in Frankfurt/Main (1519) trat Cajetan für

Jakob Cajetan.

die Wahl Karls V. zum deutschen Kaiser ein. 1519 wurde er dann Bischof von Gaeta, seiner Heimatstadt, und 1523 und 1524 war er päpstlicher Legat in Ungarn, Böhmen und Polen. Danach berief ihn Papst Klemens VII. an die Kurie, wo sich Cajetan in der Kirchenpolitik engagierte und Gutachten zur Konzilsfrage und zur Frage der Annulierung der Ehe zwischen → *Heinrich VIII. von England* und Katharina von Aragon ausarbeitete. Beim »Sacco di Roma«, der Besetzung Roms durch das kaiserliche Heer (1527), wurde er gefangengenommen und erst gegen Lösegeld wieder freigelassen. Er zog sich in seine Bischofsstadt Gaeta zurück, kam 1530 aber wieder nach Rom, wo er dann bis zu seinem Tode blieb.

Cajetan war humanistisch beeinflußter Thomist, dessen Kommentar zur *Summa theologiae* des Thomas von Aquin nach 1888 unter Papst Leo XIII. gemeinsam mit dem Thomas-Text veröffentlicht wurde. Seine Kritik an einzelnen Bibeltexten brachte Cajetan die Gegnerschaft der theologischen Fakultät von Paris ein.

Jean Calvin (Cauvin; Johannes Calvinus)
(* 10. 7. 1509 Noyon, † 27. 5. 1564 Genf)

Der Vater Calvins, Gérard Cauvin, Notar des Domkapitels und Vermögensverwalter des Bischofs von

Jean Calvin.
Gemälde von Th. Beza.

Noyon, bestimmte seinen Sohn zum Studium der Theologie und versorgte ihn schon früh mit zwei Pfründen der Diözese. 1523 begann Jean Calvin mit dem Studium in Paris, das er 1528 mit dem Magistergrad am Collège de Montaigue abschloß, um danach – wiederum auf Wunsch seines Vaters – in Orléans und Bourges das Jurisprudenzstudium aufzunehmen. Nach dem Tod seines Vaters kehrte Calvin 1531 nach Paris zurück, um humanistische Studien zu betreiben. Im folgenden Jahr erschien seine erste Schrift, ein Kommentar zu Senecas Traktat *Über die Milde*.

Renata von Ferrara, Tochter König Ludwigs II. von Frankreich und Gemahlin des Herzogs Ercole II. d'Este. Miniaturbildnis im Gebetbuch der Herzogin.

Wann Calvin sich dann der Reformation zugewandt hat, ist nicht klar; er selbst spricht von einer plötzlichen Bekehrung. Daß er Näheres dazu nicht preisgibt, fügt sich in das Gesamtbild einer Persönlichkeit, aus deren Privatleben nur weniges überliefert worden ist. Jedenfalls verließ Calvin 1534 Paris, weil der König die Protestanten mit Verhaftung bedrohte, und verzichtete auch auf seine Pfründen. Er ging nach Basel, wo er sich unter einem Decknamen dem Studium der Bibel und der Kirchenväter sowie der Lektüre von Schriften Luthers, Bullingers und Bucers widmete. Während dieser Zeit schrieb er an der ersten Fassung der *Christianae Religionis Institutio*, die 1536 mit einer Vorrede an Franz I. von Frankreich publiziert wurde, in der der französische König zur Tolerierung bzw. Annahme des Evangeliums aufgerufen wurde. Diese Erstfassung der *Institutio* ist ein umfassender Katechismus mit noch traditionellem Aufbau. Während der Drucklegung seiner Schrift reiste Calvin nach Ferrara an den Hof von Herzogin Renata, die eine Reihe französischer Glaubensflüchtlinge bei sich beherbergte. Nach kurzem heimlichen Zwischenaufenthalt in Frankreich machte er sich schließlich auf den Weg nach Straßburg. Um nicht in Kriegsgebiet (Dritter Krieg zwischen Habsburg und Frankreich, 1536–1538) zu gelangen, mußte er einen Umweg über Genf nehmen, wo er von Wilhelm Farel, der 1532 an der Reformation der Waldenser entscheidend Anteil hatte, als Autor der *Institutio* erkannt und zum Bleiben bewegt wurde. Die Stadt Genf war von ihrem Fürstbischof abgefallen und hatte sich zum Protestantismus bekannt, Farel sah sich aber allein nicht in der Lage, die Stadt zu reformieren. Der Überzeugungskraft Farels gab Calvin nach, ja, er deutete sein Drängen als Anrufung durch Gott: Er übernahm zunächst die öffentlichen Bibelvorlesungen, wenige Monate danach wurde er zum Prediger ernannt.

Der Reformator Wilhelm Farel. Zeitgenössischer Kupferstich.

1537 entwarfen Farel und Calvin eine Kirchenordnung und eine Bekenntnisformel für die Stadt; gleichzeitig veröffentlichte Calvin seinen ersten *Katechismus*. Über diese konkreten Anforderungen an die Genfer Gemeinde kam es zu Konflikten mit der Bürgerschaft, die einen neuen Klerikalismus in der Stadtführung be-

»Sadolet, du weißt, . . . wir stimmen nicht nur weit mehr mit der alten Kirche überein als ihr, sondern suchen vielmehr gar nichts anderes als eben das alte Gesicht der Kirche wieder herzustellen, das Aussehen, das zuerst von ungebildeten und nicht gerade den edelsten Menschen häßlich entstellt, nachher vom Papst und seiner Partei schmählich zerfetzt und schier vernichtet worden ist.«
Calvin an Kardinal Sadoleto, 1539

Links unten: *Titelblatt der Erstausgabe von Calvins* Christianae Religionis Institutio *(Basel 1536).*

Rechts: *Die Nische in der heutigen Presbyterianischen Kirche von Genf, in der Calvin predigte.*

fürchtete. Am 23. 4. 1538 wies deshalb der neugewählte Rat Calvin und Farel an, binnen drei Tagen die Stadt zu verlassen. Wilhelm Farel zog nach Neuchâtel, wo er sich für den Rest seines Lebens der Reformation der Stadt widmete. Calvin ging zunächst nach Basel, wurde im September aber von Bucer nach Straßburg gerufen, um die französischen Flüchtlinge zu betreuen. In Straßburg veröffentlichte er 1539 eine Neubearbeitung der *Institutio* und auf Wunsch der Stadt Genf eine Kampfschrift gegen Jacopo Kardinal Sadoleto zur Verteidigung der Genfer Reformation; in dieser Schrift bezeichnete Calvin sich lediglich als von Genf beurlaubt. Im folgenden Jahr erschienen Calvins *Römerbriefvorlesung* und eine Abhandlung zur Abendmahlsfrage. Während dieser Zeit nahm er an den Religionsgesprächen von 1539–1541 in Frankfurt, Hagenau, Worms und Regensburg teil, auf denen er die führenden Reformatoren Deutschlands und die kirchlichen Verhältnisse kennenlernte und in freundschaftliche Beziehung zu Melanchthon trat. 1540 heiratete Calvin Idelette de Bure, die Witwe eines durch Calvins Predigt bekehrten Täufers.

Am 13. 9. 1541 kehrte Calvin nach längeren Verhandlungen auf Wunsch der Bürgerschaft nach Genf zurück. Man hatte ihm freigestellt, die Gemeinde nach seinen Vorstellungen zu ordnen, und sein Entwurf für

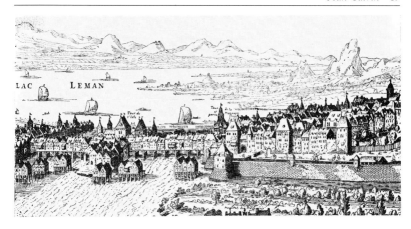

eine Ordnung der Genfer Kirche wurde auch mit geringfügigen Änderungen durch den Rat angenommen. Calvin blieb von nun an in Genf und predigte zumeist an der ehemaligen Kathedralkirche St. Peter. Zur gleichen Zeit hatte die Stadt → *Sebastian Castellio* zur Betreuung des Schulwesens berufen.

Die folgenden Jahre waren gekennzeichnet durch harte Auseinandersetzungen Calvins mit altgläubigen und überlieferten städtischen Privilegien sowie mit Lehrstreitigkeiten, die Calvin mit großer Heftigkeit führte, unter der beispielsweise Castellio weichen mußte. 1543 legte Calvin eine erweiterte Ausgabe seiner *Institutio* vor und 1545 einen neuen *Katechismus.* Eine gewisse Stabilisierung seiner Position erreichte er 1549, als er in der → *Zürcher Einigung* eine Versöhnung mit der von Heinrich Bullinger geführten Zwinglianischen Reformation herbeiführte. Die Verurteilung des Antitrinitariers → *Michael Servet* im Jahre 1553 rief scharfe Proteste gegen Calvin von liberalen Reformern hervor; so meldete sich beispielsweise Castellio aus Basel mit einem literarischen Angriff zu Wort. Spätestens 1555 aber war Calvins Position in Genf gefestigt und unanfechtbar geworden. Als 1559 durch einen Konflikt mit dem Berner Rat einige Calvin nahestehende Lehrer der Akademie in Lausanne verlassen mußten, nützte Calvin entschlossen die Gelegenheit und gründete am 5. 6. 1559 die *Academia Genevensis,* als deren Leiter er den aus Lausanne kommenden → *Theodor Beza* berief, mit dem er sich die theologischen Akademievorlesungen teilte. Die Genfer Akademie wurde für den Rest des Jahrhunderts zu einer ungemein einflußreichen Schule für viele exilierte Protestanten, die aufgrund ihrer Ausbildung in Genf dann in ihrer Heimat das reformierte Gedankengut verbreiteten. Im Jahr der Akademiegründung legte Calvin auch die letzte lateinische Ausga-

Genf zur Zeit Calvins. Radierung von Vischer.

Gegenüberliegende Seite unten:

*Predigt im reformierten Tempel
zu Lyon, genannt das Paradies.
Gemälde eines anonymen Malers
(1564). Der karg ausgestattete
Innenraum, in dem lediglich
Bänke um das Zentrum der
Kanzel gruppiert sind, ist eines
der frühesten Beispiele reformierter Kirchenarchitektur.*

*Das heutige Collège Calvin in
Genf, der alte Sitz der von Calvin
und Beza 1559 als theologisches
Zentrum der Genfer Reformation
gegründeten* Academia Genevensis.

be seiner *Institutio* vor, die nun die gesamte Dogmatik des reformierten Kirchenwesens sowie eine Darstellung der Genfer Kirchenpraxis enthielt. Im Jahr darauf erschien die Letztfassung der *Institutio* auf Französisch. Die weiteren Jahre seines Wirkens widmete Calvin vor allem dem Abschluß seiner Bibelkommentarreihe; lediglich das *Hohelied Salomonis* und die *Apokalypse des Johannes* hat er nicht kommentiert. Am 27. 5. 1564 starb Calvin in Genf. Zu seinem Nachfolger wurde Theodor Beza gewählt.

In den Ordnungen der Genfer Kirche, die Calvin 1541 entwarf und 1561 ein letztes Mal bearbeitete, sollten die konkreten Aufgaben innerhalb der Gemeinde klar gegeneinander abgegrenzt werden. Die gelehrten Lehrer sollten sich dem Studium der Bibel und der alten Sprachen widmen, die Prediger (Pastoren) sollten Verkündigung und Feier der Sakramente übernehmen, die Ältesten sollten Glaube und Verhalten der gesamten Bürgerschaft beaufsichtigen und korrigieren und die Diakone sollten für alle jene sorgen, die die Mittel zur Selbsterhaltung nicht aus eigener Kraft aufbringen konnten.

In der »Zunft der Pastoren« übernahm Calvin die Führung als »Moderator«. 1542 arbeitete er mit neun Pastoren für die gesamte Stadt und ihr Umland, 1564 war das Kollegium auf neunzehn Mitglieder angewach-

sen. Für die Einstellung von neuen Pastoren galt, daß sie durch die schon bestallten Pastoren geprüft und danach dem Rat der Stadt zur Anstellung als Prediger vorgeschlagen wurden.

Die Ältestenwahl erfolgte durch alle stimmberechtigten Genfer aufgrund von Vorschlagslisten des Rates, der sich normalerweise mit den Pastoren in der Kandidatenfrage beriet. Die Ältesten waren zumeist Vollbürger der Stadt und durften keine Geistlichen sein. Im Konsistorium trafen sich wöchentlich Älteste und Pastoren, um sich über den Zustand der Kirche zu verständigen und Klagepunkte gemeinsam zu beraten. Verstöße gegen die Kirchenzucht wurden in geringfügigen Fällen durch Ermahnung des Konsistoriums, die manchmal Calvin selbst übernahm und mit großer Rigorosität verkündete, oder durch Anzeige beim Rat der Stadt und Bestrafung durch die zivilen Behörden geahndet, sofern es sich um grobe Verfehlungen handelte. Beim Konsistorium lag auch das Recht zur Exkommunikation von Bürgern, ein Privileg, auf dem Calvin bestand und das er spätestens seit 1555 unbestritten für das Konsistorium beanspruchen konnte. Zuvor hatte der Stadtrat versucht, nach dem Vorbild landeskirchlicher Organisationen dieses Recht für sich allein zu sichern.

Die Aufgaben des Diakonats hatte Calvin der Stadt-

»Zuerst danke ich Gott, daß er Mitleid gehabt hat mit mir, seiner armen Kreatur, und hat mich herausgezogen aus dem Abgrund des Götzendienstes, in dem ich steckte, um mich ans Licht des Evangeliums zu ziehen und mich teilhaben zu lassen an der seligmachenden Lehre, deren ich nicht wert war . . . er hat seine Gnade so weit gehen lassen an mir, daß er mich und meine Arbeit zur Förderung und Verkündigung der Wahrheit seines Evangeliums brauchte. So erkläre ich, daß ich leben und sterben will in diesem Glauben und keine andere Hoffnung und Zuversicht habe als darauf, daß er mich aus Gnaden angenommen hat, worauf all meine Seligkeit beruht; ich nehme die Gnade an, die er mir in unsern Herrn Jesu Christo erwiesen hat, und stütze mich auf das Verdienst seines Leidens und Sterbens, auf daß dadurch alle meine Sünden begraben seien . . .
Ich erkläre auch, daß ich nach dem Maß der Gnade, die er mir verliehen hat, mich bemüht habe, sein Wort rein zu lehren in Predigten und Schriften und die heilige Schrift getreulich auszulegen. Auch habe ich in allen Streitigkeiten, die ich mit den Feinden der Wahrheit durchzufechten hatte, nie Hinterlist noch Sophisterei gebraucht, sondern bin stets ehrlich vorgegangen in der Verteidigung seiner Sache. Aber ach, das Wollen, das ich hatte, und mein Eifer, wenn ich so sagen darf, waren so kalt und feige, daß ich mich recht schuldig fühle in allem und überall, und wäre nicht seine unendliche Güte, so wäre all mein leidenschaftliches Streben nichts als Rauch gewesen; ja die Gnadengaben, die er mir verliehen, machten mich nur noch schuldiger; so bleibt meine Zuflucht, daß er der Vater der Barmherzigkeit ist und sich auch als der Vater eines so elenden Sünders zeigen und erweisen wird . . .«
Calvin, *Testament vom 25. 4. 1564*

»Wer ich auch bin – das nehme ich für mich in Anspruch, daß ich den Schutz der frommen Lehre und der Kirche übernommen habe . . . Nehmt meine Worte auf als die vereinte Stimme aller, die sich um die Kirche schon in ihrer neuen Gestalt sorgen oder noch mit ihrer Neugestaltung ringen. Darunter sind Fürsten nicht geringen Ranges, und nicht wenige bedeutende Städte. Für sie alle erhebe ich meine Stimme; durch meinen Mund reden sie alle vereint. Rechnet dazu noch die endlose Menge all der Frommen, die, in die verschiedensten Teile der Christenheit verstreut, doch einstimmig mein Vorgehen unterschreiben! . . . Ich kenne die gehässigen Namen, mit denen man uns brandmarkt. Man mag uns heißen, wie man mag – hört nur einmal unser Anliegen und urteilt nachher, wo wir hingehören! . . .«
Calvin, *Untertäniges Mahnschreiben an den unüberwindlichen Kaiser Karl V. . . . auf dem Reichstag zu Speyer,* 1543

verfassung von 1535 entlehnt, in der nach der Vertreibung des Fürstbischofs und der Auflösung der Klöster ein General-Hospital zur Versorgung der Waisen, Witwen und Alten sowie der durch körperliche oder geistige Behinderung Erwerbsunfähigen vorgesehen worden war.

Für einen formellen Unterricht in Genf hatte zunächst nur für kurze Zeit Sebastian Castellio gesorgt, danach verlief die Unterrichtung in eher informellen Bahnen, es sei denn, die Calvin nahestehende Akademie von Lausanne wurde dafür in Anspruch genommen. 1559 kam es dann zur Gründung der Genfer Akademie, die zur ›Schule der Völker‹, zum wissenschaftlichen und pädagogischen Zentrum des europäischen Calvinismus wurde.

Hatte Calvin 1549 mit Bullinger in der Zürcher Einigung eine enge Bindung der Schweizer Kirchen untereinander erwirkt, so richtete er sein politisches Augenmerk danach um so mehr auf die Ausbildung der Flüchtlinge, die sich in Genf aufhielten. Vor allem für seine Heimat Frankreich bildete er Pastoren aus und schuf so die Voraussetzungen für eine Untergrundorganisation, die auf verschiedensten Ebenen synodale Vereinigungen zwischen einzelnen Gemeinden vorsah, um so den Kontakt auch während der Verfolgung zu wahren; die Zusammensetzung von Laien und Pastoren war am Genfer Konsistorium orientiert. Diese Strukturen wurden von Vertretern anderer Länder übernommen (etwa Schottland). In Frankreich gelang Calvin außerdem das Bündnis mit dem Adel; von besonderer Bedeutung war, daß er auch das Haus Bourbon zum Schutz der französischen Protestanten gewinnen konnte. So ließ er dann auch zeitweilig Theodor Beza vom Genfer Rat beurlauben, damit er den Hugenotten-Adel in Frankreich beraten konnte.

Durch das besondere Gewicht, das Calvin auf die Praktikabilität der Strukturen und Formen kirchlicher Zusammenarbeit legte, wurde ein enges Geflecht internationaler Beziehungen geschaffen, das in Genf seinen Mittelpunkt hatte. In diesem Sinne war der polemische Titel »Protestantisches Rom« für Genf auch in positiver Weise zutreffend. Dies wurde von besonderer Bedeutung, als die Kräfte der Gegenreformation sich in der 2. Hälfte des 16. Jh.s zu formieren begannen; denn lediglich die Stände der Augsburger Konfession besaßen zu jenem Zeitpunkt einigen Rückhalt in ihrer reichsrechtlichen Absicherung durch den → *Augsburger Religionsfrieden*; die anderen Kirchen waren auf organisatorische Zusammenarbeit angewiesen, deren Belastbarkeit jederzeit auf die Probe gestellt wurde.

Entschiedener als andere Reformatoren galten Calvin Bekehrung und Glaubensgewißheit als im Innersten des Menschen sich vollziehende, persönliche Erfahrun-

gen, die nach außen kaum vermittelbar waren. Nur zweimal hat er zu eigenen biographischen Erfahrungen bekennend Stellung genommen. Das eine Mal in dem *Verteidigungsbrief für Genf* an Jacopo Sadoleto von 1539, worin er seine Berufung zum Reformator für Genf schilderte und legitimierte, das zweite Mal nach Abschluß der Genfer Reformation in der Vorrede zum *Psalmenkommentar* von 1557. Das theologische Postulat einer individuell unvermittelbaren religiösen Glaubenserfahrung schien auf den ersten Blick dem Calvinschen Konzept eines sich öffentlich dokumentierenden christlichen Gemeinwesens zu widersprechen. Es war dies aber wohl eine konsequente Fortentwicklung des Erwählungsgedankens (→ *Prädestination*), der ja dazu befähigen mußte, ein Leben zu führen, das bei den christlichen Brüdern keinen Anstoß erregte. Das Ziel dieser Ordnung war nämlich nicht ein Katalog von heilsnotwendigen Werken, sondern lediglich der Verzicht auf Aktivitäten, die der christlichen Brüderlichkeit schaden oder sie stören könnten.

In seiner *Institutio Christianae religionis* (in der letzten Fassung von 1559) hat Calvin streng systematisch den Gesamtbereich christlichen Glaubens und Lebens umrissen. Das erste Buch beschäftigt sich in 18 Kapiteln mit der Erkenntnis Gottes als Schöpfer. In 17 Kapiteln behandelt das zweite Buch, wie Gott sich zunächst im *Alten Testament* (Gesetz) den Vätern und schließlich im *Evangelium* für die Christen in Jesus Christus als Erlöser geoffenbart hat. Das dritte Buch widmete sich in 25 Kapiteln der Frage, wie der Christ die Gnade der Erlösung wahrnimmt und was sie in ihm bewirkt. Calvin hielt sich also in seiner Darstellung der christlichen Botschaft an die traditionelle Dreiteilung in Schöpfung, Offenbarung und Erlösung. Er wies darin allerdings der Kirche keinen Platz an, sondern behandelte sie in den

Das Reformatoren-Denkmal in Genf (v.l.n.r.: Wilhelm Farel, Jean Calvin, Theodor Beza und John Knox, der schottische Calvin-Schüler, der 1559 in Edinburgh die calvinistische Reformation durchgeführt hat).

»Der erste Grundsatz sei, die Güter zu dem Zwecke zu gebrauchen, zu welchem sie Gott geschaffen und bestimmt hat. Geschaffen aber hat er sie nicht zu unserem Schaden, sondern zu unserer Freude. Keiner kann vom rechten Wege abirren, der diesen letzten Zweck stets im Auge behält . . .

Verachten wir deshalb jene unmenschliche Philosophie, die dem Menschen den Nutzen der göttlichen Gaben nur gestatten will, soweit er sie unbedingt zum Leben braucht; nicht nur weil sie ihn ohne Grund beraubt, sondern auch weil sie nur durchführbar ist, nachdem der Mensch, jedes natürlichen Gefühles bar, nur noch einem Baumstumpf gleicht.«
Calvin, *Institutio,* Buch III, Kapitel 10

20 Kapiteln des vierten Buches als klar durchstrukturierte Lebensform der Christen. Sie ist ihm irdische Gemeinschaft heiliger und sündiger Gläubiger im → *Allgemeinen Priestertum,* zu der Gott einlädt und in der er als Christus gegenwärtig ist.

Die *Institutio* wurde zur systematischen Dogmatik des reformierten Protestantismus und erhielt ihre Kraft daraus, daß Calvin in Darstellung und Beweis nicht ein besonders theologisches Wissenschaftsverständnis heranzog, sondern alle seine Forderungen und Feststellungen mit Hilfe der humanistisch-philologischen Interpretationsmethode aus der Bibel als der alleinigen Quelle des Glaubens belegte. Er hat inquisitorische Institutionen prinzipiell abgelehnt, war aber zugleich der tiefen Überzeugung, daß gewisse Grenzen der Lehrfreiheit bestehen mußten, weil andernfalls der Häresie Tür und Tor geöffnet wären. So war ihm die Weigerung→ *Michael Servets,* sich zur sich offenbarenden Dreieinigkeit Gottes zu bekennen – ein Glaubensfundament, das seit der Frühzeit kirchliches bzw. christliches Gemeingut war –, ein Greuel und eine Lästerung Gottes, der er die Duldung versagen mußte. Ähnliche Schwierigkeiten hatte Calvin offenbar mit dem lutherischen Verständnis des Essens und Trinkens von Fleisch und Blut Jesu Christi im Abendmahl, das ihn dazu führte, sein eher lutherisches Sakramentsverständnis von der Wirksamkeit Gottes in der Gemeinde in einer zwinglianischen Terminologie zu verkünden. Er ging darin mit Philipp Melanchthon offenbar weitgehend einig.

Wolfgang Capito (Fabricius Köpfel)

(* Dezember 1478 Hagenau, † 4. 11. 1541 Straßburg)

Wolfgang Capito. Kupferstich von P. Aubry.

Wolfgang Capito war an den Universitäten Ingolstadt und Freiburg ausgebildet und 1512 zum Stiftsprediger in Bruchsal bestellt worden. 1515 kam er als Münsterprediger und Professor nach Basel, wo er sich eng dem Kreis um Erasmus von Rotterdam anschloß, sich aber bald, durch Berichte und Diskussionen angeregt, zu den Lehren Luthers hingezogen fühlte. Er begann eine Korrespondenz mit Luther und veröffentlichte 1516 einen hebräischen Psalter. Ohne besondere Freude folgte Capito 1519/20 dem Ruf → *Albrechts von Mainz* auf den Posten eines Dompredigers und später Kanzlers des Erzbischofs, weil er sich dadurch aus seinem Gelehrtenkreis trennen mußte. Bis 1523 besuchte er Luther zweimal in Wittenberg und entschied sich in seinen Gewissenszweifeln schließlich endgültig für die Reformation. Auch Erzbischof Albrecht versuchte er für diese Linie zu gewinnen. Da dieses Vorhaben scheiterte, ging er noch im selben Jahr als Probst an die St. Thomas-Kirche in Straßburg, wo er sich mit → *Martin Bucer* offen der Reformation anschloß.

Capito wurde das offizielle Haupt der Kirche und des Schulwesens von Straßburg und arbeitete konsequent mit Bucer zusammen, obwohl er in der Bedeutung hinter ihm zurückstand. Seine humanistische Orientierung war klarer ausgeprägt als die Bucers und erwies sich vor allem in seinem toleranten Verhalten gegenüber täuferischen Abweichungen. 1532 nahm er an der Berner Synode teil, die über Kirchendisziplin und pastorale Unterweisung handelte. Nach seiner Rückkehr von den Regensburger Religionsgesprächen (1541) starb er an der Pest.

Sebastian Castellio (Martinus Ballius; Martin Bellius)

(* 1515 St. Martin du Fresne, † 29. 12. 1563 Basel)

Sebastian Castellio entstammte ärmlichen Verhältnissen und mußte sich seine Bildung autodidaktisch erwerben. Er gelangte in den Umkreis reformatorisch gesinnter Humanisten und kam 1540 nach Straßburg. Hier schloß er Freundschaft mit Calvin, der ihn schließlich zur Leitung der Schulorganisation nach Genf berief. Ein Konflikt zwischen Castellio und Calvin über Fragen der Auslegung des *Hohelieds* führte 1544 zu seiner Amtsniederlegung und Auswanderung nach Basel; hier schlug er sich neun Jahre ohne Anstellung durch. 1551 veröffentlichte er seine *Biblia Sacra Latina*; in dem Widmungsbrief an König Eduard VI. von England vertrat er den Grundsatz völliger Glaubensfreiheit. Aus diesem Geist heraus protestierte er (anonym) gegen die Hinrichtung → *Michael Servets* in Genf mit seiner Schrift *De haereticis an sint persequendi* (Ob Häretiker verfolgt werden müssen, 1554). Basel verweigerte die Publikation dieser gegen Calvin gerichteten Schrift; sie wurde erst 1612 in Holland aufgelegt, wo

»Bezüglich der Täufer möchte ich gerne wissen, woher du weißt, daß sie rechtmäßige Ehen und Obrigkeiten verwerfen und Mörder entschuldigen. Gewiß findet sich das nicht in ihren Büchern und noch weniger in ihren Worten . . . Jene zu Münster verwarfen die Obrigkeit nicht und ließen Knipperdollinck in seinem Amt. Und was die Ehe anbelangt, so sagt man, daß jeder mehr als ein Weib habe. Nun gut, aber das heißt ja noch nicht, daß sie Frauen gemeinsam haben. Es gibt Leute, die gewiß keine Täufer sind, aber bezeugen, daß die Täufer in Böhmen die Ehe so hoch werten, daß, wenn jemand des Ehebruchs überführt ist, er rücksichtslos aus der Gemeinschaft ausgeschlossen wird. Noch sollte man Leute für etwas verantwortlich machen, was sie selbst zurückgewiesen haben, jedenfalls nicht mehr, als du, Beza, wegen deiner jugendlichen Liebesgedichte getadelt werden müßtest.«
Verteidigung der Täufer gegenüber Beza in einem Manuskript aus dem Nachlaß Castellios, etwa 1562

Links: *Sebastian Castellio. Kupferstich von J. Ch. Sysang (18. Jh.).*

Rechts: *Titelblatt von Castellios Schrift* De Haereticis, an sint persequendi *(1554) zur Verteidigung von Michel Servet.*

Castellios Gedanken fruchtbaren Boden fanden. In Basel hatte Castellio von 1553 an die Griechischprofessur inne, aber in seinen kirchlich-theologischen Anliegen blieb er zeitlebens isoliert und befehdet.

Oben: *Kaiser Maximilian II. Gemälde (Ausschnitt) von A. Moro.*

Christoph von Württemberg

(* 12. 5. 1515 Urach, † 28. 12. 1568 Stuttgart)

Christoph, der Sohn Herzog Ulrichs von Württemberg, war am Hofe Kaiser Karls V. und König Ferdinands I. im katholischen Glauben erzogen worden (1520 bis 1530). 1530 floh Christoph vom Hofe, weil Ferdinand I. Württemberg als Lehen erhalten hatte und Christoph fürchten mußte, nach Spanien verbannt zu werden. Als sein Vater Ulrich 1534 nach Württemberg zurückkehrte, behandelte er Christoph so schlecht, daß dieser 1534 bis 1542 französischen Kriegsdienst leistete.

Christoph bekannte sich zum Luthertum und erlangte 1550 durch einen Vertrag mit König Ferdinand Württemberg als österreichisches Lehen, das er mit Hilfe der Landstände zu einem vorbildlichen Gemeinwesen aufbaute. Angebote von Kaiser und Papst zum Übertritt zum Katholizismus lehnte er ab, bemühte sich aber gemeinsam mit Kaiser Maximilian II. um eine Aussöhnung zwischen den Religionsgemeinschaften. Jedoch konnte er Maximilian II. nicht für eine Umwandlung

Rechts: *Das 1147 von Zisterziensern gegründete Kloster Maulbronn, das im Zuge der württembergischen Reformation 1534 in eine evangelische Schule umgewandelt wurde und 1564 Schauplatz der Streitgespräche zwischen Lutheranern und Reformierten war.*

der geistlichen Fürstentümer in weltliche gewinnen. Als 1564 in Maulbronn die Bemühungen Christophs und Friedrichs III. von der Pfalz um eine Aussöhnung zwischen Reformierten und Lutheranern fehlschlugen, orientierte sich Christoph immer deutlicher an → *August von Sachsen*. Seine Orientierung am Luthertum dokumentierte er auch durch Versuche, dieses europaweit auszubreiten, indem er den italienischen, aber auch den österreichischen und ungarischen Reformatoren Unterstützungen leistete. Unter seiner Führung wurde Württemberg neben Sachsen zu einer wichtigen Stütze der deutschen Reformation lutherischer Ausprägung.

Johannes Cochläus (Johann Dobeneck)

(* 1479 Wendelstein bei Schwabach, † 10. 1. 1552 Breslau)

Johannes Cochläus studierte von 1504 bis 1510 in Köln nach der scholastischen Lehrtradition, wandte sich aber früh dem Humanismus zu und wurde von 1510 bis 1515 Rektor der Lateinschule St. Lorenz in Nürnberg. 1515 bis 1519 war er im Auftrag → *Willibald Pirckheimers* in Italien und promovierte in Ferrara zum Doktor der Theologie. In Rom wurde er zum Priester geweiht, und 1519 übernahm er das Dechantsamt am

Johannes Cochläus. Zeitgenössischer Kupferstich.

Unten links: *Der Siebenköpfige Luther. Kampfschrift von Cochläus (1529).*

Rechts: *Reformatorisches Flugblatt gegen den papsthörigen Cochläus.*

Liebfrauenstift in Frankfurt/Main. 1521 nahm er am → *Wormser Reichstag* teil und wurde, nachdem er anfangs zwischen Altgläubigen und Luther geschwankt hatte, ein entschiedener Gegner der Reformation.

Als Vorkämpfer des Katholizismus nahm Cochläus an den Reichstagen von Speyer (1529) und Augsburg (1530) teil, wo er die *Confutatio* mitverfaßte. Auch bei den Regensburger Religionsgesprächen (1540/41) war er anwesend, und 1549 schrieb er eine verächtliche Lutherbiographie (*Commentaria de actis et scriptis M. Lutheri*), die das katholische Lutherbild bis ins 20. Jh. hinein mitbestimmen sollte.

1526 wurde Cochläus Kanonikus in Mainz und 1528 berief ihn Georg von Sachsen als Kaplan und herzoglichen Rat an seinen Hof. 1539 erlangte Cochläus eine Domherrnstelle in Breslau und 1543 in Eichstätt, er kehrte aber 1549 nach Breslau zurück.

Antonius Corvinus (bis 1536 Zythogallus; Bierhahn; Broihan)
(* 11. 4. 1501 Warburg/Diemel, † 5. 4. 1553 Hannover)

Antonius Corvinus war zunächst Mönch im Kloster Loccum geworden, von wo er als »lutherischer Bube« vertrieben und 1526 nach Marburg verschlagen wurde. 1528 übernahm er die Pfarrstelle in Goslar und im folgenden Jahr in Witzenhausen, von wo aus er starken Einfluß auf das Hessische Kirchenwesen nahm. Er wirkte bei der Einführung der Reformation in Northeim, Lippe, Hildesheim und Braunschweig mit. Zu den Religionsgesprächen in Hagenau, Worms und Regensburg (1539–1541) begleitete er Landgraf Philipp von Hessen als geistlicher Rat, und in dieser Funktion beteiligte er sich auch an den Verhandlungen des Schmalkaldischen Bundes. 1542 wurde er Generalsuperintendent in Pattensen unter Herzogin Elisabeth von Braunschweig und damit Leiter des Kirchenwesens von Calenberg-Hann. Weil er das → *Augsburger Interim* ablehnte, wurde er 1549 in Münden bis zu seinem Tod eingekerkert.

Lucas Cranach d. Ä. (Lukas Müller)
(* 1472 Kronach, † 16. 10. 1553 Weimar)

Lucas Cranach arbeitete zunächst bis 1498 in der Werkstatt seines Vaters. Danach begab er sich auf Reisen und war 1501 in Coburg und um 1502 in Wien tätig. 1504 wurde er von Friedrich dem Weisen als Hofmaler nach Wittenberg berufen; später erhielt er vom Kurfürsten das Wappen mit der geflügelten Schlange verliehen, das als Signet seine Bilder ziert. In Wittenberg wurde er Ratsherr und Bürgermeister. 1509 besuchte er Dürer in Nürnberg, und 1520 erwarb er in

Der Reformationsaltar von Lucas Cranach d. Ä. in der Stadtkirche von Wittenberg, ein Jahr nach dem Tod Luthers vollendet und nach evangelischer Überlieferung aufgerichtet am 24. 4. 1547, dem Tag, an dem die evangelischen Heere des Schmalkaldischen Bundes von Kaiser Karl V. besiegt worden sind.

Links: Das Urteil des Paris. *Gemälde von Lucas Cranach d. Ä. (1529).*

Unten: *Bildnis Lucas Cranachs d. Ä. Gemälde von Lucas Cranach d. J. (1550).*

Der Papst in Eselsgestalt. Holz-schnitt von Lucas Cranach d. Ä. (1545).

Wittenberg zu seiner Maler- und Druckerwerkstatt eine Apotheke hinzu. In seiner Wittenberger Malerwerkstatt arbeiteten dann auch seine Söhne Lucas und Hans mit.

1547, nach der Niederlage des Schmalkaldischen Bundes bei Mühlberg, begleitete Cranach seinen Landesherrn, Kurfürst Johann Friedrich, in die kaiserliche Gefangenschaft. Am 16. 10. 1553 starb er in Weimar.

Die großen malerischen Werke Lucas Cranachs d. Ä. fallen zum größten Teil in die Zeit seiner Wanderschaft und die ersten Jahre seiner Wittenberger Tätigkeit: Dazu zählen seine *Kreuzigung* für das Schotten-Kloster in Wien (1502), seine *Kreuzigung Christi* aus dem Kloster Attel (1503; heute in München) und die *Ruhe auf der Flucht* (1504; heute in Berlin). 1509 malte er den *Sippenaltar*, der sich in Frankfurt/Main befindet, und als ersten großen weiblichen Akt die *Venus*, die in der Eremitage in Leningrad ausgestellt wird. Aus dem späteren Schaffen ragen sein *Selbstbildnis* von 1550, das sich in Florenz befindet, und der Altar für die Stadtkirche in Weimar, an dem er 1552 arbeitete, hervor. Da seine Werkstatt in Wittenberg eine große Anzahl von Schülern beschäftigte, ist bei manchen Werken die Authentizität von Cranach nicht immer eindeutig zu identifizieren.

Mit dem Problem konfrontiert, vor der reichen Tradition der europäischen christlichen Kunst den spezifisch reformatorischen Glaubensinhalten einen bildhaften Ausdruck zu geben, war sein Wirken für die Reformation deutlich geprägt durch die Illustration der Druckschriften der Reformatoren, vor allem der polemischen Flugblätter. Viele dieser Holzschnitte hat Lucas Cranach in Gesprächen mit Luther und Melanchthon entworfen; überdies hat er als Drucker auch die Herstellung solcher Flugschriften selbst übernommen.

Darüber hinaus lieferte Cranach als eine Art »Reporter der Reformation« Porträts der sächsischen Kurfürsten und Hofbeamten sowie der Reformatoren und ihrer Familien. Von besonderem Interesse sind auch seine Genredarstellungen zum Leben der Familie Martin Luthers.

Hartmut von Cronberg

(* 1488 Kronberg, † 7. 8. 1549 Kronberg)

Der Reichsritter Hartmut von Cronberg wurde durch Ulrich von Hutten und Franz von Sickingen 1521 für die Reformation gewonnen und trat in mehreren Flugschriften für Luther ein. 1522 wurde er in den Sturz Sickingens verwickelt und verlor seine Herrschaft Kronberg im Taunus an Hessen. Er geriet dadurch in Armut und ist späterhin nicht mehr öffentlich aufgetreten.

Caspar Cruciger d. Ä. (Creutziger; Creutzinger)

(* 1. 1. 1504 Leipzig, † 16. 11. 1548 Wittenberg)

Caspar Cruciger wurde in seiner Vaterstadt Leipzig ausgebildet und nahm 1519 an der Disputation zwischen Andreas Bodenstein (Karlstadt), Luther und Johannes Eck teil. 1521 zog er nach Wittenberg und kam von dort 1525 als Rektor und Prediger nach Magdeburg. 1528 kehrte er nach Wittenberg zurück, wo er eine Professur für Theologie und ein Predigeramt wahrnahm. Seine religiöse Position war auf Vermittlung gerichtet, er hielt aber an enger Zusammenarbeit mit Luther und Melanchthon fest. 1529 arbeitete er an der Reformation Leipzigs mit und 1540 nahm er an den Religionsgesprächen zwischen Altgläubigen und Anhängern des Augsburger Bekenntnisses in Hagenau und Regensburg Anteil.

Caspar Cruciger d. Ä. Zeitgenössische Miniatur (1545).

Hans Denck (Denk; Dengk)

(* um 1495 Habach bei Huglfing, † 27. 11. 1527 Basel)

Hans Denck stammte wahrscheinlich von Böhmischen Brüdern ab und wurde 1519 in Ingolstadt Bakkalaureus. Er kam dann zu Erasmus und Oekolampad nach Basel, wo er 1523 den Magistergrad erlangte und von wo er an die Sebaldusschule in Nürnberg als Rektor berufen wurde. Er war durch die Mystik, insbesondere durch Tauler, beeinflußt und wurde wegen seiner Abweichung vom Luthertum 1525 gemeinsam mit den drei »gottlosen Malern« (→ *Beham*) aus Nürnberg ausgewiesen. Während seines Wanderlebens traf er im folgenden Jahr in Augsburg auf → *Balthasar Hubmaier*, der ihn in die Täufergemeinde aufnahm und als »Apostel« und Vorsteher der Augsburger Gemeinde einsetzte. Auch diese Stadt mußte Denck wegen seiner täuferischen Gesinnung bald verlassen. Er traf sich zu einer Disputation mit Bucer in Straßburg und ließ sich für einige Zeit in Worms nieder, um die alttestamentlichen Prophetenschriften aus dem Hebräischen zu übersetzen. 1527 kam er nach Basel, wo er an der Pest starb.

Denck war einer der bedeutendsten Vertreter eines undogmatischen Christentums, das die Gewissensfreiheit des Einzelnen sowohl gegen die Reformatoren als auch gegen die Altgläubigen zu verteidigen suchte.

Titelblatt der Schrift Über das Böse in der Welt und seine Überwindung *(1526), mit der Denck kurz vor seinem Tod sein christliches Täuferbekenntnis ablegte.*

Albrecht Dürer

(* 21. 5. 1471 Nürnberg, † 6. 4. 1528 Nürnberg)

Albrecht Dürer, Sohn eines Goldschmieds, ging zunächst bei seinem Vater in die Lehre, wurde dann Schüler des Malers Michael Wolgemut und reiste zwischen 1490 und 1494 an den Oberrhein nach Colmar und Basel, um sich künstlerische Anregungen zu ver-

»Und wenn wir diesen Mann, der da klarer geschrieben hat, als irgend einer, der seit 140 Jahren gelebt hat, und dem du solch' einen evangelischen Geist gegeben hast, verloren haben sollen, so bitten wir dich, o himmlischer Vater! daß du deinen heiligen Geist wiederum Einem gäbest, der da deine heilige, christliche Kirche allenthalben wieder versammle, auf daß wir wieder einig und christlich zusammenleben . . .

Sieht doch ein Jeglicher, der da Martin Luther's Bücher liest, wie seine Lehre so klar und durchsichtig ist, wo er das heilige Evangelium vorträgt. Und darum sind dieselben in großen Ehren zu halten, und nicht zu verbrennen; es wäre denn, daß man seine Widersacher, die allezeit der Wahrheit widerstreiten, auch in's Feuer würfe mit allen ihren Opinionen, die da aus Menschen Götter machen wollen; dabei aber doch so verführe, daß man dann wieder neue Drucke von Luther's Büchern hätte. O Gott! ist Luther tot, wer wird uns hinfort das heilige Evangelium so klar vortragen . . .«

schaffen. Nach seiner Rückkehr heiratete er Agnes Frey. Noch im selben Jahr unternahm er seine erste Italienreise, die ihn über Innsbruck nach Venedig führte, und 1505 bis 1507 besuchte er auf einer zweiten Reise Venedig, Bologna, Padua und wahrscheinlich auch Mailand. 1518 nahm er an dem Reichstag von Augsburg teil und im folgenden Jahr besuchte er die Schweiz. 1521 brach er dann noch zu einer Reise an den Unterrhein nach Köln, Antwerpen, Brüssel und Aachen auf. Danach blieb der kränkelnde Dürer in Nürnberg, wo er am 6. 4. 1528 starb und auf dem Johannisfriedhof beigesetzt wurde.

Dürer war mit seinem umfangreichen Werk von Zeichnungen, Gemälden, Holzschnitten und Kupferstichen sicher der bedeutendste deutsche Maler seiner Zeit. Seine beiden Italienreisen machten ihn mit der Renaissance vertraut, die in seinen späteren Werken deutlich zum Durchbruch gelangte. Seine Bildkomposition war den neu entwickelten Prinzipien von Perspektive und Proportion verpflichtet.

Eines der bedeutendsten Dokumente von Dürers Hinwendung zur Reformation sind die beiden 1526 von ihm geschaffenen Bildtafeln *Vier Apostel* (Ganzfiguren von Johannes dem Evangelisten, Petrus, dem Evangelisten Markus und Paulus). Die Tafeln sind auf je einem Sockelstreifen mit Texten aus der *Apokalypse* des Jo-

Die vier Apostel.
*Gemälde von Albrecht Dürer
(1526).*

hannes, aus dem *2. Petrusbrief*, aus dem *Paulusbrief an Timotheus* und dem *Markusevangelium* versehen (geschrieben von dem Schreibmeister J. Neudörffer). Die Texte sind wörtlich der Bibelübersetzung von Luther aus dem Jahr 1522 entnommen und bringen reformatorisches Gedankengut in Rückbezug auf die Schriftquellen zum Ausdruck, dessen polemische Zielrichtung – ob gegen die altgläubige Scholastik und das Papsttum oder gegen das in Nürnberg wirksame Täufer- und Schwärmertum – bis heute umstritten ist.

Johann Eberlin von Günzburg (Eberlein; Eberl; Apriolus)
(* um 1470 Kleinkötz bei Günzburg, † vor 13. 10. 1533 Leutershausen bei Ansbach)

Johann Eberlin von Günzburg war Mitglied des Franziskanerordens der strengen Observanz und wurde 1490 Magister. In Oberdeutschland hatte er einen bedeutenden Ruf als Prediger schon vor der Reformation. Durch Luthers Schrift *An den Christlichen Adel deutscher Nation* zum Anschluß an dessen Lehre bewegt, trat er aus dem Orden aus. In Wittenberg nahm er sein Studium wieder auf und heiratete; ab 1525 begann er mit seinem reformatorischen Wirken in der Grafschaft Wertheim am Main. Er wurde neben Luther zu dem bedeutsamsten Volksschriftsteller seiner Zeit. Schon 1521 hatte er in seiner am weitesten verbreiteten Schrift *Fünfzehn Bundesgenossen* gleich ein utopisches Idealbild (»Wolfaria«) eines aus der Dorfgemeinde organisch aufgebauten Staats- und Kirchenlebens geschildert.

Johannes Eck (Maier; Mayer)
(* 13. 11. 1486 Egg/Günz, † 10. 2. 1543 Ingolstadt)

Johannes Eck studierte von 1498 an in Heidelberg, Tübingen, Köln und Freiburg die Rechte und Theologie und nahm seit 1505 in Freiburg Lehraufgaben wahr. 1510 erlangte er in Ingolstadt den Titel eines Doktors der Theologie und wurde Professor. Von 1519 bis 1540 war Johannes Eck zugleich Stadtpfarrer von Ingolstadt, als der er eine vielfältige Predigttätigkeit entfaltet hat. Er war zugleich einer der glänzendsten gelehrten Disputanden seiner Zeit.

Obwohl er ursprünglich mit den Wittenbergern freundschaftliche Beziehungen pflegte, konnte er Luther bei der Disputation in Leipzig (1519) dazu provozieren, auch Entscheidungen von Konzilien in Frage zu stellen und einzelne Lehren des auf dem Konstanzer Konzil (1414–1418) verurteilten Johannes Hus als christlich zu bezeichnen. Eck reiste daraufhin nach Rom und erwirkte von Papst Leo X. die Bannandrohungsbulle *Exsurge Domine* (Erhebe dich,

Johannes Eck. Epitaph in der Liebfrauenkirche in Ingolstadt.

Herr) gegen Luther im folgenden Jahr. 1521 und 1523 reiste Eck erneut nach Rom, um seinen Kampf gegen den reformatorischen Aufbruch in Deutschland abzusichern. Er entwickelte sich zu einem der führenden Polemiker gegen die Wittenberger, aber auch gegen die oberdeutschen und schweizerischen Reformer (→ *Oekolampad*), und war neben seiner Verantwortung für den Entwurf der *Confutatio (Zurückweisung)* des → *Augsburger Bekenntnisses* an vielen theologischen Widerlegungsversuchen der Reformatoren beteiligt. Auf den Reichstagen der Reformationszeit war er ebenso wie bei den Religionsgesprächen anwesend. Seine vehementen Angriffe verleiteten die Reformatoren vielfach zu ungerechten Verleumdungen des Lebenswandels von Eck. 1537 veröffentlichte Johannes Eck auf Wunsch des bayrischen Herzogs eine Bibelübersetzung im alemannischen Dialekt.

Johannes Eck wurde in der Ingolstädter Frauenkirche beigesetzt.

Leonhard von Eck. Kupferstich von Barthel Beham (1527).

Leonhard von Eck (Egk; Egkh)
(* 1480 Kelheim, † 17. 3. 1550 München)

Leonhard von Eck entstammte einem alten Adelsgeschlecht und studierte von 1489 an in Ingolstadt und Siena, wo er zum Doktor der Rechte promoviert wurde. Er wurde zum Lehrer Herzog Wilhelms IV. von Bayern bestellt und war von 1519 an dessen Kanzler. Er führte in der Folgezeit die bayrische Politik und sorgte vor allem für die Minderung des Einflusses evangelisch gesinnter Landstände in Bayern. Gleichzeitig versuchte er aber auch, das sich abzeichnende Erbkaisertum der Habsburger zu verhindern und verbündete sich deshalb zeitweise mit Protestanten oder auch mit Frankreich; so konnte Kaiser Karl V. bei seinen Kämpfen gegen die protestantischen Fürsten nicht mit der Unterstützung durch das katholische Bayern rechnen. In seiner Politik auf Eigenstaatlichkeit und autonomer Machtentfaltung Bayerns bedacht, kam Leonhard von Eck den Positionen von Moritz von Sachsen nahe.

Leonhard von Eck wurde im Franziskanerkloster zu München beigesetzt.

Elisabeth von Münden-Calenberg
(* 1510 Berlin (?), † 25. 5. 1558 Ilmenau)

Elisabeth war eine Tochter → *Joachims I. von Brandenburg*; an seinem Hofe lernte sie humanistisches und protestantisches Ideengut kennen. 1525 heiratete sie Herzog Erich I. von Braunschweig-Lüneburg. Dieser überschrieb ihr das Amt Calenberg als Leibzucht, später erzwang sie von ihm die selbständige Regentschaft über das Fürstentum Göttingen mit dem Amt Münden schon zu seinen Lebzeiten. Sie näherte sich dem Schmalkaldischen Bund an und verhinderte so die Einbeziehung ihrer Güter in die altgläubig-kaiserliche Politik ihres Ehemanns, der 1540 starb. 1540 bis 1546 sicherte sich Elisabeth die Vormundschaft über ihren Sohn, Herzog Ernst II., schaltete die Mitvormünder aus und ließ die Reformation im ganzen Land durchführen; → *Antonius Corvinus* verfaßte die von ihr 1542 erlassene Kirchenordnung.

Nach der Regierungsübernahme durch Erich II. heiratete Elisabeth 1546 Graf Poppo XII. zu Henneberg, versuchte aber weiter in die Regierung ihres Sohnes einzugreifen, vor allem als dieser katholisch wurde und das → *Augsburger Interim* gewaltsam durchzuführen trachtete. 1553 söhnten sich Mutter und Sohn aus, und Elisabeth brachte ein Bündnis zwischen Erich II. und Albrecht Alkibiades zustande, um Herzog Heinrich den Jüngeren von Braunschweig-Wolfenbüttel anzugreifen, weil dieser gerne das Amt Calenberg mit Wolfenbüttel vereinigt hätte. Durch das Eingreifen von Moritz von Sachsen gegen Albrecht Alkibiades bei Sievershausen (1553) wurde für Erich II. der Sieg unerreichbar, und er mußte, um sich in seinem Herzogtum zu behaupten, Elisabeth die Leibzucht Calenberg entziehen und sie aus seinem Land verbannen. Sie lebte ab 1555 im thüringischen Ilmenau, einem Flecken der Grafschaft Henneberg.

Hieronymus Emser

(* 28. 3. 1478 Weidenstetten bei Ulm, † 8. 11. 1527 Dresden)

Hieronymus Emser stammte aus schwäbischem Adel und studierte in Tübingen und Basel die Rechte und Theologie. 1504 begann er in Erfurt mit Vorlesungen zu klassischen Sprachen; möglicherweise ist in dieser Zeit auch Luther unter seinen Hörern gewesen. Er wurde Sekretär Herzog Georgs von Sachsen und um 1512 zum Priester geweiht. Nach der Leipziger Disputation (1519) brach Emser offen mit Luther, weil er erkannte, daß diese Reformansätze nicht nur auf eine Besserung der altkirchlichen Praxis, sondern auch auf Prinzipienkritik an der mittelalterlichen Doktrin abzielten. Er wurde ähnlich wie Erasmus von Rotterdam, und wohl aus demselben Geist heraus, ein erbitterter Gegner Luthers, aber ebenso der oberdeutschen Reform und Zwinglis. Luther hat gegen ihn, den er unter Bezug auf sein Wappen den »Bock von Leipzig« nannte, einige seiner schärfsten Streitschriften herausgegeben. 1527 veröffentlichte Hieronymus Emser eine deutsche Übersetzung des *Neuen Testaments* auf der Basis des *Vulgata*-Textes, um der erfolgreichen Publikation von Luthers *Neuem Testament* entgegenzuwirken. Er hat dabei

Hieronymus Emser.
Zeitgenössischer Kupferstich.

Reformatorisches Flugblatt gegen Papst Leo X., Hieronymus Emser, Johannes Eck u. a. Holzschnitt.

allerdings Luthers Text und Stil sehr weitgehend ausgewertet. Seine »katholische« Fassung des *Neuen Testaments* erlebte bis zum Ende des 18. Jh.s 100 Neuauflagen.

Christian Entfelder

(* vermutlich vor 1510, † nach 1544)

Von Christian Entfelder sind nur ganz wenige Lebensdaten konkret bekannt. Er war Schüler von → *Hans Denck* und auch mit → *Balthasar Hubmaier* befreundet. Schon vor 1526 gehörte er in Eibenschitz in Mähren einer Täufergemeinde an. Als Österreich in Mähren die Herrschaft übernahm, sahen sich viele Täufer zum Auswandern gezwungen, und Entfelder gelangte 1529 nach Straßburg, wo in den folgenden vier Jahren die drei von ihm erhaltenen Schriften entstanden und publiziert worden sind. Um 1544 tauchte Christian Entfelder am preußischen Hof in Königsberg auf, wo er einigen Einfluß erreicht zu haben schien. In seiner Theologie hatte er sich offenbar in der Straßburger Zeit von den täuferischen Grundhaltungen entfernt und war einen spiritualistischen Weg gegangen: Er opponierte gegen Erbsünden- und Trinitätslehre sowie gegen den »Kult« des toten Bibelwortes zugunsten des »inneren lebendigen Wortes« und im Sinne einer mystischen Gemeinschaft zwischen Gott und Mensch.

Erasmus von Rotterdam (Desiderius Erasmus; Gerhard Gerhards)

(* 28. 10. 1466 oder 1469 Rotterdam, † 12. 7. 1536 Basel)

Desiderius Erasmus war ein uneheliches Kind und verwaiste früh, konnte aber die Schule der »Brüder vom gemeinsamen Leben« in Deventer besuchen und wurde 1486 Mönch in einem Augustinerkloster bei Gouda. 1492 trat er in den Dienst des Bischofs von Cambrai und wurde zum Priester geweiht. Er studierte dann in Paris und wurde von dort von humanistischen Studenten nach England eingeladen. Viermal besuchte er England (1499/1500, 1505/1506, 1509–1514, 1517). Er lehrte in Oxford und Cambridge und unterhielt enge Freundschaften mit Thomas Morus, John Fisher und John Colet. Er begann daraufhin, Griechisch zu studieren, und besuchte Italien, wo er seine humanistischen Kontakte ausweitete. 1516 gab er ein griechisches *Neues Testament* heraus, das für die Reformatoren zum Quellentext ihrer neutestamentlichen Exegese werden sollte.

Auf seiner Italienreise 1506 bis 1509 wurde Erasmus in Turin zum Doktor der Theologie promoviert und in Rom vom Papst seiner Ordensgelübde entbunden. 1516 erhielt er die Berufung in den Rat des späteren Kaisers Karl V. und widmete sich in Brüssel und Löwen fortan seinen Studien. 1521 übersiedelte Erasmus nach Basel, wo er seit 1513 bei Froben einen Großteil seiner Werke hatte drucken lassen und mit oberrheinischen Humanisten wie Beatus Rhenanus und → *Johannes Oekolampad* Freundschaft geschlossen hatte.

1524/1525 kam es dann zu jener berühmten theologisch-philosophischen und geistesgeschichtlich unge-

»Gott hat dir nicht die Tapferkeit verliehen, den Ungeheuern, mit denen wir zu tun haben, frei mit uns zu begegnen, und wir wollen dir nichts zumuten, was über dein Maß und deine Kräfte geht . . . Ich habe nie gewünscht, daß du, deine Schranken überschreitend, in unser Lager eintretest . . . Nur das fürchte ich, daß du dich durch die Widersacher verleiten läßt, in Schriften gegen unsere Lehre auszufallen, und daß wir dann genötigt wären, dir ins Angesicht zu widerstehen . . . Hiermit möchte ich, bester Erasmus, meine aufrichtige Gesinnung gegen dich bezeugen, in der ich wünsche, daß der Herr dir einen deines Namens würdigen Geist schenken möge. Will das der Herr noch nicht, so bitte ich dich einstweilen, bleibe wenigstens ein bloßer Zuschauer unserer Tragödie . . . verbünde dich nicht mit den Widersachern, namentlich gib keine Bücher gegen mich heraus, wie auch ich nichts gegen dich herausgeben werde. Es ist schon genug des Beißens; wir müssen uns hüten, uns gegenseitig aufzureiben; das wäre ein um so kläglicheres Schauspiel, da ja gewißlich keiner von uns beiden es mit der Gottseligkeit falsch meint.«
Luther an Erasmus, 18. 4. 1524

Bildnis des Erasmus von Rotterdam.
Kupferstich von Albrecht Dürer (1526).

». . . Ich habe bisher nichts gegen dich geschrieben, obwohl ich es unter lebhafter Zustimmung der Fürsten hätte tun können, wenn ich nicht gesehen hätte, daß das nicht ohne Verlust für das Evangelium abgegangen wäre. Ich habe nur die zurückgewiesen, die allen Fürsten einzureden suchten, ich sei mit dir im Bunde und vollkommen einer Ansicht mit dir, deine Lehre stecke in meinen Büchern. Diese Meinung kann auch jetzt noch kaum ausgerottet werden. Daß du gegen mich schreibst, kümmert mich nicht viel . . . Ich möchte meine Seele Christus rein übergeben und wünschte, daß alle so dächten. Bist du bereit, allen Rechenschaft von dem in dir lebenden Glauben zu geben, warum ärgert es dich, wenn jemand, nur um zu lernen, mit dir disputieren will? Vielleicht nützt ein Erasmus, der gegen dich schreibt, dem Evangelium mehr, als manche Tölpel, die für dich schreiben . . .«
Erasmus an Luther, 8. 5. 1524

mein wirkungsvollen Auseinandersetzung mit Luther, den Erasmus bislang zeitweise offen unterstützt hatte.

Anlaß war Luthers Schrift *Über die Babylonische Gefangenschaft der Kirche* (1520), die mit der neuen Sakramentenlehre und der auf Augustinus zurückgreifenden Sündenauffassung, derzufolge der sündige Mensch absolut auf den Gnadenakt Gottes und die Erlösung durch Jesus Christus angewiesen ist, den endgültigen Bruch mit der Alten Kirche vollzog. Die in dieser Auffassung verborgene Ablehnung eines freien, autonomen Willens ließ der Humanist Erasmus nicht unwidersprochen. Er antwortete auf Luthers Schrift mit dem Traktat *Über den freien Willen* (*De libero arbitrio*, 1524), in dem er den freien Willensakt des Menschen neben der Gnadenwahl durch Gott mit zur Bedingung für christliche Moralität, ethische Verantwortlichkeit und letztlich auch für die Heilsgewinnung machte. Luther antwortete nun seinerseits mit der Schrift *Vom geknechteten Willen* (*De servo arbitrio*, 1525), gegen die wiederum Erasmus eine Verteidigungsschrift *(Hyperaspistes)* verfaßte.

Luther nutzte diese Kontroverse, um sich gegen den erasmianischen Humanismus abzugrenzen, und Erasmus fand seine Position eher in der Alten Kirche gewährleistet; er verließ denn auch 1529 Basel, als dort die Reformation eingeführt wurde, und zog sich in das

Brief von Erasmus an Huldrych Zwingli vom 8. 5. 1516.

altgläubige Freiburg im Breisgau zurück, um erst kurz vor seinem Tode nach Basel zurückzukehren.

Thomas Erastus (Lüber; Lieber; Liebler)
(* 7. 9. 1524 Baden/Aargau, † 31. 12. 1583 Basel)

Thomas Erastus wurde nach dem Studium der Philosophie und Medizin 1557 durch Kurfürst → *Otthein-rich von der Pfalz* an die medizinische Fakultät der Universität Heidelberg berufen. Dort erwarb er sich große Anerkennung als Arzt und Lehrer und wurde einer der wichtigen Männer bei der Einführung des reformierten Protestantismus unter Friedrich III. dem Frommen, da er von der theologischen Reform Zwinglis stark beeinflußt war. Bei den Religionsgesprächen in Heidelberg und Maulbronn (1560 und 1564) vertrat er die Zwinglische Abendmahlslehre gegen die lutherische Auffassung.

1568 kam Thomas Erastus dann in Konflikt mit der Pfälzischen Obrigkeit, weil er sich gegen eine Übernahme der Genfer Kirchenverfassung für die Pfalz aussprach. Als 1570 durch kurfürstliches Dekret das calvinistische Kirchenregiment in der Pfalz eingeführt wurde, wurde Erastus für zwei Jahre exkommuniziert, er mußte Heidelberg aber erst verlassen, als nach 1576 dort wieder das Luthertum eingeführt wurde. Erastus kehrte nach Basel zurück und wurde dort 1580 Professor für Medizin und 1582 auch für Ethik.

Seit dem 17. Jh. wurde nach ihm eine Staatstheorie benannt, die in dieser Form von Erastus niemals entworfen worden war. »Erastianismus« bezeichnet ein Staatskonzept, das kirchliche und säkulare Jurisdiktion in sich vereinigt und so jeden Klerikalismus ausschließt. Theoretisch kann man dieses Konzept wohl als Weiterentwicklung der Einwände von Erastus ansehen, die er gegen die Einführung des calvinistischen Kirchenordnung in der Pfalz vorgebracht hatte. Er hatte damals das Recht der kirchlichen Autoritäten bestritten, Exkommunikationen auszusprechen, und gefordert, daß die Obrigkeit auch in kirchliche Belange ordnend eingreift; allerdings hatte er dabei die entscheidende Einschränkung getroffen, daß es sich um eine christliche Obrigkeit handeln müsse. Der Erastianismus gelangte zuerst im Einflußbereich der anglikanischen Kirche zur Geltung; in gewissen Grenzen ist aber das moderne Konzept einer Trennung von Kirche und Staat in diese theoretische Tradition einbeziehbar.

Johannes Fabri (Faber)
(* 1478 Leutkirch, † 21. 5. 1541 Wien)

Johannes Fabri studierte in Basel Jura und Theologie und wurde Geistlicher der Stadt. Als Generalvikar von

Konstanz ging er anfangs mit Zwingli in der Bekämpfung kirchlicher Mißstände einig, wandelte sich aber 1521 in Rom zu einem der schärfsten Gegner der Reformation. Er trat in den Rat König Ferdinands ein und wurde von diesem zu kirchlichen und politischen Aufträgen herangezogen. Auf dem Augsburger Reichstag von 1530 arbeitete Fabri an der Zurückweisung des → *Augsburger Bekenntnisses* mit und wurde danach Erzbischof von Wien. Er verfocht dort nachhaltig die habsburgische katholische Politik und ließ sie in der Förderung der Universität Wien zur Geltung kommen, die in der Gegenreformation in den österreichischen Erblanden ihre Wirkung zeigte. Fabri beteiligte sich allerdings auch an den Versöhnungsversuchen in den Religionsgesprächen von Hagenau (1540).

Matthias Flacius (Vlacich) »Illyricus«
(* 3. 3. 1520 Albona, † 11. 3. 1575 Frankfurt/Main)

Matthias Flacius, nach seiner Heimat Istrien mit dem Beinamen »Illyricus« versehen, war ein Schüler des venetianischen Humanisten Baptista Egnatius und wollte ursprünglich Franziskaner werden. Sein Onkel, der Ordensprovinzial war und später als reformatorischer Märtyrer starb, schickte ihn jedoch nach Deutschland, wo er mit den Humanisten besonders in Basel und Thüringen in Verbindung trat und daraufhin Melanchthon empfohlen wurde. Erst in der Begegnung mit Bugenhagen und Luther in Wittenberg gelangte Flacius dahin, seine religiösen Skrupel zu überwinden, um schließlich zu einem glühenden Lutheraner zu werden.

Matthias Flacius. Holzschnitt von T. Stimmer.

Um 1544 wurde er in Wittenberg Professor für Hebräisch, nach dem → *Augsburger Interim* (1548) kämpfte er dann von Magdeburg aus gegen den Philippismus, dessen Konzept einer Unterscheidung von Haupt- und Nebensächlichkeiten innerhalb des evangelischen Glaubens er nicht mittragen konnte, später dann auch gegen die Majoristen, die die Werkgerechtigkeit des Menschen neben dem Glauben für die Rechtfertigung des Christen vor Gott in Anspruch nehmen wollten, aber auch gegen die preußischen Anhänger → *Andreas Osianders*. Von 1557 an war Flacius dann Professor für Neues Testament in Jena, er verlor dieses Amt aber 1561 wegen theologischer Auseinandersetzungen um die Erbsündenlehre. 1566 war er als Prediger der lutherischen Gemeinde in Antwerpen tätig; im folgenden Jahr zog er sich nach Straßburg zurück. Von dort wurde er 1573 als »Irrlehrer« ausgewiesen; bis zu seinem Tode lebte er in Frankfurt/Main. Flacius war einer der konsequentesten Gnesiolutheraner der zweiten Reformatorengeneration.

Die lutherische Kirchengeschichtsschreibung verdankt ihm ihre theoretische und praktische Grundlegung. 1556 veröffentlichte er einen *Katalog der Zeugen der Wahrheit* (*Catalogus testium veritatis*), der neben der amtskirchlichen Tradition ein Fortleben der »rechtgläubigen Kirche im verborgenen« aufzeigen sollte. Diese theoretische Grundlegung wurde zum Kern der *Magdeburger Centurien* (1559–1574), die die Geschichte der Kirche in den einzelnen Jahrhunderten behandelten. Der Zeitraum vom 1. bis zum 13. Jh. wurde von Flacius abschließend bearbeitet und ediert, die Darstellung der Spanne vom 14. bis zum 16. Jh. blieb unvollständig und ist nur handschriftlich überliefert; diese Handschriften werden heute in Wolfenbüttel aufbewahrt. Flacius' pointierte Fragestellungen haben seine Kirchengeschichte zu einer wirkungsvollen Waffe im Konfessionenkampf werden lassen, die dann auch von katholischer Seite den historischen Gegenentwurf der *Kirchlichen Annalen* (*Annales ecclesiastici*; 1588–1607) des Caesar Baronius initiierte. Dabei zeichnete sich eine Tradition, die von den Anfängen bis ins 5. und 6. Jh. der Kirchengeschichte reichte, als den beiden Konfessionen gemeinsam eigene ab.

Daneben verarbeitete Flacius die exegetischen Leistungen von Luther, Melanchthon und Calvin in seinem *Schlüssel zur Heiligen Schrift* (*Clavis scripturae sacrae*, 1567); er bot darin im ersten Teil ein biblisch-theologisches Wörterbuch und im zweiten Teil sieben hermeneutische Traktate, die Hinweise auf die wissenschaftlichen Hilfsmittel für Auslegung und Erklärung der Bibel gaben. Damit prägte er auf lange Zeit die exegetische Arbeit des Luthertums.

Sebastian Franck
(* 1499 Donauwörth, † Oktober 1542 Basel)

Sebastian Franck besuchte zunächst die Lateinschule in Nördlingen und begann 1515 mit dem Studium an der Universität Ingolstadt, wo er 1517 Bakkalaureus wurde. Hier lernte er auch → *Hans Denck* kennen, ehe er zu weiteren Studien nach Heidelberg ging, wo er Brenz und Bucer traf, vermutlich aber 1518 auch an der Heidelberger Disputation von Luther teilnahm. Im Bistum Augsburg wurde Franck schließlich zum Priester geweiht, und spätestens 1526 – als Kaplan in Buchenbach – wandte er sich der Reformation zu. 1528 heiratete er Ottilie Beham, die Schwester von → *Hans Sebald Beham*, in der Pfarrei Gustenfelden. Im selben Jahr veröffentlichte er ein Pamphlet gegen Hans Denck und die »Schwärmer«, das er mit einem Vorwort im Sinne der lutherischen Kritik versah. Zugleich enthielt dieses Vorwort mit der Kritik an der laxen Kirchenzucht (Trunksucht) Zündstoff, den Franck dann bald auch gegen die Lutheraner benutzen sollte. Er gab die Pfarrstelle auf und ging znächst nach Nürnberg, wo er sich

Titelblatt einer 1536 erschienenen Ausgabe von Francks Chronika, Zeitbuch und Geschichtbibel.

»Von vier zwieträchtigen Kirchen, deren jede die andere haßt und verdammt

Ich will und mag nicht Päpstisch sein: / Der Glaub ist klein / bei Mönchen und bei Pfaffen . . . Ich will und mag nicht Luthrisch sein: / Ist Trug und Schein / sein Freiheit, die er lehret . . . / Ich will und mag nicht Zwinglisch sein: / Sind auch nicht rein, / ihr Glaub läßt sich nicht bschirmen . . . / Kein Wiedertäufer will ich sein: / Ihr Grund ist klein, / steht auf dem Wassertaufen . . . / Wer nun in Gottes Reich will gehn, / der flieh davon, / nach Christus soll er trachten. / Er bleibt in Demut und Geduld, / such Christi Huld, / laß sich von Welt verachten, / Ob ihm schon feind / all Menschen seind, / die Welt im Gram / um Christi Nam, / sein Kron wird nicht verschmachten.«
Sebastian Franck, 1529

Titelblatt der 1518 von Martin Luther herausgegebenen Theologia Deutsch.

Übersetzungsarbeiten widmete und vielleicht auch mit → *Paracelsus* bekannt wurde.

Im September 1531 veröffentlichte Sebastian Franck in Straßburg seine *Chronika, Zeitbuch und Geschichtbibel.* Dieses Buch war ein Abriß der Geschichte von Adam bis zur Gegenwart und zeichnete sich durch objektive Darstellung der zeitgenössischen Persönlichkeiten aus. Das Konzept des Werkes beruhte auf einer Ineinssetzung von Geschichte und göttlicher Offenbarung, so daß sein Autor von ihm auch behaupten konnte, es verhelfe zum Verständnis der Bibel. Darüber hinaus war auch die persönliche Erlebnisgeschichte des Einzelnen für ihn eine Quelle lebendigen Glaubensverständnisses aus der Bibel. Seine *Chronika* enthielt weiterhin eine gesonderte *Kaiserchronik*, in der sich einige Kritik an bestimmten Ausformungen des Kaisertums findet, und eine *Ketzerchronik*, die eine ganze Reihe in der Kirchengeschichte verurteilter Ketzer als wahre Christen im Gegensatz zur institutionellen Kirche darstellt. Neben dieser brisanten Publikation nahm Franck auch Kontakt zu Schwenckfeld und Servet auf, so daß er sich die Feindschaft Bucers zuzog, der die Ausweisung Francks aus Straßburg erreichte.

Nach einiger Zeit der Wanderschaft erwarb Sebastian Franck im Oktober 1534 in Ulm das Bürgerrecht und widmete sich Publikationen im humanistischen Geiste von Erasmus von Rotterdam, die aber von tieferem religiösen Bewußtsein und einer negativeren Einschätzung der Zeitsituation gekennzeichnet waren; besonderer Kritik unterzog er die Entwicklungen zu einer lutherischen Orthodoxie. Ein Schreiben von Landgraf Philipp von Hessen führte zu Verhören und Ausweisungsdrohungen gegen Franck in Ulm. Er veröffentlichte im September 1535 eine Verteidigungsschrift, die sich vor allem auf die Kirchenväter und die deutschen Mystiker stützte, und erreichte dadurch eine Verlängerung seines Bürgerrechts.

Als er 1538 in Augsburg ohne Genehmigung des Ulmer Rats eine neue Schrift vorlegte, wurde dies Anlaß für neuerliche Verfolgungen und seine Ausweisung im Juli 1539. Nach einiger Zeit ließ Sebastian Franck sich in Basel nieder und arbeitete an einer lateinischen Bearbeitung der *Theologia Deutsch*, die Luther 1516 und 1518 veröffentlicht hatte. Für Franck bildete sie ein Dokument undogmatischen Christentums aus der Feder eines unbekannten und ungebildeten Deutschen, das gegen die zeitgenössischen Orthodoxien eine unmittelbare Gotteserfahrung zum Ausdruck gebracht habe. Außerdem schloß er sich in dieser Zeit der täuferischen Kritik am Landeskirchentum an, das als eine unerlaubte Vermengung von christlichem Zeugnis und obrigkeitlicher Ordnung angesehen wurde, in der eher die äußere Zucht als der innere Wandel des Bekehrten gefördert würde. Erst Jahrzehnte später zeitigte Franck's Denken bei Philosophen wie Jakob Böhme (1575–1624) fruchtbare Fortsetzungen.

Franz I. von Frankreich

(* 12. 9. 1494 Cognac, † 31. 3. 1547 Rambouillet)

Franz I. war, ohne Erfahrungen in Staatsangelegenheiten zu besitzen, 1515 französischer König geworden. Er nahm aber sofort das Anliegen seines Vorgängers (Ludwig XII.) auf, das Herzogtum Mailand zurückzuerobern, und führte selbst die französische Streitmacht in diese Schlacht. 1520 versuchte er dann auf dem »Güldenen Feld« bei Calais zu einer Versöhnung mit Heinrich VIII. von England zu gelangen. 1521 kam es zu den ersten Auseinandersetzungen zwischen Franz und Kaiser Karl V. Die Kämpfe hielten bis 1525 an, als Franz in der Schlacht bei Pavia verwundet und gefangengenommen wurde. Im Vertrag von Madrid erreichte der französische Botschafter die Freilassung des Königs, Frankreich mußte aber einige Provinzen an Karl V. abtreten. Deshalb gingen die Auseinandersetzungen nach der Rückkehr des Königs nach Frankreich natürlich weiter. Im Vertrag zu Cambrai wurden diese Kämpfe wieder unterbrochen, flammten aber 1536 noch einmal auf. Zugleich versuchte Franz I. die religiöse Spaltung in Frankreich aufzuhalten, nutzte jedoch zugleich die religiösen Differenzen für seine Bündnispolitik gegen Karl V. So hatte er sich mit dem Schmalkaldischen Bund verständigt, in der Hoffnung, die Macht der Habsburger brechen zu können. Die Uneinigkeit der Schmalkaldener in der Frage des dem Kaiser als Reichsoberhaupt zuzugestehenden Treueverhaltens ließ solche Versuche allerdings scheitern. – Am 31. 3. 1547 starb Franz I. in Rambouillet.

Wie die beiden anderen großen Herrschergestalten der ersten Hälfte des 16. Jh.s (→ *Karl V.* und → *Heinrich VIII.*) war auch Franz I. durchdrungen einerseits von den ritterlichen und monarchischen Idealen des Mittelalters, andererseits zugleich aufgeschlossen für die humanistische Gedankenwelt der Renaissance. All dies zusammengenommen bildete den Hintergrund für seine durchgreifende Änderung der wirtschaftlichen und sozialen Struktur Frankreichs.

Franz I. von Frankreich.
Gemälde von François Clouet.

Friedrich II. von Liegnitz

(* 12. 2. 1480 Liegnitz, † 17. 9. 1547 Liegnitz)

Das Herzogtum Liegnitz wurde von Friedrichs Mutter regiert, während er bei seinem Lehensherrn Ladislaus am Prager Hof ausgebildet wurde. 1499 übernahm Friedrich, zunächst gemeinsam mit seinem Bruder Georg († 1521), die Regierung. Durch seine zwei Ehen war er mit den Jagellonen nahe verwandt und konnte deshalb zwischen dem Polenkönig Sigismund und → *Albrecht von Brandenburg-Ansbach* (»Reiterkrieg«; Krakauer Vertrag) so erfolgreich vermitteln, daß es zur Säkularisierung Preußens kommen konnte. Zwischen 1526 und 1530 versuchte Friedrich II. in Liegnitz die erste evangelische Universität Deutschlands zu errichten, die aber in den Wirren um → *Kaspar von Schwenckfeld* keinen Bestand hatte. Seinem Herzogtum gab er 1536 eine evangelische Sakramentsordnung und 1542 eine Kirchenordnung nach Wittenberger Muster. Sein Erbvertrag mit den Berliner Vettern, der eine Vereinigung von Liegnitz mit dem Kurfürstentum Brandenburg bringen sollte, wurde auf dem Fürstentag von 1546 durch König Ferdinand von Österreich annuliert; Friedrich II. verfolgte diesen Plan jedoch zeitlebens weiter.

Friedrich III. der Fromme von der Pfalz

(* 14. 2. 1515 Simmern, † 26. 10. 1576 Heidelberg)

Friedrich hatte noch als Pfalzgraf bei Rhein (1546) die lutherische Lehre angenommen, wechselte aber später zu Calvins Konfession über. Dieser Wechsel zur reformierten Kirche und seine Gegnerschaft zu den Habsburgern machten eine Übernahme der Kurwürde (1559) problematisch und unsicher, weil der → *Augsburger Religionsfriede* lediglich die lutheranische Konfession als Reichsreligion zuließ. Friedrich orientierte deshalb seine Politik verstärkt am Ausland und schickte etwa seinen Sohn Johann Kasimir zur Unterstürzung der Hugenotten nach Frankreich und seinen Sohn Christopher nach Holland. Er konnte allerdings sicherstellen, daß die Pfalz dem reformierten Bekenntnis verpflichtet blieb. Kurfürst Friedrich III. von der Pfalz wurde in der Heilig-Geist-Kirche zu Heidelberg beigesetzt.

Friedrich III. der Weise von Sachsen

(* 17. 1. 1463 Torgau, † 5. 5. 1525 Lochau bei Torgau)

Friedrich III. folgte seinem Vater Ernst 1486 in der Kurwürde von Sachsen nach. Mit dem politischen Ziel, die Macht des Reichsadels gegenüber dem Kaiser zu stärken, wurde er 1500 Präsident des Reichsregiments, das aber in seiner Wirksamkeit scheitern mußte, weil es keine eigenen Einnahmequellen hatte. Er hatte 1519 durchaus Chancen, selber die Krone des Reichs zu erlangen, und erfreute sich zeitweise auch der Unterstützung des Papstes. Er sorgte dann aber für die Sicherstellung der Wahl Karls V. Wohl in Zusammenhang mit seiner Reichspolitik stand sein Eintreten und sein Schutz für Luther, als dieser unter Reichsbann gestellt

Friedrich III. der Weise von Sachsen.
Kupferstich von Albrecht Dürer (1524).

worden war – vor allem hatte er von Anfang an die Auslieferung Luthers an Rom verhindert und die Verhandlung der Streitfragen auf deutschem Reichsgebiet gefordert. Er weigerte sich auch, die Bannbulle Leos X. in Sachsen zu publizieren und behielt sowohl Luther als auch Melanchthon als Lehrer an seiner Universität Wittenberg.

Friedrich III. war der Förderer von Dürer und Lucas Cranach d. Ä. sowie des Humanisten Georg Spalatin, der wesentlich den Kontakt zwischen Luther und dem kurfürstlichen Hof aufrechterhielt. Der unverheiratete Kurfürst starb ohne Erben und wurde in der Schloßkirche zu Wittenberg beigesetzt. Die Kurwürde ging an seinen Bruder → *Johann den Beständigen.*

Michael Gaismair

(* um 1485 Tschöfs bei Sterzing, † April 1532 Padua)

Michael Gaismairs Vater war Bauer und Bergwerksbetreiber und ließ seinen Sohn zum Sekretär ausbilden. Er heiratete 1507 und nahm wohl zu dieser Zeit seine Sekretärslaufbahn auf. 1523 war er Landschreiber an der Etsch in der Kanzlei des Landeshauptmanns von Tirol und 1525 Sekretär des Fürstbischofs von Brixen. Im Mai dieses Jahres brach der Aufstand der Bauern los und führte zur Plünderung Neustifts (→ *Kirchmair*)

»Anfangs werdet ihr geloben und schwören, Leib und Gut zusammenzulegen, nicht voneinander zu weichen, sondern miteinander aufzustehen und niederzusitzen . . ., eurer vorgesetzten Obrigkeit treu und gehorsam zu sein und in allen Dingen nicht den eigenen Nutzen, sondern zum ersten die Ehre Gottes und danach das Gemeinwohl zu suchen . . .

Zum fünften sollen alle Ringmauern in den Städten, gleichermaßen alle Schlösser und Befestigungsanlagen im Land, niedergerissen werden und in Zukunft keine Städte, sondern nur mehr Dörfer eingerichtet werden, damit sich keine unterschiedliche Stellung der Menschen ergebe, nämlich daß einer höher oder besser als der andere gelten möchte, woraus dann im ganzen Lande Zerrüttung, auch Hoffart und Aufruhr entstehen könnte, statt daß eine vollkommene Gleichheit im Lande herrsche.

Zum sechsten sollen alle Bilder, Bildstöcke, die Kapellen, die keine Pfarrkirchen sind, und die Messe im ganzen Lande abgeschafft werden, weil sie vor Gott ein Greuel und völlig unchristlich sind.

Zum siebten soll man das Wort Gottes mit Treue und Wahrhaftigkeit im Land Gaismairs überall predigen und alle Haarspalterei und Rechthaberei austilgen und solcherart Bücher verbrennen . . .

Zum dreizehnten soll an dem Ort, wo die Regierung des Landes sitzt, eine Hochschule eingerichtet werden, in der man allein das Wort Gottes lehren soll, und immer sollen drei gelehrte Männer aus der Hochschule, die des Wortes Gottes kundig und in der Heiligen Schrift sehr erfahren sind, in der Regierung sitzen und alle Angelegenheiten nach dem Befehl Gottes wie es einem christlichen Volk zukommt richten und beurteilen.«
Gaismair, *Tiroler Landesordnung*, April 1526

und zur Vertreibung des Fürstbischofs. Eine Belagerung des bischöflichen Palasts scheiterte jedoch an Gaismair. Am Tag darauf (13. 5. 1525) wurde Gaismair dennoch zum Führer der Bauern gewählt. Diese Verbrüderung war Gaismair wohl deshalb notwendig erschienen, weil sein biblisch begründetes Christentum die Verpflichtung zu sozialer Gerechtigkeit in sich einschloß. Er gab der Bewegung in Tirol eine feste Struktur, und man hoffte, in direkten Verhandlungen mit Ferdinand I. die Entmachtung von Adel und Kirche zu erreichen. Auf dem Landtag von Innsbruck vom Juni/Juli 1525 verlangte man die freie Pfarrerwahl, unbehinderte reformatorische Predigt und die »Rückkehr« zum alten Landrecht. Beschwichtigend bot Ferdinand die Säkularisierung Brixens und seine unmittelbare Herrschaft über das Gebiet an. Unter dem Vorwand weiterer Verhandlungen wurde Gaismair nach Innsbruck gelockt und verhaftet.

Ende September gelang ihm die Flucht nach Zürich, wo Zwingli seine Pläne unterstützte, Tirol den Habsburgern zu entreißen. Ferdinand hatte inzwischen die Tiroler Bauern bestraft; soweit sie in die Schweiz flüchten konnten, sammelten sie sich als Truppe um Gaismair, der für sie im Frühjahr 1526 die *Tiroler Landesordnung* als Programm eines auf Gerechtigkeit und Gleichheit gegründeten Gemeinwesens verfaßte, dessen wichtige Institutionen kommunales Eigentum sein und dessen Amtsträger gewählt werden sollten; auch die Einrichtung einer Universität zur Lehre des göttlichen Worts war vorgesehen. Diese *Landesordnung* war das einzige Dokument des Bauernkriegs, das die völlige Abschaffung der feudalen Strukturen vorsah. Wenn ihn auch Zwinglis ethisches Ordnungssystem in Zürich offenbar beeindruckt hat, so griff Gaismair in seinen schriftmäßigen Begründungen allein auf die Mosaische Gesetzgebung zurück.

Gaismair führte schließlich seine 2000 Mann starke Armee ohne Verluste quer durch Tirol nach Salzburg und dann über die Hohen Tauern und durch das Pustertal gegen Brixen, konnte sich jedoch keiner Schlacht stellen, weil die Bewohner durch die Strafaktionen Ferdinands zu sehr verschreckt waren und mögliche Bündnispartner wie Zürich, Venedig und Frankreich aus wechselnden Gründen die Hilfeleistung versagten. So mußte sich Gaismair mit seinen Männern zuletzt der Signoria von Venedig verdingen. 1529, nach der Versöhnung zwischen dem Kaiser und Franz I. von Frankreich, mußte Gaismair seine Ziele endgültig aufgeben, und er ließ sich in Padua nieder. Hundert fehlgeschlagene Versuche und eine sehr hohe von Ferdinand und seinen Räten ausgesetzte Kopfprämie führten schließlich zur Ermordung Michael Gaismairs; ein kirchliches Begräbnis wurde dem »Ketzer« verweigert.

Georg der Fromme (der Bekenner) von Brandenburg-Ansbach-Jägerndorf
(* 4. 3. 1484, † 27. 12. 1543 Heilsbronn)

Markgraf Georg der Fromme trat 1506 in den Dienst König Ladislaus' von Böhmen und Ungarn und wurde 1516 Mitglied der Regentschaft und Erzieher des jungen Königs Ludwig. Durch zwei Ehen gelangte er zu großen Besitzungen in Ungarn und Böhmen, und 1523 erwarb er dazu noch das Fürstentum Jägerndorf in Oberschlesien, das er zu einem Stützpunkt des Protestantismus machte.

In Ansbach regierte Georg von 1515 bis 1527 gemeinsam mit seinem Bruder Markgraf Kasimir, seit 1527 war er Alleinregent.

Georg der Fromme hatte sich 1524 entschieden der Reformation angeschlossen und daran mitgewirkt, daß sein Bruder Albrecht das Deutsch-Ordens-Gebiet in das säkulare Herzogtum Preußen umwandelte; Georg half mit, 1525 einen Vertrag mit dem polnischen König zu erzielen. 1529 und 1530 auf den Reichstagen ragte Georg der Fromme neben den Vertretern Kursachsens als überzeugter Lutheraner hervor. Er konnte auch seinen Vetter, Kurfürst → *Joachim II. von Brandenburg*, zum Anschluß an die Reformation gewinnen.

Georg der Bärtige (der Reiche) von Sachsen
(* 27. 8. 1471 Meißen, † 17. 4. 1539 Meißen)

Georg der Bärtige sollte ursprünglich Geistlicher werden, folgte aber 1500 seinem Vater als Regent des Herzogtums Sachsen nach. 1503 verlegte er seine Residenz nach Dresden und gab dem Land eine neue Gerichts- und Hofordnung. Sachsen blühte unter ihm wirtschaftlich auf. Seine Gegnerschaft gegen das kurfürstliche Sachsen seiner Vettern trieb ihn in das Lager der Anhänger der Habsburger.

Georg der Bärtige (der Reiche) von Sachsen. Holzschnitt aus der Cranach-Werkstatt.

Obwohl Georg die kirchlichen Mißstände noch auf dem → *Wormser Reichstag* von 1521 beklagte, hatte er sich seit der Leipziger Disputation (1519), der er beigewohnt hat, von Luther und seinen Anhängern entschieden abgewandt. Nach dem Bauernkrieg, der auch seine Territorien in Thüringen erfaßt hatte, sammelte er 1526 im Dessauer Bund die Altgläubigen Norddeutschlands um sich. Er zog Gegner der Reformation wie Johannes Cochläus, Georg Witzel und Hieronymus Emser an seinen Hof und unterstützte ihre Flugschriftenaktionen gegen Luther. Trotzdem konnte ein Einsickern lutherischer Lehren in sein Herzogtum nicht verhindern und mußte sogar hinnehmen, daß sein den Lutheranern gegenüber aufgeschlossener Bruder Heinrich nach ihm das Herzogtum erbte.

Herzog Georg der Bärtige wurde in der Georgskapelle des Meißener Doms beigesetzt.

Götz von Berlichingen.
Kolorierter Kupferstich.

Götz von Berlichingen
(* 1480 Jagsthausen, † 23. 7. 1562 Schloß Hornberg)

Götz (Gottfried) von Berlichingen war ein vermögender Reichsritter, der im bayrischen Erbfolgekrieg (1504) die rechte Hand verloren hatte, die durch eine eiserne Hand ersetzt worden war, was ihm den Beinamen des »Ritters von der eisernen Hand« eingetragen hat. Die Behauptung, er sei ein heruntergekommener Raubritter gewesen, kann wohl nicht aufrechterhalten werden, andererseits scheint auch die Idealisierung zu einem deutschen Freiheitshelden, wie sie in Goethes Schauspiel *Götz von Berlichingen mit der eisernen Hand* (1773) anklingt, ebenso überzogen zu sein. Seine großen Fehden gegen die Städte Nürnberg und Köln und die Bischöfe von Würzburg und Mainz trugen ihm zweimal die Reichsacht ein. Danach trat er als Amtmann in den Dienst Herzog → *Ulrichs von Württemberg* und wurde nach dessen Sturz (1519) in Möckmühl gefangen und bis 1522 in Heilbronn in Haft gehalten.

Sein zwiespältiges Verhalten im Bauernkrieg zeigte die ganze Ambivalenz dieser Aufstandsbewegung. Götz von Berlichingen mußte, obwohl Anhänger der Reformation, zur Führung der fränkischen Bauern gezwungen werden. In der Entscheidungsschlacht ließ er sein Heer dann auch im Stich. Wegen seiner Beteiligung an den Kämpfen wurde er von 1528 bis 1530 in Augsburg in Haft gehalten, trat dann aber in die Dienste Kaiser Karls V., für den er 1542 gegen die Türken und 1544 gegen Frankreich kämpfte. Sein im Alter von ihm verfaßter Lebensbericht ist eine der frühesten deutschen Autobiographien und sollte Goethe als Quelle für sein Schauspiel dienen.

Konrad Grebel
(* um 1498 Zürich, † Mai/Juni 1526 Maienfeld)

Konrad Grebel entstammte einer Zürcher Patrizierfamilie, begann seine humanistische Studien um 1514 in Basel und besuchte dann die Universität Wien und ab 1518 Paris. Er hat möglicherweise einer Studentengruppe angehört, die aus nationalistischem Dünkel zwei Franzosen erschlug. Mitte 1520 kehrte er nach Zürich zurück und traf sich mit einem Humanistenkreis um Zwingli, den er seit seiner Basler Zeit kannte, zum Studium der griechischen Sprache und Literatur. Erst im Frühjahr 1522 wandte er sich voll der evangelischen Predigt Zwinglis zu und wurde zu einem der radikalen Vorkämpfer für die Reformierung der Stadt.

Grebel gehörte als einziger Patriziersprößling zu den vor allem aus dem Handwerkerstand stammenden Provokateuren, die durch Predigtstörung und öffentliches Fleischessen während der Fastenzeit augenfällig zu machen versuchten, daß der Zustand der Kirche von Zürich reformiert werden müßte, eine schließlich allgemein sich durchsetzende Forderung, die dazu führte, daß im Januar 1523 auf der ersten Zürcher Disputation Evangelium und *Heilige Schrift* zur alleinigen Grundlage kirchlicher Predigt und Praxis erklärt wurden. Um die Umsetzung dieses Beschlusses in konkretes Handeln zu überwachen und zu garantieren, trafen sich die wichtigsten Repräsentanten der Provokationsgruppierungen nun in einem privaten Bibelkreis, dem auch Grebel angehörte.

Damit nahm die Entfremdung zwischen Grebel und Zwingli ihren Anfang, dessen Bemühen um eine schrittweise Einführung der Änderungen unter voller Teilnahme der Obrigkeit den Radikalen als Verzicht auf die Forderungen der Bibel, zumindest als fauler Kompromiß erschien; Ende des Jahres kam es darüber zum Bruch. In den folgenden Monaten überprüfte die Gruppe um Grebel ihre Positionen und kam im Oktober 1524 in einem Brief an → *Thomas Müntzer* zu dem Ergebnis, daß Reformation ohne die Obrigkeit durch radikale Interpretation des Evangeliums zu geschehen habe – allerdings nicht mit dem Ziel eines Aufstands, sondern in dem klaren Bewußtsein, Christus müsse »noch mehr leiden in seinen Gliedern« (auch durch die »Volkskirchen«). Nicht in der Erwachsenentaufe, sondern in dieser obrigkeitsfernen Konzeption von Reformation lag das ausschlaggebende Trennungskriterium.

Mit der Taufe → *Georg Blaurocks* am 21. 1. 1525 durch Konrad Grebel nahm die Bewegung der Schweizer Brüderschaft ihren Anfang.

In der theologischen Diskussion rückte das Element der »Wiedertaufe« (Anabaptismus) in den Mittelpunkt, weil sich in der Bewegung auch obrigkeitsrechtlich orientierte Vertreter einer biblizistisch-täuferischen Volksreformation wie → *Balthasar Hubmaier* befanden, die sich gegen Verfolgungen zur Wehr setzen wollten. Die drei öffentlichen Disputationen mit Zwingli in Zürich endeten damit, daß die Täuferbrüder in den Untergrund gehen mußten. Grebel wurde am 8. 10. 1525 verhaftet, mit ihm mehrere Gesinnungsgenossen. Als sich am 21. 3. 1526 die Gelegenheit zur Flucht bot, überlegten die Brüder, ob sie nicht ihr Leiden »im Turm« bis zum Tod ertragen müßten; sie entschlossen sich aber doch zur Flucht. Konrad Gebel starb etwa drei Monate später in Graubünden an der Pest.

Die mennonitische Weltkonferenz betrachtet Konrad Grebel heute als einen der Begründer des Täufertums (also des evangelischen Freikirchentums); diese Beurteilung hatte schon in der zeitgenössischen Geschichtsschreibung der Reformation ihren Platz gehabt – damals allerdings im Sinne einer negativen Feststellung.

»Gerade so, wie unsere Altvorderen ... genauso will auch heute jedermann ... stecken bleiben in all dem alten Wesen der eigenen Laster und in den gemeinsamen, zeremonischen, antichristlichen Gebräuchen der Taufe und des Nachtmahls Christi, unter Verachtung des göttlichen Wortes, voller Achtung jedoch vor dem päpstlichen Wort und dem Wort der antipäpstlichen Prediger, das auch nicht in Übereinstimmung mit dem göttlichen ist. Im Rücksichtnehmen auf Personen und in allerlei Verführung gibt es schwereren und schädlicheren Irrtum, als es je von Anfang der Welt an gegeben hat. In solchem Irrtum sind ... auch wir befangen gewesen, solange wir nur Zuhörer und Leser der evangelischen Prediger waren ... Nachdem aber auch wir die Schrift zur Hand genommen und auf alle möglichen Punkte hin untersucht haben, sind wir eines Besseren belehrt worden und haben den großen schädlichen Fehler der Hirten und auch den unserer selbst entdeckt, daß wir nämlich Gott nicht täglich ernstlich mit stetem Seufzen bitten, daß wir aus der Zerstörung alles göttlichen Lebens und aus den menschlichen Greueln herausgeführt werden und zum rechten Glauben und zum wahren Gottesdienst kommen. Das alles ist eine Folge des falschen Schonens, der Unterdrückung des göttlichen Wortes und seiner Vermischung mit dem menschlichen. ...

Während wir solches merken und beklagen, wird Dein Schreiben wider den falschen Glauben und die falsche Taufe zu uns herausgebracht, und wir werden noch besser unterrichtet und noch gewisser gemacht. Es hat uns wunderbar erfreut, daß wir einen gefunden haben, der eines gemeinsamen christlichen Sinnes mit uns ist ...«
Der Zürcher Täuferkreis um Grebel an Thomas Müntzer, 1524

». . . Was sagt Gott Matth. 7 [15]?: ›Hütet euch vor den falschen Propheten, die mit Schafskleidern bekleidet sind, inwendig aber sind sie reißende Wölfe.‹ Ich meine, Gott habe sie zum Teil gezeigt: es sind Pfaffen, Mönche und Nonnen. Welchem Fürst wäre wohl daran, wenn ihm das Reich erlaubt hätte, an die besten Städte und schönsten Orte Räuberhäuser zu bauen? . . . Der Herr sagt und nennt sie Räuber, z. B. Jes. 3 [12]: ›Sie haben mein Volk beraubt, und Weiber haben sie beherrscht.‹ Das sagt Gott. Wenn ich es sagte, wäre es lutherisch. Also müssen sie es bleiben lassen. . . . Ich kann auch die Einrichtung der Domherren und Priester nicht anders ansehen als Erhaltung von Buben und Bübinnen, wie es unverschämt am Tage liegt. Der Papst ist dem Rat des Teufels gefolgt, hat ihnen Ehefrauen verboten und um Geld Bübinnen erlaubt. O ihr Fürsten, seht darauf, daß sie nicht also darin verderben. Euch gehört das Strafschwert und nicht den Geistlichen. Das gehört ihnen, daß sie Gottes Wort verkündigen. . . . Matth. 20 [25–28]: ›Die Fürsten dieser Welt sollen herrschen über die Völker, aber ihr nicht . . .‹ Unsere Sünden haben es verschuldet, daß sich alles verkehrt hat, was geistlich genannt wird. Fürsten und Prälaten den Geld, die Weltlichen den Säckel. E. f. G. helfe und rate sich und uns allen, daß Gott nicht seinen Zorn, wie eben gesagt, über uns schicke.«

Argula von Grumbach, *Christliche Schrift einer ehrbaren Frau von Adel . .*, 1523, adressiert an Herzog Wilhelm von Bayern

Argula von Grumbach (Argula Staufferin)
(* um 1492 Seefeld, † 1554 Zeilitzheim bei Schweinfurt oder † um 1568 Köfering bei Regensburg)

Argula stammte aus dem Geschlecht der Reichsfreiherren Stauff von Ehrenfels; über ihre Mutter Katharina von Törring war sie auch mit dem bayrischen Adel engstens verbunden. Vor 1508 kam sie zur Erziehung und als Gesellschafterin an den Münchner Hof zu Herzogin Kunigunde, einer Schwester Maximilians I. 1509 erlagen ihre Eltern der Pest. Um 1516 heiratete Argula Friedrich von Grumbach, der einem alten fränkischen Adel entstammte und seinen Sitz in Burggrumbach und Zeilitzheim nordwestlich von Würzburg hatte; seine Sitze waren Lehen des Hochstifts Würzburg. Friedrich von Grumbach war seit 1515 Pfleger von Dietfurt, einer befestigten Stadt nahe der Altmühl.

Argula hatte von ihrem Vater Bernhardin von Stauff schon im Alter von zehn Jahren eine deutsche Bibel zum Geschenk erhalten und offensichtlich eifrig darin gelesen, so daß sie sich sofort für die aufkeimende Reformation interessierte. 1523 konnte sie behaupten, alles gelesen zu haben, »was von Doktor Martinus in deutscher Sprache ausgegangen sei«. Sie hatte, so stellte sie einmal fest, es in ihrer Bibellektüre bestätigt gefunden und wolle an der Lehre festhalten, selbst wenn »Luther widerrufet«. Schon im selben Jahr griff sie aus Anlaß eines von einem Ingolstädter Magister durch Universität und bayrische Obrigkeit erzwungenen Widerrufs öffentlich in die Reformationsdiskussion ein. Sie publizierte in dieser Sache nach Rücksprache mit → *Osiander* in Nürnberg zwei Sendbriefe an Rektor und Kollegium zu Ingolstadt sowie an Herzog Wilhelm von Bayern. Ihr Mann wurde deshalb der Pflegschaft Dietfurt und der Einkünfte daraus beraubt. Auch auf dem Reichstag zu Nürnberg versuchte Argula im selben Jahr die Kurpfalz und Kursachsen durch ihre Verbindungen zu unterstützen. In der daraus entstehenden Unruhe und gegen den Widerstand ihrer eigenen Familie formulierte sie ihr Bekenntnis: »Man heißt mich lutherisch, ich bin es aber nicht, ich bin im Namen Christi getauft, den bekenn ich und nicht Luther. Aber ich bekenn, daß ihn Martinus auch als ein getreuer Christ bekennt.«

Ihr öffentliches Auftreten wurde im folgenden Jahr Anlaß zu Kontroversen in anonymen Knittelversen, führte dann aber auch zu einem fruchtbaren Briefwechsel mit Spalatin und Luther, den sie zur Heirat ermunterte. 1530 machte sie auch mit Luther persönlich auf der Veste Coburg Bekanntschaft. Für ihre Kinder bemühte sie sich in Nürnberg um eine protestantische Erziehung. Nachdem 1530 ihr Ehemann Friedrich gestorben war, heiratete sie 1533 einen Grafen Schlick aus Böhmen, aber schon zwei Jahre später war sie wiederum verwitwet. Das überlieferte Sterbedatum 1554 in Zeilitzheim ist nicht eindeutig belegt.

Das Straubinger Urkundenbuch von 1563 berichtete von einer zweiten Verhaftung der »alten Staufferin« wegen aufrührerischer Bücher und ihrer »Winkelschul«; dies läßt die Vermutung zu, daß es sich dabei um die aufsässige Argula von Grumbach handelte. Diese »Staufferin« starb um 1568 in Köfering.

Häresie

Häresie ist die Bezeichnung für theologische Lehren oder Systeme, die von einer kirchlichen Autorität als falsch zurückgewiesen werden.

Schon in der frühesten Zeit der christlichen Kirche wurde diese Lehrverurteilung wahrgenommen, und die Bekenntnisformeln und Konzilien der ersten Jahrhunderte sprechen eine deutliche Sprache darüber. Der Ausbau der Staatskirche, im 4. Jh. beginnend, führte letztlich dazu, daß die Abweichung vom kirchlichen Christentum zu einer mit Todesstrafe bedrohten Verfehlung wurde. Im 12. und 13. Jh. wurde die Institution der Inquisition aufgrund päpstlichen Rechts ausgebaut, um Verfehlungen gegen die kirchliche Lehre zu prüfen und zu verurteilen und die Delinquenten dann zur Bestrafung der weltlichen Macht auszuliefern.

Holzschnitt aus einem antilutherischen Fastnachtsspiel von H. Hosenbergius Bohemus (1530). Auf dem Feld links unten wird Luther allegorisch häretische Korrumpierung der Heiligen Schrift vorgeworfen.

Links: *Jan Hus, der auf dem Konzil von Konstanz 1415 als Häretiker verbrannte böhmische Reformator.*

Rechts: Kardinalinquisitor Don Fernando Niño de Guevara. *Gemälde von El Greco (um 1600).*

Die Reformatoren haben den Gedanken der notwendigen Verurteilung von Lehrabweichungen zwar übernommen, lehnten es aber ab, Häresie mit der Todesstrafe zu belegen. Sie vertrauten auf Beweisführung und Überzeugung des Andersdenkenden mit Hilfe der Bibel. Diese Haltung wurde jedoch nicht dauerhaft aufrechterhalten, und im Kampf gegen das Täufertum gaben die reformatorischen Autoritäten weitgehend dem brutalen Durchgreifen des weltlichen Arms ihre Zustimmung. Sie empfanden dies allerdings nicht als Bestrafung einer als falsch verurteilten Lehre, sondern als eine Notwendigkeit zur Sicherung der bürgerlichen Ordnung.

In der Folgezeit haben die Spaltungen und Differenzierungen innerhalb des Protestantismus dazu geführt, daß der Toleranzgedanke deutlicher in den Vordergrund trat und letztlich – beginnend in der Mitte des 19. Jh.s – die Versuche einer ökumenischen Verständigung zunächst zwischen den evangelischen Kirchen und heute auch mit der römisch-katholischen Kirche in Angriff genommen werden konnten.

Caspar Hedio (Heyd; Bock; Böckel)

(* 1494 Ettlingen (Baden), † 17. 10. 1552 Straßburg)
Caspar Hedio begann sein Studium in Freiburg und

setzte es später unter dem Einfluß Erasmus von Rotterdams 1518 in Basel fort. Er freundete sich dort mit → *Wolfgang Capito* an, der ihn 1520 zu seinem Nachfolger als Domprediger von Mainz machte und 1523 dann nach Straßburg berief. Dort übte Caspar Hedio vor allem auf das reformatorische Schulwesen der Stadt entscheidenden Einfluß aus und wurde 1549 zum Nachfolger → *Martin Bucers* als Leiter des Straßburger Kirchenwesens bestellt. Seine vermittelnde Haltung ermöglichte diese Bestellung trotz der Durchführung des → *Augsburger Interims*. Caspar Hedio erlag der Pest, die 1552 in Straßburg wütete.

Caspar Hedio. Holzschnitt von Hans Baldung Grien.

Heinrich IV. von Frankreich
(* 13. 12. 1553 Pau, † 14. 5. 1610 Paris)

Heinrich IV. wurde als Heinrich von Bourbon-Navarra in Pau bei Béarn geboren und wurde zum ersten französischen König der Bourbonischen Linie. Zur Zeit seiner Geburt war sowohl im Reich als auch in Frankreich der Streit zwischen Protestantismus und römischem Katholizismus auf einem Höhepunkt angelangt. Heinrich wurde 1572 König von Navarra und war zwischen 1572 und 1576 am französischen Hof in Gewahrsam, weil man seine Sympathien für den Protestantismus fürchtete. Als einer der Führer der Hugenotten im religiösen Bürgerkrieg in Frankreich bestieg er, einziger legitimer Erbe, 1589 den französischen Thron. Seine Krönung erfolgte 1594, aber der Kampf zwischen Hugenotten und Katholiken sollte noch bis 1598 fortdauern. Heinrich IV. selbst hatte, um von seiner Residenzstadt Paris Besitz ergreifen zu können, den römisch-katholischen Glauben angenommen, war also ein katholischer König, erkannte aber im Toleranzedikt von Nantes (1598) das Recht zur freien Religionsausübung durch die Protestanten an. Sein Reich erfreute sich in der folgenden Zeit wirtschaftlichen Aufschwungs, die religiösen und politischen Spannungen in seinem Land führten jedoch 1610 zu seiner Ermordung.

Heinrich IV. Kupferstich von H. Goltzius.

Heinrich VIII. von England
(* 28. 6. 1491 Greenwich, † 28. 1. 1547 London)

Heinrich, im humanistischen Denken erzogen, folgte seinem Vater Heinrich VII. 1509 auf den englischen Thron. Er war mit Katharina von Aragon verheiratet worden, der Witwe seines Bruders und einer Tante Kaiser Karls V. Diese Verbindung zu Spanien verleitete Heinrich zu Kämpfen gegen Frankreich (um 1512/13), mit der Zielsetzung, sein mütterliches Erbe (Normandie) zurückzugewinnen. Er scheiterte jedoch an der Politik Karls V., der keine Schwächung Frankreichs auf Kosten einer Stärkung Englands zulassen wollte. Nach

Oben: *Heinrich VIII.*
Gemälde von Hans Holbein d. J.
(1539).

Rechts: *Dieses reformatorisch*
gesonnene Bild zeigt Hein-
rich VIII., seit der Suprematsakte
von 1534 Oberhaupt der von
Rom gelösten englischen Kirche,
wie er auf dem Sterbebett auf
seinen Sohn und Thronfolger
Eduard VI. weist. Neben
Eduard, der die anglikanische
Kirche durchsetzen wird, steht
sein Berater, der reformatorische
Theologe und Erzbischof
Thomas Cranmer; zu seinen
Füßen liegt die Symbolfigur des
niedergerungenen Papsttums.

der Aussöhnung mit Frankreich auf dem »Güldenen Feld« (1520) wandte sich Heinrich VIII. der Stabilisierung der Tudorherrschaft in England zu. Das Ausbleiben eines männlichen Thronerben mag einer der ausschlaggebenden Gründe gewesen sein, daß Heinrich seine Ehe mit Katharina von Aragon zu lösen entschlossen war.

Heinrich VIII. hatte sich als theologischer Gegner der Reformation ausgewiesen und war deshalb 1521 vom Papst mit dem Titel »Verteidiger des Glaubens« *(Defensor fidei)* geehrt worden. Konsequenterweise versuchte er zunächst, die Ungültigkeitserklärung seiner Ehe mit Katharina vom Papst zu erreichen, er konnte sich jedoch weder theologisch noch politisch mit diesem Ansinnen durchsetzen. Dies führte 1534 zur Ablehnung der päpstlichen Autorität und damit zum Beginn der Reformation in England. Zwar verhinderte Heinrich VIII. die Einführung reformatorischer Lehren in England weitgehend und beschränkte sich auf die Ablehnung päpstlicher Jurisdiktion in seinem Land, aber unter seinem Sohn und Nachfolger Eduard VI. konnten die reformatorisch gesinnten Theologen und Adeligen der englischen Kirche eine protestantische Grundlage geben.

Von Erzbischof Thomas Cranmer wurde die Ehe zwischen Heinrich und Katharina für ungültig erklärt und Heinrich mit Anna Boleyn getraut. Der König hat danach noch viermal geheiratet. Erzbischof Cranmer wurde, obwohl er vom Papst für Canterbury bestellt war, unter Maria Tudor, der Katholischen, als Kopf des englischen Protestantismus am 21. 3. 1556 in Oxford als Ketzer verbrannt.

Heinrichs Übernahme des Kirchenregiments in England führte zu einer Reform der kirchlichen Praxis in seinem Reich, die wesentliche Grundlagen für die

spätere evangelische Orientierung unter Elisabeth I.
bieten sollte. 1542 bis 1546 nahm Heinrich VIII. seine
kriegerische Politik gegen Frankreich und gegen das mit
den Franzosen verbündete Schottland wieder auf, in
der er jedoch erfolglos blieb.

Helvetische Bekenntnisse

Es gibt zwei offizielle Bekenntnisse der reformierten
Kirchen der Schweiz.

Das *Erste Helvetische Bekenntnis (Confessio Helveti-
ca Prior)* wurde von dem Zwingli-Nachfolger → *Heinrich Bullinger* 1536 erarbeitet, der dabei von → *Martin
Bucer* unterstützt wurde. Dieses Bekenntnis wurde
häufig als zu lutherisch angesehen, und in der Tat hat
Luther es als eine positive Entwicklung des Zwinglianis-
mus beurteilt; Bucer hatte ja auch zu derselben Zeit die
Konkordienformel in Wittenberg mitausgehandelt und
unterzeichnet.

Das *Zweite Helvetische Bekenntnis (Confessio Helve-
tica Posterior)* wurde 1566 als offizielles Glaubensbekenntnis der Schweizer Kantone evangelischen Glaubens veröffentlicht. Heinrich Bullinger hatte es 1562 in
30 Artikeln entworfen und in einer überarbeiteten Fassung seinem Testament beigefügt. Dieses Zweite Helvetische Bekenntnis erreichte in wichtigen reformierten
Kirchen Anerkennung: Es wurde in der Pfalz, in Schottland, Ungarn, Frankreich und Polen zugrunde gelegt;
auch Holland und England näherten sich dieser Be-
kenntnisform an.

Da das Zweite Helvetische Bekenntnis auf der
→ *Zürcher Einigung (Consensus Tigurinus)* zwischen
Calvin und Bullinger beruhte, hatte es die wesentlichen
Elemente des Calvinismus mit aufgenommen und
konnte deshalb mit breiter Zustimmung rechnen. In
ihm wird die *Heilige Schrift* als alleinige Norm des
Glaubens bestimmt und die Verwendung von Bildern
im Gottesdienst verboten. Außerdem formuliert es zentral die reformierten Lehren zur Vorsehung und Vorherbestimmung (→ *Prädestination*) und zu den kirchlichen Diensten.

*Titelblatt des ersten Berner
Drucks des* Zweiten Helvetischen
Bekenntnisses *(1608).*

Melchior Hoffmann (Hofmann)

(* um 1495 Schwäbisch Hall, † 1543 Straßburg)

Melchior Hoffmann, von Beruf Kürschner, trat zum
erstenmal 1523 in Livland als lutherischer Laienprediger auf. Er predigte zunächst in Wolmar, das auf
Deutsch-Ordens-Territorium lag, wurde von dort aber
bald vertrieben und begann 1524 in der Hansestadt
Dorpat zu missionieren. Im folgenden Jahr kam es hier
zu einem Aufruhr und zum Bildersturm durch seine
Anhänger, die sich gegen das feindselige Verhalten von

Gustav I. Wasa. Ausschnitt aus einem zeitgenössischen Gemälde.

Bischof und Adel auflehnten. Eine Folge dieses Aufruhrs war die Abkehr auch des ihnen wohlgesinnten Adels von der Reformation. Die städtischen Behörden verlangten nun von Hoffmann, daß er sich von Luther seine Rechtgläubigkeit bestätigen lasse; er besuchte deshalb den Reformator im Juni 1525 in Wittenberg. Mit dessen Approbation ausgestattet, begann er dann wieder in Dorpat zu predigen, wich aber nun in seinen Forderungen so weit vom Lutherianismus ab, daß er schließlich 1526 aus Dorpat und bald danach aus Reval vertrieben wurde.

Hoffmann flüchtete nach Stockholm, wo er unter der deutschen Kaufmannschaft (Hanse) wirken konnte, und versuchte dort die nur zögernd reformatorische Politik des Schwedenkönigs Gustav I. Wasa im Sinne der Kaufherrn zu beeinflussen. Vor allem die Verknüpfung seiner Predigt mit chiliastischen Endzeiterwartungen führte schließlich zur Ausweisung Hoffmanns durch den König. Er versuchte danach in Lübeck Fuß zu fassen, konnte aber gegen den altgläubigen Rat und das Domkapitel der Stadt nur wenig ausrichten; seiner Einkerkerung entging er nur mit Mühe durch Flucht nach Dänemark. König Friedrich I. gewährte ihm dort eine Diakonatsstelle an der Nikolaikirche in Kiel, so daß Hoffmann nun mit einem gewissen Ansehen seine Verkündigung untermauern konnte. Seine Konflikte mit den lutherischen Predigern spitzten sich aber immer mehr zu, und außerdem schlug ein Versöhnungsversuch mit Luther in Wittenberg fehl. Als Melchior Hoffmann 1528 dann auch noch die Abendmahlslehre anzugreifen begann, traten die Auseinandersetzungen in eine entscheidende Phase. Nach einer Disputation in Flensburg (April 1529) wurde er aus dem Königreich ausgewiesen. Im Juni desselben Jahres nahm ihn schließlich das liberale Straßburg auf, → *Martin Bucer* hoffte zeitweilig sogar, in ihm einen Partner für eine Revision der lutherischen Abendmahlslehre gewonnen zu haben. Als Hoffmann jedoch bald darauf mit einem Predigtverbot belegt wurde, brach er endgültig mit der offiziellen Reformation, wandte sich den Anhängern von → *Hans Denck* zu und übernahm Teile der Lehre von → *Schwenckfeld,* dem er in Straßburg begegnet war.

Seine Endzeitprophezeihungen präzisierte Hoffmann dahin, daß 1533 der in der *Apokalypse* des Johannes beschriebene Endkampf ausbrechen würde, den die freien Reichsstädte gegen Kaiser, Papst und Irrlehrer anführen sollten. Nach diesem Kampf würden die 144 000 Erwählten eine Theokratie errichten und so die Erde für die Wiederkunft Jesu Christi vorbereiten. Die Täufer selbst sollten in diesem Endkampf zwar nicht das Schwert ergreifen, sie sollten nur bei Schanzarbeiten und durch Gebete mithelfen. Im April 1530 wollte Hoffmann vom Straßburger Rat einen Kirchenraum überlassen bekommen, in dem sich die Täufer hätten versammeln können. Da auf der »Wiedertaufe«, der häretischen Zweittaufe, nach Reichsrecht seit 1529 die Todesstrafe stand, erließ der Rat aufgrund dieses Ansinnens einen Haftbefehl, und Melchior Hoffmann mußte wiederum fliehen. Er ging nach Ostfriesland und konnte in den Grafschaften Holland und Friesland eine große Anhängerschaft gewinnen. Während dieser Zeit besuchte er 1531 heimlich Straßburg, bevor er 1533 dahin zurückkehrte.

In Holland und Friesland erwuchs aus seiner Anhängerschaft jene Gruppe von militanten Täufern, die 1534/1535 in Münster das »Gottesreich« errichten sollten (→ *Bockelson*). Da man in Straßburg einen politischen Umsturz durch die Täufer befürchtete, ohne allerdings Vorbereitungen dazu nachweisen zu können, sorgte man dafür, daß Hoffmann im Juni 1533 von der Straßburger Synode wegen seiner Lehren verurteilt wurde. Hoffmann wurde in den Kerker geworfen und, als 1538 unter seinen Anhängern das Gerücht auftrat, er habe widerrufen, von seinen Freunden und Anhängern verlassen. In schwerer Krankheit und Qual starb er im Straßburger »Turm«.

Die große Anhängerschar in Friesland und Holland, die als »Melchioriten« bekannt war und wesentlichen Anteil am Aufbau des Täuferreiches zu Münster hatte, wurde nach dessen Zusammenbruch durch → *Menno Simons* gesammelt. Simons, der selbst von Hoffmann missioniert worden war, konnte das Missionswerk retten, indem er die Anhänger Hoffmanns zu einer pazifistischen Grundhaltung umstimmte. Daraus ging die noch heute zahlreiche Gemeinschaft evangelischer Freikirchen, die sich »Mennoniten« nennt, hervor.

Balthasar Hubmaier

(* vor 1485 Friedberg, † 10. 3. 1528 Wien)

Balthasar Hubmaier wurde in der Domschule von Augsburg erzogen und studierte von 1503 an in Freiburg im Breisgau. Theologisch von Johann Eck ausgebildet, zog Hubmaier mit diesem 1510 nach Ingolstadt, nachdem er noch in Freiburg zum Priester geweiht worden war. Anfang 1512 promovierte ihn Eck zum Doktor der Theologie. Hubmaier war offensichtlich seinem Lehrer in einer umfassenden scholastischen Bildung durchaus ebenbürtig und auch für seine Vorlesungen und Predigten bekannt. 1516 nahm er, obwohl Leiter der Universität, eine Berufung als Domprediger nach Regensburg an. Hier kam er zum erstenmal in den Ruf eines Volksführers, als er vor allem den Kampf gegen die Zins- und Wucherwirtschaft der Juden aufnahm und ihm auch theologische Grundlagen gab. Die Regensburger Juden genossen jedoch kaiserlichen Schutz, und deshalb wurde

»Darum sei jedermann ermahnt, darauf zu achten, wie und was er glaubt, damit er sich selbst nicht betrüge und nicht mit anderen in die Irre geht. Denn die ganze Welt ruft: Glaube, Glaube; Gnade, Gnade; Christus, Jesus; und sie hat deswegen nicht das bessere Teil erwählt, denn ihre Hoffnung ist eitel und ein großer Betrug.

. . . Und das ist gewiß wahr, wo die Kraft und die wahrhaftigen Werke der Gerechtigkeit nicht sind, da ist auch keine Gerechtmachung, wie der Apostel S. Jakob spricht. Denn diejenigen, die in der Lehre Christi bleiben, um danach zu wandeln, sind die rechten Jünger des Herrn . . . und so ihr wißt, spricht der Herr, selig seid ihr, so·ihr das tut. Denn der Baum mit grünen Blättern, d. h. [der Mensch] mit sehr schönen Worten, der ohne Furcht bleibt, wird von dem Herrn verflucht und dem ewigen Feuer übergeben, wenngleich er den Glauben hätte oder wüßte.«

Hoffmann, *Anordnung Gottes*

Balthasar Hubmaier. Nach einem Stich von C. van Sichem (1609).

Titelblatt der 1525, dem Jahr der Begründung der Waldshuter Täufergemeinde, in Augsburg erschienenen Bekenntnisschrift Summe eines christlichen Lebens *von Balthasar Hubmaier.*

»Die Wassertaufe . . . ist nichts anderes als ein öffentliches Bekenntnis und Zeugnis des inwendigen Glaubens und Verpflichtens, mit dem der Mensch auch auswendig bezeugt und vor jedermann anzeigt, daß er ein Sünder ist. . . Dadurch willigt er ein, von nun an den Glauben und Namen Christi vor jedermann und öffentlich zu bekennen, hat sich auch verpflichtet und vorgenommen, hinfort nach dem Wort und Gebot Christi zu leben. Aber das nicht aus menschlichem Vermögen, damit ihm nicht wie Petrus geschehe, denn ohne mich könnt ihr nichts tun, spricht Christus, sondern in der Kraft Gottes, des Vaters und des Sohnes und des heiligen Geistes. Jetzt bricht der Mensch aus in Wort und Werk, verkündet und macht den Namen und das Lob Christi groß . . .« Hubmaier, *Von der christlichen Taufe,* 1526

Hubmaier als Aufrührer 1518 vor Maximilian I. geladen. Nach dessen Tod allerdings wurden die Juden aus Regensburg vertrieben, und auf dem Boden der zerstörten Synagoge wurde eine Kapelle zur »Schönen Maria« errichtet. Hubmaier wurde zur Zentralfigur eines Wallfahrtskults um diese Kapelle.

Anscheinend grundlos verließ Hubmaier 1520 Regensburg und nahm eine Pfarrstelle im heute badischen Waldshut an. Dort kam er in Kontakt mit reformatorisch gesinnten Humanisten und beschäftigte sich mit den *Paulusbriefen*. 1522 wurde er noch einmal als Wallfahrtsprediger nach Regensburg berufen, enttäuschte jedoch die Erwartungen, weil er schon zu offenkundig der Reformation zuneigte. 1523 traf er sich zum erstenmal mit Zwingli in Zürich, und aus dieser Konfrontation mit einem weiteren Strom der Reformation erwuchs im folgenden Jahr Hubmaiers eigenes Reformierungsprogramm für Waldshut. Da Ferdinand von Österreich die Stadt seinetwegen bedrohte, zog Hubmaier sich nach Schaffhausen zurück, wo er eine Thesenreihe gegen Johannes Eck verfaßte und zum erstenmal gegen die Ketzerbehandlung in Kirchen- und Reichsrecht Stellung bezog. In diesem Zusammenhang entstand sein Motto »Die Wahrheit ist untötbar!«, das zum Ausdruck bringen sollte, daß Glaubensanfechtungen nicht häretisch, sondern notwendige Schritte auf dem Weg zur Wahrheit seien. Ende 1524 wurde Hubmaier in Waldshut wieder enthusiastisch empfangen; zu Beginn des Bauernkriegs kam es wahrscheinlich auch zu einer Zusammenkunft mit Thomas Müntzer. Er hoffte zunächst noch auf eine Einigung mit Zwingli, entschloß sich aber Ostern 1525 aufgrund der Erfolge der Bauern und der Stadt Waldshut zum Empfang der Taufe; mit ihm wurde der größere Teil des Stadtrates und der Bürgerschaft getauft, und so entstand in Waldshut ein Täuferterritorium.

Für Waldshut hatte sich damit die der Trennung → *Konrad Grebels* von Zwingli zugrundeliegende theologische Konzeption in einer eigenständigen Form von Reformation erfüllt. Daraus entwickelte sich eine scharfe schriftliche Kontroverse mit Zwingli über die »Wiedertaufe«. Im Herbst verschlechterte sich die Lage Waldshuts, weil die Bauern und die städtischen Truppen geschlagen wurden, und im Dezember 1525 floh Balthasar Hubmaier mit seiner Frau Elsbeth Hügline nach Zürich. Waldshut wurde durch die habsburgischen Besatzungstruppen rekatholisiert. Hubmaier selbst wurde in Zürich eingesperrt und zum Widerruf gezwungen, konnte aber Ende April 1526 die Stadt verlassen. Er zog über Konstanz und Augsburg nach Nikolsburg in Mähren, das er bald dem Täufertum zuführen konnte. Die tolerante Haltung der Fürsten von Liechtenstein war ihm dabei behilflich.

Hubmaier wurde zur Zentralfigur einer großen Volksbewegung, der massenhafte Zulauf machte aber zugleich eine Ausformung und Konkretisierung seiner Theologie notwendig. 1527 kam es zu einer Disputation mit → *Hans Hut*, der alle Christen auf eine pazifistische Verweigerung des Dienstes in der Obrigkeit und der Kriegssteuer verpflichten wollte. Hubmaier stellte seine Einstellung in der Schrift *Vom Schwert* dar. Er war der Meinung, daß gerade Christen moralisch qualifiziert seien, obrigkeitliche Ämter auszufüllen; außerdem seien sie zu einer bewaffneten Verteidigung verpflichtet und sollten mit einer Kriegssteuer den Kampf gegen die Türken fördern. Da Ferdinand inzwischen Landesherr von Mähren geworden war, wurde Hubmaier im Juni 1527 wegen Anstiftung zum Aufruhr verhaftet und auf Schloß Kreuzenstein bei Wien eingekerkert. Ferdinand ging es dabei vor allem um die Ausschaltung des erfolgreichen Volkspredigers. So wurde Hubmaier schließlich auch am 10. 3. 1528 in Wien als Aufrührer und Ketzer verbrannt. Seine Frau wurde drei Tage später in der Donau ertränkt.

Die Verknüpfung vieler altkirchlicher Traditionen und der verschiedenen Strömungen reformatorischer Theologie in dem eigenständigen Weg Balthasar Hubmaiers könnten für eine theologische Neubesinnung fruchtbar werden.

»Ihr müßt, müßt, müßt ja bekennen, daß eine christliche Obrigkeit solches viel besser und ernsthafter vollbringen kann als eine unchristliche, der weder Christus, Gott noch Gottseligkeit am Herzen liegen, sondern die allein danach trachtet, sich ihre Macht, ihren Pomp und ihre Pracht zu erhalten ...
So die Obrigkeit mich oder einen andern auffordert, ihr dabei behilflich zu sein, den Übeltäter, den sie nach der Ordnung Gottes töten muß, hinzurichten, so sind wir verpflichtet, ihr zu helfen. Und wer sich dagegen zur Wehr setzt, widerstrebt der Ordnung Gottes und wird das ewige Gerichtsurteil über sich ergehen lassen müssen.«
Hubmaier, *Vom Schwert,* 1527

Die Brüder Coligny, die politischen und militärischen Führer der französischen Hugenottenbewegung. In der Mitte Gaspard de Coligny (* 1519), der 1557 zum Calvinismus übergetreten war, als Admiral von Frankreich seinen Einfluß auf König Karl IX. für die Tolerierung des reformatorischen Bekenntnisses einzusetzen suchte, in der Bartholomäusnacht 23./24. 8. 1572 aber ermordet wurde. Kupferstich (1579).

Hugenotten

Die Bezeichnung »Hugenotten« hat sich in der Geschichtsschreibung zur Benennung der französischen Protestanten eingebürgert, obwohl es sich dabei um keine Selbstdefinition, sondern um einen Spitznamen der altgläubigen Gegner gehandelt hat. Die Herkunft des Wortes ist unklar. Man vermutet, daß es sich um eine französische Verballhornung von »Eidgenossen« handelte. Danach hätte diese Bezeichnung die französischen Protestanten einmal wegen ihrer ausländischen Orientierung und des weiteren als Verschwörer gegen die Königsmacht karikiert und charakterisiert. (→ *Theodor Beza*, → *Jean Calvin*, → *Franz I. von Frankreich*).

Hans Hut

(* um 1490 Bibra, † Dezember 1527 Augsburg)

Hans Hut, der keine formelle Ausbildung erhalten zu haben scheint, war als wandernder Buchhändler vor allem zwischen Wittenberg und Nürnberg unterwegs. Seine Wendung zur Reformation scheint weniger durch theologische Fragestellungen als durch das allgemeine Ziel einer christlich geprägten Gesellschaftsordnung bestimmt gewesen zu sein. Auf seinen Reisen hat er vermutlich mit Karlstadt (→ *Bodenstein*) und → *Müntzer* Kontakt bekommen und schließlich deren Abwendung von Luther 1523 mitvollzogen. Im September 1524 traf er in Nürnberg mit → *Hans Denck* zusammen, den er offenbar über seine Gespräche mit Karlstadt und Müntzer informierte.

Wegen der Ablehnung der Taufe für sein drittes Kind wurde Hut aus Bibra ausgewiesen und war möglicherweise im Frühjahr 1525 bei Müntzer in Mühlhausen, wo er den Beginn des thüringischen Bauernkriegs miterlebte und an der Schlacht bei Frankenhausen teilnahm. Von den siegreichen Fürsten wurde Hut als Anführer gesucht, konnte aber vermutlich in Nürnberg untertauchen.

Hut hat eine Neuinterpretation der Endzeitvorstellung Müntzers vorgenommen, die den Entscheidungskampf, der in der *Apokalypse* des Johannes vorhergesagt war, für Pfingsten 1528 festlegte. Zu diesem Termin hätten die erwählten Christen mit Hilfe der Türken die gottlosen Pfaffen und Herren niederringen sollen. 1526 ließ sich Hut dann in Augsburg von Hans Denck taufen; er war damit Mitglied der Erwählten geworden, die, vereint mit den Türken, den endzeitlichen Kampf bestehen sollten. Um möglichst viele der 144 000 Auserwählten mit dem Kreuz auf der Stirn zu zeichnen, nahm Hut sogleich eine rastlose Missionstätigkeit auf, in deren Verlauf er in den Dörfern um Coburg, Bamberg und Erlangen seine ersten Anhänger sammelte.

»Allen gutherzigen in Christus wünsche ich, Hans Hut, die reine Furcht der göttlichen Weisheit zum Beginn eines rechten christlichen Lebens. . . . Man soll alle Dinge erfassen. Wer nicht fähig zum Urteil ist, dem ist das Urteilen verboten. Darum habe ich mich mit allen Brüdern und besonders mit der Gemeinde zu Augsburg geeinigt, damit Einigkeit in rechter wahrer Liebe gefunden werde, solche Erkenntnis und solches Geheimnis, nämlich vom Tag des Gerichts, vom Ende der Welt, von der Auferstehung, vom Reich Gottes, vom ewigen Urteilsspruch, niemanden zu verkünden, außer solchen, die innig darum bitten. Weil viele aus Unverstand daran Anstoß nehmen, will ich alle Brüder, die ich diese Kenntnis gelehrt habe, um Gottes willen gebeten haben, daß sie sich nicht frech und unbedacht darüber reden, daß sie den anderen, die nicht davon gehört haben, kein Ärgernis bereiten.« Hans Hut, *Vom Geheimnis der Taufe . . .*, 1527

Die Apokalyptischen Reiter. *Holzschnitt von Albrecht Dürer. Dieses Blatt ist Teil des 14teiligen Holzschnittwerks* Die geheime Offenbarung Johannis *(1498). In diesem überragenden Beispiel von Dürers Frühwerk hat die spät-mittelalterliche Vorstellung des erwarteten Weltgerichts und der nahenden Endzeit nach der Offenbarung des Johannes voll-endeten Ausdruck gefunden. Aus der ganz Europa erfassenden apokalyptischen Angst waren auch die chiliastischen Visionen der Täuferbewegung erwachsen.*

Das Auftreten der Hutschen Täufer wurde für die Obrigkeiten zum Anlaß, eine allgemeine Verfolgung des Täufertums einzuleiten, weil sie in der Endzeitweis-sagung für 1528 die Vorbereitung eines neuen Bauern-aufstands befürchteten. Im Frühjahr 1527 war Hut kurz in Augsburg und konnte dann wegen der Verfolgung nicht mehr nach Franken zurückkehren. Er wandte sich nach Nikolsburg, um sich der Täuferreformation um → *Hubmaier* anzuschließen. Die Lehrauseinanderset-zungen in Nikolsburg führten aber zur Verhaftung Huts; einer Auslieferung entging er durch die Flucht. Er zog danach durch Nieder- und Oberösterreich und gewann in Wien, Steyr, Linz, Freistadt, Salzburg und Passau kleinere Gruppen für seine Verkündigung; sie wurden allerdings von der österreichischen Obrigkeit schnell ausgerottet. Im Spätsommer 1527 versammel-ten sich Schüler Huts in Augsburg zur »Märtyrer-synode«, bei der es auch zu Auseinandersetzungen mit oberdeutschen Täufern kam, die allerdings weniger scharf als jene in Nikolsburg ausfielen. Hut mußte sich hier aber verpflichten, seine Endzeiterwartung nicht mehr zum Thema seiner Predigten zu machen, sondern nur auf ausdrücklichen Wunsch davon zu berichten. Wenige Wochen später wurde er in Augsburg verhaftet; im Prozeß wurden ihm durch Folter und auswärtige Informationen Verbindungen zu Müntzer nachgewiesen. Das Urteil lautete auf Hinrichtung und Verbrennung. Es mußte an seinem Leichnam vollstreckt werden, weil Hut bei einem Fluchtversuch an einer Rauchvergiftung gestorben war.

Seine Anhängerschaft zerfiel sehr schnell oder schloß sich anderen Täufergruppierungen an. Die von ihm propagierte strenge Gütergemeinschaft wurde allerdings in Gemeinden mährischer Täufer beibehalten.

»Jakob, ein Knecht und Apostel Jesu Christi und ein Diener seiner auserwählten Heiligen . . . in allen Ländern, aus großer, unaussprechlicher Gnade und Barmherzigkeit Gottes, der mich dazu berufen, erwählt und dazu tauglich gemacht hat aus seiner grundlosen Barmherzigkeit ohne ein Verdienst meinerseits, sondern allein aus seiner überschwenglichen Güte und Treue . . . Und er hat mich eingesetzt zu einem Wächter, Hirten und Pfleger über sein heiliges Volk, über seine auserwählte christliche Gemeinde, die die Braut und Gefährtin, ja die liebe und holdselige Gemahlin unseres Herrn Jesu Christi ist . . . Den auserwählten und berufenen Heiligen, den Streitern und Zeugen Gottes und unseres lieben Herrn Jesus Christus, meinen herzallerliebsten Brüdern und Schwestern und meinen erwünschten und auserwählten Kindlein, die ich geboren und gepflanzt habe durch Gottes Wort, Gnade und Gabe vom Himmel herab, ja mit viel Mühe und Arbeit und in manch großer Trübsal . . . wünsche ich aus tiefstem Herzen . . . viel Liebe und Glauben, Sieg, Kraft und Überwindung . . . Und wir gedenken euer ohne Unterlaß gegenüber Gott und allen Heiligen in ernstlichem Gebet und Anrufen, denn ihr seid in unserem Herzen gewachsen und eingepflanzt und seid uns ein lebendiger Brief, geschrieben in unser Herz durch Gottes Liebe und Geist, ein Brief, der immer und immer wieder gelesen wird.« Der vierte Brief von Jakob Huter an die Gemeinde Gottes in Mähren

Jakob Huter (Hutter)

(* um 1500 Moos bei Bruneck, † 1536 Innsbruck)

Jakob Huter erhielt in Bruneck eine kurze Schulerziehung und erlernte im nahen Prags das Hutmacherhandwerk. Auf seiner Wanderschaft als Geselle wurde er wahrscheinlich in Kärnten zum Täufer bekehrt und im Jahre 1529 in Tirol Nachfolger → *Georg Jakob Blaurocks*. Er trat mit den in Gütergemeinschaft lebenden Gruppen in Mähren in Verbindung und vereinbarte bei einem Besuch die Möglichkeit für österreichische Täufer, dorthin auswandern zu können. Er reiste zwischen Mähren und Tirol und vermittelte 1531 das Bündnis der Gemeinschaften von Auspitz und Rossitz. Als sich 1533 die Verhältnisse in der Gemeinde von Auspitz verschlechterten, entschloß sich Huter, hart durchzugreifen und eine strenge Disziplin einzuführen. Diese Reorganisation der Bruderschaft sollte sie für Täufer aus anderen Gruppen, die dort unzufrieden waren, attraktiv machen und zu ihrem Wachstum beitragen.

Nach dem Zusammenbruch des Münsteraner Täuferreichs (1534/35) wurde der Druck auf die Täufergruppen stärker, und sogar der tolerante mährische Adel ließ sich zu ihrer Vertreibung überreden. Die Brüder versteckten sich in Wäldern und Höhlen, und als Huter auch durch seine schriftlichen Proteste nichts ausrichten konnte, kehrte er nach Tirol zurück. In Tirol wurde er gefangengenommen und 1536 in Innsbruck verbrannt.

Jakob Huter hatte zwar keine neue Täuferbewegung ins Leben gerufen, er war aber offensichtlich in der Lage, die schweizerische Täufertheologie mit dem von → *Hans Hut* propagierten Konzept der Gütergemeinschaft, wie sie mancherorts in Mähren praktiziert wurde, zu verknüpfen. Während seiner Anwesenheit in Auspitz von 1533 bis 1535 gab er der Bruderschaft eine feste Struktur. Trotz seines kurzen Wirkens hat sich die Gemeinschaft seinen Namen zu eigen gemacht und führte ihre Tradition als »Hutersche Brüder« bis in die Gegenwart fort. Wesentlich dazu beigetragen haben sicher auch so bedeutende Führer der Folgezeit wie → *Peter Riedemann* und → *Peter Walpot*. Darüber hinaus ermöglichte es wohl erst die Idee der Gütergemeinschaft, daß nach dem Verzicht auf individualistisch-spiritualistische Konzeptionen der frühen Prediger

→ *Hans Denck* und → *Hans Hut* eine stabile Glaubens-
gemeinschaft entstehen konnte.

Ulrich von Hutten

(* 21. 4. 1488 Burg Steckelberg bei Schlüchtern,
† 29. 8. 1523 Insel Ufenau im Zürichsee)

Ulrich von Hutten entstammte einem Reichsrittergeschlecht und wurde, seiner schlechten Gesundheit wegen zum Geistlichen bestimmt, seit 1499 im Kloster Fulda erzogen. 1505 floh er aus dem Kloster, ehe er zum Mönch eingekleidet wurde, und wandte sich humanistischen Studien zu. Er studierte in Erfurt und Frankfurt/Oder, wo er 1506 Bakkalaureus wurde. 1511 war Hutten am Wiener Hof und im folgenden Jahr in Italien. Um 1516 hatte er entscheidenden Anteil an der Verteidigung des Humanismus in den *Dunkelmännerbriefen*, der satirischen Sammlung fiktiver Briefe scholastischer Kleriker von dem Erfurter Humanisten Crotus Rubianus. Ein Stipendium → *Albrechts von Mainz* verhalf ihm zu einer weiteren Reise nach Italien, um in Bologna die Rechte zu studieren. Er war schon seit längerer Zeit für die Behebung kirchlicher Mißstände eingetreten, aber die Verhältnisse, die er in Italien und vor allem in Rom erlebte, machten ihn nun zu einem entschiedenen Gegner des Papsttums. In seinen Schriften idealisierte er diese Gegnerschaft zu einem Kampf zwischen dem Germanentum Deutschlands und der römischen Ausschweifung.

1517 wurde Ulrich von Hutten durch Kaiser Maximilian in Augsburg zum Dichter gekrönt. 1519 beteiligte er sich an dem Feldzug Albrechts von Mainz gegen Herzog → *Ulrich von Württemberg*, der nach Kriegsende vertrieben wurde. In dieser Zeit schloß Hutten Freundschaft mit → *Franz von Sickingen* und wandte

Ulrich von Hutten. Titelholzschnitt aus seiner Schrift Invektiven gegen Hieronymus Aleander *etc.* Lucas Cranach d. Ä. *zugeschrieben (um 1521).*

Links: *Titelseite von Huttens Schrift* Kegelspiel, *entstanden aus der jetzigen Glaubenszwietracht (1522). Das Bild zeigt neben dem Autor in der Ritterrüstung rechts den in eine Kutte gekleideten Martin Luther.*

Rechts: *Titelseite von Huttens* Gesprächsbüchlein *(1521), einer prolutherischen Streitschrift in Dialogform. Die Holzschnittillustrationen stammen von Hans Baldung Grien.*

sich mit diesem zusammen der Lutherischen Sache zu.

Von 1520 an begann er auf Wunsch Sickingens in Deutsch zu schreiben und verfaßte für den → *Wormser Reichstag* von 1521 eine große Anzahl von Flugschriften zugunsten Luthers. Als die beiden Reichsritter Hutten und Sickingen auf dem Reichstag gegen eine Verurteilung Luthers nichts unternehmen konnten, entschlossen sie sich zu einem eigenmächtigen Kampf gegen die geistlichen Fürsten, der unter dem Namen »Pfaffenkriege« in die Geschichte eingegangen ist. Nach Sickingens Sturz (1523) floh Ulrich von Hutten in die Schweiz, in der Hoffnung in Basel von → *Erasmus von Rotterdam* aufgenommen zu werden. Erasmus wies ihn jedoch ab, und die beiden Humanisten trennten sich in Feindschaft. Bei Zwingli fand Hutten schließlich Zuflucht und konnte auf der Insel Ufenau im Zürichsee seine letzte Lebenszeit verbringen.

Joachim I. von Brandenburg (1529).

Joachim I. von Brandenburg

(* 21. 2. 1484 Stendal, † 11. 7. 1535 Cölln/Spree)

Joachim I. hatte eine umfassende Ausbildung genossen und folgte 1499 seinem Vater Johann Cicero in der Kurfürstenwürde von Brandenburg. 1506 gründete er gemeinsam mit seinem Bruder → *Albrecht von Mainz* die Universität Frankfurt/Oder. Er baute die landesherrliche Machtstellung aus, indem er die Gerichtsbarkeit Brandenburgs ordnete und dem Land 1527 eine erbrechtliche Verfassung auf der Grundlage des römischen Rechts gab. 1510 hatte er zahlreiche Juden verbrennen lassen und ihre Familien aus der Mark Brandenburg verbannt.

Da Joachim I. bei der Kaiserwahl von 1519 für → *Franz I. von Frankreich* eingetreten war, geriet er bei Kaiser Karl V. in Ungnade. Joachim befürwortete das Wormser Edikt (→ *Wormser Reichstag*), obwohl er gegen kirchliche Mißstände vorgehen wollte und eine deutsche Fassung der Bibel wünschte. Er entwickelte sich ebenso wie Herzog → *Georg der Bärtige* zu einem aggressiven Führer der Altgläubigen gegen die Reformation. Seine Testamentsbestimmungen vermochten aber nicht, seine Söhne davon abzuhalten, sich der Reformation anzuschließen.

Joachim II. von Brandenburg

(* 9. 1. 1505 Cölln/Spree, † 3. 1. 1571 Jagdschloß Köpenick)

Joachim II., der ältere Sohn → *Joachims I.,* hielt bei der Regierungsübernahme am katholischen Ritus Brandenburgs fest, tolerierte aber die Anhänger der lutherischen Lehre und hoffte auf eine gütliche Einigung im Religionsstreit.

In den Vermittlungsgesprächen seit 1539 war er von maßgeblicher Bedeutung. Obwohl er in diesem Jahr mit seinem Hof den Laienkelch akzeptierte, wollte er nicht mit Rom brechen, sondern in der Hoffnung auf ein allgemeines Konzil ohne Parteinahme abwarten. Den Schmalkadischen Bund empfand er als eine Aufstandsbewegung gegen das Kaisertum, und so schloß er sich schließlich Karl V. gegen die Schmalkaldener an. Ebenso akzeptierte er das → *Augsburger Interim* von 1548.

Etwa um 1550 begann sich Joachim II. deutlicher von der kaiserlichen Politik zu lösen und wurde zu einer der treibenden Mächte, die im → *Augsburger Religionsfrieden* (1555) eine Beendigung des religiösen Konflikts zustande bringen wollten. 1569 erreichte er, daß er von der polnischen Krone gemeinsam mit → *Albrecht von Brandenburg-Ansbach* mit dem Herzogtum Preußen belehnt wurde. Damit war eine Vereinigung dieser Gebiete vorbereitet. Auch die Gebiete, die für → *Johann I. von Brandenburg-Küstrin* (Hans von Küstrin) abgetrennt worden waren, fielen 1571 wieder an Kurbrandenburg zurück.

Joachim II. von Brandenburg. Gemälde (Ausschnitt) von Lucas Cranach d. Ä. (1520).

Johann I. von Brandenburg-Küstrin

(* 3. 8. 1513 Tangermünde, † 13. 1. 1571 Küstrin)

Johann war der jüngere Sohn von Joachim I., Kurfürst von Brandenburg, der sein Territorium zwischen seinen beiden Söhnen aufgeteilt hatte. 1535 erhielt sein Bruder Joachim II. die Kurwürde und die alten Territorien, Johann erhielt die östlichen Länder, die sogenannte Neumark. Obwohl Johann Mitglied des Schmalkaldischen Bundes war, blieb er im Konflikt loyal gegenüber dem habsburgischen Kaiser und kämpfte gegen seine protestantischen Mitfürsten. So trug er zum Sieg Kaiser Karls V. über die Schmalkaldener (1547) bei. Nach dem → *Augsburger Interim* (1548), das viele Protestanten ins Exil getrieben hatte, versuchte Johann I. wieder Anschluß an die protestantischen Fürsten zu gewinnen, war jedoch von ihrem Mißtrauen enttäuscht und vereinigte sich neuerlich mit dem Kaiser, der ihn zu seinem Rat ernannte. Da Johann kinderlos starb, fielen seine Territorien wieder an Kurbrandenburg zurück.

Johann der Beständige von Sachsen

(* 30. 6. 1468 Meißen, † 16. 8. 1532 Schweinitz bei Wittenberg)

Johann der Beständige war der jüngere Bruder → *Friedrichs III. des Weisen*, dessen Mitregent er war und dem er nach dessen Tod 1525 in der Kurwürde folgte. Er war überzeugter Lutheraner und wurde zum anerkannten Haupt des Protestantismus. Er wandte

*Johann der Beständige von
Sachsen. Gemälde von Lucas
Cranach d. Ä. (um 1515).*

sich auch nach dem Bauernkrieg nicht von der Reformation ab, sondern schloß mit norddeutschen Fürsten
das Bündnis von Gotha-Torgau. Damit schuf er die
Voraussetzung für die dem Protestantismus günstigen
Regelungen des → *Speyrer Reichstags* von 1526.

Im Sinne Luthers baute er daraufhin als »Not-Bi-
schof« die evangelische Landeskirche Kursachsens auf
und führte 1527 und 1529 Visitationen der Kirche
durch.

Auf dem Speyrer Reichstag von 1529 sowie auf dem
Augsburger Reichstag von 1530 war er die zentrale
Persönlichkeit bei der »Protestation« der evangelischen
Stände und der Verkündung des → *Augsburger Be-
kenntnisses*. Er machte klar, daß ein Bekenntnis nicht
nur Aufgabe von Theologen, sondern ebensosehr seine
Aufgabe als Fürst sei. 1531 konnten den friedfertigen
Fürsten seine Theologen und Juristen schließlich davon
überzeugen, daß die Bildung des Schmalkaldischen
Bundes gegen eventuelle Angriffe des Kaisers auf die
Anhänger des Augsburger Bekenntnisses mit der nöti-
gen Loyalität gegenüber dem Kaiser als Haupt des
Reiches vereinbar sei. So wurde er neben Landgraf
Philipp die zweite Führungsfigur dieses Bundes.

Luther äußerte nach dem Tod des Kurfürsten, daß –
wie mit Friedrich III. die Weisheit – mit Johann dem
Beständigen die Redlichkeit gestorben sei.

Johann Friedrich I. der Großmütige von Sachsen
(* 30. 6. 1503 Torgau, † 3. 3. 1554 Weimar)

Johann Friedrich I., Sohn → *Johanns des Beständigen*, folgte seinem Vater 1532 in der Kurwürde. Er hatte schon als Prinz Aufgaben für die evangelische Seite wahrgenommen und beteiligte sich mit gesetzlichen Maßnahmen und Stipendiatenordnungen an der Erneuerung der Universität Wittenberg. Nach seinen politischen Fähigkeiten war Johann Friedrich der Situation jedoch nicht gewachsen. Durch kleinliche Säkularisierungsmaßnahmen verfeindete er sich mit Herzog → *Moritz von Sachsen*; er versäumte es auch, den Plänen Karls V. die Macht des Schmalkaldischen Bundes rechtzeitig entgegenzusetzen. Schließlich wurde er durch das Eingreifen von Moritz vom Kampf gegen den Kaiser im Donaufeldzug abgezogen, und die Schmalkaldener erlitten in der Folge am 24. 4. 1547 bei Mühlberg die entscheidende Niederlage. Johann Friedrich I. mußte auf die Kurlande zugunsten von Moritz verzichten; er selbst wurde zum Tode verurteilt, aber auf Vermittlung von Joachim II. von Brandenburg zu Gefangenschaft begnadigt. Gemeinsam mit Johann Friedrich begab sich auch → *Lucas Cranach d. Ä.* in die kaiserliche Haft.

Während dieser Haft bewährte sich der Ex-Kurfürst, indem er trotz Haftverschärfungen jedes Zugeständnis

Johann Friedrich I. der Großmütige von Sachsen. Gemälde von Lucas Cranach d. Ä.

in Glaubensfragen, vor allem das → *Augsburger Interim* ablehnte. Er wurde dadurch zu einem Helden und
Märtyrer des Protestantismus. Schließlich organisierte
der neue Kurfürst Moritz von Sachsen 1552 den »Fürstenaufstand«, um Landgraf Philipp und Johann Friedrich den Großmütigen aus der kaiserlichen Haft zu
befreien. Im Vertrag von 1554 verständigten sich die
beiden sächsischen Fürstenlinien über die Aufteilung
der sächsischen Gebiete, und Johann Friedrich verzichtete für sein Haus auf die Kurwürde. Schon während
seiner Gefangenschaft hatte er die Gründung der Universität Jena veranlaßt, um Ersatz für das an Moritz
verlorene Wittenberg zu schaffen.

Johann Kasimir von der Pfalz
(* 7. 3. 1543 Simmern, † 6. 1. 1592 Heidelberg)
    Johann Kasimir war der zweite Sohn → *Friedrichs
III.* und wurde in Heidelberg, Paris und Nancy zu einem
überzeugten Calvinisten erzogen. In seinem politischen
Wirken, vor allem seiner Unterstützung der französischen Hugenotten in der Zeit von 1567 bis 1587, war er
allerdings wenig erfolgreich. Während der Herrschaft
seines lutherischen Bruders, Ludwigs VI. von der Pfalz,
gab er den pfälzischen Calvinisten auf seinen Gütern
Unterschlupf und Sicherheit, und seit 1583, nachdem er
die Kurfürstenwürde von seinem Bruder geerbt hatte,
konnte er sein Land wieder erfolgreich zum Hort des
deutschen Calvinismus machen. Zugleich erreichte er
im Torgauer Bund von 1591 eine erste Allianz zwischen
Lutheranern und Calvinisten gegen die Habsburger,
der sich dann auch die niederländischen Oranier und
→ *Heinrich IV. von Frankreich* anschlossen. Mit dem
Tod Johann Kasimirs und Christians I. von Sachsen
wurde dieses Bündnis allerdings wieder hinfällig.

Justus Jonas.

Justus Jonas (Jobst Koch)
(* 4. 6. 1493 Nordhausen, † 9. 10. 1555 Eisfeld)
    Justus Jonas hatte die Rechte studiert und wurde
1518 Professor in Erfurt, wo er im folgenden Jahr als
Rektor der Universität und Anhänger von → *Erasmus
von Rotterdam* Griechisch und Hebräisch in den Lehrplan einführte. 1521 wurde er als Professor der Rechte
und der Theologie nach Wittenberg berufen, in welcher
Eigenschaft er Luther zum → *Wormser Reichstag* begleitete.
    Jonas erlangte besondere Bedeutung durch Überset-
zung lateinischer Schriften Melanchthons und Luthers
ins Deutsche und nahm aktiv am → *Marburger Religionsgespräch* (1529) und der Ausarbeitung des
→ *Augsburger Bekenntnisses* (1530) teil. In Naumburg
wirkte er an der Einführung der Reformation mit

(1536), ebenso in Zerbst (1538), und 1531 wurde er Superintendent in Halle. Justus Jonas war Zeuge von Luthers Tod in Eisleben. Während des Schmalkaldischen Krieges wurde er 1546 aus Halle vertrieben und ging nach Hildesheim. 1550 wurde Jonas Hofprediger in Coburg, 1552 Pfarrer in Regensburg und zuletzt 1553 in Eisfeld. In den letzten Jahren seines Wirkens war er in Gegensatz zu Melanchthon geraten, weil er sowohl das Augsburger als auch das Leipziger Interim ablehnte.

Leo Jud

(* 1482 Gemar/Elsaß, † 19. 6. 1542 Zürich)

Leo Jud studierte nach dem Besuch der Lateinschule in Schlettstadt von 1499 an zunächst Medizin und dann Theologie in Basel; dort erwarb er den Magistergrad und wurde Diakon zu St. Theodor in Basel, später Pfarrer in St. Pilt im Elsaß. 1518/19 wurde Leo Jud durch Zwingli, den er in Basel kennengelernt hatte, als Pfarrer nach Einsiedeln vermittelt. Von dort kam er 1522 auf die Pfarrstelle zu St. Peter in Zürich. Im folgenden Jahre heiratete Leo Jud eine Nonne aus dem Kloster Au am Zürichsee.

Leo Jud wurde häufig als »Melanchthon Zwinglis« bezeichnet. Die von ihm entworfene Tauformel von 1523 bildete den Ursprung der Zürcher Liturgie. Seit

Der Wandkatechismus von Leo Jud (1525). Seinen Inhalt bilden die Zehn Gebote in der Formulierung von Leo Jud, das Vater-Unser, das Ave Maria und das Credo. Wandkatechismen waren neben Druckgraphik und Buchillustrationen das wichtigste Mittel der Reformatoren zur religiösen Volkserziehung.

1525 wirkte Leo Jud als Hebräischprofessor an der
»Prophezey«. Er war eine der maßgebenden Persönlichkeiten an dem Übersetzungswerk der *Zürcher Bibel.* In demselben Jahr entwickelte Leo Jud den sogenannten *Wandkatechismus,* und 1534 veröffentlichte er
zwei weitere Katechismen, die als die frühesten Unter-
richtswerke der reformierten Lehre gelten können. In
der Folgezeit hat Leo Jud Berufungen nach Ulm und
Tübingen abgelehnt und bis zu seinem Tode in Zürich
gewirkt.

*Kaiser Karl V. Kolorierter Holz-
schnitt aus einem zeitgenössischen
Sammelwerk.*

Karl V.

(* 24. 2. 1500 Gent, † 21. 9. 1558 San Jerónimo de
Yuste)

Karl, der Sohn Philipps des Schönen und Johannas
der Wahnsinnigen von Spanien und ein Enkel Maximilians I., wurde unter der Regentin der Niederlande,
Margarete, vom späteren Papst Hadrian VI. erzogen.
1506 erbte er die Niederlande und Burgund und folgte
1516 als Karl I. seinem Großvater Ferdinand auf dem
Thron von Kastilien. 1520 wurde er dann von den
deutschen Kurfürsten zum Kaiser gewählt.

In seiner Wahlkapitulation hatte er den deutschen
Fürsten zusagen müssen, deutsche Angelegenheiten
allein auf deutschem Boden zu regeln. Deshalb sah er
sich veranlaßt – gegen kirchlichen Einspruch – Luther
mit der Zusicherung freien Geleits auf den Reichstag
nach Worms (1521) einzuladen, obwohl dieser schon
rechtmäßig gebannt war und deshalb auch im Reich als
vogelfrei zu gelten hatte. Luthers Verteidigung vor dem
Reichstag war Karl V. Anlaß, sich völlig auf die altkirchliche Seite zu schlagen und im Wormser Edikt
religiöse Neuerungen für das Reich zu untersagen. Die
Rücksichten, die seine Politik erforderte, ließen das
Edikt aber nicht zu einer wirksamen Durchführung
kommen. Zunächst mußte sich Karl seinen spanischen,
in Aufruhr befindlichen Landen zuwenden. Sodann
hatte er sich mit den Ansprüchen von Franz I. von
Frankreich auseinanderzusetzen, außerdem drohte an
der Ostgrenze des Reiches die türkische Macht. Zwischen dem Wormser Reichstag und dem Augsburger
Reichstag von 1530 war Karl V. vom Reich abwesend,
und die Fürsten konnten relativ selbständig handeln.
Neben Franz I. fürchteten auch Heinrich VIII. von
England und der Papst die Übermacht der Habsburger,
so daß sich Karl immer wieder wechselnden Koalitio-
nen gegenübersah, die ihn daran hinderten, im Reich
endgültig durchzugreifen. Im Zuge dieser Auseinandersetzungen kam es 1527 zum berüchtigten »Sacco di
Roma«, bei dem von kaiserlichen Söldnern einge-
nommen und Papst Klemens VII. gefangengesetzt wurde. Papst und Kaiser söhnten sich jedoch wieder aus,

und Karl V. wurde 1530 auf seiner Reise nach Augsburg in Bologna als letzter deutscher Herrscher durch den Papst zum Kaiser gekrönt.

Trotz der konzilianten Formulierungen Melanchthons im → *Augsburger Bekenntnis* konnte auch auf diesem Reichstag eine Einigung zwischen Altgläubigen und Evangelischen nicht zustandekommen, und Karl V. ließ schließlich eine altgläubige Zurückweisung *(Confutatio)* des protestantischen Bekenntnisses verkünden. Erst 1541 – auf dem Reichstag zu Speyer – war der Kaiser wieder im Reich und setzte seine Versuche fort, einen Ausgleich zu erzielen, für den er wohl auch zu einigen Zugeständnissen bereit gewesen wäre, weil er mittlerweile von der päpstlichen Haltung in Fragen des Konzils äußerst enttäuscht war. Aber auch diese Bemühungen scheiterten, und im Zuge eines neuerlichen Krieges gegen Frankreich begann Karl V. auch den Protestantismus im Reich zu bekämpfen.

Er unterwarf 1543 das Herzogtum Cleve als Verbündeten Frankreichs und wendete sich im folgenden Jahr, nach dem Friedensschluß mit Frankreich, gegen den Schmalkaldischen Bund. Im Juli 1546 erklärte Karl V. auf dem Regensburger Reichstag die protestantischen Fürsten für der Reichsacht verfallen und eröffnete den Kampf. Durch Zugeständnisse an → *Moritz von Sachsen* und dank der Neutralität → *Joachims II. von Bran-*

Kaiser Karl V. hört auf dem Reichstag in Augsburg 1530 der Verlesung des Augsburger Bekenntnisses durch die reformatorischen Reichsstände und die Städtevertreter zu. Das Bekenntnis wird von Johann dem Beständigen von Sachsen vorgetragen. Links neben ihm kniet Georg von Brandenburg mit dem Text der Apologie des Augsburger Bekenntnisses, die nach der Zurückweisung der Reformationsschrift durch den Kaiser von Melanchthon verfaßt worden war. Das Historienbild umgibt das Zentralgeschehen das theologischen Allegorieszenen. Rechts wird an einem Altar das Abendmahl in beiderlei Gestalt gereicht. Unterhalb des Altars sind die von Luther überwundenen Feinde genannt: Tod, Teufel, theologische Gegner und Täufer. Links wird in einem Kirchenraum Katechismusunterricht erteilt (Gemälde in der Pfarrkirche St. Georg in Eisenach, 1617).

denburg konnte er die Schmalkaldener besiegen und die beiden Häupter, Landgraf Philipp von Hessen und Johann Friedrich I. den Großmütigen, gefangenehmen, nachdem er in der Schlacht bei Mühlberg vom 24. 4. 1547 die unter der Führung Sachsens stehende Bundesstreitmacht geschlagen hatte. Er konnte diesen Sieg aber nicht wirklich auswerten, weil er sich nicht in der Lage sah, die Protestanten zu dem nun endlich zustandegekommenen Konzil von Trient zu zwingen; denn Papst Paul III. hatte das Konzil gegen die Abmachungen zu eben dieser Zeit nach Bologna und damit von Reichsgebiet in päpstliches Gebiet verlegt. Durch das Augsburger Interim versuchte Karl ein weiteres Einigungsangebot durchzusetzen, konnte aber keine allgemeine Akzeptanz durch die protestantischen Reichsstände erzielen.

Moritz von Sachsen, der für seine Mithilfe gegen den Schmalkaldischen Bund vom Kaiser die Kurfürstenwürde erlangt hatte, begann nun seinerseits, der Übermacht der Habsburger zu mißtrauen und konnte 1552 den »Fürstenaufstand« organisieren, durch den der Kaiser seine beiden prominenten Geiseln – Johann Friedrich und Landgraf Philipp – verlor und im Passauer Vertrag auf die Durchführung des Interims verzichten mußte. Der Passauer Vertrag enthielt darüber hinaus eine Option auf Regelung der Religionsfrage mit ausschließlich friedlichen Mitteln. Karl V. zog sich daraufhin in seine niederländischen Besitzungen zurück und ließ den → *Augsburger Religionsfrieden* (1555) durch seinen Bruder Ferdinand aushandeln. Nach der damit erfolgten Anerkennung der *Augsburger Konfession* als zweitem Bekenntnis innerhalb des Reiches verzichtete Karl 1556 zugunsten seines Sohnes Philipp II. auf die Herrschaft über die Niederlande und Spanien und zugunsten seines Bruders Ferdinand auf die Kaiser-

Kurz vor dem Augsburger Reichstag wird Karl V. am 24. 2. 1530 von Papst Klemens VII. zum Kaiser gekrönt. Es ist die letzte in der deutschen Geschichte vorgenommene Kaiserkrönung durch einen Papst. Das Bild zeigt den Krönungszug in Bologna, bei dem Kaiser und Papst gleichrangig unter einem Baldachin als die Inhaber der beiden Universalgewalten in Erscheinung treten.

würde. Er zog sich in eine Villa nahe dem Kloster San Jerónimo de Yuste in Spanien zurück, wo er am 21. 9. 1558 starb. Er wurde im Escorial beigesetzt.

Geprägt vom konzilianten Humanismus von → *Erasmus von Rotterdam* und zugleich beflügelt von der mittelalterlichen Kaiseridee einer einheitlichen Herrschaft über das gesamte lateinische Christentum, verkannte Karl V. völlig die Sonderinteressen der einzelnen Fürsten und nicht zuletzt des Papsttums, wie sie in den letzten Jahrzehnten herangewachsen waren. Von dieser Fehleinschätzung schien seine gesamte Politik bestimmt.

Ähnlich kraftvoll wie Luther verfolgte auch Karl eine Vision, er hatte aber diesem gegenüber den Nachteil, daß seine Gegner selten klar erkennbar waren. Wo immer Karl V. in den Religionsverhandlungen eine Mittelposition zur Versöhnung anbot, protestierten die Altgläubigen, weil ihnen die Zugeständnisse zu weit, die Evangelischen, weil ihnen die Zugeständnisse zu wenig weit gingen. Die erasmische Position des ausgleichenden Humanismus war offensichtlich nur dazu geeignet, die intellektuelle und moralische Souveränität des Individuums zu bestätigen, aus ihr konnte aber keine Linie für politisches Handeln entwickelt werden.

Sobald sich Karl V. zur gewaltsamen Lösung der Situation entschloß, versagten ihm die katholischen Fürsten die Hilfe (etwa die Bayern, aber im Schmalkaldischen Krieg auch der Papst), weil sie bei einem endgültigen Sieg des Kaisers um ihre eigenen Interessen fürchteten.

Karl V. war sich im Grunde mit beiden Konfliktparteien in der Vision einig, daß es nur ein einziges wahres Christentum geben könne, seine Position schien aber keinen anderen Ausweg zu bieten als den, den er in seiner Resignation von 1556 gesucht hat. Da weder Altgläubige noch Evangelische auf ihren Anspruch auf Katholizität (Allgemeingültigkeit) verzichten wollten und konnten, hatten die Bemühungen um ein einheitliches und versöhntes Reichschristentum unter kaiserlicher Führung keine Chance auf Realisierung.

»Und obwohl die königliche Majestät Kaiser Karl einerseits zum Papst hielt und gern gesehen hätte, daß Luther von seinem Schreiben und Predigen gegen den Papst abgelassen hätte, so konnte er dies doch nicht zuwege bringen. Und dieser Luther hat durch seine Beschützer, die Herzoge von Sachsen, so viel erreicht, daß zu seiner Hilfe ein großes Bündnis gemacht wurde; nämlich Sachsen, die Mark [Brandenburg], Landgrafschaft Hessen, Mecklenburg, Böhmen, Mähren und andere. Sie wünschten Luthers Lehre oder aber, daß sie mit der Wahrheit und Lehre der [Heiligen] Schrift, nicht mit Gewalt verurteilt werde. Fürwahr, es stand in der ganzen Christenheit sehr übel bei Geistlichen und Weltlichen, und obwohl ich gerne etwas Gutes schriebe, so kann ich wahrlich nichts anführen. Leo X. war Papst in dieser Zeit. Ansonsten haben viele gelehrte Zeitgenossen in Deutschland geblüht, sie haben aber eine Menge von Schmähungen gegen die päpstliche Heiligkeit geschrieben . . .«
Georg Kirchmair, *Denkwürdigkeiten*

Georg Kirchmair

(* wohl 1481 Ragen, † 1554 Neustift)

Georg Kirchmairs Eltern waren Verwalter auf dem Gut Ragen bei Bruneck, das dem Kloster Neustift bei Brixen gehörte; sie haben das Gut später gekauft. Kirchmair wurde in der von Nikolaus von Kues (1401–1464) eingerichteten Schule in Brixen erzogen. 1517 war er nach Heirat als Verwalter für das Kloster Neustift tätig. 1519 berief ihn der Probst als Hofrichter in das Stift. In dieser Funktion wurde er während des Bauernkriegs arg bedrängt, konnte das Kloster jedoch durch List vor völliger Plünderung und Zerstörung bewahren. Danach führte er das ruhige und kontinuierliche Leben eines Verwaltungsbeamten.

Seit 1519 hatte sich Georg Kirchmair nebenbei als Historiograph betätigt. Seine *Denkwürdigkeiten* umfassen den wesentlichen Zeitraum der Reformation; sie reichen vom Amtsantritt Kaiser Maximilians I. bis zum Ende des Jahres 1553. Während er die Regierungszeit Maximilians I. nur rekonstruieren konnte, archivierte und dokumentierte er für die Zeit Karls V. die Nachrichten unmittelbar, sobald sie ihn erreichten. Schwerpunkt seines Berichts ist verständlicherweise Tirol, in dessen Geschichte er persönlich häufig einbezogen war.

Konkordienbuch

(Dresden, 25. 6. 1580)

Schon zu Lebzeiten Luthers besaß der Protestantismus in Deutschland eine in sich uneinheitliche Struktur. Die Niederlage und Auflösung des Schmalkaldischen Bundes führte nach dem Tod Luthers schließlich dazu, daß die einzelnen Landeskirchen immer weniger Verbindung zu einander hatten. Außerdem führte die Unsicherheit, wie man sich dem → *Augsburger Interim* gegenüber verhalten solle, von Land zu Land zu verschiedenen Reaktionen. Nach dem Augsburger Religionsfrieden entstand die Frage, wie die Stände des → *Augsburger Bekenntnisses* zu einer gemeinsamen Identität finden könnten.

1561 stellte sich auf dem Naumburger Fürstentag heraus, daß die Landeskirchen zumindest in die Gruppen der »Philippisten«, so benannt nach Philipp Melanchthon, und der »Lutheraner« gespalten waren. Einzig Württemberg besaß unter der Leitung von → *Johannes Brenz* ein recht klar lutherisch geprägtes Profil ohne Überzeichnungen aus der Abgrenzung gegen die des Calvinismus verdächtigten Philippisten. Von dort gingen auch durch Christoph von Württemberg die ersten Impulse aus, 1567 mit Wilhelm IV. von Hessen-Kassel den Versuch zu wagen, eine »Eintrachtsformel« durchzusetzen. Dieser erste Versuch scheiterte und führte 1573 zu einer neuen Zielrichtung, die die Philippisten mit den Calvinisten gleichsetzte, also nurmehr eine Einigung unter den strengen Lutheranern suchte. Mit diesem Ziel entstand 1574 unter der Federführung → *Jakob Andreaes* die *Schwäbische Konkordie*, die dann in Braunschweig zur *Schwäbisch-sächsischen Konkordie* umgearbeitet wurde. Als im folgenden Jahr August von Sachsen die Philippisten aus ihren Ämtern verwies – unter dem Vorwurf des Kryptocalvinismus –, legte er zugleich einen Vorschlag für Konkordienverhandlungen vor. Es sollten sich Vertreter aus allen Landeskirchen treffen und ihre dogmatischen Schriften

Titelblatt des Konkordienbuches *von 1580 (in einer Ausgabe von 1681). Zu den im Titel ange-sprochenen Unterzeichnern der Bekenntnisschrift zählten ins-gesamt 3 Kurfürsten, 20 Fürsten, 24 Grafen, 4 Freiherren, 35 Reichsstädte und über 8000 Theologen.*

vorlegen, um über eine gemeinsame Sammlung »symbolischer Bücher« zu verhandeln. In Vorbereitung dafür entstand in Württemberg die *Maulbronner Formel* (1576), die nach dem *Augsburger Bekenntnis* aufgebaut und von Lukas Osiander und Balthasar Bidembach erarbeitet worden war.

Aufgrund aller dieser Vorarbeiten wurde unter der Leitung von Jakob Andreae zwischen dem 28. 5. und dem 7. 6. 1576 das *Torgauer Buch* erarbeitet und zur Begutachtung verschickt. Aus den zurückkommenden Gutachten *(Censurae)* entstand dann das *Bergische Buch*, das in einer Konferenz im Kloster Bergen bei Magdeburg ausgearbeitet wurde und am 28. 5. 1577 vorlag. Diese *Konkordienformel* wurde von etwa zwei Dritteln der Reichsstände des *Augsburger Bekenntnisses* anerkannt; die Ablehnung der übrigen Stände hatte zumeist politische Rivalitäten und nicht grundsätzliche Lehrdifferenzen zum Hintergrund.

Aufgrund der gemeinsamen Konkordienformel machte man sich nun an die Arbeit, einen Schatz an dogmatischen Büchern zusammenzustellen *(Corpus doctrinae)*. Das Buch ist durch die Vorrede der Stände des *Augsburger Bekenntnisses*, die die Konkordienformel unterschrieben hatten, als Bekenntnisbuch und nicht als ein theologisches Sammelwerk gekennzeichnet.

»1. Wir glauben, lehren und bekennen, daß die einige Regel und Richtschnur, nach welcher zugleich alle Lehren und Lehrer gerichtet und geurteilet werden sollen, sind allein die prophetischen und apostolischen Schriften altes und neues Testament, wie geschrieben stehet: *Dein Wort ist meines Fußes Leuchte und ein Licht auf meinem Wege,* Ps. 119. Und St. Paulus: *Wenn ein Engel vom Himmel käme und predigte anders, der soll verflucht sein,* Gal. 1.
Andere Schriften aber der alten oder neuen Lehrer, wie sie Namen haben, sollen der heiligen Schrift nicht gleich gehalten, sondern alle zumal mit einander derselben unterworfen, und anders oder weiter nicht angenommen werden, denn als Zeugen, welcher Gestalt nach der Apostel Zeit und an welchen Orten solche Lehre der Propheten und Apostel erhalten worden.«
Konkordienformel, 1580

Am Anfang des Konkordienbuchs stehen die Glaubensbekenntnisse der urkirchlichen Tradition, nämlich das *Apostolische,* das *Nizäno-Konstantinopolitanische* und das *Athanasianische Symbolum.* Sie sollten den ökumenischen Anspruch des evangelischen Christentums dokumentieren.

Darauf folgte das *Augsburger Bekenntnis* zusammen mit der von Philipp Melanchthon geschriebenen *Apologie* als eine Glaubensdarstellung und als Glaubenszeugnis der Gegenwart.

Die *Schmalkaldischen Artikel* waren hier neuerlich abgedruckt, um zu dokumentieren, in welcher Weise man auf dem ersehnten »freien« Konzil bekennend und entscheidend auftreten wollte. Darauf folgte zur Verdeutlichung der evangelisch-lutherischen Position gegenüber dem Papsttum Melanchthons *Traktat über Macht und Primat des Papstes.* Dieser Traktat war ursprünglich eine Ergänzung des *Augsburger Bekenntnisses,* das diese strittige Frage nicht ausdrücklich behandelt hatte.

Angefügt wurden an Lehrdarstellungen noch der *Kleine* und der *Große Katechismus* Luthers, den Abschluß des Konkordienbuchs bildete die *Konkordienformel* von 1577.

Die deutsche Ausgabe des Konkordienbuches erschien am 25. 6. 1580 in Dresden. Die lateinische Ausgabe desselben Jahres bedurfte erst einer gründlichen Bearbeitung und Revision, ehe sie 1584 in Leipzig erscheinen konnte und von den Unterzeichnern der Konkordienformel auch angenommen wurde.

Mit dieser Sammlung symbolischer Bücher hatte sich das Luthertum eine feste Form geschaffen, obwohl noch nicht alle lutherischen Landeskirchen dieser gemeinsamen Bekenntnis- und Lehrbasis zugestimmt hatten.

Adam Krafft

(* 1493 Fulda, † 9. 9. 1558 Marburg)

Adam Krafft besuchte in seiner Heimatstadt die Klosterschule, danach die Lateinschule in Neuburg/Donau und von 1512 an die Universität in Erfurt, wo er 1514 Bakkalaureus und 1519 Magister wurde. Er gehörte zum mitteldeutschen Humanistenkreis und lernte bei der Leipziger Disputation (1519) Luther und Melanchthon kennen; von da an setzte er sich für die Reformation ein. Am 15. 8. 1525 berief ihn → *Philipp von Hessen* zum landgräflichen Prediger und Visitator. Adam Krafft beriet den Landgrafen bei der Homberger Synode (1526) und führte 1527 am Himmelfahrtsfest in der Marburger Pfarrkirche die evangelische Liturgie ein. Zugleich wurde er Theologieprofessor an der neugegründeten Universität der Stadt.

Ausgerichtet an zwinglianischen Ordnungsvorstellungen wurden Kraffts Aufgaben als hessischer Visitator zwar teilweise der gesamten theologischen Fakultät der Universität übertragen (etwa die Prüfung der Pfarrer), aber als Generalvisitator behielt er entscheidenden Einfluß auf den Ausbau der Hessischen Kirche. 1538 stärkte Landgraf Philipp auf → *Martin Bucers* Vorschlag die Verantwortung der Gemeinden durch Einführung des Ältestenamts und der Konfirmation, um dem »Täuferproblem« entgegenzuwirken, und Krafft stimmte diesen Plänen in der Ziegenhainer Zuchtordnung bei. Gegen die Durchführung des → *Augsburger Interims* wehrte er sich mit dem Hinweis auf die ohnehin konservative Marburger Gottesdienstordnung. Sein Verhandlungsgeschick hat Adam Krafft auch in der Reformation in Göttingen, Höxter, Waldeck, Korbach, Frankfurt/Main und in der Grafschaft Wittgenstein wirksam eingesetzt.

Valentin Krautwald (Cratoaldus; Crautwaldt)
(* um 1490 Neiße, † 5. 9. 1545 Liegnitz)

Valentin Krautwald besuchte die Jakobischule in Neiße und vom Sommer 1506 an die Universität in Krakau, wo er sich als Gräzist und Hebraist auswies. 1509 wurde er Lehrer und später Rektor der Jakobischule in Neiße sowie 1515 Sekretär des Bischofs seiner Vaterstadt und Kanonikus am Breslauer Dom. Um diese Zeit erfolgte wohl seine Wendung zur Reformation, und er vernichtete seine bisherigen humanistischen Schriften. 1523 wurde Krautwald durch Herzog Friedrich II. als Lektor an das Liegnitzer Johannesstift berufen. Hier kam er mit → *Kaspar von Schwenckfeld* in Berührung, den er Griechisch lehrte und mit dem er die Abendmahlstheologie studierte.

Aus diesem Wirken und gewiß unter Beteiligung Krautwalds entstand 1525 der *Liegnitzer Katechismus (Kadecismus Lignicensis)*, einer der ältesten evangelischen Katechismen. Überhaupt hat der Kreis um Schwenckfeld die Notwendigkeit religiöser Unterweisung des Volkes in den Vordergrund gerückt. Allerdings wurden ihre katechetischen Schriften in Schlesien schon bald durch streng lutherische Katechismen ersetzt. Krautwald blieb mit Schwenckfeld, der 1529 Schlesien verlassen mußte, in Verbindung und unterstützte ihn durch seine Schriften. Er selbst konnte bis zu seinem Tode in Liegnitz wirken.

Franz Lambert von Avignon
(* um 1486 Avignon, † 18. 4. 1530 Frankenberg/Eder)

Franz Lambert war der Sohn eines päpstlichen Beamten und trat 1501 in den Franziskanerorden ein, in dem er als Wanderprediger tätig war. 1522 nutzte er eine Reise in die Schweiz zur Flucht, nachdem er schon einige Zeit den lutherischen Gedanken anhing, und wandte sich nach Wittenberg, wo er von 1523 bis 1524 Vorlesungen hielt. In Wittenberg heiratete er auch. 1524 wandte er sich nach Metz und Straßburg, wohl weil er auch von Zwinglis Ideen inspiriert war und deshalb die Nähe zur Oberdeutschen Reformation suchte.

Er begann mit der Übersetzung lutherischer Flugschriften ins Französische und Italienische und wurde schließlich von → *Jakob Sturm* Landgraf Philipp von Hessen empfohlen, bei dem er 1526 auf der Homberger Synode eine demokratische Kirchenordnung durchzusetzen versuchte. 1527 wurde Lambert dann als Theologieprofessor an die neugegründete Universität Marburg berufen. Seine theologischen Anregungen bezog er außer von Luther vor allem von → *Martin Bucer* und Zwingli, teilweise sogar von schwärmerischen Theologen. Franz Lambert war am → *Marburger Religionsgespräch* von 1529 noch beteiligt, starb aber im folgenden Jahr an der Pest in Frankenberg.

Wenzeslaus Linck

(* 8. 1. 1483 Colditz, † 12. 3. 1547 Nürnberg)
Wenzeslaus Linck wurde in Waldheim Augustiner-Eremit und wirkte seit 1503 in Wittenberg, wo er 1511 zum *Doctor biblicus* promoviert wurde. Bei Luthers Promotion war er Dekan der theologischen Fakultät. 1516 reiste Wenzeslaus Linck gemeinsam mit Staupitz nach München und im folgenden Jahr nach Nürnberg. Er stellte den Kontakt zwischen → *Johannes Eck* und Luther her. 1518 war Linck mit Luther in Augsburg, und 1520 wurde er Generalvikar der deutschen Augustiner-Mönche, also auch Luthers Vorgesetzter. 1523 trat er von seinem Amt zurück und führte als Prediger in Altenburg die Reformation durch; bei seiner Heirat im selben Jahr hielt Luther die Predigt. 1525 wurde Linck Prediger am Spital zu Nürnberg, wodurch er in die Auseinandersetzungen um → *Osiander* verwickelt wurde. An den Religionsgesprächen in Hagenau und Worms (1540) war Wenzeslaus Linck beteiligt, ansonsten beschränkte er sich auf sein Nürnberger Amt.

Sebastian Lotzer

(* 1490 Horb, † ?)
Sebastian Lotzer war der Sohn eines kirchlichen Beamten und hatte das Kürschnerhandwerk erlernt. Sein Bruder Johann war Leibarzt von Bischof Wilhelm von Straßburg und Kurfürst Ludwig V. von der Pfalz sowie ein Freund von Erasmus von Rotterdam. So stand Sebastian Lotzer beruflich und privat mit gebildeten

Kreisen in Kontakt. In Memmingen erwarb er nach seiner Gesellenwanderschaft das Bürgerrecht, heiratete und übernahm das Krämergeschäft seines Schwiegervaters Wergelin. Früh evangelisch gesonnen, wurde er ein enger Freund des gebildeten Predigers Christoph Schappeler, der aus St. Gallen stammte und dort Theologie studiert hatte. Daneben beeinflußten Lotzer die Flugschriften der Zeit, etwa die *15 Bundesgenossen* von → *Johann Eberlin.*

Mitte 1523 meldete sich Lotzer erstmals in einer Flugschrift zu Wort, in der er die Einwohner seiner Heimatstadt Horb zum Festhalten an der evangelischen Lehre und zur eifrigen Nutzung der *Heiligen Schrift* ermahnte. Noch im selben Jahr veröffentlichte er einen *Christlichen Sendbrief*, worin er dieselben Forderungen auch für Memmingen und zur Unterstützung Schappelers geltend machte. Am 7. 12. 1524 wurde zum erstenmal in einer Kirche Memmingens durch Schappeler der Laienkelch gereicht, beim Abendmahl also Brot und Wein auch von den Laien genossen. Diese öffentliche Einführung reformatorischer Praxis griff die Bevölkerung weithin freudig auf; dies führte beim Weihnachtsgottesdienst in der noch altgläubigen Hauptkirche der Stadt zu Unruhen. Bald danach entschloß sich aber die Ratsversammlung zur Duldung der evangelischen Praxis.

Christoph Schappeler soll am 6. 12. 1523 in Memmingen folgendermaßen gepredigt haben: »Es werde dazu kommen, daß die Pfarrer den Laien beichten müssen, anfügend, daß – Gott sei gelobt – die Laien beiderlei Geschlechts gelehrter seien als die Geistlichen und das Gotteswort trefflich verkünden könnten; außerdem gebe es keinen Pfarrer, der wüßte, was Evangelium auf Deutsch heiße ... Und gottlob sei die Wahrheit eben an den Tag gekommen, die eine lange Zeit durch die Geistlichkeit um ihres eigenen Vorteils willen unterdrückt und zurückgehalten worden sei.«
Aus einer Klageschrift an das bischöfliche Ordinariat zu Augsburg, Anfang 1524

Flugblatt gegen die Aufständischen aus dem Bauernkrieg mit einem Verzeichnis der von schwarzwäldischen Bauern gebrandschatzten und geplünderten Klöster und Schlösser (1525).

Am 27. 2. 1525 trafen sich in Memmingen Abgeordnete der verschiedenen Bauerngruppen aus dem oberdeutschen Raum, und bei dieser Versammlung wurden aufgrund eines Entwurfs von Sebastian Lotzer für Memmingen die *Zwölf Artikel* der Bauernschaft als offizielles Programm für den → *Bauernkrieg* verabschiedet. Die Artikel wurden am 19. 3. 1525 gedruckt. Sie verbanden soziale Forderungen nach Wiederherstellung des alten, göttlichen Rechts mit theologischen Forderungen nach Reformation in so stringenter Weise, daß sie trotz ihrer gemäßigten Formulierung zum Zündstoff wurden. Luther beurteilte sie zwar vor Beginn des gewaltsamen Aufstands als gerechtfertigte Wünsche gegenüber der Obrigkeit, übersah aber dabei offensichtlich, daß sie seine Lehre von den zwei Herrschaftsweisen Gottes umstießen (→ *Zwei-Reiche-Lehre*). Lotzer schrieb danach im Namen der Bauernvertreter auch noch einen sehr höflichen Brief an den Schwäbischen Bund, in dem er um friedliche Verhandlungen bat. Solche Verhandlungen wurden jedoch vom Schwäbischen Bund hinausgezögert, weil er dabei war, zur gewaltsamen Vernichtung der Bauernhaufen aufzurüsten.

Lotzer war seit der Beschließung der *Zwölf Artikel* »Feldschreiber« der Bauern unter Ulrich Schmid, mit dem zusammen er sich bemühte, die Bauernheerschar friedlich zu halten – Anstrengungen, die nur teilweise erfolgreich waren. Als dann in den Schlachten bei Leipheim und Wurzach die Bauern blutig niedergeschlagen wurden, mußten Lotzer und Schmid nach St. Gallen fliehen. Der Schwäbische Bund forderte zwar von Memmingen seine Verhaftung und Auslieferung, aber Sebastian Lotzer konnte – vielleicht mit Hilfe seines Bruders Johann – untertauchen. Sein weiterer Lebensweg liegt im dunkeln.

Das Rosenwappen Martin Luthers: »Merkzeichen meiner Theologie« (Luther).

Martin Luther
(* 10. 11. 1483 Eisleben, † 18. 2. 1546 Eisleben)

Martin Luther war der zweite Sohn des Bergmanns Hans Luther und seiner Frau Margarete. Die Familie übersiedelte im folgenden Jahr nach Mansfeld, wo sich der Vater zu einem kleinen Bergbauunternehmer hocharbeitete und Martin Luther 1488 mit dem Schulbesuch begann. Martin besuchte danach Schulen in Magdeburg und Eisenach und wurde im April 1501 an der Universität Erfurt immatrikuliert. 1502 erlangte er das Bakkalaureat und 1505 den Grad eines Magister Artium.

Angst vor dem Gericht Gottes und die unmittelbare Todeserfahrung durch einen Blitzschlag, dem er mit knapper Not entging, veranlaßten Martin Luther nach eigener Versicherung am 17. 7. 1505 zum Eintritt in das Erfurter Kloster der Augustiner-Eremiten. 1507 wurde

Martin Luther: Bildnis mit
Barett.
*Gemälde von Lucas Cranach
d. Ä. (1529).*

er zum Priester geweiht; zugleich nahm er das Theologiestudium auf.

Im Herbst 1508 wurde Luther für Vorlesungen über Moralphilosophie an die Universität Wittenberg abgeordnet, 1510/11 im Auftrag des Ordens nach Rom gesandt und nach seiner Rückkehr vom Ordensoberen endgültig nach Wittenberg versetzt. Im Oktober 1512 wurde er durch Karlstadt (→ *Andreas Bodenstein*) zum Doktor der Theologie promoviert und erhielt die Bibelprofessur (*Lectura in Biblia*, d. h. exegetische Vorlesungen) an der theologischen Fakultät von Wittenberg am 22. 10. 1512 übertragen. Dieses Lehramt sollte sein eigentlicher Lebensinhalt durch all die folgenden Jahre bleiben. 1515 wurde Luther zum Distriktsvikar für die sächsischen Niederlassungen seines Ordens ernannt, in welcher Funktion er sich offenbar große Achtung bei seinen Mitbrüdern erwarb. Durch seine exegetischen Arbeiten während dieser Zeit (Vorlesungen über die *Psalmen*, den *Römerbrief*, den *Galaterbrief*, den *Hebräerbrief*) und durch ein intensives Studium des Augustinischen Werkes formte sich Luthers Theologie. Dies alles spielte sich jedoch noch in einem katholischen Horizont ab und war noch von keinem reformatorischen Sendungsbewußtsein geprägt. Selbst der Anschlag der *95 Thesen* zum Ablaß, nach der Überlieferung am 31. 10. 1517, dem Datum des Reformationsfe-

Das Augustiner-Eremiten-Kloster in Erfurt, in das Luther 1505 eingetreten war, um gleichzeitig an der Universität Erfurt Theologie zu studieren.

stes in der heutigen Tradition, war keineswegs als reformatorischer Akt geplant, sondern hat eher durch seine unerwartete Breitenwirkung dieses Selbstverständnis erst schaffen helfen.

Im Oktober/November 1518 wurde Luther zum erstenmal am Rande des Augsburger Reichstags von Kardinal → *Cajetan* als kirchlicher Autorität verhört, um seine Rechtgläubigkeit unter Beweis zu stellen. Zur

Das Luther-Denkmal vor der Schloßkirche in Wittenberg.

Links: *Titelblatt der Bulle*
Exsurge Domine *vom 15. 6.*
1520, die, in ihrem dogmatischen
Kern von Theologen der Univer-
sität Löwen konzipiert, nach
langwierigen Beratungen unter
dem Vorsitz der Kardinäle
Cajetan und Accolti von Papst
Leo X. gegen Martin Luther er-
lassen wurde, mehrere Thesen aus
dessen Schriften als »irrig, ärger-
niserregend und häretisch« ver-
urteilte und bei Widerrufsverwei-
gerung den Ketzerbann androhte.

Rechts: *Titelblatt von Luthers*
kurz vor seinem Tod 1545 er-
schienenen Werk Wider das
Papsttum.

selben Zeit nahm Philipp Melanchthon seine Tätigkeit
in Wittenberg auf. 1519 kam es im Juni zur Leipziger
Disputation mit → *Johannes Eck*, gegen den Karlstadt
(→ *Bodenstein*) und Luther gemeinsam auftraten. Johannes Eck provozierte dabei erste reformatorische
Äußerungen von Luther, insofern dieser ausdrücklich
die christliche Tradition und Legalität der Amtskirche
in Frage stellte. Im folgenden Jahr erschienen dann die
reformatorischen Hauptschriften Luthers: *An den*
christlichen Adel deutscher Nation, *Von der Babyloni-*
schen Gefangenschaft der Kirche und *Von der Freiheit*
eines Christenmenschen. Am 15. 6. 1520 wurde die Bulle *Exsurge Domine* ausgefertigt, die Luther und seinen
Anhängern den Bann androhte, falls er seine Lehren
nicht widerrufe. Luther hat diese Bulle gemeinsam mit
Lehrbüchern des Kirchenrechts am 10. 12. 1520 verbrannt. Der Bann trat 3. 1. 1521 – dem Tag, an dem die
Frist zum Widerruf abgelaufen war – in Kraft.

Da Kaiser Karl V. in seiner Wahlkapitulation den
deutschen Fürsten Verhandlungen deutscher Angelegenheiten nur auf deutschem Boden zugesichert hatte,
folgte dem kirchlichen Bann nicht automatisch die
Reichsacht, sondern Martin Luther wurde mit einem
kaiserlichen Geleitbrief auf den Reichstag nach Worms
zur Rechenschaftsablegung vor den Reichsständen bestellt. Luther und seine Freunde werden sich aber sehr
wohl an Johannes Hus erinnert haben, der hundert
Jahre zuvor, mit einem ebensolchen Geleitbrief ausgestattet, in Konstanz als Ketzer verbrannt worden war.
Trotzdem trat Luther am 16. und 18. 4. 1521 vor den
Reichstag und begründete seine Verweigerung eines
Widerrufs. Am 8. 5. 1521 wurde deshalb die Reichsacht
über ihn verhängt. Er hatte jedoch Worms mittlerweile
wieder verlassen und war durch einen fingierten Überfall, den sein Landesherr, Kurfürst Friedrich III., der

»Ein Christenmensch ist ein
freier Herr über alle
Dinge und niemandem untertan.
Ein Christenmensch ist ein
dienstbarer Knecht
aller Dinge und jedermann
untertan.
. . . Um diese zwei gegensätz-
lichen Reden von der Freiheit
und Dienstbarkeit zu verstehen,
sollen wir bedenken, daß jeder
Christenmensch besteht aus
zweierlei Natur, geistlicher und
leiblicher. Nach der Seele wird er
ein geistlicher, neuer, innerlicher
Mensch genannt, nach dem
Fleisch und Blut wird er ein leiblicher, alter und äußerlicher
Mensch genannt. Und um dieses
Unterschiedes willen werden von
ihm [Dinge] gesagt in der Schrift,
die stracks einander widerstreiten, wie ich jetzt eben gesagt
habe: von der Freiheit und
Dienstbarkeit . . .«
Luther, *Von der Freiheit eines*
Christenmenschen, 1520

Die Wartburg, auf der sich Luther nach seiner Ächtung in Worms (1521) verbarg und an der Bibelübersetzung zu arbeiten begann.

Weise, von Sachsen veranlaßt hatte, auf der Wartburg (über Eisenach) in Sicherheit gebracht worden. Als »Junker Jörg« arbeitete er dort an der Übersetzung des *Neuen Testaments* ins Deutsche. Diese Übersetzung erschien im September 1522 in Wittenberg und heißt deshalb *Septembertestament*. Diese erste Bibelübersetzung ist der Ausgangspunkt für die fortdauernden Übersetzungsarbeiten Luthers an der Bibel.

Im Frühjahr 1522 kehrte Luther aus Anlaß der »Wittenberger Unruhen« (→ *Andreas Bodenstein*) an seine Universität zurück, um mäßigend auf das Reformwerk einzuwirken. Er versagte radikalen Änderungen in der Kirchenpraxis seine Zustimmung und wollte eine allmähliche Angleichung des kirchlichen Lebens an die theologische Neuorientierung erzielen. 1525 kam es dann zum Bruch mit dem erasmianischen Humanismus, gegen den Luther seine Schrift *Vom geknechteten Willen* publizierte (→ *Erasmus von Rotterdam*). Am 13. 6. 1525 heiratete Luther → *Katharina von Bora,* die ihm in den folgenden Jahren fünf Kinder gebar und seinen Haushalt und die darin eingerichtete Studentenburse souverän leitete. 1528 verstärkten sich die Zwistigkeiten mit den schweizerischen Theologen in der Abendmahlsfrage, und im folgenden Jahr wurden auf dem → *Marburger Religionsgespräch*, das Landgraf Philipp von Hessen initiiert hatte, die Lehrgemeinsamkeit in

Oben: *Martin Luther als »Junker Jörg«.*
Gemälde von Lucas Cranach d. Ä. (1521).

Links: *Martin Luther (links), Philipp Melanchthon (rechts) und andere Reformatoren unter dem Schutz des Kurfürsten Johann Friedrichs des Großmütigen von Sachsen, der die ökonomische Stabilität der Reformatoren-Universität Wittenberg und ihrer Dozenten gesichert hatte.*
Gemälde (Ausschnitt) von Lucas Cranach d. J.

den meisten Fragen der reformatorischen Bewegung, aber auch der Dissens in der Abendmahlslehre ausdrücklich festgeschrieben (→ *Abendmahlsstreit*). Im selben Jahr legte Luther seine beiden Katechismen vor. Während des Augsburger Reichstags (1530) hielt sich Luther auf der Veste Coburg auf, um so in möglichst engem Kontakt mit den reformatorischen Theologen zu bleiben, die unter Melanchthons Führung auf dem Reichstag eine Bekenntnisschrift vorlegen sollten. Im folgenden Jahr kam es dann zur Gründung des Schmalkaldischen Bundes der protestantischen Fürsten auf der Basis der im → *Augsburger Bekenntnis* festgehaltenen Einheit; dieses Bündnis sollte eine Verteidigung der Reformation gegen altgläubige Fürsten und den Kaiser ermöglichen.

1534 wurde zum erstenmal die Luthersche Übersetzung der gesamten Bibel ins Deutsche in Wittenberg veröffentlicht. 1536 gelang dann in der → *Wittenberger Konkordienformel* eine Einigung mit den an den Schweizern orientierten oberdeutschen Städten (→ *Martin Bucer*). Im folgenden Jahr entwarf Luther für den Schmalkaldischen Bundestag die *Schmalkaldischen Artikel*, die einerseits Bekenntnisdarstellung der Verbündeten sein sollten, zugleich aber eine Zusammenfassung der Lehre, wie sie bei den nun zu erwartenden Konzilsverhandlungen vertreten werden sollte.

»Wahr ist's: Ehe ich wollte, daß Hochschulen und Klöster so blieben, wie sie bisher gewesen sind, wollte ich lieber, daß ein Knabe nie etwas lernte und stumm wäre. Denn es ist meine ernsthafte Meinung, meine Bitte und mein Wunsch, daß diese Eselsställe und Teufelsschulen entweder im Abgrund versänken oder in christliche Schulen verwandelt würden. Aber da uns nun Gott so reichlich begnadet und solche Leute in Menge gegeben hat, die das junge Volk fein lehren und erziehen können, wahrlich, so ist es nötig, daß wir die Gnade Gottes nicht in den Wind schlagen und ihn nicht umsonst anklopfen lassen. Er steht vor der Türe ... Übersehen wir's, daß er vorübergeht, wer will ihn zurückholen?«
Luther, *An die Ratsherren aller Städte deutschen Landes,* daß sie christliche Schulen aufrichten und halten sollen, 1524

Totenbildnis Martin Luthers. Diese Zeichnung ist nach authentischem Bericht etwa ein Tag nach Luthers Tod von dem Hallenser Maler Lucas Furttenagel angefertigt worden (1546).

In seiner exegetischen Vorlesungstätigkeit konzentrierte sich Luther von 1535 an auf eine Auslegung der *Genesis*. Daneben entstand während seines gesamten öffentlichen Wirkens eine Unzahl von Briefen und Schriften, die aber alle den Charakter von Gelegenheitsarbeiten hatten, die sich aus jeweils konkreten Anlässen eher unsystematisch ergeben haben.

Um die Jahreswende 1545/46 begab sich Luther nach Eisleben, um in Streitigkeiten zwischen den Mansfelder Grafen zu vermitteln. Er konnte diese Vermittlung noch erfolgreich abschließen, bevor er am 18. 2. 1546 in Eisleben starb. Seine Überführung nach Wittenberg wurde zu einem Triumphzug durch die sächsischen Lande; am 22. 2. wurde Luther in der Wittenberger Schloßkirche beigesetzt.

Luthers religiöse »Verpflichtung« hatte ihren Ausgangspunkt am 2. 7. 1505, als bei Stotternheim ein Freund und Wandergefährte vom Blitz erschlagen wurde und Luther selbst diesem Schicksal nur knapp entging. Er gelobte in dieser Situation, ins Kloster einzutreten. Diese erlebnishafte Todesnähe hatte ihm nach eigenem Bekenntnis klar vor Augen geführt, daß der Mensch jederzeit bereit sein müsse, vor den Richterstuhl Gottes zu treten. Er habe deshalb sein Leben so einrichten wollen, daß er Gottes Richterspruch nicht zu fürchten brauchte. Wegen seines Klostereintritts kam

es zu einem zeitweiligen Bruch mit seinem Vater, der den Sohn mit Hinweis auf das vierte Gebot von dieser Entscheidung abbringen wollte. Luthers ernsthaftes Bemühen um ein vorbildliches Mönchsleben sollte sich dann besonders deutlich dokumentieren, als er 1510/11 nach Rom gesandt wurde mit dem Auftrag, die strenge Zucht der Augustiner-Eremiten auch für die Zukunft zu sichern.

Alle Anstrengungen um ein vollkommenes christliches Leben konnten Luther aber nicht die Gewißheit vermitteln, die sein Gelöbnis, jederzeit vor den Augen Gottes bestehen zu können, anstrebte. Sein Ordensoberer Johann von Staupitz wies Luther schließlich darauf hin, daß seine Gewissensqual nicht daher komme, daß Gott ihn hasse, sondern umgekehrt davon, daß Luther die Gerechtigkeit Gottes hasse. Luther ist sich der theologischen und psychologischen Führungskraft von Staupitz zeitlebens dankbar bewußt geblieben, ja, er hat später versichert, er verdanke seine ganze Theologie nur ihm. Staupitz selbst blieb allerdings der Alten Kirche treu.

Seine akademisch-wissenschaftlichen Aufgaben nutzte Luther zum analytisch-kritischen Studium der scholastischen Theologie, die ihm, der sich zum Mönchsleben verpflichtet hatte, die Seligkeit zwar versprach, aber darin versagte, dieses Versprechen als Heilsgewißheit nachvollziehbar werden zu lassen. Eine Frucht dieser Arbeit waren die *95 Thesen* zum → *Ablaß*, die Luther für eine Disputation am 31. 10. 1517 an das Tor der Schloßkirche zu Wittenberg heftete. Er hatte damit offensichtlich lediglich eine wissenschaftliche Diskussion in Gang bringen wollen, eine Absicht, die er durch die Übersendung einer Abschrift an seinen Oberen und an Erzbischof Albrecht von Mainz noch bekräftigt hat. Die Ablaßpredigt unter Albrecht war nämlich der Anlaß von Luthers Kritik. Er wollte aufzeigen, daß in den Predigten der vom Mainzer Erzbischof beauftragten Geistlichen Heilswirkungen versprochen wurden, die selbst die gültige Theologie der Kirche nicht anerkennen konnte. Die *95 Thesen* trafen auf eine Zeitsituation, die begierig nach Kritik an den römischen Praktiken war. Wohl deshalb fanden sie ein unerwartet breites Echo und wurden sehr bald auch ins Deutsche übersetzt und damit zu einem allgemein zugänglichen Agitationsinstrument. Ganz offensichtlich haben diese Umstände die weitere kirchliche Entwicklung in Deutschland beschleunigt.

Im Frühjahr 1518 machte Luther nach eigenem Bekenntnisbericht in seiner Studierstube die entscheidende Entdeckung für seinen Gewissenskonflikt (Turmerlebnis). Er gelangte zu einem neuen Verständnis der »Gerechtigkeit Gottes« anhand von Paulus' *Römerbrief*, Kapitel 1, Vers 17: »Sintemal darinnen offenbaret

Johann von Staupitz (1468/69 bis 1524), der Generalvikar der deutschen Augustiner-Eremiten und seit 1522 Benediktinerabt in Salzburg, war der große Förderer des jungen Augustinermönchs Martin Luther. Schon 1503 von Friedrich III. dem Weisen von Sachsen zum Aufbau der neugegründeten Universität Wittenberg berufen, hatte Staupitz die Dozentur des jungen Theologen in Wittenberg durchgesetzt. Nach dem Augsburger Reichstag von 1518 hat Staupitz, von humanistisch-christlicher Toleranz geprägt, Martin Luther aus dem Ordensgehorsam entlassen. Zeitlebens Gegner des reformatorischen Denkens, ist er dennoch in seinem von augustinischer Theologie und Mystik geleiteten Christentum von kaum zu überschätzender Bedeutung für Luther gewesen.

Oben: *Des Teufels Dudelsack.*
Karikatur auf die Laster der
Mönche. Holzschnitt (um 1525).

Rechts: *Der Höllenrachen, der*
Papst, Theologen und Mönche
verschlingt. Reformatorisches
Flugblatt gegen den Ablaßhandel.

wird die gerechtigkeit / die fur Gott gilt / welche kompt
aus glauben in glauben / Wie denn geschrieben stehet /
Der Gerechte wird seines Glaubens leben« (*Luther-*
Übersetzung, 1545).

Das Versagen der scholastischen Theologie erklärte
er nun dadurch, daß sie die Gerechtigkeit Gottes in
Analogie zum menschlichen Rechtsdenken interpretie-
re. Gottes Gerechtigkeit sei aber seine Barmherzigkeit:
Allein aus Gnade rechtfertige Gott den Menschen vor
sich, nicht wegen seiner Verdienste und wegen eines
makellosen Lebenswandels; der Mensch sei prinzipiell
nicht in der Lage, vor Gott irgendwelche Verdienste zu
erwerben. Mit diesem auf die Theologie von Augustinus zurückgreifenden Verständnis von der absoluten
Sündhaftigkeit des Menschen und vom göttlichen Gericht war nun auch wiederum die Brücke zu seiner
Kritik am Ablaß geschlagen; denn dieser beruhte auf
der Voraussetzung, daß neben Jesus Christus auch die
Heiligen der Kirche Verdienste erworben hätten, die
vom kirchlichen Hirtenamt als Schatz verwaltet würden
und veräußert werden könnten.

In der Heidelberger Disputation vom April 1518
stellte Luther seine Theologie in Form einer globalen
Kritik an der scholastischen Theologie erstmals zur
Diskussion. Er hatte vom Kapitel seines Ordens, das
sich in Heidelberg traf, die Erlaubnis erhalten, eine

öffentliche Disputation zu veranstalten. In dieser Disputation stellte er seine »Kreuzestheologie« der scholastischen »Ruhmestheologie« gegenüber. Zwar wurde er in dieser Kontrastierung der Bandbreite der scholastischen Theologie nicht gerecht, er stellte jedoch immerhin wesentliche Elemente ihrer Lehre in Frage. Vor allem wandte er sich gegen die besondere Mittlerfunktion, die diese Theologie für die Institution Kirche in Anspruch nahm und aus der sie ihr Profil als ruhm- und siegreiche Heilslehre ableitete. Er machte demgegenüber klar, daß Mensch und Kirche sich ihrer Sündhaftigkeit und ihrer Unfreiheit gegenüber Gott bewußt bleiben müßten und daß das Heil allein durch Gottes Gnade und den Glauben an die Erlösung durch den gekreuzigten Jesus Christus, nicht durch besondere Mittlerfunktionen von kirchlichen Organen, erwirkt werden könne.

Aus dem ganzen Zusammenhang ist unmißverständlich klar, daß es Luther nicht um einen Bruch mit der Kirche, sondern um die Widerlegung einer bestimmten – zur damaligen Zeit im großen und ganzen offiziellen – theologischen Lehre in ihr und der sich darin ausdrückenden Anmaßungen und Verzerrungen kirchlicher Funktionen und Ämter ging. Trotzdem wurde Luther aber von nun an der Ketzerei verdächtigt und öffentlich angegriffen: Im Oktober 1518 wurde er denn auch zu einem Verhör vor Kardinal Cajetan nach Augsburg zitiert. Nach der Leipziger Disputation von 1519 mit Johannes Eck spitzte sich die Situation zu, weil Luther ausdrücklich Entscheidungen von Päpsten und Konzilien in Frage stellte.

Papst Leo X. hatte die Auseinandersetzungen lange Zeit als »Mönchsgezänk« eingeschätzt und ihnen deshalb einen gewissen Freiraum gelassen. Im Juni 1520 wurde er aber schließlich dazu umgestimmt, die Bann-

»... Ich höre, Luther sei kürzlich mit furchtbarem Schelten nicht nur über Euch, sondern über uns alle hergefahren ... Ich kann daher mich nicht anders ausdrücken als: Gott hat dem Satan die Zügel gelockert. Luther selbst hat darin freilich, außer seinem eigenen, maßlos leidenschaftlichen und kecken Charakter, den Amsdorf zum Ratgeber, einen geradezu verrückten Menschen ohne Gehirn, und läßt sich von ihm lenken oder besser auf Abwege führen. Es ist aber gut, wenn wir anerkennen, daß auch mit dieser Geißel der Herr uns schlägt; wir werden dann geduldiger tragen, was sonst entsetzlich herb wäre ... Aber das ist mein Wunsch, daß Ihr Euch darauf besinnt, welch großer Mann Luther doch ist, durch welche außerordentliche Geistesgaben er sich auszeichnet, wie tapfer und unerschütterlich, wie geschickt, wie gelehrt und wirksam er bisher immer gearbeitet hat an der Zerstörung der Herrschaft des Antichrists und an der Ausbreitung der Lehre zur Seligkeit. Ich habs schon oft gesagt: Wenn er mich den Teufel schölte, ich würde ihm doch die Ehre antun, ihn für einen ganz hervorragenden Knecht Gottes zu halten, der freilich auch an großen Fehlern leidet, wie er an herrlichen Tugenden reich ist ...«
Jean Calvin an Heinrich Bullinger in Zürich, 25. 11. 1544

Martin Luther während des theologischen Verhörs 1518 durch Kardinal Cajetan in Augsburg. Kolorierter Holzschnitt aus Robus' Historien der heiligen auserwählten Gotteszeugen (1557).

Titelblatt von An den christlichen Adel deutscher Nation von des christlichen Standes Besserung *(1520).*

androhungsbulle *Exsurge Domine* gegen Luther ausfertigen zu lassen. In dieser Situation mußte nun auch dieser eine endgültige Entscheidung treffen. Das Jahr 1520 wurde so zum Erscheinungsjahr seiner Hauptschriften, mit denen die Reformation eingeleitet werden sollte. Im Dezember bekräftigte er seine Entscheidung durch die Verbrennung kirchenrechtlicher Lehrbücher und der Bannandrohungsbulle vor dem Elstertor von Wittenberg. Er hatte damit vor aller Welt sichtbar gemacht, daß Kirchengebote und -vorschriften keine Heilswirksamkeit in sich tragen konnten. Er wußte zwar, daß nun Bann und Kirchenausschluß unausweichlich waren, verzichtete aber auch fortan nicht auf sein Recht zur freien Predigt. Damit war der Reformator Luther endgültig aus dem akademischen Bereich an die Öffentlichkeit getreten.

In drei Schriften des Jahres 1520 hat Luther die Kernpunkte seines kirchlichen Reformanliegens der Öffentlichkeit kundgetan.

In der Schrift *An den christlichen Adel deutscher Nation von des christlichen Standes Besserung* wandte Luther sich an die weltlichen Obrigkeiten mit der Aufforderung, von sich aus Maßnahmen zur Abstellung von kirchlichen Mißständen zu ergreifen (→ *Allgemeines Priestertum*). Die kirchlichen Autoritäten erschienen ihm zur Zeit so korrupt, daß von ihnen solche Maßnahmen nicht zu erwarten seien.

Im Traktat *Von der Babylonischen Gefangenschaft der Kirche* (*De Captivitate Babylonica Ecclesiae Praeludium*, 1520) griff Luther die altgläubige Sakramentslehre an und wies darauf hin, daß lediglich Taufe und Abendmahl in der Bibel begründet wären. Im Falle der Buße war diese Fundierung nach Luthers Ansicht ebenfalls zweifelhaft, man könnte sie aber in Unterordnung zu Taufe und Abendmahl bestehen lassen.

Die Schrift *Von der Babylonischen Gefangenschaft der Kirche* sollte dann die tiefgreifende und die zentralen theologischen und philosophischen Thesen des reformatorischen Denkens analysierende Disputation zwischen Luther und → *Erasmus von Rotterdam* auslösen. Wegen einer Erwiderung auf diese zentrale Schrift hat König Heinrich VIII. von England vom Papst den Titel »Verteidiger des Glaubens« verliehen bekommen, der noch heute zu den Titeln der englischen Monarchen gehört.

In der Schrift *Von der Freiheit eines Christenmenschen* problematisierte Luther die Situation des Christen in dieser Welt. Als Christ sei der Mensch frei von jeder obrigkeitlichen Bevormundung, zugleich müsse er aber als notorischer Sünder für jede Hilfestellung von seiten der weltlichen Autorität dankbar sein. Freiheit und Knechtschaft sind für Luther dementsprechend untrennbare Elemente des diesseitigen Christenlebens.

Unterscheid zwischender waren Religion Christi vnd falschen Abgötischen lehr des Antichrists in den fürnemsten stücken.

Diese Schrift hat Luther Papst Leo X. gewidmet. Daraus wird deutlich, daß Luther klar unterschied zwischen dem Amtsinhaber, den er als christlichen Bruder annimmt und dem er seine Theologie vorträgt, und den von den Altgläubigen in Anspruch genommenen besonderen Funktionen der Institution »Papst«, die in Luthers Sicht die alleinige Mittlerrolle Jesu Christi in Frage stellen. Der Papst ist ihm dann in diesem besonderen Verständnis folgerichtig der »Antichrist« geworden.

Die Jahre nach der Wartburgzeit waren aufgrund der Erfahrung der »Wittenberger Unruhen« geprägt von zurückhaltender Reformtätigkeit Luthers in Wittenberg, zugleich aber durch eine wirksame publizistische Verkündigung der Reformnotwendigkeiten. Erst 1525 setzte Luther selbst einige deutliche Signale des Bruchs mit bestimmten Traditionen. So heiratete er am 13. 6. Katharina von Bora und gab dies auch nach außen bekannt. Zu Weihnachten wurde die Deutsche Messe als neue Abendmahlsliturgie eingeführt.

Im selben Jahr brach er auch mit dem erasmianischen Humanismus, indem er in seiner deutlichen und stellenweise groben Schrift *Vom geknechteten Willen* (*De servo arbitrio*) gegen die Verteidigung des freien Willens durch Erasmus von Rotterdam (*De libero arbitrio*, 1524) Stellung bezieht, mit der dieser auf Luthers Programmschrift *Über die Babylonische Gefangenschaft der Kirche* geantwortet hatte. Diese Schrift hielt Luther in späteren Jahren neben dem *Großen Katechismus* für seine wichtigste Arbeit. Der Bruch mit dem versöhnlichen und individualistischen Christentum der Humanisten war für Luther damit endgültig.

Dieser reformatorisch-agitatorische Holzschnitt von Lucas Cranach d. J. (entstanden nach 1547, also nach dem Tod Luthers) trägt den Titel Unterschied zwischen der wahren Religion Christi und der falschen abgöttischen Lehre des Antichrists in den wichtigsten Punkten. *In krasser antithetischer Polemik werden altkirchliche Theologie und Reformation gegenübergestellt: Der predigende, das Wort Gottes nur durch die Vermittlung Jesu Christi und den Opfertod des Gotteslammes empfangende und auslegende Martin Luther steht dem feisten, von Gottes Zorn getroffenen Mönch gegenüber. Die evangelischen Glaubensaussagen zum Abendmahl in beiderlei Gestalt, zur Taufe und eine Fülle anderer historischer und theologischer Anspielungen korrespondieren mit Ablaßwucher, Pomp, scholastischem Theologengeschwätz und leeren Ritualen der Alten Kirche. Neben Gottvater erscheint auf katholischer Seite der stigmatisierte Franz von Assisi, der auch dem publizistischen Agitator Cranach als unantastbare Heiligengestalt gegolten haben wird.*

Titelblatt der Erstausgabe von
Von der Freiheit eines Christenmenschen *(1520).*

»Die italienische Renaissance
barg in sich alle die positiven
Gewalten, welchen man die
moderne Kultur verdankt: also
Befreiung des Gedankens, Mißachtung der Autoritäten, Sieg
der Bildung über den Dünkel der
Abkunft, Begeisterung für die
Wissenschaft und die wissenschaftliche Vergangenheit der
Menschen, Entfesselung des
Individuums ... Dagegen hebt
sich nun die deutsche Reformation ab als ein energischer
Protest zurückgebliebener Geister, welche die Weltanschauung
des Mittelalters noch keineswegs
satt hatten und die Zeichen
seiner Auflösung, die außerordentliche Verflachung und
Veräußerlichung des religiösen
Lebens, anstatt mit Frohlocken,
wie sich gebührt, mit tiefem
Unmute empfanden. Sie warfen
mit ihrer nordischen Kraft und
Halsstarrigkeit die Menschen
wieder zurück, erzwangen die
Gegenreformation, das heißt ein
katholisches Christentum der
Notwehr, mit den Gewaltsamkei-
ten eines Belagerungszustandes,
und verzögerten um zwei bis drei
Jahrhunderte ebenso das völlige
Erwachen und Herrschen der
Wissenschaften, als sie das
völlige In-Eins-Verwachsen des
antiken und des modernen Geistes vielleicht für immer unmöglich machten . . . Es lag in dem
Zufall einer außerordentlichen
Konstellation der Politik, daß damals Luther erhalten blieb und
jener Protest Kraft gewann: . . .
Ohne dies seltsame Zusammen-
spiel der Absichten wäre Luther
verbrannt worden wie Huß – und
die Morgenröte der Aufklärung
vielleicht etwas früher und mit
schönerem Glanze, als wir jetzt
ahnen können, aufgegangen.«
Friedrich Nietzsche, *Menschliches, Allzumenschliches,* Erster
Band, Fragment 237, 1878

Ohne Zweifel war das noch relativ junge Medium des
Buchdrucks ein wesentliches Hilfsmittel für die Verbreitung der Reformation. Allerdings hat Luther es wie
kein anderer Zeitgenosse verstanden, dieses Medium
auch zu nutzen. Schon die bewußte Teamarbeit in
Wittenberg mit → *Lucas Cranach d. Ä.* als Drucker
und Illustrator vieler seiner Schriften und mit dem
Philologen Melanchthon könnte als Indiz für die über-
legte publizistische Nutzung aufgefaßt werden. Darüber hinaus machte Luther dies auch klar, indem er
kaum systematische Schriften zum Druck brachte, sondern sich immer auf aktuelle, tagespolitische Fragen
bezog. Es ist in diesem Zusammenhang auch recht
bezeichnend, daß er lediglich seine Schrift über den
geknechteten Willen und seinen *Großen Katechismus* für
über den aktuellen Anlaß hinaus wichtige Schriften
hielt.

Allerdings traf Luther auch auf eine gesellschaftliche
Umwelt, die die Aufnahme seiner Veröffentlichungen
deutlich begünstigte. Einerseits wollten die herrschen-
den Schichten sich aus der Vormundschaft Roms befrei-
en; von diesem Streben waren auch die Altgläubigen
nicht ausgeschlossen. Andererseits erwachte das Be-
dürfnis nach Selbstbehauptung und mündiger Lebensgestaltung auch bei den unteren Schichten, die sich in
dieser Zeit zu sozialer Rebellion (→ *Bauernkrieg*) zu-

sammenfanden. In einer christlich-religiös orientierten Gesellschaft hatten damit auch theologische Fragen genügend aktuelle Brisanz, um auf Aufmerksamkeit zu stoßen.

Die religiöse Neuorientierung, die von Luther ausging, mündete nicht nur in der Gründung einer neuen Kirche, sondern führte in der weiteren Folge auch zu einer Neugestaltung des religiösen Lebens in den nichtlutherischen Religionsgemeinschaften.

Daneben ermöglichte Luther neue Sichtweisen in der Profangeschichte, indem er beispielsweise 1531 in seiner *Warnung an seine lieben Deutschen* die Loyalität gegenüber dem Kaiser differenzierte und vom Gehorsam gegen ihn in Glaubensfragen »entband«. Hier lag einer der Ansatzpunkte, die in der zeitgenössischen Polemik die Titulierung Luthers als »Papst aus Wittenberg« begründeten. Das Anliegen der Gewissensfreiheit und der Reformierung des religiösen Lebens machte aus der Sicht Luthers sogar die Türkengefahr zu einem Werkzeug Gottes, das eine Ausbreitung der Reformation im Reich hilfreich unterstützte, also keineswegs nur eine Bedrohung und Geißel Gottes für das abendländische Christentum war.

Eine katastrophale Nachwirkung Luthers bestand in der Legitimation der nationalsozialistischen Judenverfolgung gegenüber den Gläubigen der Evangelischen Kirche. Dabei wurde sorgfältig unterschlagen, daß sich Luthers ablehnende Haltung gegen die Juden, ja, antisemitische Polemik keinem »völkischen«, sprich rassistischen, Motiv verdankte, sondern daß sich seine Einstellung (*Von den Juden und ihren Lügen*, 1543) aus dem Glaubensgegensatz herleitete. Luther hatte 1523 mit seiner Schrift *Daß Jesus Christus ein geborener Jude sei* ein bewegendes Zeugnis gegen den Antisemitismus veröffentlicht, in dem er die katholischen Gegner auf-

»Die Hauptrevolution ist in der Lutherischen Reformation eingetreten ... Aus dem Jenseitigen wurde ... der Mensch zur Präsenz des Geistes gerufen, und die Erde und ihre Körper, menschliche Tugenden und Sittlichkeit, das eigene Herz und das eigene Gewissen fingen an, ihm etwas zu gelten. Galt so in der Kirche die Ehe auch gar nicht als etwas Unsittliches, so galten doch Entsagung und Ehelosigkeit höher, während jetzt die Ehe als ein Göttliches erschien. Armut galt für höher als Besitz und von Almosen leben für höher als von seiner Hände Arbeit sich redlich zu nähren; jetzt aber wird gewußt, daß nicht Armut als Zweck das Sittlichere ist, sondern von seiner Arbeit leben und dessen, was man vor sich bringt, froh zu werden. Gehorsam, blinder, die menschliche Freiheit unterdrückender Gehorsam war das Dritte, dagegen jetzt neben Ehe und Besitz auch die Freiheit als göttlich gewußt wurde ... Obgleich nun schon Wiklef, Huß, Arnold von Brescia aus der scholastischen Philosophie zum ähnlichen Ziele hervorgegangen waren, so haben sie doch nicht den Charakter gehabt, einfach angesprochen und ohne gelehrte scholastische Überzeugung, nur den Geist und das Gemüt nötig gehabt zu haben. Erst mit Luther begann die Freiheit des Geistes, im Kerne, und hatte diese Form, sich im Kerne zu halten. Die Explikation dieser Freiheit und das sich denkende Erfassen derselben ist ein Folgendes gewesen, wie ja einst die Ausbildung der christlichen Lehre in der Kirche selbst erst später erfolgt ist.« Georg Friedrich Wilhelm Hegel, *Vorlesungen über die Geschichte der Philosophie*, 1816

Judenverbrennung im 15. Jh. Kolorierter Holzschnitt aus der Schedelschen Weltchronik (1493).

Oben: *Der Kirchenlehrer Hieronymus, der Schöpfer der vom Frühchristentum bis in die Neuzeit normativ geltenden lateinischen Bibelübersetzung Vulgata. Gemälde (Ausschnitt) von Albrecht Dürer (1521).*

Unten: *Die zwischen 1452 und 1455 geschaffene* Gutenberg-Bibel *(Anfang des* Lukas-Evangeliums*).*

forderte, ihn fortan einen Juden zu nennen. Seine späteren militanten Angriffe gegen die Juden erwuchsen aus der wohl niemals aufgegebenen dogmatischen Einstellung, daß die Judenheit zu ihrem Heil der Konversion zum Christentum bedürfe, und aus dem vollständigen Unverständnis für die Autonomie der jüdischen Religiosität. Konversionsverweigerung von Juden wurde von Luther mit derselben Brutalität und Unduldsamkeit angegriffen wie bei Täufern und Zwinglianern.

Luther-Bibel

(*Neues Testament* ab 1522; *Altes Testament* ab 1534)

Luthers Bibelübersetzung ist über Jahrhunderte ein Volksbuch der Deutschen geblieben. Ihre Bedeutung wird allein schon daran ersichtlich, daß das *Neue Testament* zwischen 1522 und 1533 85 Auflagen erlebte und die Vollbibel von 1534 bis etwa 1584 in nahezu 100 000 Exemplaren verkauft wurde. Zu dieser Zeit betrug die Zahl der des Lesens mächtigen Bevölkerung nur etwa 500 000.

Luther hatte während seines erzwungenen Aufenthalts auf der Wartburg (Mai 1521–März 1522) innerhalb von elf Wochen das *Neue Testament* auf der Grundlage der griechischen Textedition von Erasmus von Rotterdam ins Deutsche übertragen. Da er an seiner Zufluchtsstätte nur wenig wissenschaftliche Hilfsmittel zur Verfügung hatte, wurde seine Übersetzung nach seiner Rückkehr in Wittenberg überarbeitet, wobei ihn besonders auch Melanchthon unterstützte. Im September 1522 wurde der Text zum erstenmal aufgelegt (*Septembertestament*). In den folgenden Jahren widmete sich Luther der Übersetzung der Bücher des *Alten Testaments*, die in einzelnen Lieferungen veröffentlicht wurden. Zur Erarbeitung des Textes wurden ad hoc wissenschaftliche Kommissionen zusammengestellt, in denen einzelne Übersetzungsprobleme erörtert wurden. Auf diese Weise waren alle Mitarbeiter Luthers in Wittenberg in die Übersetzungsarbeit einbezogen. Damit erhielt die Übersetzungstätigkeit eine neue Qualität; es ging nicht mehr einfach um eine Übertragung des Textes in die Volkssprache, damit auch der des Lateinischen nicht mächtige Leser sich über die Inhalte informieren konnte, sondern das theologisch-dogmatische Ziel war eine angemessene und wahrhaftige Übertragung des Gotteswortes in ein neues Sprachmedium. Gleichzeitig wurde auf ähnliche Weise das *Neue Testament* für seine jeweiligen Neuauflagen überarbeitet. Nach zwölf Jahren war die Arbeit an allen Büchern des *Alten Testaments* abgeschlossen, und 1534 konnte die erste deutsche Vollbibel veröffentlicht werden: *Biblia, das ist die ganze Heilige Schrift Deutsch.* Sie wurde mit

Vuittemberg.

Oben: *Eine im 14. Jh. im Benediktinerkloster Tegernsee entstandene* Armenbibel *mit aus* Zitaten des Alten *und* Neuen Testaments *zusammengefügter Szenerie.*

Links: *Titelblatt der Erstausgabe von Luthers* September-testament, *1522 in Wittenberg erschienen.*

Autograph von Luthers Überset-zung von Psalm 28 und 29, *geschrieben um 1530.*

Titelblatt der Erstausgabe von Luthers Übersetzungswerk Biblia, das ist die ganze Heilige Schrift Deutsch, *1534 in Wittenberg erschienen.*

»So ist's auch dort, wo der Engel die Maria grüßt und spricht: ›Gegrüßet seist du, Maria voll Gnaden, der Herr sei mit dir!‹ Nun ja, so ist's bisher einfach den lateinischen Buchstaben nach verdeutscht worden ... Und welcher Deutsche versteht, was damit gesagt ist: ›voll Gnaden‹? Er muß ja an ein Faß ›voll‹ Bier denken oder an einen Beutel ›voll‹ Geld. Darum hab ich's verdeutscht: ›Du Holdselige‹; damit kann doch ein Deutscher sich desto mehr an das herandenken, was der Engel mit seinem Gruße meint. Aber da wollen die Papisten über mich rasend werden, daß ich den Gruß des Engels verderbt habe. Und doch habe ich damit auch noch nicht das beste Deutsch getroffen, und zwar hätte ich das beste Deutsch hier nehmen und den Gruß so verdeutschen sollen: ›Gott grüße dich, du liebe Maria‹ ...; dann, glaube ich, hätten sie sich nehmen und gar selber erhängt aus lauter Verehrung der lieben Maria, weil ich den Gruß so zunichte gemacht hätte.« Luther, *Sendbrief vom Dolmetschen,* 1530

500 Holzschnitten aus der Werkstatt Lucas Cranachs bebildert und 1539, 1541 und 1545 in revidierten Fassungen aufgelegt. Diese Revisionen waren ebenso wie schon die ursprüngliche Übersetzung Gemeinschaftsarbeiten der Wittenberger Professoren.

Luthers Bibel war keineswegs die erste Übersetzung von Texten der *Heiligen Schrift* ins Deutsche. Die bisherigen Übersetzungen hatten jedoch zumeist Sonderdialekte benutzt, entsprachen also der gesprochenen Sprache, und beruhten auf dem lateinischen Bibeltext der *Vulgata,* der in der Alten Kirche normativ geltenden Übersetzung von Hieronymus aus dem 4. Jh.. Im Unterschied dazu benutzte Luther nicht nur die hebräischen Quellen, sondern außerdem die sächsische Kanzleisprache, also eine Schriftsprache, und konnte damit eine völlig neue Wirkung erzielen. Die Schriftsprache war von vornherein darauf angelegt, unabhängig von dialektalen Färbungen und Besonderheiten als globales Verständigungsmittel zu dienen. Dank dieser Voraussetzung, der sprachschöpferischen Kraft Luthers und der durch den Buchdruck ermöglichten Verbreitung konnte die Luther-Bibel zum Vorbild der einheitlichen Schriftsprache im deutschen Sprachraum werden und in besonderer Weise prägend wirken.

Die zentrale Stellung in seinem Lebenswerk, aber auch ihre Wirkung verdankte die Bibel dem besonderen

Sendungsbewußtsein Luthers. In einem Brief an Kurfürst Friedrich den Weisen drückte Luther dies 1522 so aus, daß er seine Aufgabe im Sinne des Apostels Paulus als Auftrag von Jesus Christus verstehe, sich mit Recht einen Evangelisten nennen könne und daß Reformation in der wahren Verkündigung des Gotteswortes bestehe. Die Konzeption der Bibelübersetzung als wissenschaftliches Gemeinschaftswerk rückte die Luther-Bibel also nicht zufällig in eine Parallelität zur Entstehungsgeschichte der griechischen Bibelübersetzung der siebzig alexandrinischen Gelehrten (*Septuaginta*, um 250 v. Chr.). Luther verstand sich und seine Mitarbeiter als Gottes Werkzeuge, die Gottes Offenbarung den Deutschen überbringen sollten. Deshalb betonte er immer wieder, er müsse in der Bibelübertragung »deutsch« sprechen. Es ging ihm also nicht um eine wissenschaftlich-philologisch korrekte Wiedergabe, sondern um die Texttreue der Verkündigung, die fremde Sprachbilder in unmittelbar verständliche deutsche Sprachbilder überträgt. Dies versuchte Luther in seinem *Sendbrief vom Dolmetschen*, den er 1530 auf der Veste Coburg schrieb und fiktiv an → *Wenzeslaus Linck* adressierte, gegenüber altkirchlichen Angriffen, er verfälsche Gottes Wort, klarzumachen. Der *Sendbrief* stellte heraus, daß in der deutschen Bibel Gott sich auf Deutsch seinen Deutschen offenbare. Darin sei die Reformation Gottes besondere Gnadengabe in dieser Zeit.

Die gelungene Übersetzung der *Heiligen Schrift* konnte damit zugleich zu einem Siegel kirchlicher Einheit werden, ohne daß eine kirchliche Institution der lehramtlichen Erklärung der *Heiligen Schrift* eingerichtet werden mußte. Das verständliche Sprechen Gottes in der Muttersprache des Gläubigen konnte den einzelnen Gläubigen zum mündigen Hörer des Wortes machen. Die einzige Erklärung im Rahmen der *Heiligen Schrift*, die Luther für nötig hielt, bestand in seinen *Vorreden* zu den einzelnen Büchern der Bibel, in denen er den Kontext von göttlicher Offenbarung und Heilsgeschichte herauszustellen versuchte und dem Leser Informationen darüber anbot, welche Zusammenhänge zum Geheimnis der Menschwerdung und Erlösung durch Jesus Christus bei der Lektüre des einzelnen Textes im Auge behalten werden sollten.

Luthers dem Septembertestament *hinzugefügte Beischrift, in der er darum bittet, sein Urheberrecht zu respektieren, und energisch vor Raubdrucken warnt. Vor allem wendet er sich damit gegen eine Benutzung und Veränderung seines Textes durch Altgläubige wie Hieronymus Emser in Leipzig.*

Luther-Katechismen

Martin Luther publizierte 1529 einen *Kleinen* und einen *Großen Katechismus* zur religiösen Unterrichtung der evangelischen Gemeinden.

Der *Kleine Katechismus* wurde das grundlegende Textbuch religiöser Unterweisung für die Lutheraner und wurde häufig als das einflußreichste Buch unter

Links: *Titelblatt des* Kleinen Katechismus *(1529) in einer Ausgabe von 1536.*

Rechts: *Titelblatt der Erstausgabe des* Großen Katechismus *(1529).*

»Das sage ich aber für meine Person: Ich bin auch ein Doktor und Prediger, ebenso gelehrt und erfahren als alle die sein mögen, die eine derartige Vermessenheit und Sicherheit haben; dennoch mache ich's wie ein Kind, das man den Katechismus lehrt: am Morgen und wann ich sonst Zeit habe, lese und spreche ich auch Wort für Wort das Vaterunser ... usw. Ich muß noch täglich weiter lesen und studieren, und kann dennoch nicht dastehen, wie ich gerne wollte, und muß ein Kind und Schüler des Katechismus bleiben, und bleib's auch gerne. Und diese feinen wählerischen Gesellen wollen mit einem einzigen Drüberhinlesen flugs Doktoren über alle Doktoren sein ... sie hätten's wohl nötig, daß sie zu Kindern würden und das Abc zu lernen anfingen, das sie längst an den Schuhsohlen abgelaufen zu haben meinen.«
Luther, *Vorrede zum Großen Katechismus*, 1530

allen Werken der Reformatoren angesehen. Er ist als Hausbuch für die Unterrichtung des gesamten Haushalts durch den Hausvater konzipiert. Luther fügte den drei schon in früheren Katechismen üblichen Teilen – *Apostolisches Glaubensbekenntnis, Vater Unser* und *Zehn Gebote* – noch eine Behandlung der Sakramente Taufe und Abendmahl an und publizierte im gleichen Band Gebete für Morgen und Abend und zu den Mahlzeiten sowie eine kleine Abhandlung über die Beichte. Diesen *Kleinen Katechismus* hat Luther 1531 zum letzten Mal revidiert. In späterer Zeit wurden Ergänzungen zu diesem Buch angebracht, aber im 20. Jh. wurden wieder wörtliche Ausgaben der Fassung von 1531 vorgelegt.

Der *Große Katechismus* war hauptsächlich für die geistlichen Amtsträger konzipiert, damit sie ihre Predigt und ihren Religionsunterricht vorbereiten konnten. Ihm waren eine größere Zahl von Luthers Predigten als Beispielsammlung beigefügt.

Luther hatte nicht die Absicht, mit seinen Katechismen Bekenntnisbücher vorzulegen, aber sein *Kleiner Katechismus* war sehr früh gemeinsam mit dem *Augsburger Bekenntnis* als grundlegendes Buch der lutherischen Theologie anerkannt worden. Im *Konkordienbuch* von 1580 wurden beide Katechismen als symbolische Bücher, also als Standardwerke lutherischer Lehre, mit aufgenommen.

Marburger Religionsgespräch

Vom 1. bis zum 4. 10. 1529 wurden in Marburg/Lahn auf Anregung Landgraf Philipps von Hessen Gespräche über den → *Abendmahlsstreit* zwischen den deutschen und schweizerischen Reformatoren abgehalten. Sie sollten mit dem Versuch einer dogmatischen Einigung

zwischen den protestantischen Reichsständen die Voraussetzung dafür schaffen, daß ein Bündnis zwischen
diesen Ständen gegen die Ansprüche der Alten Kirche
und des Kaisers entstehen konnte. Die vier führenden
theologischen Teilnehmer waren Luther, Melanchthon, Oekolampad und Zwingli; die politischen Vertreter wurden angeführt von Landgraf Philipp und Herzog Ulrich von Württemberg.

Der Kern der Streitfrage war die Interpretation des
Schrifttextes der Eucharistiefeier (»Das ist mein
Leib«), den Luther wörtlich verstanden wissen wollte,
d. h. im Sinne einer wirklichen, körperlichen Gegenwart Jesu Christi. Zwingli hingegen meinte, es handle
sich nur um einen symbolischen Gedächtnisritus beim
Abendmahl, und er war allenfalls bereit zu akzeptieren,
daß Christus geistig bei der Gemeindefeier gegenwärtig
wäre. Es war → *Martin Bucer* von der Straßburger
Delegation, der versuchte, zwischen beiden Stand-
punkten zu vermitteln. Landgraf Philipp forderte nun
Luther auf, die *15 Artikel* von Marburg zu entwerfen,
wobei die ersten 14 Artikel die anerkannten gemeinsamen Lehren der deutschen und schweizerischen Reformatoren enthielten und der 15. Artikel festhielt, daß
die Reformatoren gegenwärtig nicht einig wären, ob
der wirkliche Leib und das wirkliche Blut Jesu Christi
körperlich in Brot und Wein gegenwärtig wären. In dem

*Der Schauplatz im Marburger
Schloß, an dem im Oktober 1529
die Religionsgespräche zwischen
deutschen und schweizerischen
Reformatoren stattgefunden
haben.*

Mit ihren Unterschriften besiegelten am 4. 10. 1529 die reformatorischen Theologen Martin Luther, Justus Jonas, Philipp Melanchthon, Andreas Osiander, Johann Agricola, Johannes Brenz, Johannes Oekolampad, Huldrych Zwingli, Martin Bucer und Caspar Hedio die in den Gesprächen über die umstrittene Abendmahlstheologie erzielte Einigung.

Einigungsdokument blieb also die Differenz in dieser Lehre bestehen, aber Landgraf Philipp akzeptierte die *15 Artikel* als eine Darstellung des protestantischen Glaubens. Die Marburger Artikel wurden dann teilweise in das *Augsburger Bekenntnis* übernommen.

Philipp Melanchthon (Schwarzert; Schwarzerdt) (* 16. 2. 1497 Bretten/Kurpfalz, † 19. 4. 1560 Wittenberg)

Philipp Melanchthon, Sohn eines kurfürstlichen Rüstmeisters, hatte eine private Ausbildung erhalten, kam aber nach dem Tod des Vaters 1508 an die Lateinschule in Pforzheim; 1509 wurde er in der Universität Heidelberg als Student aufgenommen. 1511 erwarb er hier das Bakkalaureat und ging dann zum weiteren Studium nach Tübingen, wo er 1514 zum Magister Artium promoviert wurde. Ab 1517 übernahm er in Tübingen die Vorlesungen für Geschichte und Rhetorik und wurde im folgenden Jahr auf Empfehlung seines Großonkels, des Humanisten Johannes Reuchlin (1455–1522) als Griechischprofessor nach Wittenberg berufen; Melanchthon hatte eben eine griechische Grammatik veröffentlicht. In seiner Antrittsvorlesung am 29. 8. 1518 *(De corrigendis adolescentium studiis)* legte er seinen Hörern in Wittenberg eine Erneuerung

des Studienprogramms nahe, die vor allem in einer Zurückdrängung der Scholastik und einer Konzentration auf das Studium von Quellen bestehen sollte.

1519 erwarb Melanchthon in Wittenberg das Bakkalaureat der Theologie und veröffentlichte erste Schriften zur Untermauerung der Lutherschen Theologie. So formulierte er beispielsweise schon entschieden die besondere Autorität der *Heiligen Schrift* vor den altkirchlichen Traditionen. Zugleich kam es zu einer Entfremdung zwischen ihm und Reuchlin, der mit Johannes Eck zusammenarbeitete. 1520 heiratete Melanchthon Katharina Krapp, die ihm die Kinder Anna, Philipp, Georg und Magdalena gebar. 1521 erschien der *Römerbriefkommentar* Melanchthons im Druck und die erste Auflage seiner *Loci communes rerum theologicarum*. Mit diesem Werk war die erste evangelische Dogmatik geschaffen worden.

Die »Wittenberger Unruhen« (1521/22) (→ *Bodenstein*) verunsicherten Melanchthon sehr, denn er konnte sich, als verantwortlicher Vertreter Luthers, dabei nicht behaupten. Erst die Rückkehr Luthers stellte den gemäßigten Verlauf der Reformation in Wittenberg wieder sicher. Die Konflikte des → *Bauernkriegs* und die scharfe Kontroverse zwischen Luther und Erasmus zur Frage von Freiheit und Autonomie des menschlichen Willens im Heilsgeschehen machten Melanchthon

Das von Lucas Cranach d. Ä. 1543 geschaffene Doppelporträt von Martin Luther und Philipp Melanchthon.

Ein von Huldrych Zwingli niedergeschriebenes Protokoll eines Gesprächs zwischen ihm und Philipp Melanchthon vom 1. 10. 1529. Auf Initiative des Gastgebers, Landgraf Philipp von Hessen, waren den Marburger Gesprächen Vorbesprechungen zwischen Melanchthon und Zwingli vorausgegangen, in denen die theologischen Streitpunkte der Abendmahlsauffassung, der Erbsünde und Rechtfertigung erörtert wurden. Die letzte Zeile der Aufzeichnungen Zwinglis lautet: »Zum Sakrament des Abendmahls: . . . Hinsichtlich des geistlichen Mahles sind wir nicht verschiedener Meinung, daß ›essen‹ nämlich ›glauben‹ heißt.«

»... einige Kirchengesetze sind gemacht um der guten Ordnung und des Friedens willen ... Darum sollen die Feiertage ... gehalten werden, denn die Leute müssen einige festgesetzte Zeiten haben, an denen sie zusammenkommen, um Gottes Wort zu hören ...
Denn Gott fordert solche Kirchenordnung von uns aus keinem anderen Grund, als um des Lernens willen ...
Neben solchen Gesetzen, die um der guten Ordnung willen gemacht sind, gibt es andere, die aus der Meinung entstanden, daß sie ein besonderer Gottesdienst sein sollen, durch den Gott versöhnt wird und der Mensch Gnade erlangt, etwa die festgesetzten Fasten ...
Man soll solche Gesetze nicht machen und man soll nicht predigen, daß es Sünde sei, solche Anordnungen zu brechen. Man soll auch nicht lehren, daß es Gottesdienst sei, solche Gesetze zu halten ...«
Melanchthon, *Unterricht der Visitatoren an die Pfarrherren im Kurfürstentum zu Sachsen,* 1528

neuerlich zu schaffen und waren möglicherweise der entscheidende Anlaß, daß sich Melanchthon wieder auf seine historische und philologische Arbeit im akademischen Unterricht zurückzog und sich ganz auf den Aufbau des kursächsischen Erziehungswesens konzentrierte.

1530 wirkte Melanchthon führend an der Abfassung des → *Augsburger Bekenntnisses* mit, und im Jahr darauf verfaßte er die *Apologie* zur Verteidigung dieses Bekenntnisses gegen die altgläubige *Confutatio.* Er wurde während dieser Verhandlungen zwar von seinen Mitstreitern häufig wegen zu großer Kompromißbereitschaft kritisiert, ihm wurde aber auch in den folgenden Jahren immer wieder die Leitung der evangelischen Teilnehmer an Religionsgesprächen übertragen, zumal Luther wegen des Banns in seinen Reisemöglichkeiten sehr eingeschränkt war. Die kritischen Einwände gegen Melanchthon waren aber nicht immer ganz ungerechtfertigt: In der Ausgabe des *Augsburger Bekenntnisses* von 1540 *(Confessio Augustana variata)* hat Melanchthon beispielsweise in der Formulierung von Artikel 10 (»Abendmahl«) offensichtlich Zugeständnisse an die schweizerisch-oberdeutsche Fassung gemacht, die vom ursprünglichen Text nicht gedeckt waren. Ähnliche Verschiebungen ergaben sich auch bei seinen immer neuen Bearbeitungen der *Loci communes.*

Obwohl Luther und Melanchthon immer in Loyalität miteinànder verbunden waren, konnte Melanchthon die Führung der Protestanten nach Luthers Tod nicht übernehmen. Dazu mag seine eigene Unsicherheit beigetragen haben, die ihn 1547 nach der Auflösung der Universität Wittenberg durch → *Moritz von Sachsen* auf dessen Angebot eingehen ließ, sie einige Monate später wieder zu eröffnen. Das verschaffte ihm den Ruf eines Verräters, der ja auch dem durch Kampf gegen seine evangelischen Mitfürsten erst zur Kurfürstenwürde gelangten Moritz anhaftete. Als Melanchthon 1548 an der Formulierung des Leipziger Interims mitarbeitete, geriet er noch mehr ins Zwielicht und wurde schließlich nur noch als das Schulhaupt der »Philippisten« befehdet und kaum mehr als Lutheraner anerkannt.

Am 19. 4. 1560 starb Philipp Melanchthon und wurde neben Luther beigesetzt. Seinen Nachruhm hat er sich vor allem als *Praeceptor Germaniae* (Lehrer Deutschlands) erworben, als der er nicht nur für den protestantischen Raum durch seine Förderung und Anregung von Schulgründungen und Universitätsreformen geschätzt wurde.

In den ersten Wittenberger Jahren verband sich Melanchthon so eng mit Luther, daß er es sogar zu einem Bruch mit seinem Großonkel Reuchlin kommen ließ, der versuchte, ihn aus dem »gefährlichen« Wittenberg

Das Melanchthon-Haus in Wittenberg.

Titelblatt einer 1538 in Wittenberg erschienenen Ausgabe von Melanchthons kirchenpolitischer Programmschrift Unterricht der Visitatoren.

Titelblatt einer in Bern erschienenen Ausgabe von Melanchthons Kinderkatechismus (Catechismus puerilis).

zurückzurufen. Melanchthon verteidigte in aller Schärfe die Positionen Luthers und sorgte für ihre systematische Ausformulierung. In scharfer Form beantwortete er sowohl den Bericht Ecks über die Leipziger Disputation als auch die Beurteilung Roms (1520) und der Pariser Universität (1521), die die Lehre Luthers als der Orthodoxie widersprechend abgewiesen hatten. Ja, im September 1519 formulierte Melanchthon in seiner Thesenreihe für die Promotion zum *Baccalaureus biblicus* die wichtigen Elemente evangelischer Theologie selbständig, indem er zur Autorität der *Heiligen Schrift* und zur altkirchlichen Sakramentenlehre Stellung nahm.

Nach seinen Schwierigkeiten während der »Wittenberger Unruhen« (→ *Bodenstein*) und nach den Erfahrungen des Bauernkriegs zog sich Melanchthon von der eigentlichen theologischen Arbeit zurück und nahm fortan in allen offiziellen Verhandlungen eine sehr verbindliche Position ein. Dies dürfte einer der Gründe sein, warum Vertreter der Alten Kirche immer wieder hofften, Melanchthon für ihre eigene Sache zurückgewinnen zu können.

Seine Kompetenz als humanistischer Gelehrter ebenso wie sein Verhandlungsgeschick und seine diplomatische Zähigkeit trugen jedoch zu einem wesentlichen Teil dazu bei, daß der Aufbau der evangelischen Landeskirchen konkret gelang. In einer Art Leitfaden, der Schrift *Unterricht der Visitatoren an die Pfarrherren im Kurfürstentum zu Sachsen* von 1528, gab Melanchthon der Prüfung kirchlicher Mißstände einen zusätzlichen Aspekt, indem er besonders auf die Situation der Schulen hinwies. 56 Städte aus dem Einflußbereich der Wittenberger Reformatoren fragten bei der Einrichtung ihrer Gymnasien Melanchthon um Rat. Außerdem war er an den Gründungsplänen für die Universitäten Königsberg, Jena und Marburg beteiligt. Darüber hinaus hatte er Einfluß auf die Reform nicht nur seiner Universität Wittenberg, sondern auch von Greifswald, Köln, Tübingen, Leipzig, Heidelberg, Rostock und Frankfurt/Oder. Im Wesentlichen war es Melanchthon zu verdanken, daß sich das Augenmerk der evangelischen Erneuerungsbewegung auf eine umfassende Bildungskonzeption und -organisation, nicht allein auf eine theologische Neuorientierung, richtete. Er brachte in das Erziehungswesen rationalistische, die theologisch-religiöse Ethik durch heidnisch-antike Elemente (aristotelische und ciceronianische Ethik) ergänzende Gesichtspunkte ein. Dies ist der Hintergrund dafür, daß ihm bald der Ehrentitel »Lehrer Deutschlands« *(Praeceptor Germaniae)* in der Geschichtsüberlieferung zugeschrieben wurde.

Seine auf Versöhnung ausgerichtete Grundhaltung, die schon im *Augsburger Bekenntnis* deutlich zum Ausdruck kam, hat in späterer Zeit dazu geführt, daß seine Kirchenpolitik nicht an Abgrenzung gegen andere theologische Schulen orientiert war. Dies brachte ihm nach dem Tode Luthers den Vorwurf ein, er verderbe das Erbe des Reformators. In der Tat schien er in den Verhandlungen um das → *Augsburger Interim* und danach in den theologischen Konflikten zwischen Reformierten und Lutheranern in seiner Anpassungsbereitschaft äußerst weit zu gehen, um die vorhandene kirchliche Organisation zu retten und Perspektiven eines Ausgleichs zwischen den Konfessionen offenzuhalten. August von Sachsen sah sich 1574 sogar veranlaßt, alle Professoren der Universität Wittenberg, wie sie Melanchthon nach dem Interim eingerichtet hatte, zu entlassen, weil sie unter dem Verdacht des Calvinismus standen; lediglich Bugenhagen konnte seinen Lehrstuhl behaupten. Damit wurden im lutheranischen Einflußbereich die Anhänger Melanchthons (die sog. »Philippisten«) ihrer Wirkung nahezu vollständig beraubt.

Entgegen allen Vorwürfen wurde Melanchthon in der Folgezeit – während der Arbeiten am → *Konkordienbuch* – weitgehend rehabilitiert: Ausdrücklich wurde auf seine »nützlichen« Schriften, die mit der *Norma Concordiae* (der Lehrnorm der Konkordienformel von 1580) übereinstimmen, hingewiesen. Die Bekenntnisschriften im eigentlichen Sinne stammen alle aus Me-

Die alte Universität Marburg. Auf der Grundlage der von Landgraf Philipp von Hessen 1526 durchgesetzten Reformation wurde am 1. 6. 1527 in Marburg die erste evangelische Universität Deutschlands gegründet, ohne die Privilegierung durch Kaiser und Papst einzuholen. Die Hochschule, in ihrem Lehrplan wesentlich von Melanchthon geprägt, entwickelte sich neben Wittenberg zu einem Zentrum der reformatorischen Theologie. Ganz in Melanchthons Sinne wurde an ihr die Praktische Theologie als Wissenschaft und Ausbildungsfach begründet.

»Euch und euren Kindern und dem gesamten Staat möge Glück und Erfolg beschieden sein! ... Das größte Verdienst um ganz Europa hat sich vor nicht allzulanger Zeit die Stadt Florenz erworben, als sie die Lehrer für alte griechische Literatur, die aus ihrer Heimat vertrieben worden waren, aufforderte, zu ihr ihre Zuflucht zu nehmen; und sie half ihnen nicht nur durch ihre Gastfreundschaft, sondern ermöglichte ihnen auch wieder ihre Studien, nachdem sie sie mit der Aussicht auf eine sehr großzügige Besoldung zum Lehren eingeladen hatte ...

Nach dem Vorbild verteidigt ihr in dieser unglücklichen Zeit die schönen Künste und Wissenschaften, während die Bischöfe, statt um die Wissenschaften, sich um den Krieg kümmern und die übrigen Fürsten diese Mühe für ihrer unwürdig erachten; ringsumher empört sich Deutschland und ruft zu den Waffen, und wie es in einem Spruch heißt: Die Weisheit wird aus der menschlichen Gesellschaft vertrieben, Gewalt regiert die Welt.«

Rede von Philipp Melanchthon zu Ehren der neuen Schule, gehalten in Nürnberg vor einer Versammlung von Gelehrten und fast des ganzen Senats, 1526

lanchthons Feder – auch wenn sie Gemeinschaftswerke waren. Luthers Schriften, die ins Konkordienbuch eingegangen sind, besaßen diesen Bekenntnischarakter nicht, sondern fungierten im pastoralen Gebrauch *(Katechismen)* oder in Lehrauseinandersetzungen *(Schmalkaldische Artikel)* als theologische Orientierungshilfen.

Melanchthon hat für die lutheranische Theologie vor allem auch die erste Dogmatik mit seinen *Loci communes rerum theologicarum seu hypotyposes theologicae* (Grundbegriffe der Theologie oder Theologische Skizzen) von 1521 geschaffen. Er nahm in dieser Schrift anhand von Bibel- und Vätertexten aufgrund der reformatorischen Theologie zu den zentralen Themen Sünde, Gesetz und Gnade Stellung und behandelte darunter auch Einzelthemen wie den freien Willen, Gelübde, Hoffnung und Bekenntnis. Diese Schrift erlebte von 1521–1525 allein 18 Auflagen und war bereits 1522 unter dem Titel *Die Hauptartikel und fürnemsten Punct der ganzen Heiligen Schrift* in deutscher Übersetzung erschienen. 1558 hat Melanchthon sie zum letztenmal überarbeitet.

Die Bedeutung dieser Schrift für die reformatorische Theologie nicht nur im Einflußbereich Wittenbergs, sondern in Europa, hat Elisabeth I. von England überzeugend bekräftigt, indem sie diese Dogmatik Melanchthons auswendig lernte und sich dank dieser Kenntnisse persönlich an der konkreten Gestaltung der Anglikanischen Kirche beteiligte.

Olympia (Fulvia) **Morata**
(* 1526 Ferrara, † 26. 10. 1555 Heidelberg)

Olympia Morata war die Tochter von Fulvio Pellegrino Morata aus Mantua, der lateinische und griechische Philologie lehrte. Er weilte am Hof der Herzöge von Este in Ferrara als Erzieher der jüngeren Fürstensöhne, als er 1525 Lucrezia Gozi heiratete. Seine erstgeborene Tochter Olympia hatte er sorgfältig unterrichtet, so daß sie schon als Halbwüchsige wegen ihrer klassischen Bildung unter den gelehrten Freunden ihres Vaters Aufsehen erregte.

1540 wurde Olympia Gesellschafterin der Prinzessin Anna von Este und mit dieser gemeinsam vom Hofarzt Johannes Sinapius (Senf), der zuvor Griechischprofessor in Heidelberg gewesen war, erzogen. An diesem Hof wurde Olympia auch mit der reformatorischen Bewegung bekannt, denn Jean Calvin hatte bei seinem kurzen Besuch 1536 Herzogin Renata und ihre Umgebung tief beeindruckt. Vor allem aber hatte sich Olympias Vater zur Reformation bekehrt, und vermutlich hat sie in dessen Todesjahr 1548 seine Glaubenswendung mitvollzogen. Aus ungeklärten Gründen fiel sie zu dieser Zeit bei Hofe in Ungnade, und zugleich wurde ihre reformatorische Gesinnung durch die erstarkende Inquisition bedroht. Aus dieser Situation rettete sie die Ehe mit Andreas Grundler (Grunthler) aus Schweinfurt, der 1549 in Ferrara zum Doktor der Medizin promoviert worden war.

Im Juni 1550 reisten Olympia und Grundler sowie ihr achtjähriger Bruder Emilio, dessen Erziehung sie übernahm, nach Augsburg, wo sie zunächst im Haus der Fugger und dann beim königlichen Rat Georg Hörmann in Kaufbeuren Aufnahme fanden. Hier erhielt Olympia Zugang zu den Schriften der Reformatoren. Danach besuchte die Familie Johannes Sinapius in Würzburg, von wo Andreas Grundler nach Schweinfurt gerufen wurde, um sich als Arzt in seiner Vaterstadt niederzulassen (Oktober 1550). Im Haus und mit dem Erbe seines Vaters richtete der junge Arzt sich hier ein, und bald sammelte das Ehepaar einen Kreis von gebildeten Reformern um sich. Olympia widmete sich der Erziehung ihres Bruders und der Tochter von Sinapius, Theodora, sowie einer umfangreichen Korrespondenz: Adressaten dieser für den reformatorischen Glauben werbenden Briefe waren vor allem italienische Freunde, aber auch ein Schweinfurter Student.

1553 machte der vagabundierende Söldnerführer Markgraf Albrecht Alkibiades von Brandenburg Schweinfurt zum Hauptquartier seiner Truppen. Sie brachten Seuchen in die Stadt, denen auch Olympias Mann fast erlegen wäre, und zogen 1553 und 1554 schwere Belagerungen auf die Stadt. Während der zweiten Belagerung flohen die Truppen des Markgrafen nach Kitzingen, und die Belagerer stürmten am 13. 6. 1554 die Stadt und legten sie in Asche. In einer abenteuerlichen und gefahrvollen Flucht konnten Morata und Grundler sowie ihr Bruder Emilio ihr nacktes Leben retten. Sie fanden schließlich bei den Grafen Erbach Aufnahme, und bald wurde Andreas Grundler als dritter Professor an die medizinische Fakultät der Heidelberger Universität verpflichtet.

Olympia hat sich von den Strapazen dieser Flucht nicht mehr erholt, sie bemühte sich aber noch, den neuen Haushalt in Heidelberg einzurichten, und nahm ihre Korrespondenz wieder auf. Knapp zwei Monate nach ihrem Tod starb auch Andreas Grundler am 22. 12. 1555 an der Pest, der kurz darauf auch Emilio erliegen sollte. Alle drei wurden auf dem Friedhof der Peterskirche in Heidelberg, der Grabstätte der Universitätsangehörigen, bestattet; an der Kirchenmauer befindet sich eine Gedenktafel für Olympia.

1558 wurden die von ihren Freunden gesammelten Schriften und Briefe Olympias in Basel als Zeugnis des christlichen Glaubens einer großen mitstreitenden Zeitgenossin veröffentlicht *(Werke der hochgelehrten Frau Olympia Fulvia Morata).*

Moritz von Sachsen.
Gemälde von Lucas Cranach
d. J. (1559).

Moritz von Sachsen

(* 21. 3. 1521 Freiburg, † 11. 7. 1553 Sievershausen)

Moritz von Sachsen war an den katholischen Höfen seines Onkels, Herzog Georg, und → *Albrechts von Mainz*, später aber auch beim protestantischen Kurfürsten → *Johann Friedrich I. von Sachsen* in Torgau aufgewachsen und erzogen worden. Geprägt von diesen verschiedenartigen Einflüssen, hatte er Selbständigkeit und diplomatische Fähigkeiten entwickeln gelernt. Er bekannte sich zwar offen zur Reformation, seine religiöse Überzeugung war aber wohl nicht sehr tief. Jedenfalls trat als Motivation sehr bald sein politischer Ehrgeiz in den Vordergrund. 1541 erbte er das Herzogtum Sachsen. Im selben Jahr heiratete er die Tochter Agnes des hessischen Landgrafen, trat aber dem Schmalkaldischen Bund nicht bei, weil darin sein Vetter Johann Friedrich eine führende Stellung einnahm. 1542 und 1544 folgte Moritz Kaiser Karl V. auf den Feldzügen gegen die Türken und gegen Frankreich, 1545 beteiligte er sich allerdings auch an der Strafaktion der Schmalkaldener gegen Herzog Heinrich von Braunschweig. Danach gelang es Karl V., Moritz mit der Aussicht auf die Übertragung der Kurfürstenwürde auf ihn, für sich zu gewinnen; so ergriff dieser im Schmalkaldischen Krieg denn auch gegen seine lutherischen Mitfürsten die Partei des Kaisers und trug damit entscheidend zur Niederlage der Schmalkaldener bei. In der Kapitulation Johann Friedrichs von 1547 erhielt Moritz das Kurfürstentum dann auch tatsächlich zugesprochen und wurde 1548 auf dem Augsburger Reichstag formell damit belehnt. Den evangelischen Ständen wurde er damit zum »Judas von Meißen«, also zum Glaubensverräter. Gemeinsam mit Melanchthon versuchte er im *Leipziger Interim* die Forderungen des Reichstags abzuschwächen und für die protestantische Seite annehmbar zu machen.

Auf dem Augsburger Reichstag von 1548 wird Moritz von Sachsen von Kaiser Karl V. zum Kurfürsten erhoben. Historiengemälde von Matthäus Gundelach für das Fürstenzimmer des Augsburger Rathauses (1622).

Abriß / wie der Caluinische Geist durch seine gehaime Räth / wider das Römische Reich

Um ein weiteres Erstarken der Habsburger zu verhindern und seine neugewonnene Position zu sichern, bemühte sich Moritz um eine Aussöhnung mit seinen Glaubensgenossen und nutzte den kaiserlichen Auftrag, an der reformierten Stadt Magdeburg die Reichsacht zu vollstrecken, zur Sammlung eines Heeres, das er nach Süddeutschland führte; in diesem »Fürstenaufstand« wurde der Kaiser zur Freilassung → *Philipps von Hessen* und Johann Friedrichs und am 2. 8. 1552 im Passauer Vertrag auch zum Verzicht auf die Durchsetzung des → *Augsburger Interims* gezwungen. Moritz leistete anschließend Ferdinand von Österreich im Kampf gegen die Türken Hilfe und zog im folgenden Jahr gemeinsam mit Heinrich von Braunschweig gegen den Söldnerführer Markgraf Albrecht Alkibiades, der den Passauer Vertrag mißachtete und weiter auf eigene Faust mit seinen Söldnertruppen in geistliche Gebiete einfiel. Moritz wurde in der Entscheidungsschlacht bei Sievershausen selbst tödlich verwundet und starb zwei Tage darauf. Albrecht Alkibiades konnte fliehen, seine Haufen sind aber vernichtend geschlagen worden.

Thomas Müntzer
(* um 1490 Stolberg am Harz, † 27. 5. 1525 bei Mühlhausen/Thüringen)

Thomas Müntzer wuchs in Halberstadt oder Quedlinburg auf und begann 1506 an der Universität Leipzig zu studieren. 1512 war er dann an der Universität Frankfurt/Oder inskribiert. Er erlangte den Grad eines Magister Artium und eines Bakkalaureus der Heiligen Schrift. Müntzer wurde bald in theologischen und kirchenrechtlichen Fragen zu einem umworbenen Ratgeber. Von 1513 an arbeitete er als Lehrer in Halle, Halberstadt und Aschersleben. 1516 wurde er Probst im

Thomas Müntzer.
Kupferstich von C. van Sichem.

»Ich, Thomas Müntzer von Stolberg, bekenne vor der ganzen Kirche und der ganzen Welt, ... daß ich meinen allerhöchsten Fleiß angewandt habe vor allen Menschen, die ich gekannt habe, auf daß ich könnte einen höheren Unterricht haben oder erlangen im heiligen unüberwindlichen Christenglauben ... Ich habe von gar keinem Gelehrten die Ordnung Gottes, so in alle Kreaturen gesetzt, vernommen mit dem allergeringsten Wörtlein ... Es soll aber – Gott sei gebenedeit – nimmer also zugehen, daß die Pfaffen und Affen sollten die christliche Kirche sein, sondern es sollen die auserwählten Freunde Gottes Wort auch lernen prophezeien ... Daß ich solche Lehr möchte an den Tag bringen, bin ich willig, um Gottes Willen mein Leben zu opfern. Gott wird wunderbare Dinge tun mit seinen Auserwählten, sonderlich in diesem Lande. Denn hier wird die neue Kirche angehen ...«
Thomas Müntzer, *Prager Manifest*, 1. 11. 1521

Kloster Frose und 1518 Lehrer in Braunschweig. Im folgenden Jahr wirkte Thomas Müntzer als Prediger in Jüterbog, wo er als »Lutheraner« bezeichnet wurde (die erstmalige Verwendung dieser Kennzeichnung überhaupt). Müntzer war dann Zeuge der Leipziger Disputation zwischen Luther und Eck und übernahm für kurze Zeit auch eine Seelsorgerstelle im Kloster Beuditz bei Halle. 1520 wurde er auf Luthers Empfehlung hin Prediger in Zwickau, wo er in die populistischen Unruhen um die → »*Zwickauer Propheten*« verwickelt wurde. Wohl schien Müntzer schon zu dieser Zeit für einen klaren Bruch mit der Praxis der Alten Kirche einzutreten, aber seine mystische Theologie dürfte noch nicht entfaltet gewesen sein; möglicherweise wurde er erst durch das Auftreten der »Propheten« von der Wirksamkeit einer Berufung auf eine unmittelbare Gotteserfahrung in der Verkündigung aufmerksam.

Im folgenden Jahr wurde Thomas Müntzer aus Zwickau vertrieben. Er wandte sich nach Böhmen und Mähren, nahm Kontakt zu den Gemeinschaften der Böhmischen Brüder auf und predigte in Prag. Dort entstand auch sein *Prager Manifest*, das nun ziemlich vollständig seine Theologie enthielt.

1522 wanderte er wieder durch mitteldeutsche Gebiete und hielt sich einige Zeit in Halle, Nordhausen, Weimar und Wittenberg auf, wo auch Gespräche mit Luther stattfanden. Im Frühjahr 1523 übernahm Müntzer die Pfarrstelle in Allstedt, wo er völlig unabhängig von Wittenberg eine deutsche Liturgie in die Gemeinde einbrachte. In diesem Jahr heiratete er auch eine Nonne. Im Frühjahr 1524 gründete Thomas Müntzer seinen »Getreulichen Bund göttlichen Willens«, in dem er seine Allstedter Gemeinde und später die Mansfelder Bergknappen sowie Bürger aus Sangershausen und Naumburg als seine Anhänger zusammenfaßte. Dieser Bund hatte keine gewalttätigen Ziele, sondern sollte lediglich eine wahrhaft christliche und gerechte Gemeinschaft auf Erden verwirklichen.

Mit dieser Absicht nutzte Müntzer auch die Vorladung auf das Allstedter Schloß vor seine Landesherren, die seine Legitimation als Pfarrer von Allstedt prüfen wollten, zu seiner *Fürstenpredigt*, in der er seine Zuhörer durch die Auslegung der Prophezeihungen im *Buch Daniel* zum gemeinsamen Aufbau eines brüderlichen, christlichen Gemeinwesens aufforderte. Die *Fürstenpredigt* zielte vor allem auf die Gewinnung Herzog Friedrichs von Sachsen für die Sache des Allstedter Bundes. Luther warnte die Fürsten vor dieser Verquickung von weltlicher Ordnung und Heilswirken und hat wohl Müntzer erst damit in die Hinwendung zu sozialer Agitation und Aktion gedrängt. Er betonte nun ein gegenüber den Fürsten »freies Gottesvolk« und mußte deshalb im August 1524 nach Mühlhausen fliehen. Hier

traf er mit Heinrich Pfeiffer, einem ehemaligen Mönch, zusammen, und entwickelte seine Gottesstaatsidee; dies führte im September 1524 zur Ausweisung der beiden Prediger. Thomas Müntzer wandte sich nach Nürnberg, wo wahrscheinlich → *Hans Hut* Müntzers *Schutzrede* gegen »das sanftlebende fleisch von Wittenberg« publizierte, was auch hier zur Vertreibung Müntzers beitragen sollte. In der *Schutzrede* griff Müntzer vor allem die Eingliederung der Christengemeinde in die vorhandene weltliche Ordnung an, weil sie in seinen Augen den Fehler der Alten Kirche wiederholte.

Müntzer reiste nun durch die Gegend am Oberrhein, wobei er in Basel → *Oekolampad* und vermutlich auch → *Konrad Grebel* traf. Den Winter verbrachte er in Kontakt mit → *Balthasar Hubmaier*, es ist allerdings unklar, ob er sich direkt in Waldshut aufhielt. 1525 im Februar reiste Müntzer dann über Schweinfurt und Fulda nach Mühlhausen, wo er zusammen mit Heinrich Pfeiffer, den er hier wiedertraf, den »Ewigen Rat« als Führungsautorität seines christlichen Brüderbundes installierte.

In seinen wortgewaltigen Agitationsbriefen – vor allem an die Mansfelder Grafen – und in seinen Predigten verglich Müntzer sich mit alttestamentlichen Propheten, die zur Umkehr zu Gott mahnten und ihrem Volk in seinem Befreiungskampf voranschritten; dieses theo-

Das Denkmal Thomas Müntzers in Mühlhausen (Thüringen), seiner letzten Fluchtstätte, an der er 1525 gefangengenommen und enthauptet wurde.

Hoch verursachte Schutzrede vnd antwvort / wider das Gaisslose Sanfft lebende flesch zů Wittenberg / welches mit verfälscter weyße / durch den Diepstal der heiligen schrift die erbermbliche Christenheit / also gantz jämerlichen Besudelt hat.

Thomas Müntzer Allstedter.

Auß der hölen Helie / welches ernst niemant verschonet. iii. Regů. xviii. Matthei. xvij. Luce. j. Apocali. Vndecimo.

Anno. M. D. XXiiij.

O deus redime me a calumnijs hoim : vt custodiã mãdata tua. Agnũciemqs veritatẽ in filio tuo recõ Ditam: ne techne malignantiũ amplius perseuerent.

Titelblatt von Müntzers Kampfschrift Hochverursachte Schutzrede *gegen Luther (1524).*

Thomas Murner. Holzschnitt (1502).

logische Selbstverständnis ließ die Anwendung des Schwertes gegen »gottlose« Obrigkeiten zu. Die Angriffe und Beschädigungen von Burgen und Klöstern im Eichsfeld durch Müntzer anhängende Bauernhaufen dürften aber ähnlich wie im Schicksal von → *Sebastian Lotzer*, dem Autor der *Zwölf Artikel* der revoltierenden Bauernschaft, eher auf von den Führern nicht mehr kontrollierbare Exzesse zurückzuführen sein. Es wäre sonst kaum zu erklären, warum Müntzer die Entscheidungsschlacht so lange hinauszögerte, bis die Fürstenheere sich endgültig formiert und die Initiative übernommen hatten. Bei Frankenhausen wurden am 15. 5. 1525 die klar unterlegenen Bauern verheerend geschlagen und eine große Menge der wehrlosen Verlierer dann auch noch von den Landsknechten der Fürsten hingemetzelt. Müntzer selbst konnte fliehen, wurde aber in Frankenhausen aufgestöbert und an Graf Ernst von Mansfeld ausgeliefert. In Heldrungen gestand Thomas Müntzer unter der Folter alle ihm zur Last gelegten Verbrechen ein; im Fürstenlager vor Mühlhausen wurde er wenige Tage später enthauptet.

Das Andenken Müntzers wurde von Anfang an durch die Wittenbergische Propaganda gegen ihn verdunkelt und verzeichnet. Erst in neuerer Zeit wurden seine theologischen und sozialen Intentionen deutlicher wahrgenommen. Es kam dabei allerdings zu einer neuen Trennung beider Komponenten. Seine Weigerung, die christliche Gemeinde einfach der vorhandenen Sozialordnung einzugliedern, beruhte auf theologischen Einsichten, die sich nicht allein auf den Entwurf einer Sozialutopie reduzieren lassen. Am fruchtbarsten sind seine Ansätze vielleicht durch die Vermittlung von → *Hans Hut* in das frühe Täufertum eingedrungen.

Thomas Murner
(* 24. 12. 1475 Oberehnheim, † 1537 Oberehnheim)
Thomas Murner hatte 1482 durch seinen Vater das Straßburger Bürgerrecht erlangt und war 1484 in Straßburg Franziskanermönch geworden. 1506 wurde er an der Universität Freiburg zum Doktor der Theologie und 1519 in Basel zum Doktor beider Rechte promoviert. Während seiner Studien war er in Kontakt mit Humanisten gekommen, war durch wissenschaftliche Schriften zu Jurisprudenz, Logik und Metrik hervorgetreten und hatte sich als beliebter Volksprediger und Satiriker einen Namen gemacht.

Seit 1512 sind dann Flugschriften von Murner verbreitet worden, die mit großer Rigorosität Laster und Torheiten der Menschen, vor allem aber die kirchlichen Mißstände angriffen. Aus dieser Haltung heraus begrüßte er zunächst auch das Auftreten Luthers, doch seine Loyalität gegen Orden und Alte Kirche machte

Uon dem groffen
Lutherifchen Aarren wie in
doctor Murner Befchworen hat.x.

Titelblatt von Murners Flugschrift
Von dem großen Lutherischen
Narren *(1522), die mit der zentralen These, daß »Luthers Lehre
ein Bundschuh« sei, den Reformator zum Volksaufrührer ge-
stempelt hat.*

ihn bald zu einem der großen publizistischen Gegner
des Reformators. 1522 veröffentlichte er seine Flugschrift *Von dem großen Lutherischen Narren*, die ihm
zahlreiche Gegenschriften Luthers und seiner Verteidiger eintrug. Es sind dies jene reformatorischen Schriften, die in der Propaganda des → *Bauernkriegs* eine
besondere Rolle spielen und die Popularisierung des
reformatorischen Denkens bewirken sollten. Im selben
Jahr übersetzte Murner die Schrift König → *Heinrichs VIII.* gegen Luther ins Deutsche und besuchte
auch England. 1524 nahm er als Vertreter des Bischofs
von Straßburg am Reichstag zu Nürnberg teil, wurde
aber im selben Jahr aus der Stadt Straßburg verbannt
und mußte schließlich während des Bauernkriegs auch
aus dem Elsaß fliehen. Er bekam eine Pfarrstelle in
Luzern, wo er sich sogleich gegen die Reformation in
den Schweizer Kantonen einsetzte; von den Städten
Zürich und Bern mit Verfolgung bedroht, floh er 1529
auch aus der Schweiz und starb 1537 als Pfarrer seiner
Heimatstadt.

Friedrich Myconius (Mecum)
(* 26. 12. 1491 Lichtenfels/Main, † 7. 4. 1546 Gotha)
Friedrich Myconius begann seine reformatorische
Tätigkeit im kursächsischen Thüringen. Er war zuerst

Pfarrer in Buchholz und dann in Gotha, wo er zugleich als Superintendent die Kirchen- und Schulreform leitend prägte. Auch an den Visitationen von 1527 und 1533 war er beteiligt. Nach dem Tod Herzog → *Georgs von Sachsen* hat er wesentlich zur Einleitung der Reformation in Leipzig und Annaberg beigetragen.

Er kam häufig mit der täuferischen Bewegung in Kontakt und hatte im Januar 1530 Verhöre gegen Täufer zu führen, von denen sechs zum Tode verurteilt wurden; seine Bedenken gegen ihre gewaltsame Ausrottung waren von Melanchthon, den er um Rat gefragt hatte, zerstreut worden. Friedrich Myconius wirkte bis zu seinem Tode als Superintendent von Gotha.

Oswald Myconius (Geißhüsler)
(* 1488 Luzern, † 14. 10 1552 Basel)

Oswald Myconius. Kupferstich von J. H. Schönauer (um 1700).

Oswald Myconius hatte in Bern und Basel klassische Sprachen studiert und wirkte zuerst in Basel und Luzern und ab 1516 in Zürich als humanistischer Professor. Er förderte die Berufung Zwinglis nach Zürich und wandte sich 1520 selbst biblischen Studien zu. Der Rat von Zürich stellte ihm und seinen Hörern das Fraumünster für Zusammenkünfte zur Verfügung. Seine gründliche und zugleich verständliche Schriftauslegung machte ihn sehr populär, und er konnte so die Reformierung der Stadt entscheidend mitfördern, obwohl er kein Predigeramt innehatte.

Mit Zwingli und → *Leo Jud* nahm Myconius 1525 an den Disputationen mit den Täufern teil, von denen einige – etwa → *Balthasar Hubmaier* und → *Konrad Grebel* – eng mit ihm bekannt waren.

In der schwierigen Situation nach der Schlacht von Kappel (11. 10. 1531) wurde Oswald Myconius Hilfsgeistlicher bei → *Johannes Oekolampad*; nach dessen Tod wurde er sein Nachfolger als Vorsteher der Baseler Kirche und zugleich Professor für Neues Testament an der Universität. Mit → *Bullinger* in Zürich blieb er in engstem Kontakt, hatte aber auch Verbindungen ins Elsaß und nach Straßburg. Am 21. 1. 1534 legte er die von Oekolampad initiierte *Baseler Konfession* vor, die bis gegen Ende des 18. Jh.s das offizielle Bekenntnis der Baseler Kirche blieb. Dieses Bekenntnis verurteilte in scharfer Form die täuferischen Lehren, dennoch wurde seit seiner offiziellen Niederlegung keine Todesstrafe mehr über ihre Anhänger ausgesprochen.

Friedrich Nausea (Friedrich Grau)
(* um 1496 Waischenfeld bei Bamberg, † 6. 2. 1552 Trient)

Friedrich Nausea gelangte, obwohl aus einfachen Verhältnissen stammend, zum Studium an die Universi-

täten Leipzig, Paris und Siena, wo er 1523 das juristische Doktorat erwarb. Er wurde im Anschluß daran
Sekretär bei Kardinal Campeggio und fungierte mehrmals als altkirchlicher Unterhändler mit dem Auftrag,
Philipp Melanchthon zur Rückkehr zum römischen Katholizismus zu bewegen. 1525 gelangte er als Domprediger nach Frankfurt/Main, wurde von dort aber im Umfeld des Bauernkriegs vertrieben und kam 1526 als
Domprediger nach Mainz. 1534 wurde Friedrich Nausea Hofprediger und königlicher Rat bei Ferdinand I.,
blieb aber zugleich Domprediger in Mainz und wurde
zum Doktor der Theologie promoviert.

1538 kam Nausea als Helfer → *Johannes Fabris* nach
Wien und trat 1541 dessen Nachfolge als Wiener Bischof an. Kurz zuvor hatte er noch an den Religionsgesprächen mit den Lutheranern in Hagenau und Worms
teilgenommen. 1543 veröffentlichte Nausea in Wien
einen Katechismus. Er unterstützte zwar weiterhin die
altgläubige Politik König Ferdinands, nahm aber
grundsätzlich eine versöhnlichere Haltung gegenüber
den Ständen des → *Augsburger Bekenntnisses* ein als
sein Vorgänger Fabri. Nausea trat für eine Lockerung
der Zölibatsbestimmungen und für die Einführung des
Laienkelches ein, Reformen, die das → *Augsburger
Interim* – allerdings nur als Übergangslösung – auch
vorsah. Als Sprecher Ferdinands I. wurde Friedrich
Nausea zum Konzil von Trient entsandt; gleich nach
seiner Ankunft 1551 starb er jedoch an der Pest.

Heinrich Niclaes

(* 1502 Münster, † 1580, vermutlich Köln)
Heinrich Niclaes trat mit neun Jahren in die Lateinschule ein, arbeitete aber von 1514 an im Betrieb seines
Vaters, bis er heiratete und ein eigenes Geschäft gründete. 1529 wurde er unter dem Verdacht, Lutheraner zu
sein, festgenommen und wanderte anschließend nach
Amsterdam aus. Dort wurde er zeitweilig als Münster-
scher Täufer verdächtigt. Um 1541 visionärer, mysti-
scher Erfahrungen teilhaftig, sammelte er in Emden
eine Gruppe von Anhängern im »Haus der Liebe« um
sich. 1561 wurde er gefangengenommen und gefoltert,
konnte aber fliehen und hielt sich danach kurz in Kam-
pen und dann in London und Köln auf.

In seinen etwa fünfzig Schriften propagierte er einen
mystischen Pantheismus als religiöse Grundlage für
seine Gefolgschaft im »Haus der Liebe«. Organisatorisch versuchte er das Konzept der katholischen Hierar-
chie mit dem Bruderschaftsideal der → *Täufer* zu kom-
binieren, weshalb seine Gruppen häufig als Täufer beurteilt wurden. In Dordrecht existierte eine organisierte
Anhängerschaft zumindest bis 1614 und in England, wo
es mehrere Gruppen gab, bis zum Ende des 17. Jh.s.

Nürnberger Reichstag

(Herbst 1522 – Frühjahr 1523)

Rechts unten: *Titelblatt der deutschen Ausgabe der Akten des Nürnberger Reichstages (1523). Deren Kernstück ist die Instruktion Hadrians VI., in der der reformwillige Papst hernach in dieser Offenheit nicht wieder formulierte Selbstkritik übt. Seinem Legaten auf dem Reichstag hat er einen klaren Auftrag erteilt: »Du sollst auch sagen, daß wir es frei bekennen, daß Gott diese Verfolgung seiner Kirche geschehen läßt wegen der Menschen und sonderlich der Priester und Prälaten Sünden . . . Die Heilige Schrift verkündet laut, daß die Sünden des Volkes in den Sünden der Geistlichkeit ihren Ursprung haben . . . Wir wissen wohl, daß auch bei diesem Heiligen Stuhle schon seit manchem Jahre viel Verabscheuenswürdiges vorgekommen: Mißbräuche in geistlichen Sachen, Übertretungen der Gebote, ja daß alles sich zum Ärgeren verkehrt hat. So ist es nicht zu verwundern, daß sich die Krankheit vom Haupt auf die Glieder, von den Päpsten auf die Prälaten verpflanzt hat. Wir alle, Prälaten und Geistliche, sind vom Wege des Rechtes abgewichen, und es gab schon lange keinen einzigen, der Gutes getan. Deshalb müssen wir alle Gott die Ehre geben und vor ihm uns demütigen; ein jeder von uns soll betrachten, weshalb er gefallen, und sich lieber selbst richten, als daß er von Gott am Tag seines Zornes gerichtet werde. Deshalb sollst Du in unserem Namen versprechen, daß wir allen Fleiß anwenden wollen, daß zuerst der römische Hof, von dem vielleicht alle diese Übel ihren Anfang genommen haben, gebessert werde; dann wird, wie von hier die Krankheit gekommen ist, auch von hier die Gesundung beginnen. Solches zu vollziehen, erachten wir uns um so mehr verpflichtet, weil die ganze Welt eine solche Reform begehrt.«*

Der Nürnberger Reichstag stand vor allem unter dem Eindruck des Ende 1522 nach Nürnberg gebrachten Schreibens des reformwilligen Papstes Hadrian VI., der sich und den Klerus darin wesentlicher Versäumnisse beschuldigte. Im Aufgreifen dieser Selbstanklagen meinten die Reichstagsteilnehmer Anlaß zu finden, eine Reform der Kirche nun doch gemeinschaftlich in die Wege zu leiten. Zwar konnten die Geistlichen unter ihnen die Aufnahme mancher Beschuldigungen verhindern, indem sie deutlich machten, daß der Papst nur für sich und nicht für die einzelnen Priester und Prälaten sprechen könne, dennoch kam eine gemeinsame Entschließung zustande, die ein Konzil auf deutschem Boden innerhalb eines Jahres forderte und darauf bestand, daß die weltliche Macht auf diesem Konzil durch die Mitwirkung des Kaisers repräsentiert sein sollte. Jede Verpflichtung, die die Freiheit der Meinungsäußerung auf einem solchen Konzil hätte beschränken können, sollte aufgehoben werden. Das Wormser Edikt sollte bis zur Durchführung dieses allgemeinen und freien Konzils ausgesetzt werden.

Allerdings sollten bis zu diesem Konzil auch Luther und seine Anhänger nichts Neues veröffentlichen und keine neuen Reformen in Angriff nehmen – eine Bedin-

gung, gegen die nur der sächsische Vertreter Einspruch erhob. Die Predigt sollte sich in dieser Zeit auf das lautere Evangelium, auf eine sanftmütige, wahrhaft christliche und an bewährten und von der christlichen Kirche angenommenen Schriften orientierte Verkündigung beschränken.

Noch im selben Jahr starben aber mit dem Reformpapst Hadrian auch die Hoffnungen auf eine solche Lösung. Im folgenden Jahr sollte dann ein neuerlicher Reichstag in Nürnberg das reformfreundliche Reichsregiment, das hinter diesen Beschlüssen stand, vollständig entmachten. Allerdings wurden einige Reformforderungen weiter aufrechterhalten, doch die gemeinsame Kritik am Papsttum geriet bei den Altgläubigen in Vergessenheit.

Johannes Oekolampad (Huszgen; Heußgen)
(* 1482 Weinsberg, † 24. 11. 1531 Basel)

Johannes Oekolampad studierte von 1499 an in Heidelberg und wurde 1506 zum Erzieher der kurpfälzischen Prinzen berufen. 1510 übernahm er in Weinsberg ein Predigeramt, zwischen 1513 und 1515 setzte er sein Studium in Stuttgart und Tübingen fort, wo er gemeinsam mit Melanchthon bei → *Johannes Reuchlin* Griechisch und Hebräisch lernte. 1515 und 1516 arbeitete er mit Erasmus von Rotterdam in Basel an der Edition des *Neuen Testaments* in der griechischen Originalsprache, die die Textgrundlage für die Übersetzung Luthers werden sollte. 1517 war er wieder kurz in Weinsberg, und im folgenden Jahr wurde er auf → *Capitos* Empfehlung Münsterprediger in Basel, wo er auch zum Doktor der Theologie promoviert wurde. → *Willibald Pirckheimer* holte ihn Ende des Jahres als Domprediger nach Augsburg; hier setzte sich Oekolampad entschieden für die Reformation ein, zog sich jedoch 1520 in das Brigittenkloster von Altomünster zurück.

Oekolampad mußte wegen seiner Veröffentlichungen 1522 aus Altomünster fliehen und fand zunächst bei → *Sickingen* Unterschlupf, auf dessen Besitzungen er an der Reformation der Gemeinden mitzuarbeiten begann. Noch im selben Jahr mußte er nach Sickingens Sturz wiederum fliehen, konnte aber in Basel Aufnahme finden. Hier wurde er bald Professor für die Heilige Schrift. 1525 erhielt Oekolampad die Stelle des Leutpriesters und 1529, nach der endgültigen Reformierung der Stadt, das Amt des Münsterpredigers. In dieser Doppelfunktion als Prediger am Münster und Professor an der theologischen Fakultät wurde er zum Führer der Baseler Reformation. Er arbeitete darüber hinaus an der Neugestaltung des Kirchenwesens in Ulm, Memmingen und Bieberach mit. Beim → *Marburger Religionsgespräch* (1529) stellte er sich in der Abendmahls-

Unten: Johannes Oekolampad.

Ganz unten: Titelblatt einer Sammlung von Schriften (1521), die Oekolampad im Brigittenkloster zur Verteidigung Luthers veröffentlicht hat und deretwegen er 1522 fliehen mußte.

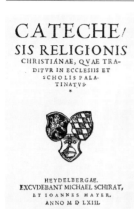

CATECHE/
SIS RELIGIONIS
CHRISTIANAE, QVAE TRA-
DITVR IN ECCLESIIS ET
SCHOLIS PALA-
TINATVS·
*

HEYDELBERGAE.
EXCVDEBANT MICHAEL SCHIRAT,
ET IOANNES MAYER.
ANNO M D LXIII.

*Titelblatt der lateinischen Erstaus-
gabe des Heidelberger Katechismus (1563). In den theologischen
Grundsätzen wesentlich von
Olevian ausgearbeitet, bildete er
das calvinistische Gegenstück zu
den Katechismen Luthers; er hat
bis heute seine Bedeutung als
Bekenntnisschrift des reformierten Christentums bewahrt.*

frage eindeutig auf Zwinglis Seite, den er schon seit 1526 in seinen Schriften verteidigt hatte. Niederlage und Tod Zwinglis in der Schlacht von Kappel haben Oekolampad tief getroffen; er starb wenige Wochen darauf.

Caspar Olevian

(* 10. 8. 1536 Trier, † 15. 3. 1587 Herborn)

Caspar Olevian hatte zunächst die juristische Laufbahn beschritten, wandte sich aber aufgrund eines persönlichen Erlebnisses der Theologie zu, die er in Zürich und Genf studierte. Er versuchte zunächst seine calvinistische Überzeugung in seiner Heimatstadt zu verbreiten, zog dann aber wegen der dortigen Unterdrückung der reformierten Lehre nach Heidelberg. Hier gewann er auf → *Friedrich III. den Frommen* Einfluß und arbeitete an der Abfassung des *Heidelberger Katechismus* (1563) mit. Friedrichs Sohn und Nachfolger Ludwig VI. vertrieb Olevian aus Heidelberg und versuchte in der Pfalz wieder das Luthertum einzuwurzeln. Olevian kam 1576 nach Berleburg und wirkte von 1584 an in Herborn, dessen Akademie er nach dem Genfer Vorbild (→ *Jean Calvin*) reformierte und damit zur Quelle für den deutschen Calvinismus machte. Theologisch und geistesgeschichtlich bedeutsam wurde seine Ausformung der von Zwingli und Calvin übernommenen Bundestheologie, die versuchte, *Altes* und *Neues Testament* als die Dokumente des alten und des neuen Bundes zwischen Gott und Mensch in einer beständigen Entwicklung zusammenzufassen und für die Welterkenntnis fruchtbar zu machen.

*Andreas Osiander. Stich von
B. Jenichen (1565).*

Andreas Osiander d. Ä. (Hosemann)

(* 19. 12. 1498 Gunzenhausen, † 17. 10. 1552 Königsberg)

Andreas Osiander, Sohn eines Hufschmieds, hatte seine Ausbildung in Leipzig, Altenburg und Ingolstadt erhalten. Er wurde 1520 zum Priester geweiht und arbeitete seit 1522 gemeinsam mit → *Lazarus Spengler* für die Reformation der Reichsstadt Nürnberg. Beim → *Marburger Religionsgespräch* von 1529 stellte er sich an die Seite Luthers gegen Zwingli und wirkte 1532 an der Kirchenordnung für Brandenburg–Ansbach und Nürnberg mit ihrem streng lutherischen Charakter mit. 1543 verfaßte Osiander die Vorrede zum die neuzeitliche Kosmologie und Astronomie begründenden Hauptwerk *Über die Umläufe der Himmelskörper (De revolutionibus orbium coelestium)* von Nikolaus Kopernikus, das in Nürnberg erstveröffentlicht wurde. 1548 floh Osiander aus Nürnberg, weil Karl V. die Reichsstadt zur Annahme des → *Augsburger Interims* zwang.

Er ging zu Herzog Albrecht von Preußen und wurde dort 1549 als Professor der Theologie an die neugegründete Universität Königsberg berufen.

Mit seiner Antrittsvorlesung löste er den »Osiandrischen Streit« über die lutherische Rechtfertigungslehre aus, weil er der Freiheit und Heilsbefreiung durch das Evangelium Vorrang vor der Bindung durch das alttestamentliche Gesetz einräumte. Er sah Rechtfertigung gewährleistet durch eine »Einwohnung« Jesu Christi im durch Bekehrung erneuerten Menschen. Dieser Streit dauerte über seinen Tod hinaus an und sollte über zwei Jahrzehnte hinweg die Preußische Kirche entzweien.

Nikolaus Kopernikus.

Ottheinrich von der Pfalz

(* 10. 4. 1502 Landshut, † 12. 2. 1559 Heidelberg)

Ottheinrich, 1506 oder 1508 im unmündigen Alter mit den Fürstentümern Neuburg und Sulzbach belehnt, hatte in diesen Besitzungen 1542 die Reformation eingeführt. Anschließend trat er dem Schmalkaldischen Bund bei. Durch die Niederlage der Schmalkaldener verlor er seine Fürstentümer und floh zu seinem Vetter Friedrich II. von der Pfalz. 1552 erhielt er durch den Passauer Vertrag seine Fürstentümer zurück, blieb aber weiterhin von großem Einfluß auf Friedrich II., der sich vor allem in der Förderung der Heidelberger Universität auswirkte.

Bei den Verhandlungen zum → *Augsburger Religionsfrieden* (1555) trat Ottheinrich dafür ein, die lutherische Richtung zur einzigen Reichsreligion zu machen. Die evangelischen Fürsten sollten das Recht zur Ausweisung katholischer Untertanen erhalten, die altgläubigen Fürsten sollten zur Duldung protestantischer Untertanen in ihren Territorien verpflichtet werden. Er konnte sich mit diesen Forderungen jedoch nicht durch-

Kurfürst Ottheinrich von der Pfalz. Holzschnitt von M. Ostendorfer (1556).

setzen. Als er dem kinderlosen Friedrich II. in der Kurwürde der Pfalz nachfolgte, versuchte er, eine protestantische Front gegen die Habsburger aufzubauen. Er einigte sich darüber mit → *Christoph von Württemberg,* → *Philipp von Hessen* und → *August von Sachsen* (1557: »Frankfurter Rezeß«). Seinen kulturellen Idealen wurde im Ottheinrichbau des Heidelberger Schlosses Ausdruck verliehen. Durch die Vermittlung des pfälzischen Hofs bekam so die französische Kultur Vorbildcharakter für die deutschen Fürstentümer. In seiner Religionspolitik hatte Ottheinrich die Entwicklungen vorbereitet, die unter seinem Nachfolger → *Friedrich III. dem Frommen* in der Errichtung der reformierten Kirche der Pfalz zum Abschluß gebracht werden sollten.

Otto Truchseß von Waldburg
(*1514, †1573 Augsburg)

Otto Truchseß von Waldburg studierte in Tübingen, Padua und Pavia und wurde früh Domherr in Augsburg, Speyer und Trient. 1543 wurde er mit Unterstützung Kaiser Karls V. und Papst Pauls III. Bischof von Augsburg und im Jahr darauf auch Kardinal. Er brach mit der Kompromißpolitik seines Vorgängers Christoph Stadion, und obwohl er ein Anhänger des Kaisertums war, erhoffte er dessen Stärkung allein durch die vollständige Beseitigung des Luthertums im Reich. Nach der Niederlage der Schmalkaldener (1547) führte er die katholische Geistlichkeit in die Reichsstadt Augsburg zurück und begann mit der Rekatholisierung Oberschwabens. Zu diesem Zweck gründete er 1549 die Universität Dillingen, an die er Gelehrte des neugegründeten Jesuitenordens als Professoren berief. Otto Truchseß von Waldburg lehnte den → *Augsburger Religionsfrieden* (1555) kompromißlos ab und versuchte einen Verteidigungsbund gegen die lutherischen Fürsten aufzubauen; ein solches Bündnis scheiterte jedoch an seinem Radikalismus. Otto Truchseß von Waldburg wurde zum Vorkämpfer der gewaltsamen Gegenreformation in Deutschland.

Otto von Pack
(* 1480 [Meißen?], † 8. 2. 1537 Brüssel)

Otto von Pack, aus sächsischem Adel stammend, studierte die Rechte an der Universität Leipzig und trat dann in den Dienst Herzog → *Georgs von Sachsen*, den er von 1522 bis 1526 auf den Reichstagen vertrat. Seine dauernde finanzielle Knappheit führte ihn auf den Weg politischer Intrigen, die beinahe einen allgemeinen Krieg zwischen Katholiken und Protestanten ausgelöst hätten. Der wichtigste Vorfall ist unter dem Stichwort

»Packsche Händel« in die Reformationsgeschichte eingegangen. Pack hatte nach einem Treffen zwischen
Ferdinand I. von Österreich und einigen katholischen
Fürsten in Breslau (1527) Landgraf→ *Philipp von Hessen* berichtet, daß dort ein Angriffsbündnis gegen die
deutschen Protestanten beschlossen worden sei. Dies
nahm Philipp zum Anlaß, um mit → *Johann dem Beständigen von Sachsen* 1528 ein Bündnis abzuschließen
und die Städte Würzburg und Bamberg anzugreifen.
Gleichzeitig veröffentlichte er die ihm von Pack ausge-
lieferten Dokumente über den angeblichen Pakt der
Katholiken, um seine Aktionen zu begründen; der Vertrag erwies sich als Fälschung, und 1529 mußte Philipp
seinen Schutz von Otto von Pack abziehen. Pack flüchtete in niederländische Gebiete, wo er 1537 gefangengesetzt und schließlich in Brüssel enthauptet wurde.

Paracelsus (Theophrastus Bombastus
von Hohenheim)
(* Ende 1493 bei Einsiedeln, † Ende 1541 Salzburg)
Die Bombasti von Hohenheim gehörten verarmtem
schwäbischem Adel an. Der Vater von Paracelsus war
Arzt und Alchemist, seine Mutter Leibeigene der Abtei
Einsiedeln. Nach dem Tod der Mutter um 1501 über-
nahm der Vater die Stadtarztstelle in Villach (Kärnten)

Paracelsus.
Kupferstich (1541).

»Der Feind auf Erden, der uns verführt, ist behende und fleißig, uns abzuwenden, das ist: vom Weg Gottes in den Weg des Reichtums zu führen. Er liegt und denkt Tag und Nacht, um unser Bemühen auf den Reichtum zu richten und uns in den Eigennutz zu treiben. So gibt er dem Bauern ein: ›Behalte [den Ertrag] deiner Arbeit, gib nichts umsonst, so sammelst du einen Schatz zusammen; damit kauf noch mehr zu dem [was du schon besitzt], dadurch wirst du unter die Wohlhabenden aufsteigen; schließlich werden deine Kinder Muße haben, sie werden Edelleute, Junker, Bürger usw.‹ Solches geschieht nicht nur bei Bauern, sondern bei allen Gaben [Berufen] der Erden. Wie sie ein jeder besitzt, so kann er sie auf Reichtum ausrichten; so wird er die Nächstenliebe vergessen, er wird vergessen, daß Reichtum zur Verdammnis führt und eine Abkehr von Gott ist ... er gebraucht die Gabe Gottes zur Ehre des Teufels.«

Paracelsus, *Über die beiden ehrenhaften Reichtümer,* um 1533

Titelblatt zum Ersten Buch von Paracelsus' 1536 in Augsburg erschienener Großen Wundarznei, seinem bedeutenden und bahnbrechenden Hauptwerk als Arzt.

und sorgte selbst für die erste Ausbildung seines Sohnes. Danach zog dieser als Wanderscholar an deutsche, französische und italienische Universitäten, wo er schließlich in Ferrara 1517 Doktor der Medizin wurde. Um seine Kenntnisse zu erweitern, wanderte er in den folgenden Jahren kreuz und quer durch Europa und sammelte Kenntnisse und Erfahrungen bei Mönchen, Kräuterweiblein und Schwarzkünstlern. 1524 ließ Paracelsus sich in Salzburg als Arzt nieder, wurde aber bald mit den aufständischen Bauern und Bergleuten in Zusammenhang gebracht und mußte flüchten. Über Ingolstadt und München kam er nach Straßburg, wo er 1526 das Bürgerrecht erwarb.

Der Buchdrucker Johannes Froben, Verleger vieler Werke von Erasmus von Rotterdam, betrieb seine Berufung als Stadtarzt nach Basel. Damit wurde Paracelsus zugleich Professor für Medizin an der Universität, wodurch sich ihm die Möglichkeit eröffnete, in Vorlesungen, in denen er übrigens Deutsch sprach, seine Kritik an der geltenden Schulmedizin öffentlich darzustellen. 1527 verbrannte er demonstrativ ein traditionelles Medizinlehrbuch im Basler Johannisfeuer. Bald kam es deshalb zu Streitigkeiten mit wissenschaftlichen Gegnern und den Stadtbehörden, so daß Paracelsus Anfang 1528 Basel verlassen mußte. Über das Elsaß und Schwaben kam er 1529 nach Nürnberg. Nachdem er dort mit einem Publikationsverbot belegt wurde, begann er eine lange Wanderung durch die Alpenländer, auf der er vor allem unter einfachem Volk wirkte, aber in Wien angeblich auch einmal von Ferdinand I. konsultiert wurde. Von 1538 an versuchte Paracelsus sich in Kärnten endgültig niederzulassen, kam aber schließlich 1540 nach Salzburg, wo er am 21. 9. 1541 sein Testament verfaßte.

Neben seiner medizinischen Tätigkeit befaßte sich Paracelsus auch ausführlich mit theologischen Fragen, ja, ab 1532 nannte er sich häufig »Dr. der Heiligen Schriften«. Mit → *Sebastian Franck,* den er 1529 in Nürnberg und 1531 in Straßburg traf, stimmte er in der theologischen Beurteilung des → *Abendmahlsstreits* überein: Keine der vier Lehrrichtungen (Katholiken, Lutheraner, Zwinglianer und Täufer) besitze den »Heiligen Geist«, wie Paracelsus 1530 in einem Brief an Papst Klemens VII. feststellte; zugleich nährte Paracelsus zeitlebens die Hoffnung, daß letztlich durch einen begnadeten Papst die eine erneuerte Kirche nach dem Vorbild der apostolischen Urgemeinden der ersten Zeit wiederhergestellt werde. Eine zufällige Begegnung auf ihrem Wanderleben scheint weder → *Kaspar von Schwenckfeld* noch Paracelsus beeinflußt zu haben, obwohl auch sie in ihrem Kirchenverständnis einander recht nahe standen. Paracelsus war nicht nur ein medizinischer Außenseiter seiner Zeit, sondern formulierte

daneben noch eine theologisch-kirchenpolitische Son-
derposition, die er durch Kommentare zu einzelnen
Büchern der Bibel untermauerte.

Christoph Pezel

(* 5. 3. 1539 Plauen, † 24. 2. 1604 Bremen)

Christoph Pezel studierte in Jena und vor allem bei
Melanchthon in Wittenberg. Danach wurde er Lehrer
in seiner Heimatstadt Plauen. 1567 wurde er auf eine
Professur in Wittenberg berufen und zum Doktor der
Theologie promoviert. Als enger Melanchthon-Schüler
wurde er unter dem Vorwurf des Kryptocalvinismus
1574 auf Kurfürst Augusts Anordnung verhaftet, in
Torgau verhört und durch zwei Jahre an verschiedenen
Orten in Haft gehalten. Danach zog er sich nach Eger in
Böhmen zurück, folgte jedoch 1577 einem Ruf des
Grafen Johann des Älteren von Nassau–Katzenelnbo-
gen, einem Bruder Wilhelm von Oraniens, der für sein
Gebiet reformierte Theologen suchte.

Er wirkte zunächst am Hof des Grafen in Dillenburg,
wo er auch die Erziehung der gräflichen Töchter leitete.
Im März 1578 nahm er an der Synode von Neustadt an
der Haardt teil und bereitete danach für die General-
synode in Dillenburg (8./9. 7. 1578) das *Nassauische
Bekenntnis* vor, das die Einheit der Nassauischen Kirche mit allen reformierten Kirchen in und außerhalb
Deutschlands bezeugen sollte (im Druck wurde es 1592
vorgelegt). Im Herbst 1578 wurde Pezel Pastor in Herborn. Daneben hatte er die Aufgaben des Generalsu-
perintendenten für die Grafschaft zu übernehmen.
Mehrmals war er für einige Wochen als Berater des
Stadtrats in Bremen, und 1581 überließ Graf Johann
der Ältere dann Christoph Pezel endgültig als Superintendent der Bremer Bürgerschaft, und von 1584 wirkte
Pezel daneben an der Hochschule der Stadt als Professor für Theologie, Geschichte und Ethik. 1585 entwarf
Pezel das *Bremer Bekenntnis* und den *Bremer Katechismus*, der auf der Basis des *Heidelberger Katechismus*
beruhte; die Texte wurden zur Grundlage der reformierten Kirche Bremens. Zu den theologischen Zeit-
fragen nahm Christoph Pezel vor allem in polemischen
Schriften Stellung, die sich in gleicher Weise gegen
Lutheraner, Mennoniten und extreme Zwinglianer
wandten.

Philipp der Großmütige von Hessen

(* 13. 11. 1504 Marburg, † 31. 3. 1567 Kassel)

Landgraf Philipp folgte bereits 1509 seinem Vater in
der Herrschaft Hessens; bis zu seiner Großjährigerklä-
rung durch Kaiser Maximilian I. im Jahre 1518 wurde
das Land durch Regentschaften geführt. 1518 wurde er

von → *Franz von Sickingen* angegriffen und zu entwürdigenden Zugeständnissen gezwungen. Er verbündete sich daraufhin mit dem Schwäbischen Bund und verständigte sich auf dem → *Wormser Reichstag* auch mit den pfälzischen und Mainzer Nachbarn, mit deren Hilfe er 1522/23 an Sickingen Rache nahm. 1523 vermählte er sich mit Christine, der Tochter des Herzogs von Sachsen.

Schon auf dem Wormser Reichstag hatte Philipp Kontakt zu Luther gesucht, um 1524 dann vor allem aufgrund der Schriften Melanchthons zu vertiefter Glaubensüberzeugung zu gelangen. Von da an blieb er unbeirrbar der lutherischen Lehre treu. An der Niederschlagung des Bauernkriegs wirkte er an der Seite Kurfürst Johanns von Sachsen mit, und auf dem → *Speyrer Reichstag* von 1526 wies er sich neben Kurfürst Johann als Führer der evangelischen Fürsten aus. Den Reichstagsabschied nutzte er mit Hilfe von → *Franz Lambert* und → *Adam Krafft* zum Ausbau der Hessischen Landeskirche. Auf den Rat Luthers hin wurde zwar die ursprünglich auf der Homberger Synode entworfene demokratische Kirchenordnung zugunsten eines Subordinationssystems mit beaufsichtigenden Superintendenten aufgegeben, die Hessische Landeskirche bewahrte jedoch ein eigenes Gesicht, das sich vor allem in einer relativ toleranten Haltung gegenüber den → *Täufern* auswies. 1527 gründete Philipp unter Nutzung säkularisierten Kirchenguts die Universität Marburg als erste evangelische Hochschule Deutschlands.

Nachdem Philipp im selben Jahr aufgrund seines Vertrauens in die Täuschungsintrige → *Otto von Packs* beinahe einen Religionskrieg ausgelöst hatte, bemühte er sich um eine dogmatische Einigung unter den Reformatoren und blieb die führende Kraft bei den Anstrengungen – ausgehend von den → *Marburger Religionsgesprächen* (1529) – zwischen Schweizern, Oberdeutschen und Wittenbergern eine Einigung in der Abendmahlsfrage zu erzielen *(→ Abendmahlsstreit)*. Gemeinsam mit → *Johann dem Beständigen* führte er die »Protestation« von Speyer und die Bekenntnisdarstellung von Augsburg im folgenden Jahr an. Aufgrund der Zurückweisung des → *Augsburger Bekenntnisses* kam es zu den Verhandlungen um die Bildung des Schmalkaldischen Bundes (1531). Philipp hatte sich als Haupt der deutschen evangelischen Fürsten von der Unterwerfung unter den Kaiser vollständig losgesagt, weil er ihn als Feind der Reformation schlechthin ansah. Er blieb in ständigem Briefwechsel mit den beiden »politischen« Reformatoren Zwingli und Bucer und konnte in seiner Verständigungspolitik mit Bayern, England und Frankreich schließlich 1534 auch Herzog → *Ulrich* nach Württemberg und damit dazu beitragen, daß die Reformation auch in Württemberg endgültig Fuß faßte. Auch

Philipp der Großmütige von Hessen. Holzschnitt von Lucas Cranach d. Ä.

die Verhandlungen zur → *Wittenberger Konkordien-formel* (1536) gehen auf seine Initiative zurück.

Für Philipp und die Reformation verhängnisvoll wurde es, daß der Landgraf sich von seiner ungeliebten Frau abwandte und mit Billigung Luthers und Melanchthons sowie seines Schwiegervaters eine Nebenehe mit Margarete von der Saale einging. Die Reformatoren hatten ihre Bedenken aufgrund des Beispiels der biblischen Patriarchen beiseitegestellt, hatten aber gehofft, daß sich diese Nebenehe geheimhalten ließe. Da dies nicht gelang, verfiel Philipp nach Reichsrecht wegen Bigamie der Acht und der Todesstrafe und wurde deshalb in seiner politischen Handlungsfähigkeit stark eingeschränkt.

Er versuchte, sich mit dem Kaiser zu einigen, und ermöglichte Karl V. einige Teilerfolge in Geldern und Celle. 1546 verhängte der Kaiser über Philipp und Johann Friedrich von Sachsen dennoch die Reichsacht und begann den Schmalkaldischen Krieg. Trotz der Bürgschaft seines Schwiegersohns → *Moritz von Sachsen* wurde Philipp nach der Niederlage der Schmalkaldener ebenso wie Johann Friedrich in kaiserliche Haft genommen und zuletzt in Mecheln festgehalten. Obwohl er sich dem → *Augsburger Interim* beugte, wurde er nicht freigelassen und konnte erst durch den von Moritz von Sachsen organisierten »Fürstenaufstand« 1552 befreit werden. Danach bemühte er sich erneut um eine Einigung der protestantischen Parteien. 1562 gelang es ihm, die Unterstützung der französischen Hugenotten durch deutsche Verbände zu erzielen. In seiner Erbschaftsregelung teilte er Hessen unter seine vier Söhne auf und schwächte dadurch die Landgrafschaft dermaßen, daß sie ihre politische Bedeutung im Reich nicht mehr wiedererlangen konnte. Er selbst hatte es aber als politischer Kopf der Reformation verstanden, zum entscheidenden Gegenspieler Karls V. zu werden und damit die Ausbreitung der Reformation in weiten Bereichen abzusichern.

»Wir stehen in Verhandlungen, Luther, Melanchthon und andere, die in der Frage des Sakraments Eurer Meinung sind, an gelegenem Ort zusammenzubringen, in der Hoffnung, Gott der Barmherzige und Allmächtige möge Gnade verleihen, daß man sich über diesen Artikel auf dem Grund der Heiligen Schrift einige und in einhelligem, christlichem Einverständnis leben möge. Denn auf diesem Reichstag wissen sich die Papisten zur Erhaltung ihres verkehrten Lebens und Wandels nicht anders zu behelfen als darin, daß wir, die wir dem reinen und lauteren Wort Gottes anhangen, untereinander selbst unseres Glaubens nicht einig sind – sonst wäre der Dinge leicht beizukommen und das Bubenwerk ein für allemal verhindert.
Darum ergeht an Euch unser gnädiges Begehren, Ihr möget es fördern, daß wir von den Euren und von den Lutherischen einige auf eine bestimmte Zeit an bestimmtem Ort zueinander bringen, damit, wie oben gesagt, die Dinge in ein einhelliges christliches Verständnis gebracht werden.«
Landgraf Philipp an Huldrych Zwingli, 22. 4. 1529

Dirk Philips (Filips)

(* 1504 Leeuwarden, † 7. 3. 1568 bei Emden)

Dirk Philips(zoon), Sohn eines katholischen Priesters und Franziskanermönch, hatte vermutlich eine universitäre Ausbildung genossen: Er beherrschte Latein, Griechisch und teilweise Hebräisch. 1533 wurde er in Leeuwarden durch Taufe in die Täufergemeinde aufgenommen und im folgenden Jahr im Gebiet von Groningen durch seinen Bruder → *Obbe Philips* zum Ältesten ordiniert. Gemeinsam mit seinem Bruder und später auch mit → *Menno Simons* wandte er sich von Anfang an gegen die militante Politik der Münsteraner Täufer (→ *Rothmann;* → *Bockelson*).

»Aus diesen Worten geht klar hervor, daß, was immer Gott nicht mit ausdrücklichen Worten der Schrift befohlen oder geordnet hat, er auch nicht eingehalten haben oder damit gedient sein will, noch will er, daß sein Wort den Menschen zu Gefallen außer Kraft gesetzt wird . . .«
Dirks Philips, *Enchiridion,* 1564

Seit 1537 eine der prominentesten täuferischen Führungsfiguren, wirkte Dirk in der Folgezeit in Ostfriesland, Mecklenburg, Holstein und Preußen, besuchte aber immer wieder die Niederlande; nach 1550 ließ er sich in Danzig nieder. Er war eine strenge und finstere Persönlichkeit, die zwar in der Lage war, die dogmatische Linie der Mennoniten, nicht aber ihre kirchliche Praxis endgültig zu prägen; seine Vorstellungen von der Reinheit der Gemeinden und vom Mitgliederausschluß (Bann) wurden nur in extremen Gruppen tradiert. 1564 sammelte er seine wichtigsten Schriften, die er unter dem Titel *Enchiridion oder Handbüchlein von der christlichen Lehre* veröffentlichte.

Obbe Philips (Filips)

(* um 1500 Leeuwarden, † um 1568)

Obbe Philips wandte sich, unterstützt von seinem Vater, einem katholischen Priester, nach einer sorgfältigen Schulausbildung dem Medizinstudium zu. Um 1530 heiratete er und richtete in Leeuwarden ein Barbiergeschäft ein, in dem er ärztlich tätig sein konnte. Obbe beschäftigte sich mit den reformatorischen Regungen der Zeit und suchte in seiner Vaterstadt die Bekanntschaft mit Studenten aus Wittenberg. Diese ersten evangelischen Zirkel hatten noch keine feste Doktrin. Bald lernte er jedoch Anhänger von → *Melchior Hoffmann* und Jan Matthys kennen, die ihn für das Täufertum gewannen; Ende 1533 wurde er getauft und gleich darauf zum Prediger, Täufer und Vorsteher der neuen Bruderschaft bestellt. Wenige Monate später wurde die Stadtobrigkeit auf diese Aktivitäten aufmerksam, und Obbe wandte sich nach Amsterdam, Delft und Groningen.

In Amsterdam bestanden zwei Brüderschaften, von denen jene unter Jan Matthys meinte, eine Theokratie, ein Königreich Gottes, mit Gewalt herbeiführen zu sollen (hier bereitete sich das Münsteraner Täuferreich vor). Obbe neigte der pazifistischen, gewaltlosen Gruppe zu. 1535/36 hat er möglicherweise → *Menno Simons* getauft und ihn ebenso wie seinen Bruder Dirk im folgenden Jahr zum Prediger ordiniert. In der Zeit vor und um die Ereignisse in Münster sammelten sich die pazifistischen Täufer um die Brüder Philips; sie wurden deshalb häufig als »Obbeniten« bezeichnet, ehe nach 1537 Menno Simons ihre Führung übernahm. Um 1539 hat Obbe dann offenbar in den Gegenden von Schwerin und Rostock gewirkt, bis er 1540 als von der Brüdergemeinschaft abgefallen galt. Er hatte in seinen *Bekenntnissen*, die sein ganzes Wirken als Täufer darstellten und 1584 postum in Amsterdam publiziert wurden, die Illegitimität seiner Ordinierung zum Predigtamt herausgestellt. Vermutlich war seine Sorge geprägt durch

eine → *Sebastian Franck* nahestehende Haltung, daß
eine Berufung zum Prediger direkt durch Gott und
nicht durch Menschen erfolgen müsse.

Charitas Pirckheimer
(* 21. 3. 1466 Eichstätt, † 19. 8. 1532 Nürnberg)
  Charitas Pirckheimer, die Schwester → *Willibald
Pirckheimers,* wurde 1503 zur Äbtissin des Klarissen-
klosters in Nürnberg bestellt. Der Nürnberger Rat versuchte im Zuge der Reformation das Kloster aufzuhe-
ben, Charitas widersprach dem aber in ihren Briefen so
kraftvoll, daß schließlich sogar Melanchthon für sie
eintrat und den Nürnberger Rat bewog, das Kloster mit
der Auflage, keine Novizen mehr aufzunehmen, vorerst bestehen zu lassen.

Willibald (Bilibald) Pirckheimer
(* 5. 12. 1470 Eichstätt, † 22. 12. 1530 Nürnberg)
  In Eichstätt geboren, entstammte Pirckheimer einem
reichen Patriziergeschlecht der Reichsstadt Nürnberg.
Nach einem Studium in Padua und Pavia wurde er 1496
Ratsherr in Nürnberg. In dieser Funktion wurde er auch
als Diplomat und Heerführer im Auftrag seiner Vaterstadt tätig. Er war der führende Kopf des Nürnberger
Humanistenkreises, wurde aber durch einen ausge-
dehnten Briefwechsel insgesamt für die humanistische
Bewegung bedeutsam, die er auch durch Edition und
Übersetzung antiker Quellenliteratur weiter förderte.
Anfangs begrüßte Willibald Pirckheimer die Reformation und wandte sich satirisch gegen → *Johannes Eck,*
so daß dieser ihn 1519 in der Bannandrohungsbulle
gegen Luther als dessen Anhänger namentlich erwäh-
nen ließ. 1523 begann sich Pirckheimer, der in diesem
Jahr auch sein Ratsherrenamt niederlegte, jedoch von
der Reformation abzuwenden, weil sie ihm als bildungs-
feindliche Bewegung erschien. Da die Reichsstadt
Nürnberg inzwischen aber die Reformation angenommen hatte, schwand auch seine Bedeutung im öffentlichen Leben der Stadt. Unter den wichtigsten deutschen
Humanisten ist es wohl Pirckheimer gewesen, der am
entschiedensten theologische und kirchliche Bindungen
zu beiden konfessionellen Seiten aufgelöst hat, um sich
ganz in die intellektuelle Kultur der italienischen Renaissance zurückzuziehen.

*Willibald Pirckheimer. Zeich-
nung von Albrecht Dürer (1503).*

Prädestination
Das vom Apostel Paulus geprägte Konzept vom »Heils-
plan Gottes« hat im Christentum immer wieder zu
Definitionen der Vorherbestimmung (Prädestination)
des Individuums zur ewigen Seligkeit geführt. Beson-

».. . Da die Disputation über die Prädestination an sich schon etwas behindert ist, macht sie die Neugierde der Menschen sehr verworren und entsprechend gefährlich. Diese Neugierde kann durch keinerlei Riegel daran gehindert werden, daß sie auf verbotene Abwege abirrt und in die Höhe steigt. Und dabei wird sie, wenn es ihr möglich ist, für Gott nichts vom Geheimnis übrig lassen, was sie nicht erforschen und auswickeln will . . . Dies möge uns also als erstes vor Augen stehen: Eine andere Kenntnis von der Prädestination zu erstreben als die, die durch das Wort Gottes dargelegt wird, ist Ausdruck keines geringeren Unverstandes, als wenn einer entweder durch unwegsames Gelände marschieren oder im Dunkel sehen will. Es kann für uns aber keine Schande sein, daß wir in solcher Sache etwas nicht wissen, bei der es nur eine ›gelehrte Unwissenheit‹ gibt. Deshalb wollen wir uns lieber des Forschens nach dem Wissen enthalten, nach dem zu streben ebenso dumm wie gefährlich und also verderblich ist . . .«
Calvin, *Institutio,* Buch III, Kapitel 21

ders relevant wurde dieses Thema wieder im Rahmen der Reformation, weil kirchliche Lehrtendenzen dazu geführt hatten, daß das Konzept der Prädestination vom Gedanken der Gnade abgelöst und auf das Vorherwissen Gottes über den Lebensweg eines Menschen allein bezogen wurde. Demgegenüber sahen sich die Reformatoren gezwungen, deutlich zu machen, daß allein die Gnade Gottes das Individuum zum Heil erwählt.

In der reformatorischen Theologie gibt es im wesentlichen zwei Konzepte von der Vorherbestimmung, von denen eines auf Calvin zurückgeführt wird, obwohl es eher eine spätere Entwicklung der reformierten Theologie charakterisiert. Nach dieser Lehre hat Gott diejenigen, die er erlösen, und diejenigen, die er verdammen wird, von Ewigkeit vorherbestimmt, ohne Rücksicht darauf, wie stark sie sich in Glauben, Liebe und Verdienst erweisen. Luther seinerseits hatte unter Berufung auf Augustinus, aber auch in Nähe zur Gedankenwelt um Thomas von Aquin, zwar an dem Konzept der Vorherbestimmung zum Heil als einer unverdienten Gnade Gottes gegenüber dem einzelnen festgehalten, aber zugleich mit Entschiedenheit daran erinnert, daß Sünde und Schuld eine verabscheuungswürdige Tatsache in der Welt bleiben, die Gottes Willen widersprechen.

In ihrer letzten Konsequenz schließen aber beide Konzepte aus, daß in dieser Welt über die Zugehörigkeit eines Menschen zu den »Erwählten« entschieden werden könnte, wie dies teilweise in der Theologie der Täufer und anderer spiritualistischer Einzelgänger der Reformation vertreten worden war.

Jörg (Jerg) Ratgeb
(* um 1485 Schwäbisch Gmünd, † 1526 Stuttgart)

Jörg Ratgeb wurde wahrscheinlich in Schwäbisch Gmünd geboren und dann bei fränkischen Malern in oder um Nürnberg ausgebildet. Dank der Handelskontakte zwischen Nürnberg und Frankfurt/Main wurde er mit dem Patrizier Claus Stalburg bekannt und um 1504 als Porträtmaler nach Frankfurt geholt. Zwei Porträts der Stalburgs sind heute im Städelschen Museum ausgestellt. Danach zog Ratgeb vermutlich wieder nach Schwäbisch Gmünd; um 1512 wurde er neuerlich durch Claus Stalburg nach Frankfurt gerufen, wo er den Kreuzgang des Karmeliterklosters ausmalte. Er schuf eine *Anbetung der Könige* und einen *Bibelzyklus,* der vom Sündenfall bis zum Jüngsten Gericht reichte. 1518/19 weilte Jörg Ratgeb zwischendurch in Herrenberg bei Tübingen, um seine Altarbilder fertigzustellen und zu montieren. Die Kaiserwahl (Karl V.) im Frankfurter Karmeliterkloster brachte offensichtlich so viel

Für die Pfarrkirche in Herrenberg bei Tübingen schuf Ratgeb 1518 bis 1519 den Herrenberger Altar *mit Szenen aus der Jugend und Passion Jesu Christi (heute in der Stuttgarter Staatsgalerie). Ratgebs Werk, in dem sich visionäres Wirklichkeitsempfinden, das sich in meisterhafter Darstellung von Landschaft und Raumtiefe ausdrückt, und religiöse Expressivität in Farbgebung und Figurengestaltung verbinden, gehört zu den bedeutendsten Schöpfungen der deutschen Malerei des Reformationszeitalters. Die Abbildung gibt die Altartafel mit der Auferstehung Christi wieder.*

Spenden der Fürsten für die Erweiterung der Kreuzgangmalereien ein, daß Ratgeb bis etwa 1524 daran weiterarbeiten konnte. Nach einem Gerichtsprotokoll aus Stuttgart wurde Ratgeb 1526 gefoltert und hingerichtet, weil er am Bauernkrieg beteiligt war (er war als Führer der Stuttgarter Hilfstruppen zu den aufständischen Bauern entsandt worden) und zum protestantischen Herzog→ *Ulrich von Württemberg* Verbindungen hatte.

Johannes Reuchlin

(* 22. 2. 1455 Pforzheim, † 6. 6. 1522 Bad Liebenzell bei Stuttgart)

Johannes Reuchlin studierte von 1470 an in Freiburg, Paris und Basel, wo er 1477 Magister Artium wurde;

Titelblatt der zweiten, von Ulrich von Hutten und Hermann von Neuenaar verfaßten Sammlung der Dunkelmännerbriefe *von 1517.*

danach erwarb er in Poitier und Orléans 1481 das Lizentiat der Rechte und wandte sich als Dozent nach Tübingen, wo er 1482 in den Dienst des Grafen von Württemberg, Eberhard im Barte, trat. 1484 wurde Reuchlin Beisitzer am Hofgericht in Tübingen und war darüber hinaus vielfach für den Grafen tätig. Nach dem Tod Eberhards im Barte trat er in den Dienst der Kurpfalz und ließ sich schließlich nach einer dritten Italienreise (1499) in Stuttgart nieder, wo er von 1502 bis 1513 oberster Richter des Schwäbischen Bundes war. Daneben widmete er sich weiter humanistischen Sprachstudien. 1506 erschien seine bahnbrechende Grammatik der hebräischen Sprache *(De rudimentis hebraicis libri tres),* mit der das Fundament wissenschaftlich-philologischer Bibelforschung gelegt wurde. 1513 zog Reuchlin zu → *Johannes Eck* nach Ingolstadt und begann an der dortigen Universität Griechisch und Hebräisch zu lehren. Als sich Eck gegen die Reformation wandte, ging Reuchlin endgültig nach Stuttgart und Tübingen zurück; an der Tübinger Universität wurde er 1521 Professor.

Gegen die von Köln aus initiierte dominikanische Inquisition, die unter Leitung des konvertierten Juden Johannes Pfefferkorn versuchte, das hebräische Schrifttum zu vernichten, konnte Reuchlin vor allem die an → *Erasmus von Rotterdam* orientierten Humani-

Während des Bauernkriegs und gegenüber den Täufern
versuchte er zu vermitteln, stellte sich aber in der
Abendmahlslehre auf die Seite Luthers.

1530 arbeitete Urbanus Rhegius an der Erstellung
des → *Augsburger Bekenntnisses* mit, war aber gezwungen, nach dem Reichstag die Stadt zu verlassen, und
kam als Hofprediger und Superintendent nach Celle. In
dieser Funktion machte er sich um die Reformation des
Kirchenwesens im Herzogtum Lüneburg verdient. Er
nahm 1536 an den Verhandlungen zur → *Wittenberger
Konkordienformel* sowie an den Hagenauer Religionsgesprächen von 1540 teil. Seine Bedeutung lag insbesondere in der praktischen Mitarbeit am Ausbau der
Reformation, weniger in ihrer theologischen Ausformung.

Mit der Kernthese, daß nicht die Lehre Luthers, sondern die Bannbulle des Papstes die nun bestehende religiöse Gewissensnot der Christenheit hervorgerufen habe, hat Urbanus Rhegius unter dem Pseudonym Heinrich Phoeniceus aus Rorschach schon 1521 diese reformatorische Schrift zur Verteidigung Luthers veröffentlicht.

Peter Riedemann (Rideman; Ryedeman)

(* 1506 Hirschberg, † 1. 12. 1556 Protzko)

Peter Riedemann lernte in seiner schlesischen Heimat das Schusterhandwerk, ehe er in Oberösterreich

Antwort auf zwei unverständliche Sendschreiben der Täufer an ihre Gesinnungsgenossen in Augsburg *(1528) von Urbanus Rhegius, der, entschiedener Lutheranhänger, trotzdem nicht müde wurde, zwischen den Parteien zu vermitteln.*

». . . so ist nun die Gemeinschaft der Heiligen nicht allein im Geistlichen, sondern auch im Zeitlichen zu bewähren, Apg. 2 und 4, auf daß, wie Paulus sagt, nicht der eine Überfluß und der andere Mangel habe, 2. Kor 8, sondern daß beide gleich hätten. . . . Darüber hinaus sieht man es an der Kreatur, die uns heute noch bezeugt, daß Gott anfänglich den Menschen nichts eigenes, sondern gemein zu sein verordnet hat; aber durch das unrechte Annehmen . . . ist [er] also je mehr und mehr darin erwachsen und erstarrt, . . . daß er den Schöpfer ganz vergessen, also daß er auch die Kreatur, die ihm sonst untergeben und unterworfen war, erhoben und wie einen Gott geehrt hat, Röm. 1 . . . So geschieht es immer noch, wenn man aus der Ordnung Gottes tritt und dieselbe verläßt.« Riedeman, *Rechenschaft unsrer Religion, Lehre und Glaubens,* 1545

mit den Täufergruppen um → *Hans Hut* bekannt und 1529 als täuferischer Prediger in Gmunden eingesperrt wurde; deshalb wurde er auch als »Peter von Gmunden« bekannt. Im Gefängnis schrieb Riedemann eine *Rechenschaft unseres Glaubens geschrieben zu Gmunden im Land ob der Enns im Gefencknus.* 1532 floh er aus dem Gefängnis, setzte sich nach Linz ab und schloß sich wenig später der Huterer Brüderschaft in Mähren an; dort heiratete er auch. Im folgenden Jahr wurde er als Sendbote (Missionar) nach Franken geschickt, predigte dabei in Oberösterreich und Nürnberg, wo er deshalb wiederum 1533 gefangen genommen wurde. Im Juli 1537 erhielt er die Freiheit, weil er das Predigtverbot der Reichsstadt akzeptierte; er reiste zurück nach Mähren.

In der nächsten Zeit widmete er sich in umfangreicher Korrespondenz besonders den verstreuten, führungslosen Täufergruppen in Niederösterreich, Oberösterreich, Württemberg und der Pfalz. 1539 wurde er nach Hessen ausgesandt; auf seinem Weg über Tirol, Württemberg und Schwaben besuchte er viele Täufergemeinden. Er muß bei dieser missionarischen Tätigkeit so erfolgreich gewesen sein, daß viele Täufer nach Mähren auswanderten, wobei manche dann unterwegs in Gefangenschaft gerieten. Riedemann selbst wurde in Hessen ergriffen und im Februar 1540 in Marburg eingesperrt. Die tolerante Haltung Landgraf Philipps gegenüber Täufern bewirkte allerdings bald eine Erleichterung der Haft, so daß Peter Riedemann im Gefängnis seine reiche Korrespondenz weiterführen konnte. Schließlich wurde er sogar auf die Burg Wolkersdorf verlegt, deren Vogt ihm volle Bewegungsfreiheit gewährte; Besucher gingen ungehindert aus und ein. 1541 arbeitete Riedemann dann wohl an einer Neufassung seiner *Rechenschaft,* mit der er Philipp von Hessen eine authentische und klärende Darstellung des Täufertums zu geben hoffte.

Im Februar 1542 überredeten ihn die Brüder in Mähren zur Flucht, weil sie ihn als geistlichen Führer ihrer Gemeinschaft zurückgewinnen wollten. Als 1545 die Brüderschaft den mährischen Fürsten eine Petition vorlegte, wurde darin Riedemanns *Rechenschaft* als Bekenntnisdokument ihrer »Religion, Lehre und Glauben« ausgewiesen. In der von 1547 bis 1551 dauernden grausamen Verfolgung der Brüder blieb Riedemann neben → *Walpot* und Lanzenstiel ihr Führer. Er starb schließlich in der Slowakei, wohin sich während der Verfolgung in der Hoffnung auf die religiös sehr tolerante ungarische Herrschaft viele Brüder geflüchtet hatten.

Die überlieferte Korrespondenz von Peter Riedemann gibt beredtes Zeugnis der bischöflichen Funktionen eines Vorstehers der Huterer vor allem gegenüber den zerstreuten Gruppen. Außerdem zeigt sich in den Sammlungen Huterscher Hymnen am Beitrag Riedemanns (45 Hymnen), in welchen Formen sich das liturgisch-religiöse Gemeindeleben ausgeprägt haben muß.

Tilman Riemenschneider

(* um 1460 Heiligenstadt oder Osterode, † 7. 7. 1531 Würzburg)

Tilman Riemenschneider, Sohn des Würzburger Münzmeisters, zog nach seiner Ausbildung aus seiner Geburtsstadt nach Würzburg, wo er eine erfolgreiche Werkstatt als Bildhauer eröffnete. Von 1504 bis 1520 gehörte er dem Würzburger Rat an, und von 1520 bis 1525 war er sogar Bürgermeister der Stadt. Seine populistischen Anschauungen führten während des Bauernkriegs zu seiner Verhaftung und Folterung, er konnte jedoch danach seine Förderer wiedergewinnen.

Tilman Riemenschneider war einer der wichtigsten spätgotischen Bildhauer; seine bedeutendsten Werke stammen aus den Jahren 1501 bis 1505, als er den Heilig-Blut-Altar in der St. Jakobs-Kirche zu Rothenburg und den Marienaltar in Creglingen schuf.

Die gefesselten Hände des Hl. Sebastian *von Tilman Riemenschneider (Teilansicht der Sebastian-Skulptur, Mainfränkisches Museum, Würzburg). Riemenschneider, einer der bedeutendsten Bildhauer und Bildschnitzer der Spätgotik, ist 1525 wegen seiner Parteinahme für die aufständischen Bauern eingekerkert und gefoltert worden. Wahrscheinlich wurden seine Hände gebrochen; jedenfalls war er seitdem bis zu seinem Tod nicht mehr künstlerisch tätig.*

Erasmus Ritter

(* vor 1500 in Bayern, † 1. 8. 1546 Bern)

Erasmus Ritter stammte aus Bayern; ansonsten ist seine Jugend- und Bildungsgeschichte unbekannt. 1523 war er ein populärer altgläubiger Prediger in Rottweil und wurde vom Patrizier-Rat von Schaffhausen gerufen, um gegen die zwinglianischen Lehren des Franziskaners Sebastian Hofmeister aufzutreten. Ritter wurde Prediger am Münster von Schaffhausen, hatte aber lediglich mäßigen Erfolg in der Stadt, obwohl er eine altgläubige deutsche Messe einführte. Um gegen seinen theologischen Gegner Hofmeister bestehen zu können, widmete Erasmus Ritter sich dem Bibelstudium und wandte sich in der Folge selbst vom alten Glauben ab. Er einigte sich mit Sebastian Hofmeister und sorgte für eine behutsame Durchführung der Reformation in Schaffhausen. Am 29. 9. 1529 entschied sich die Stadt für das christliche Burgrecht mit Zürich, Bern, Basel und St. Gallen, also für eine Gemeinschaft mit den reformierten schweizerischen Kantonen. Messe und Zölibat wurden abgeschafft. Erasmus Ritter heiratete Anna von Eggenstorf, eine ehemalige Nonne. Danach kam es neben der Abweisung täuferischer Lehren auch zu einem Streit mit einem aus St. Gallen zugewanderten lutherischen Prediger um die Abendmahlslehre, in dem Erasmus Ritter die zwinglianische Position verteidigte. Formell wurde mit Hilfe Bucers 1530 in Schaffhausen eine Einigung erzielt, 1536 wurden aber beide Prediger durch den Rat aus der Stadt gewiesen, weil sie sich weiterhin in der Abendmahlsfrage befehdeten. Erasmus Ritter wurde Prediger und später Dekan in Bern, von wo aus er auch Kontakte zu den Reformern der französischen Schweiz aufnahm. Er korrespondierte mit Calvin und Farel, aber auch mit Zwingli und Oekolampad.

Wibrandis Rosenblatt. Kupferstich von S. Gysin nach einem zeitgenössischen Gemälde (19. Jh.).

Wibrandis Rosenblatt

(* 1504 Säckingen, † 1. 11. 1564 Basel)

Der Vater von Wibrandis Rosenblatt war Feldhauptmann unter Kaiser Maximilian I. und nur selten zu Hause. Deshalb zog seine Frau Magdalena Strub mit den beiden Töchtern Wibrandis und Adelberg zu ihren Verwandten nach Basel zurück. Magdalena blieb auch in Basel, als ihr Mann ein Gut in Österreich anstelle ausständigen Solds erhielt, und später begleitete sie ihre Tochter nach Straßburg und England. Wibrandis heiratete 1524, verwitwete aber bereits 1526.

In diese Jahre fiel Wibrandis' Wendung zur reformatorischen Lehre. Sie wurde mit dem Basler Reformator → *Johannes Oekolampad* bekannt, und als dieser sich im Frühjahr 1528 nach langen Überlegungen und auf den Rat von → *Wolfgang Capito* und Zwingli zur Heirat entschloß, wählte er Wibrandis zur Partnerin. Er war zunächst zwar wegen des Altersunterschieds ein wenig besorgt, schilderte aber bald seinen Briefpartnern liebevoll, wie sehr sie ihn von der Haushaltsführung entlaste und in der evangelischen Kenntnis fortschreite. Ende 1528 wurden der Sohn Eusebius (griech.: der Fromme), 1530 die Tochter Irene (griech.: Friede) und 1531 die Tochter Aletheia (griech.: Wahrheit) geboren.

Im Februar 1529, nach der offiziellen Reformierung der Stadt, bezog das Ehepaar das Pfarrhaus am Basler Münster, wo Wibrandis viele Gäste zu bewirten und beherbergen hatte. Zwingli, Capito und → *Martin Bucer* waren hier zu Besuch, und Gesandte der Waldenser aus Piemont kamen wiederholt zu Beratungen mit Oekolampad. Am 24. 11. 1531 starb Oekolampad, und die Freunde Martin Bucer und → *Ambrosius Blarer* mußten sich um die Versorgung der jungen Witwe und ihrer vier Kinder kümmern. Im Herbst desselben Jahres war Capitos Frau Agnes gestorben, und so war es eine glückliche Lösung, daß dieser sich im April 1532 zur Heirat mit Wibrandis entschloß. Wibrandis übersiedelte zu ihm nach Straßburg, wo sie ihm nicht nur fünf Kinder gebar, sondern unter finanziell sehr beengten Verhältnissen dafür sorgte, daß die Gastfreiheit evangelischer Pfarrhäuser auch hier aufrechterhalten blieb. Im Pestjahr 1541 verlor sie drei ihrer Kinder und wurde ein zweites Mal Witwe. Noch am Tag von Capitos Tod nahm Elisabeth Silbereisen, die selbst im Sterben lag, ihrem Mann Martin Bucer und Wibrandis das Versprechen ab, sich nach ihrem Tod zu ehelichen. Um Ostern 1542 fand dann die Hochzeit statt; dieser Ehe entstammten zwei Kinder. → *Peter Martyr Vermigli* hat von seinem Aufenthalt in ihrem Hause einen anschaulichen Bericht hinterlassen.

Als Bucer am 1. 3. 1549 aus Straßburg ausgewiesen wurde, blieb seine Frau mit den Kindern zurück. Im August/September folgte sie ihm dann auf Einladung des Erzbischofs Cranmer nach England. Im Frühjahr 1550 kehrte Wibrandis zurück nach Straßburg, um Kinder und Hausrat nach England zu holen; dabei geriet sie in den Verdacht, heimlich von Bucer begleitet zu werden. Zu Herbstbeginn traf sie wieder in Cambridge ein, mit ihr auch ihre Mutter Magdalena Strub. Nach dem Tod ihres Mannes verließ sie England wieder und traf im April 1551 mit ihren Kindern und ihrer Mutter in Straßburg ein, wo sie, unterstützt von ihrem Schwiegersohn Christoph Söll, für ihre Familie sorgte. Nachdem ihr im Frühjahr 1553 diese Stütze durch die Pest genommen wurde, kehrte sie mit ihrer Mutter und den jüngeren Kindern in ihre Heimatstadt Basel zurück. Als sie am 1. 11. 1564 hier an der Pest starb, wurde sie im Grab ihres zweiten Gatten Johannes Oekolampad im Kreuzgang des Basler Münsters beigesetzt.

»Lieber Vater! . . . Wie ich kommen bin gen Straßburg, da hat jedermann gesagt, Ihr seiet auch kommen. Das sind die Papisten zusammengelaufen und haben Rat gehalten, wie sie Euch einen Schrecken machen wollten, und haben ausgehen lassen, sie wollten mir meine Habe beschlagnahmen. Da sind viele Leute kommen und haben mich gewarnt. Ich habe mich aber des Handels nicht beladen wollen und habe geantwortet, sie sollen nur kommen, ich fürchte sie nicht. Unterdessen habe ich zwei Fässer mit Habe vollgepackt und sie Herrn Burcher überantwortet. Der hat sie hinweg geschickt, sobald er gekonnt hat. . . . da sich die Sache so angelassen hat, habe ich dem Teufel nicht vertrauen wollen und habe darum die zwei Fässer vorausgeschickt. . . . Weiter hat sich zugetragen, daß man mich . . . zum nächsten Donnerstag vor das geistliche Gericht aufgeboten hat. Sie sind zu Christoph [Söll] gekommen und haben ihm solches angezeigt; Christoph hat geantwortet, wir werden nicht kommen, wir seien Bürger. . . . Also hat er ihn von sich gewiesen und hat mir nichts davon gesagt, bis er schon weg war; er hatte nämlich Sorge, ich könnte böse Worte geben, was auch hätte geschehen können. . . . ich will Gott walten lassen; er wird mir wohl helfen. Seid Ihr nur guter Dinge! Ich und all unser Gesind ist gesund und es grüßen Euch alle. . . . Wibrand, Euer getreues Gemahl.«

Wibrandis Rosenblatt an Martin Bucer in Cambridge, 25. 6. 1550

Bernhard (Bernd) **Rothmann**
(Rotmann; Rottman)
(* um 1495 Stadtlohn, † vermutlich Juni 1535 Münster)

Bernhard Rothmann wirkte zunächst in Warendorf als Lehrer, erwarb dann in Mainz die Magisterwürde und wurde Pfarrer zu St. Mauritz bei Münster (1529). 1531 besuchte er Wittenberg, wo er sich mit Melanchthon anfreundete. Danach reiste er durch Süddeutschland und besuchte Speyer und Straßburg, bis er schließlich nach seiner Rückkehr im Juni 1532 Pfarrer von St. Lambert in Münster wurde, wo er die Reformation im lutherischen Sinne einleitete. Diese Ausrichtung näherte Rothmann bald dem oberdeutsch-schweizerischen Gedankengut an; in der Frage der Kirchenordnung etwa tauchten zwinglianische Konzepte auf.

1533 schloß Rothmann sich dann dem Kreis um Jan Matthys und → *Jan Bockelson* an, wohl in der Erwartung, sich so besser gegen die Angriffe altkirchlicher Gegner und die bischöfliche Aufsicht verteidigen zu können. Im Februar 1533 sah sich der Bischof von Münster zur Anerkennung der Reformation gezwungen, weil die Evangelischen einige altgläubige Persönlichkeiten als Geiseln genommen hatten. Am 23. 1. 1534 gab der Bischof den Befehl, die Reformer zu verhaften, und löste damit eine noch schärfere Polarisierung des innerstädtischen Konflikts aus. Am 27. 2. 1534 wurden alle »Gottlosen« aus Münster vertrieben, das heißt alle, die nicht dem täuferischen Kirchenregiment Jan Bockelsons zustimmten. Rothmann schrieb in dieser Zeit wichtige Pamphlete für die Münsteraner Täufer, obwohl er selbst eher der pazifistischen Richtung der Täufer zuneigte. Er nutzte dabei seine eigene Druckerwerkstatt in Münster. Ende 1533 hatte er schon ein *Bekenntnis* zu Taufe und Abendmahl veröffentlicht, das in späteren Jahren von täuferischen Gruppen teil-

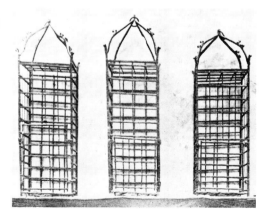

Die Käfige, in denen die gefangenen Täufer vor der Hinrichtung öffentlich zur Schau gestellt wurden.

weise in ihre Theologie aufgenommen wurde. Luther und Melanchthon hatten gegen diese Schrift protestiert, und auch die Straßburger Prediger Capito, Hedio und Bucer hatten Einwände dagegen veröffentlicht.

1534 legte Rothmann dann seine Schrift *Restitution rechter und gesunder christlicher Lehre* vor, in der die wichtigen Elemente der Theologie der in Münster vereinigten Täufer zusammengefaßt waren. Dieses Werk ging von der Annahme aus, der Mensch sei zweimal von Gott abgefallen: zum erstenmal im Fall Adams, der die Erlösung durch Jesus Christus notwendig gemacht habe, zum zweitenmal im Abfall der Fürsten und Lehrer seit dem dritten nachchristlichen Jahrhundert, der nun durch die Predigt von Luther und die Münsteraner Täufer wieder überwunden werden solle. Die christliche Lehre müsse dabei für den gemeinen Mann und nicht für das akademische Katheder wiederhergestellt werden. Als Beleg für die besondere Berufung Münsters zog Rothmann auch »Wundertaten« Gottes von 1534 in der Stadt heran. Er erläuterte dann zunächst → *Melchior Hoffmanns* Theologie von der Menschwerdung Christi, von der Sünde wider den Heiligen Geist und von der chiliastischen Konzeption der bevorstehenden Wiederkunft Christi zum Endgericht. Des weiteren stellte er die besonderen Elemente des Münsteraner »Gottesreiches« dar, das die Überlieferungen des *Alten*

»Wie also eine Zeit des Abfalls und der Verwüstung gewesen ist, so gibt es auch eine Zeit der Rache und Restitution aller Dinge, wie die Schrift Apg. 3,19ff. bezeugt ...
Es meinen vielleicht einige und warten ganz darauf, daß Gott selber mit seinen Engeln vom Himmel kommen und sich an den Gottlosen rächen wird. Nein, lieber Bruder, er wird kommen, das ist wahr. Aber die Rache müssen Gottes Knechte vorher erst ausführen und den Gottlosen, Ungerechten recht vergelten, wie es ihnen Gott befohlen hat. Gott will dazu mit seinem Volke sein, will ihm eiserne Hörner und eherne Klauen gegen ihre Feinde geben. Denn kurzum, wir, die wir dem Herrn verbunden sind, müssen sein Werkzeug sein und die Gottlosen an dem Tage, den der Herr bereitet, angreifen. So wird Gottes starker Arm mit uns sein, und er wird seine herrliche Kraft an seinem Volk, das so lange verachtet und verworfen vor der Welt gewesen ist, beweisen: wie Malachias spricht (4,3): ›Ihr werdet die Gottlosen zertreten. Denn sie werden wie Staub unter euren Füßen sein an dem Tage, den ich schaffe, spricht der Herr der Heerscharen.‹«
Bernhard Rothmann, 1535

Verbrennung der Täufer vor der Lambertikirche in Münster.

Testaments wieder in ihr Recht eingesetzt habe; er behandelte eingehend auch die Fragen der Gütergemeinschaft und der Vielweiberei sowie das Widerstandsrecht der Gläubigen gegen nicht gottgefällige Obrigkeiten. Diese Restitutionsschrift wurde vor allem von Philipp von Hessen zurückgewiesen, der den altgläubigen Belagerern Münsters zu Hilfe kam, sie forderte aber auch Melanchthon zu einer Gegenschrift heraus.

Bernhard Rothmann hat vermutlich im Juni 1535 während der Kämpfe um Münster oder der nachträglichen Tumulte in der Stadt den Tod gefunden.

Hans Sachs
(* 5. 11. 1494 Nürnberg, † 19. 1. 1576 Nürnberg)

Hans Sachs, Sohn eines Schneiders, besuchte die städtische Lateinschule in Nürnberg, bevor er eine Schuhmacherlehre begann. Während seiner Lehrzeit wurde er in den Regeln des »Meistersangs« unterwiesen und konnte während seiner Wanderschaft als Schustergeselle von 1511 bis 1516 Deutschland kennenlernen. Im Jahr nach seiner Rückkehr wurde er von der Nürnberger Singschule als Meistersinger anerkannt; 1519 erwarb er auch den Meisterbrief als Schuster. Seine Handwerkstätigkeit gab er erst im hohen Alter auf.

Neben seinem Handwerk leitete Sachs eine Meistersingerschule in München und war das unbestrittene Haupt der Nürnberger Singschule. Er widmete sich umfassender schriftstellerischer Tätigkeit und hat über 4000 Meisterlieder geschrieben. Außer den Liedern verfaßte er über 200 Schauspiele, in der Mehrzahl Fastnachtspiele; sie sind in ihrer Alltagsrealistik und derben Direktheit wertvolle Quellen für Lebensweise und Sitten der Zeit.

Links unten: *Unter dem Titel* Disputation zwischen einem Chorherrn und Schuhmacher, darin das Wort Gottes und ein rechtes Christliches Wesen verfochten wird *hat Hans Sachs 1524 einen reformatorischen Prosadialog veröffentlicht.*

Rechts unten: *Hans Sachs mit dem Maler Herneisen in seiner Werkstatt. Gemälde von Andreas Herneisen (1575).*

Die Wittenbergisch Nachtigall
Die man yetz höret vberall.

Ich sage euch/wa dise schweygē/so werden die stein schreyē Luce.19.

Titelblatt der Erstausgabe der Wittenbergischen Nachtigall von Hans Sachs (1523): Unangefochten vom zähnefletschenden Löwen (Papst Leo X.) und in der Höhe dem auf dem entfernten Hügel stehenden Gotteslamm Jesus Christus zugewandt, singt die Nachtigall (Martin Luther) ihr Lied.

Hans Sachs hat sich ausdrücklich zur Reformation bekannt und verfaßte 1523 in der umfänglichen Versallegorie *Die Wittenbergische Nachtigall* eine wirkungsvolle Verteidigungsschrift für Luther. Im Jahr darauf veröffentlichte er vier Prosadialoge gegen die Papisten mit Seitenhieben auf übereifrige Evangelische, die ein beredtes Zeugnis von den konservativen Strömungen in der städtisch-bürgerlichen Reformation geben. Das Schaffen von Hans Sachs wurde 1560 unterbrochen, als nach seinen sieben Kindern auch noch seine Frau starb. Im folgenden Jahr, nach einer zweiten Eheschließung, nahm er seinen Meistersang wieder auf.

Nach seinem Tode geriet er schnell in Vergessenheit – wie wohl eine Vielzahl seiner Meistersingerkollegen –, und erst Johann Wolfgang von Goethe hat gegen Ende des 18. Jh.s diese farbige Gestalt des Meistersangs wiederentdeckt.

Michael Sattler

(* um 1490 Staufen/Breisgau, † 20. 5. 1527 Rottenburg)

Michael Sattler war ein gebildeter Mann, der Latein, Griechisch und Hebräisch beherrschte und als Benediktinermönch von St. Peter im Schwarzwald vermutlich die Freiburger Universität besuchte. In der Benedikti-

»Nun wird von vielen, die den Willen Christi uns gegenüber nicht erkennen, gefragt, ob auch ein Christ das Schwert gegen den Bösen zum Schutz und Schirm des Guten und um der Liebe willen führen könne und solle ... Nun sagt Christus zum heidnischen Weiblein, das im Ehebruch ergriffen worden war, nicht, daß man es steinigen solle nach dem Gesetz seines Vaters – obgleich er sagt: wie mir der Vater befohlen hat, so tue ich (vgl. Joh. 12,50) –, sondern spricht ›nach dem Gesetz‹ der Barmherzigkeit und Verzeihung und Mahnung, nicht mehr zu sündigen: »Gehe hin und sündige nicht mehr« (Joh. 8,11)! Zweitens wird wegen des Schwertes gefragt, ob ein Christ Urteil sprechen soll in weltlichem Zank und Streit, den die Ungläubigen miteinander haben. Die Antwort ist diese: Christus hat nicht entschieden oder urteilen wollen zwischen Bruder und Bruder des Erbteils wegen, sondern hat sich dem widersetzt. So sollen wir es auch tun. Drittens wird des Schwertes halber gefragt, ob der Christ Obrigkeit sein soll, wenn er dazu gewählt wird. Dem wird so geantwortet: Christus sollte zum König gemacht werden, ist aber geflohen und hat die Ordnung seines Vaters nicht berücksichtigt. So sollen wir es auch tun und ihm nachlaufen. Wir werden dann nicht in der Finsternis wandeln ... Zum letzten stellt man fest, daß es dem Christen aus folgenden Gründen nicht ziemen kann, eine Obrigkeit zu sein. Das Regiment der Obrigkeit ist nach dem Fleisch, das der Christen nach dem Geist. Ihre Häuser und Wohnung sind mit dieser Welt verwachsen; die der Christen sind im Himmel. Ihre Bürgerschaft ist in dieser Welt; die Bürgerschaft der Christen ist im Himmel.«
Schleitheimer Konfession,
Artikel 6, 1527

nerabtei hatte er zuletzt das Priorat inne. Die in der Umgebung von Freiburg verbreitete evangelische Predigt veranlaßte ihn wohl, sich mit den *Paulus-Briefen* zu befassen, was ihn schließlich dazu führte, die Dogmatik der Alten Kirche abzulehnen und das Kloster zu verlassen.

Nach seiner Heirat mit einer Begine zog er 1525 nach Zürich, weil im Breisgau unter Ferdinand I. die »Häresie« ausgelöscht werden sollte. In Zürich schloß er sich den Täuferkreisen an und predigte und taufte; bei der letzten »Taufdisputation« (6. 11. 1525) wurden die Behörden auf ihn aufmerksam und wiesen ihn am 18. 11. aus der Stadt. Er reiste über Staufen nach Straßburg, wo ihn → *Capito* in sein Haus aufnahm. Hier traf Sattler mit → *Hans Denck* zusammen, vor dem er seine an den Schweizer Brüdern orientierte schriftgemäße Theologie verteidigte. In einem ernsten und friedlichen Gespräch mit → *Bucer* und Capito stellte er dann sein Glaubens- und Kirchenverständnis dar.

Die wesentliche Differenz lag darin, daß es für Sattler nur eine Kirche der »Erwählten« gab, die mit den Ordnungen der irdischen Welt nichts zu tun haben dürfe; die Herrschaft in der Welt gehöre dem Teufel und den Ungläubigen. Da man in dieser Streitfrage keine Einigung erzielen konnte, verließ Sattler Ende 1526 die Stadt und ließ sich in Horb in Württemberg nieder. Hier sammelte er eine große Täufergemeinde um sich und erwarb sich solches Ansehen, daß er bei der ersten Täufersynode in Schleitheim bei Schaffhausen (24. 2. 1527) zum Vorsitzenden gewählt wurde. Diese Synode verfaßte die *Schleitheimer Konfession*, die zur Grundlage des oberdeutschen und schweizerischen Täufertums wurde. Auf Vorschlag Sattlers wurde in ihr die prinzipiell pazifistische Absonderung von der Welt detailliert beschrieben und organisatorische Vorkehrungen im Gemeindeaufbau beschlossen, damit keine Gemeinde in der Verfolgungszeit ohne Leiter und Prediger wäre.

Auf der Heimreise wurden die führenden Täufer von Horb und Rottenburg Ende Februar verhaftet; bei Sattler wurden Dokumente und Notizen von der Synode gefunden. Die österreichischen Behörden, die das Land nach dem Sturz → *Ulrichs von Württemberg* verwalteten, wollten einen Aufsehen erregenden und exemplarischen Prozeß veranstalten. Sie hatten allerdings große Mühe, einen Gerichtshof zustande zu bringen, dem auch unabhängige Richter angehörten; der Prozeßbeginn in Rottenburg verschob sich vom 12. 4. auf den 17. 5. 1527.

Gegen alle Angeklagten wurde geltend gemacht, daß sie durch die Abkehr von der altkirchlichen Lehre kaiserliches Recht gebrochen hätten und daß sie den weltlichen Obrigkeiten Eidesleistungen versagten;

Sattler wurde darüber hinaus die Verletzung seines Mönchsgelübdes und die Lehrmeinung vorgeworfen, man dürfe den Türken keinen Widerstand leisten. In seiner Verteidigungsrede wies Sattler darauf hin, daß der Kaiser gegen Luthers Lehre im Wormser Edikt (→ *Wormser Reichstag*) fordere, allein dem Evangelium und dem Wort Jesu Christi zu vertrauen – eben dies hätten die Täufer getan. Für die übrigen Anschuldigungen bezeichnete er die beschriebenen Tatsachen als zutreffend, widerlegte die Anklagepunkte jedoch, indem er auf ihre Konformität mit der Bibel hinwies. Abschließend bot er eine Disputation aufgrund der biblischen Originaltexte an. Das Ansinnen, mit den Richtern zu disputieren, führte zu einem Tumult im Gerichtssaal. Nach eineinhalbstündiger Beratung wurde das Urteil über Sattler verkündet und drei Tage später vollzogen: Auf dem Marktplatz wurde Sattler ein Stück von der Zunge abgeschnitten (er konnte danach weiterhin sprechen), und mit glühenden Zangen wurden ihm zwei Fleischstücke aus dem Körper gerissen. Diese Marter wurde auf dem Weg zur Richtstätte fünfmal wiederholt, wobei Sattler laut für seine Peiniger und Richter betete. Dann wurde er an eine Leiter gebunden und ins Feuer geworfen. Als die Handfesseln verbrannt waren, soll er noch ein mit Glaubensgenossen verabredetes Zeichen mit den Fingern gegeben haben, daß er auch im Todeskampf zu seinem Bekenntnis stehe. Eine Chronik berichtete von Wunderzeichen am Tag der Hinrichtung und in der folgenden Nacht. Sattlers Frau wurde acht Tage nach seiner Hinrichtung im Neckar ertränkt.

Capito und Bucer, die ihn persönlich gekannt hatten, haben in Briefen ihre Hochachtung vor Michael Sattler ausgedrückt, nicht ohne seine Abweichung von der reformatorischen Lehre zu tadeln.

»Zum vierten haben wir uns über die Absonderung geeinigt ...
Weiter ermahnt er uns (Jes. 48,20 u. a.), Babylon und das irdische Ägypten zu verlassen, damit wir nicht auch ihrer Qualen und Leiden teilhaftig werden, die der Herr über sie herbeiführen wird. Aus dem allen sollen wir lernen, daß alles, was nicht mit unserem Gott und mit Christus vereinigt ist, nichts anderes ist als die Greuel, die wir meiden und fliehen sollen. Damit sind gemeint alle päpstlichen und widerpäpstlichen Werke und Gottesdienste, Versammlungen, Kirchenbesuche, Weinhäuser, Bündnisse und Verträge des Unglaubens und anderes dergleichen mehr, was die Welt für hoch hält und was doch stracks wider den Befehl Gottes durchgeführt wird, gemäß all der Ungerechtigkeit, die in der Welt ist.«
Schleitheimer Konfession, 1527

Erhard Schnepf

(* 1. 11. 1495 Heilbronn, † 1. 11. 1558 Jena)

Erhard Schnepf studierte Rechte, dann Theologie in Erfurt, unter anderem bei → *Justus Jonas*, und Heidelberg, wo er wie → *Bucer* und → *Brenz* Luthers Disputation von 1518 hörte und sich der Reformation anschloß. 1520 wurde er evangelischer Prediger in Weinsberg und, von dort vertrieben, in Guttenberg/Neckar; 1524 war er dann Prediger in Wimpfen. Im folgenden Jahr heiratete er und unterschrieb die von Johannes Brenz entworfene Glaubensdarstellung *(Syngramma Suevicum)*. 1526 leitete Schnepf die Reformation der Grafschaft Weilburg im Nassauischen, und im folgenden Jahr wurde er durch Landgraf Philipp auf eine Professur in Marburg berufen. 1529 und 1530 nahm er im Gefolge des Landgrafen an den Reichstagen teil, und 1534 nahm ihn Herzog Ulrich von Württemberg mit in sein wiedergewonnenes Herzogtum mit dem Auftrag, den nördlichen Landesteil zu reformieren *(→ Ambrosius Blarer)*.

Erhard Schnepf versuchte eine zwischen Luther und Zwingli vermittelnde Position zu konzipieren; 1536 verfaßte er die erste Kirchenordnung für Württemberg. Schnepf war seit 1540 auch einer der schwäbischen Vertreter bei den Religionsgesprächen mit der Alten Kirche. 1544 wurde er Doktor der Theologie und Professor in Tübingen, von wo er aber 1548 wegen des *→ Augsburger Interims* nach Jena wechselte, um dort Hebräisch zu lehren und die Visitationen für das Herzogtum Sachsen zu leiten. Ab 1557 beteiligte sich Erhard Schnepf auch an dem Streit gegen Melanchthon und die Philippisten. Damit war er endgültig auf die schwäbisch-lutherische Linie eingeschwenkt.

Schweizer Reformierte Kirche

Die Schweizer Reformierte Kirche war zunächst die Gemeinschaft der drei Ortskirchen von Zürich, Bern und Basel, die durch Zwinglis Reformationswirken entstanden waren. In den *→ Helvetischen Bekenntnissen* gab der Zwinglinachfolger Heinrich Bullinger ihnen ihre gemeinsame Grundlage. Durch die *→ Zürcher Einigung* von 1549 wurde das Kirchenwesen der Schweiz über den deutschsprachigen Raum der Eidgenossenschaft hinaus erweitert, und das Zweite Helvetische Bekenntnis konnte damit schließlich normierende Kraft für die nach dem Muster der Genfer Reformation Calvins reformierten Gemeinschaften in den verschiedenen Gebieten Europas zur Geltung bringen.

Kaspar von Schwenckfeld. Holzschnitt (1587).

Kaspar von Schwenckfeld

(*1489 Ossig bei Lüben, †10. 12. 1561 Ulm)

Kaspar von Schwenckfeld war schlesischer Adeliger aus dem Herzogtum Liegnitz und besuchte mehrere Universitäten, unter anderem von 1505 bis 1507 Köln; er erwarb aber keinen akademischen Grad und blieb zeitlebens Laie.

Als 1518 die ersten Nachrichten von Luthers Lehre Schlesien erreichten, griff Schwenckfeld diese geistige Erneuerung sofort auf und trat in den Dienst Herzog *→ Friedrichs II. von Liegnitz*, um die evangelische Bewegung im Land zu fördern. Nachdem er dies erreicht hatte, verließ er 1523 den Hof wieder und wirkte in der Umgebung von Ossig als Laienprediger. Im Dezember 1525 trug er Luther sein Verständnis vom Abendmahl vor, das der Wittenberger Reformator drei Monate später in einem Brief verteufelte. Dies beendete zwar die freundschaftlichen Beziehungen, hinderte

Schwenckfeld aber nicht, Luther hohe Achtung zu zollen und ihm seine eigene religiöse Wiedergeburt zu danken. Schwenckfeld engagierte sich danach in der Täuferfrage, indem er Friedrich II. zu einer liberalen und duldsamen Politik riet. So kamen schweizerische Theologen an die Universität von Liegnitz (1526–1530). Als dann Ferdinand I. als Lehnsherr Liegnitz zur Rückkehr zum alten Glauben aufforderte, ging Schwenckfeld 1529 nach Straßburg, um Herzog Friedrich II. nicht in noch größere Schwierigkeiten zu bringen.

In Straßburg wurde er von → *Bucer* und → *Capito* herzlich aufgenommen. Er bezog im Haus Capitos Wohnung und traf in dieser Zeit auf → *Melchior Hoffmann,* → *Sebastian Franck* und → *Bernhard Rothmann*. 1533 brach er zu einer Reise durch Oberdeutschland auf, wobei er vor allem in Augsburg und Ulm längere Zeit verweilte und sich im Juli 1534 neuerlich nach Straßburg wandte. Enttäuscht von der Unterdrückungspolitik gegen Abweichungen (vor allem der Täufer), die zuvor in der Reichsstadt nicht üblich war, aufgrund der Straßburger Synode von 1533 aber legitimiert worden war *(→ Bucer)*, zog Schwenckfeld bald wieder nach Ulm, wo er bis 1539 beim Bürgermeister Bernhard Besserer wohnte. Von 1540 bis 1547 lebte er auf der Feyberger Burg in Justingen, danach bis 1550 im Esslinger Franziskanerkloster. Die letzten zehn Jahre seines Lebens verbrachte er auf Wanderschaft, immer auf der Flucht vor Verfolgern. Wenige Monate vor seinem Tod lud ihn Agathe Streicher in ihr Haus in Ulm ein und bot ihm ihre Pflege an. Kaspar von Schwenckfeld folgte ihrer Einladung gerne und starb bald darauf in ihrem Haus.

Der größte Teil von Schwenckfelds Werken besteht aus Briefen zu bestimmten Themen der reformatorischen Theologie, die schon zu seinen Lebzeiten in 180 Büchern und Broschüren veröffentlicht wurden. Er propagierte ein spiritualistisches Christentum, das in seiner Ernsthaftigkeit dem Täufertum sehr nahe kam, von ihm aber doch deutlich abgegrenzt war. Die äußeren Zeichen kirchlicher Identität wie Sakramentenspendung hielt Schwenckfeld für unwichtig, ja er empfahl sogar den Verzicht auf sie, solange ihre Darreichung mit den engen zeitgenössischen Interpretationen verknüpft war. Er erkannte nur die »unsichtbare Kirche« aller derer an, die innerlich bereit waren, »in Geist und Wahrheit dem Vater zu huldigen«; dogmatische Differenzen seien dabei belanglos. Seine Anhänger haben sich darum auch nicht den Titel »Kirche« gegeben, sondern verstanden sich als eine Kongregation, die sich zu gemeinsamer Bibellektüre und Erbauung traf, aber der einen ökumenischen Kirche angehörte. Darin gründete auch Schwenckfelds lebenslanger Konflikt mit den täuferischen Versuchen einer Absonderung ihrer

»Ich bin sowohl von Predigern wie anderen verdächtigt worden, ein Täufer zu sein, so wie eben allen, die ein wahres, frommes, christliches Leben führen, jetzt fast überall dieser Name beigelegt wird.«
Schwenckfeld in einem Brief aus seinen letzten Lebensjahren

Mitglieder aus dieser Welt. Erst 1909 kam es in Pennsylvania, USA, zur Gründung einer »Schwenckfelder Kirche«, die sich in ihren Traditionen auf Kaspar von Schwenckfeld beruft.

Michael Servet (Miguel Serveto)

(* wahrscheinlich 1511 Villanueva, † 27. 10. 1553 Champel)

Michael Servet kam zum Studium der Rechte nach Toulouse und begann schon zu dieser Zeit, sich mit dem theologischen Problem der Trinität zu beschäftigen. Im Februar 1530 war er bei der Krönung Karls V. in Bologna anwesend und vom päpstlichen Pomp so unangenehm beeindruckt, daß er Kontakt zu den Reformatoren suchte und über Lyon nach Genf und Basel reiste. In Basel und Straßburg traf er mit → *Oekolampad,* → *Bucer* und → *Schwenckfeld* zusammen. 1531 veröffentlichte er zum erstenmal seine Ansicht zur Trinitätslehre, die er im folgenden Jahr noch einmal überarbeitete, weil er auch bei den Reformatoren auf Widerstand gestoßen war.

Er zog sich nach Lyon unter dem Decknamen »Villanovanus« zurück und arbeitete dort an wissenschaftlichen Übersetzungen (Ptolemäus' *Geographia*). 1538 immatrikulierte sich Servet in Paris für Medizin und

Michael Servet. Nach einem Kupferstich von C. von Sichem.

wurde Leibarzt des Erzbischofs von Vienne. Offiziell war er Katholik geblieben, er arbeitete aber an seinen theologischen Fragestellungen weiter und veröffentlichte zunächst 1542 eine Bibelübersetzung in Lyon; 1546 schickte er ein sein Theologie umreißendes Manuskript an → *Jean Calvin*, worin er ihn um ein Treffen bat. Bald nach Beginn dieser Korrespondenz verurteilte Calvin Servet als unbeugsamen Ketzer und brach den Kontakt ab. Eine überarbeitete Fassung des an Calvin geschickten Manuskripts ließ Servet 1553 heimlich drucken; sie erschien mit dem Titel *Christianismi restitutio* unter dem Pseudonym Michel de Villeneuve und enthielt nebenhin die Beschreibung der medizinischen Entdeckung des Lungenblutkreislaufs. Servet plädierte in seinem Buch für eine strikte Trennung von Kirche und Staat, weil er die nachkonstantinische Kirche als vom Glauben der Bibel abweichend beurteilte. Im Kern wurde deshalb seine Lehre als antitrinitarische Auffassung verworfen, weil er die Trinitätsdefinitionen der nachkonstantinischen Konzilien nicht anerkennen wollte.

Kopien des Briefwechsels zwischen Servet und Calvin fielen in die Hand eines Lyoner Bürgers, der daraufhin beim Generalinquisitor in Lyon Anzeige erstattete. Servet und sein Drucker wurden gefangengesetzt, aber Servet konnte fliehen, an seiner Statt wurde lediglich eine Strohpuppe verbrannt.

Unverständlicherweise wandte sich Servet nach Genf, wo er wiedererkannt und verhaftet wurde und vom 14. 8. bis zum 25. 10. 1553 wegen Häresie vor Gericht stand. In diesem Prozeß gelang es Calvin dann, eine Verurteilung wegen Ketzerei durchzusetzen. Am 27. 10. 1553 wurde Servet in Champel verbrannt, obwohl Calvin nach glaubhaften Quellen versucht hatte, seine Begnadigung in Enthauptung oder sogar nur in eine lange Haftstrafe zu erreichen. Die Exekution führte zu einer innerprotestantischen Auseinandersetzung über die Frage, ob die Todesstrafe gegen Häretiker angewandt werden dürfe; Calvin wurde von vielen Seiten kritisiert und für das Vorgehen allein verantwortlich gemacht.

»Servet suchte anfänglich auszuweichen. Deshalb wurden wir gerufen. Er schalt mich frech, nicht anders wie wenn ich ihm untertan wäre. Ich erwiderte ihm, wie ers verdiente . . . Von der Unverschämtheit Servets will ich nicht reden. Aber so weit ging sein Wahnwitz, daß er nicht zögerte, zu sagen, in den Teufeln sogar wohne die Gottheit. Ja, in jedem seien mehrere Götter, weil die Gottheit substantiell sowohl ihnen, wie Holz und Stein, zuteil geworden sei . . .«

»Der Bote ist aus der Schweiz zurückgekommen. Einmütig sprechen sich alle dahin aus, Servet habe die gottlosen Irrlehren, mit denen in früheren Zeiten Satan die Kirche verwirrte, wieder neu aufgebracht und sei ein nicht zu duldendes Ungeheuer. Die Basler mutig, die Zürcher am leidenschaftlichsten von allen; denn das Furchtbare seiner Gottlosigkeiten wird von ihnen sehr nachdrücklich betont, und sie mahnen unsern Rat zur Strenge. Die Schaffhauser pflichten ihnen bei. Dem Brief der Berner liegt auch ein Schreiben ihres Rates bei, das die Unsern nicht wenig angespornt hat . . . Doch erfolgte ohne Diskussion die Verurteilung. Morgen wird er zur Hinrichtung geführt. Die Art der Todesstrafe suchten wir zu ändern, doch umsonst. Weshalb wir nichts erreichten, das verschiebe ich aufs mündliche Erzählen. Lebwohl, bester Bruder und trefflicher Diener Christi.«
Calvin an Wilhelm Farel, 20. 8. und 26. 10. 1553

Franz von Sickingen
(* 2. 3. 1481 Ebernburg, † 7. 5. 1523 Landstuhl)

Franz von Sickingen, einem pfälzischen Reichsrittergeschlecht entstammend und von → *Reuchlin* erzogen, trat früh in Kriegsdienste, bis er 1504 den väterlichen Besitz übernehmen konnte, der die Herrschaften Landstuhl in der Pfalz und Hohenburg im Elsaß sowie die Festung Ebernburg bei Kreuznach umfaßte. Als kurpfälzischer Amtmann betrieb Franz von Sickingen Erzbergbau und baute seine Burgen aus. Von 1515 an

FRANCISCVS·VON·SICKINGEN

Franz von Sickingen.

versuchte er, seine politische Stellung am Mittelrhein aufzuwerten, indem er gegen seine Nachbarn Fehden anstrengte. In diesem Zusammenhang erpreßte er auch von Landgraf Philipp eine hohe Abfindung. Wegen dieser Fehden wurde über Franz von Sickingen die Reichsacht verhängt, und er trat vorübergehend in französische Dienste. Als er damit begann, die Gegner der Habsburger um sich zu sammeln, suchte Kaiser Maximilian I. den Ausgleich mit ihm und nahm Sickingen in seine Dienste.

Sickingen suchte nicht eigentlich seinen privaten Vorteil im »Raubrittertum«, sondern sah sich als einen Verteidiger des alten und natürlichen Rechts gegen die Einführung positiven Rechts nach den Ansprüchen der Territorialfürsten. In den Auseinandersetzungen um die Kaiserwahl nach Maximilians Tod ergriff Sickingen für Karl V. Partei und beteiligte sich denn auch 1519 an der Vertreibung des geächteten Herzogs → *Ulrich von Württemberg*. Bei diesem Feldzug wurde er von → *Ulrich von Hutten* für die Reformation gewonnen und zugleich ergriff er auch für seinen Lehrer Reuchlin im Streit mit den Dominikanern Partei.

Seine Besitzung Ebernburg wurde in der Folgezeit zum Zufluchtsort für verfolgte Protestanten, unter ihnen auch → *Bucer* und → *Oekolampad*; auch dem gebannten Luther hat er hier Zuflucht bieten wollen. 1521 wurde Franz von Sickingen kaiserlicher Rat, und da er die Erneuerungstendenzen als mit den Interessen des Kaisertums in Einklang stehend empfand, versuchte er auf dem → *Wormser Reichstag* eine Vermittlerrolle wahrzunehmen. Im folgenden Jahr wurde er zum Hauptmann der südwestdeutschen Reichsritterschaft gewählt und strengte daraufhin einen Krieg gegen den Erzbischof von Trier an. Dieses eigenmächtige Vorgehen brachte ihn neuerlich in die Reichsacht; der Trierer Erzbischof und Landgraf Philipp kehrten ihre Streitkräfte gegen ihn und schlossen ihn auf der Feste Landstuhl ein. Bei der Beschießung der Burg wurde Sickingen tödlich verwundet; er starb am Tag der Übergabe der Festung.

Menno Simons
(* 1496 Witmarsum, † 31. 1. 1561 Wüstenfelde)

Menno Simons(zoon), vermutlich bäuerlicher Herkunft, entschied sich erst spät für den geistlichen Beruf. Er wurde wahrscheinlich in einem Kloster seines Heimatdistrikts Friesland ausgebildet. 1524 in Utrecht zum Priester geweiht, kam er als Vikar in eine Pfarre nahe seines Geburtsortes Witmarsum und ergab sich nach seiner eigenen Schilderung mit seinen Kollegen dem Kartenspiel und dem Trunk. Bald quälten ihn Zweifel am kirchlichen Verständnis der Eucharistie und damit zugleich an der Weihevollmacht seines geistlichen Amtes. Wohl wissend, daß Luther und Zwingli gerade durch ihre Bibellektüre der Alten Kirche entfremdet worden waren, griff er etwa zwei Jahre später selbst zur *Heiligen Schrift*. Das Ergebnis seines Studiums war die These, daß Schrifttext und Kirchenlehre einander widersprächen. Zwischen zwei Autoritäten hin und her gerissen, begann er mit der Lektüre von Luthers Schriften, die ihn von der höheren Autorität der Bibel überzeugten. 1529/30 geriet er erstmals in den Ruf, ein evangelischer Prediger zu sein. In dieser Zeit begann → *Melchior Hoffmann* seine Missionsarbeit in Holland, und durch die ersten Märtyrer der »Wiedertäufer« wurde Menno Simons auf das Problem des Taufsakraments aufmerksam und kam dann zur endgültigen Auffassung, daß aus der Schrift nur die Erwachsenentaufe belegbar sei. Irritiert von der teilweise militanten Entwicklung des Täufertums (→ *Bockelson*, → *Rothmann*), blieb Menno in der altkirchlichen Gemeinschaft und wurde Pfarrer seines Heimatorts.

Das tragische Schicksal der Täufer, die Liquidation des Täuferreichs in Münster (→ *Täufer und »Schwärmer«*), wurde zum Wendepunkt für Menno Simons. Er machte sich Vorwürfe, daß er von der pazifistischen Täuferbewegung in seinen Glaubenszweifeln gelernt habe und bestätigt worden sei, diese ihre Fehlentwick-

Menno Simons.

»Die Zeit ist erfüllt, d. h. die verheißene Gnadenzeit naht, die Zeit der Erscheinung des verheißenen Samens, die Zeit der Erlösung, die Zeit des Opfers, durch welches alles, was im Himmel und auf Erden ist, befriedet werden sollte; die Zeit der Erfüllung aller buchstäblichen, bildlichen Zeremonien durch ein neues geistliches Wesen und bleibende Wahrheit; die Zeit, auf welche die Väter hofften und nach welcher sie sich mit vielen Tränen sehnten . . .«
Menno Simons, *Zeit der Gnade,* 1539/40

lung zur politischen Militanz aber nicht verhindert hatte. Von April 1535 an begann er in diesem Sinne zu predigen und etwa im Januar 1536 mußte er dann heimlich aus seiner Pfarre verschwinden; vermutlich tauchte er zunächst in der Provinz Groningen unter und wurde dort getauft. Er führte in den folgenden Jahrzehnten ein entbehrungsreiches Leben, denn seine Verfolger scheuten nicht davor zurück, Leute, die ihn beherbergt hatten, hinzurichten. Am 7. 12. 1542 wurde in Leeuwarden eine Prämie von hundert Gulden für seine Ergreifung ausgesetzt. Von Anfang an widmete sich Simons trotz der widrigen Umstände der neuerlichen Formierung pazifistischer Täufergruppen in den holländischen Provinzen und im oldenburgischen Ostfriesland. Dort wurde er Ende Januar 1544 als Sprecher dieser Gruppe zu einer Disputation um die Einheit mit der reformierten Kirche des Landes aufgefordert. Wesentliche Gegensätze zeigten sich in dem Verständnis von Jesu Menschwerdung. Im folgenden Jahr wurden seine Anhänger in einem Erlaß Gräfin Annas von Oldenburg zum erstenmal offiziell nach ihm als »Mennisten« angesprochen.

Mitte 1544 begab sich Menno Simons in die Gegend von Köln und Bonn; er mußte jedoch 1546 fliehen, als das Reformbemühen im Erzstift Köln durch die Entlassung des reformwilligen Erzbischofs Hermann von

Der Mennonitenprediger Anslo und seine Frau.
Gemälde von Rembrandt (1641).

Wied gestoppt wurde, und zog nach Schleswig-Holstein. In den folgenden Jahren wirkte er in Lübeck, Emden, am Niederrhein, in Leeuwarden und Danzig, zumeist unterstützt von → *Dirk Philips*. Den Winter 1553/54 verbrachte Menno Simons in der Hansestadt Wismar im Mecklenburgischen. Im Sommer 1554 veröffentlichte Menno in Lübeck seine Schrift *Een Klare beantwoordinge*, in der er sich gegen Anschuldigungen von Gellius Faber verteidigte und ausführlich über seine »Bekehrung« berichtete. Ende des Jahres wies der Rat von Wismar die Täufer aus, und Menno schloß sich ihrer Wanderung an. Auf dem Landgut Wüstenfelde bei Oldesloe in Holstein fanden sie bei Bartholomäus von Ahlefeldt eine endgültige Zuflucht.

Menno Simons versuchte, Dispute über die Anwendung der Kirchenzucht zwischen Eiferern wie Dirk Philips und den Fürsprechern größerer Milde und Toleranz zu schlichten. Er war deshalb auch 1557 noch einmal in Friesland und hat sich schließlich wohl auf die Seite von Dirk Philips geschlagen; denn im selben Jahr appellierte eine Synode süddeutscher Täufer an die beiden, nicht in solchen Extremismus zu verfallen, daß durch Bann und Ablehnung Familien zerrissen würden.

Die letzten Lebensjahre war Menno gelähmt und konnte sich nur mit Krücken fortbewegen. Sein Grab im Garten seines Häuschens auf dem Landgut Wüstenfelde ist während des Dreißigjährigen Krieges verwüstet worden.

Menno Simons war es mit seinem Anspruch, in seinem Lebenswandel praktiziertes Christentum vorzuzeichnen, gelungen, die Täufer in Norddeutschland und in den Niederlanden um sich zu sammeln. Es war nur so möglich, das Debakel von Münster zu überwinden. Theologisch-dogmatisch blieben diese Täufer an den gemeinsamen Prinzipien der Schweizer Brüder und der Huterer orientiert. Ihre besondere Auffassung von einer Ordnung der Kirche, wie sie vor allem Dirk Philips in aller Schärfe formuliert hatte, hat dazu beigetragen, daß sie sich bis in die Gegenwart als evangelische Freikirchen erhalten konnten und untereinander in ihrem Selbstverständnis als »Mennonitische Kirchen« ihre Identität fanden.

Faustus Socinus (Fausto Paolo Sozzini)
(* 5. 12. 1539 Siena, † 3. 3. 1604 Luclawice)

Faustus Socinus war in Italien schon 1559 bei der Inquisition denunziert worden und flüchtete deshalb nach Zürich, wo er sich mit den Schriften seines Onkels → *Laelius Socinus* vertraut machte. Danach besuchte er Genf und Lyon, von wo er 1553 nach Italien zurückkehrte. Zwölf Jahre lang lebte er am Florentiner Hof nach außen hin als Katholik. Er arbeitete aber weiter an

Titelblatt einer 1558 gedruckten Ausgabe von Menno Simons' Ein fundament unde klare anwisinge.

»Unsere Waffen sind nicht Waffen, womit man Städte und Länder verwüstet, Mauern und Tore zerbricht und das menschliche Blut wie Wasser vergießt, sondern es sind Waffen, mit denen man das Reich des Teufels zerstört, das gottlose Wesen in den Gewissen der Menschen vernichtet und die steinharten Herzen zerknirscht, welche noch nie von dem himmlischen Tau des heiligen Worts besprengt worden sind. Wir haben und kennen auch keine anderen Waffen, das weiß der Herr, und sollten wir gleich in tausend Stücke zerrissen werden; und obschon so viele falsche Zeugen wider uns aufstünden, als Gras auf dem Felde und Sand am Meer ist.«
Aus der *Verantwortung* von Menno Simons (1554)

Faustus Socinus. Anonymer Kupferstich (17. Jh.).

seinen theologischen Konzepten; 1578 begab er sich auf eine Reise nach Siebenbürgen und ließ sich danach um 1579 in Krakau nieder.

Dort wurde er der Führer der antitrinitarischen Gemeinde und baute seine Theologie endgültig aus. 1583 verließ Socinus vor einer Verfolgung Krakau und zog auf das Landgut eines Adeligen, dessen Tochter er 1586 heiratete. Von 1587 bis 1598 lebte Faustus Socinus wieder in Krakau und wurde von Freunden unterstützt, nachdem ihm 1590 durch die Inquisition seine Besitzungen in Siena genommen worden waren. 1598 erhoben sich Universitätsstudenten gegen ihn, und er entging der Ermordung nur durch die Flucht nach Luclawice, wo er mit der Sammlung seiner Schriften begann; diese Arbeit konnte er nicht mehr abschließen.

Zentral für die Lehre von Faustus Socinus war der Glaubenssatz, daß allein Abscheu vor der Sünde und Gehorsam sowie das eifrige Studium der Heiligen Schrift zum ewigen Leben führen. In Jesus verehrte er lediglich den leibhaftigen Menschen ohne Sünde, der durch sein Leiden die Menschheit gelehrt habe, ihre eigenen Leiden zu ertragen. Er versicherte, daß die Menschen in allem der bürgerlichen Regierung gehorchen müßten, sofern sie dieser Gehorsam nicht in Gegensatz zu Jesu Lehre brächte.

Die nach Faustus Socinus benannten »Socinianer« mußten um die Mitte des 17. Jh.s entweder zum Katholizismus zurückkehren oder ins Exil gehen; ihre Lehre hatte Einfluß vor allem in England, und kleinere Gruppen überlebten bis ins 19. Jh. hinein in Siebenbürgen, den Niederlanden und auch Deutschland.

Laelius Socinus. Anonymer Kupferstich (17. Jh.).

Laelius Socinus (Lelio Francesco Maria Sozzini)
(* 25. 3. 1525 Siena, † 14. 5. 1562 Zürich)

Laelius Socinus war ein in Padua ausgebildeter Jurist, der bei dem Versuch, das menschliche Recht auf göttliches Recht zurückzubeziehen, zur biblischen Forschung gekommen war. 1546 ging er nach Venedig, wo die innerkatholische Reform relativ stark war, danach reiste er durch die Schweiz, Frankreich, England und Holland und ließ sich 1548 schließlich in Zürich zum Studium des Griechischen und Hebräischen nieder.

In seinen theologischen Konzepten orientierte sich Laelius Socinus sowohl an Calvin als auch an Melanchthon, aber erst 1553, nach der Verurteilung von → *Servet*, stieß er auf das Problem des Antitrinitarismus und beschäftigte sich eingehend damit. Als sich das Gerücht verbreitete, er sei Häretiker, verlangte → *Heinrich Bullinger* 1555 von ihm ein Bekenntnis; dieses Bekenntnis war der Form nach orthodox, ließ aber antitrinitarische Interpretationen zu.

Die 1556 von der Inquisition konfiszierten Güter

konnte Laelius trotz Unterstützung des Wiener und Krakauer Hofes nicht zurückgewinnen; er blieb deshalb in Zürich, wo sich dann sein Neffe → *Faustus Socinus* mit seinen Manuskripten beschäftigt und aus diesen eine einheitliche Lehre entwickelt hat.

Lazarus Spengler

(* 13. 3. 1479 Nürnberg, † 7. 9. 1534 Nürnberg)

Lazarus Spengler, der Sohn eines Stadtschreibers, wurde 1497 nach einem Studium der Rechte in die Nürnberger Ratskanzlei aufgenommen; 1507 war er erster Stadtschreiber. 1516 gewann er als Mitglied des Großen Rates weiteren Einfluß auf die Nürnberger Politik. Er war mit Dürer eng befreundet und wurde durch Johann von Staupitz, den Ordensoberen Luthers, zwischen 1512 und 1516 in Nürnberg mit den Entwicklungen der Wittenberger Theologie vertraut gemacht.

1519 schrieb Lazarus Spengler seine berühmte *Schutzrede und christliche Antwort*, in der er für Luther Partei ergriff; deshalb wurde er auch von → *Johannes Eck* in der Bannandrohungsbulle namentlich als Anhänger Luthers aufgeführt. Um die Absolution zu erreichen, widerrief Spengler zwar daraufhin, er hat sich aber auf dem → *Wormser Reichstag* endgültig und offen der Sache Luthers zugewendet. In der Folgezeit verfaßte er zahlreiche Flugschriften und Lieder. 1525 begann er gemeinsam mit → *Osiander* mit der Reformierung Nürnbergs. Im folgenden Jahr begründete er das Nürnberger Gymnasium. Er übte in einer umfangreichen Korrespondenz mit anderen Reformatoren und Humanisten starken Einfluß auf die Verbreitung der Reformation auch außerhalb Nürnbergs aus.

Speyrer Reichstage

(Sommer 1526; Frühjahr 1529)

Als am 25. 6. 1526 der Reichstag in Speyer zusammentrat, geschah das zunächst mit der großen Hoffnung, daß man über eine Interimslösung bis zu einem »freien Konzil« einig werden könnte. Während der Verhandlungen wurden dann jedoch kaiserliche Direktiven präsentiert, die eine Herstellung der alten kirchlichen Zuständigkeiten und Praktiken zu fordern schienen. Es wurde aber deutlich, daß weder Ferdinand von Österreich noch andere Vertreter des Kaisers diese Forderungen durchsetzen wollten, weil sich die Situation mittlerweile grundlegend geändert hatte: Kaiser und Papst, der mit Frankreich die Liga von Cognac geschlossen hatte, befanden sich im Kriegszustand, und die Befolgung der kaiserlichen Direktiven hätte zu einer Konsolidierung der päpstlichen Position geführt und damit einen Affront gegen den Kaiser bedeutet.

Die Urkunde des Reichstagsabschieds *von Speyer vom 22. 4. 1529. Bereits am 25. 4. antworteten die evangelischen Reichsstände mit der »Protestation« gegen den Abschied und begründeten ihre Verweigerung damit, daß »in Sachen Gottes-Ehre und der Seele Seligkeit belangend, ein jeglicher für sich selbst vor Gott stehen und Rechenschaft abgeben muß«.*

In dieser Situation fand man schließlich zu einer Formulierung, die zwar einerseits das Wormser Edikt (→ *Wormser Reichstag*) bestätigte, andererseits aber nicht zu seinem Vollzug verpflichtete. Der Kernsatz des Reichstagsabschieds besagte, daß »jeder Stand sich so verhalten möge, wie er es gegen Gott und den Kaiser zu verantworten gedenke«. Damit hatten die Reichsstände eine Bestätigung ihrer Gewissensfreiheit erreicht. Dieser Speyrer Reichstag wurde damit zur Geburtsstunde der reichsrechtlichen Absicherung des Landeskirchentums. Zugleich begünstigte die Situation der folgenden Jahre die evangelischen Stände zusätzlich, weil eine antipäpstliche Kirchenorganisation auch im kaiserlichen Interesse zu liegen schien.

Als für den 21. 2. 1529 ein neuer Reichstag nach Speyer einberufen wurde, hatten sich die Positionen allerdings grundsätzlich verändert. Kaiser und Papst hatten sich im Herbst 1528 ausgesöhnt, und deshalb drängte der Kaiser jetzt auf eine Einigung der Religionsparteien im Reich auf der Basis der Alten Kirche. Die altgläubigen Stände nutzten diese Situation, um mit ihrer Mehrheit eine Aufhebung der Beschlüsse von 1526 vorzunehmen und das Wormser Edikt nun endgültig in Kraft zu setzen. Da die Altgläubigen zu Verhandlungen und zu einem Kompromiß mit den evangelischen Ständen nicht bereit waren, sahen diese die einzige Möglichkeit darin, eine »Protestation« gegen diesen Reichstagsabschied zu verfassen. Sie vertraten darin den Standpunkt, daß eine einmal reichsrechtlich bestätigte Landeshoheit (Reichstag vom Sommer 1526) nicht einfach durch eine Majorität wieder aufgehoben werden könne. Am 25. 4. 1529 gaben Kurfürst Johann von Sachsen, Markgraf Georg von Brandenburg, die Herzöge Ernst und Franz von Braunschweig-Lüneburg, Landgraf Philipp von Hessen und Fürst Wolfgang zu Anhalt dieser Beschwerde die rechtliche Form einer Appellation, die auf der nächsten freien Versammlung der Christenheit oder zumindest der deutschen Nation verhandelt werden müsse. Das Gewicht dieser »Protestation« wurde noch erhöht durch den Beitritt der Reichsstädte Straßburg, Nürnberg, Ulm, Konstanz, Lindau, Memmingen, Kempten, Nördlingen, Heilbronn, Reutlingen, Isny, St. Gallen, Weißenburg und Windsheim. Dieser Aktion verdankt der Name »Protestanten« für die evangelischen Reichsstände und ihre Untertanen seinen Ursprung.

Aus der gemeinsamen »Protestation« wollten die Fürsten und Städte ein Verteidigungsbündnis erwachsen lassen. Die Theologen, vor allem Melanchthon und Luther, befürchteten allerdings, daß man über die Glaubensunterschiede zwischen den zwinglianisch orientierten Oberdeutschen und Schweizern und den lutherischen Landesfürstentümern hinwegsehen könne, wenn man sich zu einem Bündnis vereinige. Diese Bedenken nahm Landgraf Philipp zum Anlaß, die beiden Parteien zum → *Marburger Religionsgespräch* einzuladen. Da bei diesem Religionsgespräch die Einigung an der Abendmahlsfrage scheiterte, fanden sich schließlich im Schmalkaldischen Bund nur die lutherischen Stände zu gemeinsamen Verteidigungsanstrengungen zusammen.

Ambrosius Spittelmaier (Spittelmayr)

(* um 1497 Linz, † 6. 2. 1528 Cadolzburg)

Ambrosius Spittelmaier wurde an der Universität seiner Heimatstadt Linz ausgebildet. Am 25. 7. 1527 hat ihn → *Hans Hut* getauft und zum Prediger bestellt. Zwei Wochen lang konnte er in der Umgebung von Linz missionieren, dann mußte er fliehen. Während seiner Wanderschaft über Augsburg, Nürnberg, Schwabach und Gunzenhausen nach Erlangen übte er sein Predigtamt weiter aus und taufte neue Anhänger. In Erlangen wurde er entdeckt, weil er nach einem ihm bekannten Täufer gefragt hatte; am 9. 9. 1527 wurde er denn auch gefangen gesetzt. Nach einer ersten Verhandlung wurde er nach Ansbach, dann in die Cadolzburg verbracht, wo er gefoltert und schließlich verurteilt wurde; er starb unter dem Henkersbeil.

»Wir ordnen, setzen, regeln und verkünden aus kaiserlicher Machtvollkommenheit und rechtem Wissen und Wollen, daß alle und jeder Wiedertäufer und Wiedergetaufte, Männer und Frauen verständigen Alters, vom natürlichen Leben mit Feuer, Schwert oder dergleichen gerichtet und zum Tode gebracht werden, ohne daß eine Untersuchung durch geistliche Richter vorangeht . . . Personen aber, die ihren Irrtum selbst oder durch Unterricht und Ermahnung unverzüglich bekennen und widerrufen, die auch willig sind, Strafe und Buße dafür auf sich zu nehmen, und um Gnade bitten sollten, die können von ihrer Obrigkeit mit Rücksicht auf ihre Verständigkeit, ihre Art, ihre Jugend und andere Umstände begnadigt werden.«

Aus dem *Reichstagsmandat gegen die Täufer*, 1529

»Zur Frage über das Fegfeuer. Ich weiß um kein anderes Fegfeuer, als wenn ein Christ sich hier unter das Kreuz Christi begibt und sich für Gott und Christus innerlich und äußerlich, an Leib und Seele, mit dem Geist, dem Wasser und dem Blut reinigen läßt, das heißt, jene Reinigung und Trübsal [annimmt], die die Schrift das Wasser nennt, wie David spricht, die Wasser sind bis in die Seele eingedrungen. Alle Geschöpfe, die uns nützlich sein sollen, müssen durch Wasser und Feuer gereinigt werden, ebenso werden die Kinder Gottes hier in Wasser und verzehrendem Feuer, das Gott selbst ist (Hebräer 4), gereinigt werden, und die Gottlosen jenseits im ewigen Feuer. Ein Fegfeuer wie es die Hirten und Seelenmörder bisher den Menschen gepredigt haben, kenne ich nicht.«
Ambrosius Spittelmaier beim Verhör in Ansbach, 25. 10. 1527

Ambrosius Spittelmaier hat auf die Fragen in seinem Prozeß schriftliche Antworten niedergelegt. Dadurch ist eine recht erschöpfende Darstellung der Hutschen Lehre überliefert worden. Bezeichnend ist das Fehlen von Endzeitberechnungen, die Hut also schon vor der Augsburger »Märtyrersynode« als Geheimlehre behandelte. Eine besondere Entfaltung erfuhr in Spittelmaiers Verteidigungsschrift die Verpflichtung zum christlichen Gemeineigentum auch in solchen Lebensumständen, die nicht wie die Huterschen Bruderhöfe eine autarke Gemeinwirtschaft ermöglichten; brüderliche Eigentumsteilung war für Ambrosius Spittelmaier Bedingung für die Mitgliedschaft und die Taufe.

Johann (Hans) Spittelmaier
(wirkte um 1527/28 in Nikolsburg Mähren)

Über Herkunft und Lebensende von Johann Spittelmaier ist nichts bekannt; mit → *Ambrosius Spittelmaier* scheint er in keinem Verwandtschaftsverhältnis gestanden zu haben.

1527 wurde er Prediger in Nikolsburg unter der Führung → *Balthasar Hubmaiers* – so berichtet die *Chronik* der Huterer. Bei der Disputation zwischen → *Hans Hut* und Hubmaier im selben Jahr stellte er sich auf die Seite Hubmaiers, als es darum ging zu entscheiden, ob Christen Kriegssteuern zahlen und kämpfen dürften (Türkengefahr); Hubmaier und Spittelmaier plädierten dafür, Hut verteidigte einen puren Pazifismus ohne Widerstandsrecht. Als Hubmaier 1528 nach Wien zog, übernahm Johann Spittelmaier die Führung der Gemeinde. Die Nikolsburger Täufer zerfielen in die pazifistischen »Stäbler« und die verteidigungswilligen »Schwertler«. Spittelmaier scheiterte an der Vereinigung der beiden Parteien und wurde deshalb mit seiner Gefolgschaft durch die Fürsten von Liechtenstein ausgewiesen. Einige »Stäbler« gründeten in Auspitz und Austerlitz neue Gemeinschaften.

Ulrich Stadler
(* um 1500 Brixen, † um 1540 Bucovic)

Ulrich Stadler war Beamter bei den Sterzinger Bergwerken und wurde kurz nach 1520 lutherisch, wandte sich aber bald den Täufern in Sterzing zu. Wegen der Verfolgung in Tirol wanderte er nach Austerlitz aus, wo er vor 1531 eingetroffen sein muß. Als auch in Mähren die Täuferverfolgung begann, suchte er in Polen Zuflucht, wo er von 1535 bis 1537 zwei Bruderhöfe in Ladomir und Krasnikow einrichten half. 1537 führte er dann eine Gruppe von etwa hundert Täufern nach Mähren zurück und gründete in Bucovic, östlich von Austerlitz, einen eigenen Bruderhof. Nach Gesprächen mit dem Vorsteher der Huterer, Hans Amon, gliederte er sich mit seinem Bruderhof der Huterschen Brüderschaft vollständig an. Stadler blieb bis zu seinem Tode Vorsteher des Bucovicer Bruderhofs.

Ulrich Stadler war neben → *Peter Riedemann* wohl der wichtigste theologische Denker der in Mähren ansässigen Täufergemeinden. Er ist einer der wenigen Täufer, der sich überhaupt mit der Erbsündenlehre der christlichen Tradition in zwei Sendbriefen (Missionsschreiben) auseinandersetzte. Wichtigste Autorität des Täufertums wurde er jedoch in der theologischen Fundierung des täuferischen Spiritualismus durch seine Einbindung in die biblische Überlieferung; dadurch überwand er die schwärmerischen Tendenzen, ohne einem Legalismus nach dem Buchstaben der Bibel das Wort zu reden.

Zwei Gemeindeordnungen aus der Feder Ulrich Stadlers könnten als Vorbilder der 1541 von Riedemann verfaßten gelten. Für die äußere Ordnung erfüllte Stadler den schon eingeführten Begriff »Gelassenheit« mit Leben: Dieser galt als Inbegriff für das Ablassen von dieser Welt und ihren Sorgen, mit der Zielrichtung, das ganze Streben auf Jesus Christus und auf das Wohl der Brüder zu richten. Konsequent an diesem Grundgedanken festhaltend, verstand Stadler die Aufgabe des Vorstehers (Bischofs) darin, eigensinnige, ungehorsame Mitglieder zu bestrafen und gegebenenfalls aus der Bruderschaft auszuschließen.

Für das Eheleben entwickelte Stadler eine klar puritanische Theologie. Wer nicht imstande sei, zeitlebens keusch zu bleiben, müsse nach Gottes Willen heiraten und Kinder zeugen und gebären. Unter dieser Voraussetzung sehe Gott über die menschliche Schwäche hinweg (»Gott aber sihet durch die finger umb unsers zerstörlichen leibs willen im eelichen werk«).

Im ersten *Johannesbrief* wird gelehrt, daß »alles, was man in Büchern lesen kann, was man hört, was man an Menschen sieht oder was in der Natur sei, nicht das lebendige Wort Gottes, sondern nur ein Buchstabe oder ein abbildendes Zeichen oder Zeugnis des innerlichen und ewigen oder lebendigen Wortes sei; das innerliche Wort wird im äußerlichen bekannt, sofern man es mit Eifer aufnimmt. Gleichwie eine Tafel vor einem Wirtshaus, den Wein im Wirtskeller bezeugt, und trotzdem ist das Wirtshausschild nicht der Wein, auf dieselbe Weise ist es in Gottes Ordnung, daß immer etwas Leibliches dem Geistigen vorangeht. Der Glaube des Hörens ist vor der Rechtfertigung, nach welcher der bewährte Glaube aufgeht und mächtig zur Wirkung kommt gegenüber Gott und aller Kreatur. Dazu gehört Geduld (Zeit), und es geschieht nicht schnell, wie unsere Schriftgelehrten behaupten, die die armen Leute überreden, daß sie sprechen: ich glaube, ich glaube; ja, ja.«
Ulrich Stadler, *Vom lebendigen und geschriebenen Wort*

Hans Landschad von Steinach

(* um 1465 Neckarsteinach, † 7. 11. 1531 Neckarsteinach)

Hans Landschad von Steinach, 1486 in Aachen von Maximilian I. zum Ritter geschlagen, leistete Kriegsdienste für König Matthias von Ungarn gegen die Türken und für Kaiser Maximilian. Im bayerischen Erbfolgekrieg war er Befehlshaber der kurpfälzischen Truppen am Rhein. Er errang 1504 Siege an der Nahe und bei Kaub gegen Landgraf Wilhelm von Hessen. Nach dem Krieg wurde er auf einer Palästinawallfahrt in Jerusalem zum Ritter geschlagen. Nach seiner Rückkehr wurde er Burggraf zu Alzei und 1509 kurfürstlicher Rat sowie für längere Zeit Bürgermeister von Oppenheim. Während dieser Zeit leistete er vor allem Mittlerdienste bei verschiedenen Fehden zwischen den Fürsten.

Nach dem Tod seiner ersten Frau (1503) hatte sich Hans Landschad von Steinach neuerlich vermählt. Drei seiner Söhne studierten 1518 in Heidelberg, als Luther dort disputierte. Vermutlich war auch Hans Landschad selbst Zeuge dieser Disputation, denn seine Grabschrift gibt 1518 als das Jahr seiner Wendung zur Reformation an. 1522 schaffte er nach eigenem Bericht in Neckarsteinach »das Papsttum« ab, und im nämlichen Jahr veröffentlichte er eine *Vermahnung* an den pfälzischen Kurfürsten, sich des Rufs als Reformationsfreund, den er sich im Vorjahr beim → *Wormser Reichstag* erworben hatte, würdig zu erweisen. Spätestens 1525 gab Hans Landschad seinen Besitzungen eine evangelische Gottesdienstordnung; im folgenden Jahr wurde er von seinem Lehnsherrn, dem Kurfürsten von der Pfalz, zur Rückkehr zum alten Glauben ermahnt.

Hans Landschad von Steinach nahm zur Klärung von Lehrfragen 1526 Kontakte mit → *Johannes Brenz* und → *Martin Bucer* auf. Zu dieser Zeit einer rheumatischen Lähmung wegen schon bettlägrig, verteidigte er sich gegen Drohungen seines Lehnsherrn mit Belegen aus der Bibel; darüber hinaus erklärte er sich zum Martyrium bereit. Der Reichstagsabschied von Speyer (1526) verhinderte vermutlich konkrete Aktionen gegen Hans Landschad. 1527 schrieb Hans Landschad ein *Bekandtnuß aus was Ursachen er von dem catholischen Glauben ab und zu dem Lutterthum getreten* sei. Darin gibt er vor allem die Einrichtung eines »gemeinen Kastens« für sein Gebiet bekannt, der aus Pfründen, die durch Tod oder Versetzung altgläubiger Pfarrer frei würden, finanziert werden sollte. Ausgelöst hatte diese Schrift eine Vorladung und Verhandlung vor dem Hofgericht im Februar 1527, die zwei Wochen später die Vertreibung eines evangelischen Predigers durch die Landesobrigkeit nach sich zog, der das aus dem Herbst des Jahres stammende Bekenntnis Hans Landschads mit unterzeichnet hatte.

Jakob Sturm von Sturmeck
(* 10. 8. 1489 Straßburg, † 30. 10. 1553 Straßburg)

Jakob Sturm stammte aus einem alten Straßburger Bürgergeschlecht und wurde im humanistischen Geiste erzogen. 1501 nahm er seine Studien in Heidelberg und Freiburg auf und wurde 1505 Magister Artium und später Lizenziat der Rechte. Von Erasmus von Rotterdam wurde er als führendes Mitglied des oberrheinischen Humanistenkreises sehr geschätzt. 1517 bis 1523 war Sturm Sekretär des Dompropstes von Straßburg, und 1524 wurde er Mitglied des Rates der Stadt. Seit 1527 war er auch wiederholt Stättmeister. Als Leiter der Stadtpolitik wurde er in den folgenden Jahrzehnten auch für den Charakter der Straßburger Reformation

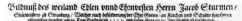

Jakob Sturm von Sturmeck. Holzschnitt von T. Stimmer (um 1555).

von Bedeutung. 1538 gründete er das lateinische Gymnasium der Stadt, für das er als Gestalter und Leiter → *Johannes Sturm* verpflichtete.

Von 1525 an war Jakob Sturm auch Mitglied des Reichsregiments und vertrat auf den Reichstagen die freien Reichsstädte, für deren Gleichberechtigung mit den Reichsständen er sich einsetzte. Mit Landgraf Philipp von Hessen verband ihn eine enge Freundschaft und das Interesse an einem geeinten Protestantismus. Aus dieser Haltung heraus nahm er auch am → *Marburger Religionsgespräch* (1529) teil. Obwohl Straßburg mit den anderen oberdeutschen Städten 1530 das *Augsburger Bekenntnis* abgelehnt hatte, richtete Sturm alle Anstrengungen auf eine Einigung in der *Wittenberger Konkordienformel*, um 1536 Straßburg dem Schmalkaldischen Bund einzugliedern. Nach der Niederlage der Schmalkaldener (1547) konnte Sturm für Straßburg dank seiner verbindlichen Politik eine Strafaktion des Kaisers verhindern. 1552 rettete er die Stadt auch vor einer Überrumpelung durch Frankreich.

Johannes Sturm

(* 1. 10. 1507 Schleiden, † 3. 3. 1589 Straßburg)

Aus seiner Heimat Schleiden im Eifelgebiet kam Johannes Sturm in die Schule der »Brüder vom gemeinsamen Leben« in Lüttich und studierte danach in Löwen. 1529 ging er zu weiteren Studien nach Paris, wo er als Humanist mit dem protestantischen Gedankengut vor allem durch Schriften → *Bucers* vertraut wurde. Er blieb aber zeitlebens Anhänger von Erasmus von Rotterdam und engagierte sich kaum entschieden in den dogmatischen Streitigkeiten innerhalb des Protestantismus. 1537 berief ihn Jakob Sturm zur Organisation des Schulwesens nach Straßburg. Im folgenden Jahr wurde er an das neugegründete lateinische Gymnasium der Stadt als beständiger Rektor bestellt; in seiner Bildungsarbeit wurde er von → *Capito* unterstützt. 1566 erhielt die Schule durch kaiserliches Privileg den Rang einer Akademie und wurde damit zum Vorläufer der Straßburger Universität.

Die Schule von Johannes Sturm entwickelte sich zu einem Vorbild vor allem für die reformatorischen Schulen der Zeit, aber auch die Jesuiten formierten ihre Kollegien im Zuge der Gegenreformation nach diesem Konzept. Johannes Sturm wollte seine Schüler im Sinne einer Einheit von Humanismus und christlicher Frömmigkeit erziehen. Dem darin enthaltenen Toleranzgedanken verlieh er auch durch seine Teilnahme an den Vermittlungsgesprächen zwischen Altgläubigen und Reformatoren in den Jahren 1540/41 Ausdruck. Außerdem nutzte er alte Verbindungen zu Frankreich für den Versuch, den französischen Hof und die deutschen Protestanten zusammenzuführen, um auf diese Weise die Anliegen der Hugenotten in Frankreich zu unterstützen. Seine enge Freundschaft mit Calvin führte ihn in die Nähe der reformierten Doktrin vor allem in der Abendmahlsfrage, so daß er nach Jakob Sturms Tod von den streng lutherischen Führern der Straßburger Kirche verdächtigt und angefeindet wurde. Diese Auseinandersetzungen führten 1581 dazu, daß er aus dem Rektorenamt für sein Gymnasium entlassen wurde.

Täufer und »Schwärmer«

Innerhalb der reformatorischen Bewegung hatten sich sehr bald zwei Protestformen herausgebildet, die einerseits von Einzelpersonen getragen wurden, die sich der Ausprägung einer neuen »sichtbaren« Kirche widersetzten (etwa → *Castellio* und → *Schwenckfeld*), andererseits von Gruppen von Gläubigen, nach deren Auffassung die Reformatoren die Rückkehr zu den Maßstäben der Urkirche zu wenig ernst nahmen. Aus dieser zweiten Gruppe formierten sich die täuferischen Gemeinden.

Den Namen »Täufer« erhielten sie, weil sie die Taufe als das Siegel der bewußten Bekehrung zum Christentum ansahen und deshalb die Kindertaufe konsequent ablehnten. Von ihren Gegnern wurden sie allgemein

Predigt Johannes des Täufers im Walde. Holzschnitt von Lucas Cranach d. Ä. (1516).
Vor Luthers Thesenanschlag entstanden, ist dieses Werk ein Beispiel für die künstlerischen Anstrengungen, den vorreformatorischen Geist, Endzeitangst und Bußfertigkeit zu gestalten. Der Bußprediger Johannes war die tragende Figur dieser Bildkunst; Lucas Cranach hat ihn in seinem Holzschnitt in realistischer Waldlandschaft und inmitten des genrehaft gelagerten Volkes dargestellt.

»Wiedertäufer« (Anabaptisten) genannt, weil sie in einer Gesellschaft, in der jedes Kind getauft war, mit der Erwachsenentaufe notgedrungen eine Zweittaufe vornahmen. Dieser Sachverhalt wurde der entscheidende Grund für ihre Verfolgung, denn er erfüllte einen Tatbestand des Reichsrechts, der durch den Speyrer Reichstag von 1529 mit der Todesstrafe belegt wurde. In Luthers Schriften wurden diese »radikalen« Reformer häufig als »Schwärmer« apostrophiert, weil sie aus seiner Sicht die Beschränktheit der irdischen Existenz, also die grundsätzliche Sündhaftigkeit des Menschen mißachteten und sich deshalb Illusionen über die Möglichkeiten eines im Diesseits zu verwirklichenden Christentums hingaben.

Die täuferische Bewegung war als organisierte Bewegung aus der Zürcher Reformation hervorgegangen, wo sich die Gruppe um → *Konrad Grebel* von Zwingli getrennt hatte, weil sie der Meinung war, er mache der Obrigkeit mit seinem behutsamen Vorgehen zu viele Zugeständnisse. In Zollikon nahe bei Zürich fand 1525 an → *Georg Jakob Blaurock* die erste Erwachsenentaufe statt. 1527 gaben sich die »Schweizer Brüder« unter dem Vorsitz von → *Michael Sattler* im Schleitheimer Bekenntnis ihre erste gemeinsame Glaubensformel. Für Süddeutschland wurden insbesondere → *Hans Hut* in der Nachfolge von Thomas Müntzer sowie der ge-

Titelblatt von Luthers Taufbüchlein *(1523), das die Grundlage für die erste deutsche, 1524 von Andreas Osiander konzipierte Taufordnung der evangelischen Christen bildete.*

Chriftus Mathei. xj.
Kummend zů mir alle die arbeytend vnd belas/
ten sind ich wil üch růw geben.

Getruckt zů zürich
durch Johannsen Hager.

Titelblatt der Schrift Von Taufe,
Widertaufe und Kindertaufe *von
Huldrych Zwingli, die er 1525 als
Streitschrift gegen die schweize-
rische Täuferbewegung veröffent-
lichte.*

Unten: *Hinrichtungsarten und
Strafen für Ketzer. Holzschnitt
aus dem* Laienspiegel *(1512).*

lehrte → *Balthasar Hubmaier* bedeutsam. Bei den
Mährischen Fürsten fanden täuferische Flüchtlinge
Aufnahme, weil sie als Kolonisten geschätzt wurden.
Unter → *Jakob Huter*, der aus Tiroler Gemeinden
Flüchtlinge nach Mähren führte, organisierten sie sich
dort als Gruppen mit gemeinschaftlichem Eigentum
und errichteten sich auf diese Weise eine eigene Sozial-
struktur, die sie zum Überleben in einer ihnen feindlich
gesonnenen und unduldsamen Welt befähigte.

Es war → *Melchior Hoffmann*, der eine Missionie-
rung der Niederlande einleiten und auf diese Weise für
die Niederlande und Norddeutschland die täuferische
Bewegung vorbereiten konnte. Aus seinem Umfeld
stammten auch Jan Matthys und → *Jan Bockelson*, die
das Täuferreich in Münster als militantes Endzeitreich
der »Erwählten« errichteten. Diese Episode wurde zum
Anlaß für neuerliche und weitreichende Verfolgungen
der Täufer, obwohl sie in ihrer überwiegenden Mehrzahl friedlich gesinnt, ja sogar ausdrücklich Pazifisten
waren. Dem ehemaligen katholischen Priester → *Menno Simons* gelang es, die niederländischen und niederdeutschen Täufer nach dem Desaster von Münster um
sich zu sammeln und ihnen als »Mennoniten« eine feste
Struktur zu geben.

Die täuferische Bewegung konnte ihre besonderen
Erfolge vor allem in jenen Gebieten erzielen, in denen

die Reformation unterdrückt wurde, weil ihr Rückbezug auf das Urchristentum den Gedanken der heilsnotwendigen Verfolgung der Christen auf dieser Welt mitaufgriff und so keinen Ausgleich mit der Obrigkeit suchte, sondern das Martyrium der Verfolgung als Form gelebter Gemeinschaft mit Jesus Christus willig auf sich nahm. Dies scheint einer der Gründe zu sein, warum die Reformation in den habsburgischen Landen fast ausschließlich in Form von Täufergemeinden präsent war. In ihrer Ablehnung jeden Kompromisses mit weltlichen Obrigkeiten, der den kirchlichen Gemeinschaften Schutz bieten konnte, wurden die täuferischen Vereinigungen zum Ausgangspunkt für die Organisation evangelischer Freikirchen, die heute ein wesentliches Element christlichen Glaubenslebens darstellen.

Ulrich von Württemberg
(* 8. 2. 1487 Reichenweier, † 6. 11. 1550 Tübingen)

Ulrich von Württemberg wurde 1498 nach der Vertreibung seines Onkels in die Herrschaft Württembergs eingeführt, die er 1503 selbständig übernahm. Im folgenden Jahr beteiligte er sich am bayrischen Erbfolgekrieg und konnte in diesem Zusammenhang sein Herrschaftsgebiet vergrößern. 1514 kam es zu der Aufstandsbewegung des »Armen Konrad«, eines bäuerlichen Geheimbundes, gegen ihn, und Herzog Ulrich mußte im Tübinger Vertrag den Landständen Württembergs wichtige konstitutionelle Zugeständnisse machen, die bis zur Französischen Revolution für Württembergs Verfassung bedeutsam waren.

1515 ermordete Ulrich während einer Jagd Hans von Hutten, den er des Ehebruchs mit seiner Verlobten verdächtigte, und zog dadurch die Feindschaft Bayerns und der Habsburger, vor allem aber der Reichsritterschaft auf sich. Der Bruder des Ermordeten, → *Ulrich von Hutten*, mobilisierte mit seinen Flugschriften gegen den Herzog die Feindseligkeiten. 1516 wurde Ulrich geächtet und zum Verzicht auf die Regierung seines Herzogtums gezwungen. 1519 überfiel er die Reichsstadt Reutlingen, um sie in Besitz zu nehmen, und gab so dem Schwäbischen Bund den Anlaß zu einer Strafaktion, die zu seiner Vertreibung führte. Erzherzog Ferdinand von Österreich wurde mit der Regierung des Landes betraut. Im Zuge des → *Bauernkriegs* versuchte Herzog Ulrich als »Utz Bauer« von seinem Schweizer Exil aus, das Land wiederzuerobern. Danach schloß er sich der Reformation an und fand bei Landgraf → *Philipp von Hessen* Zuflucht, der ihn 1534 nach Württemberg zurückführte; allerdings durfte Ulrich die Herrschaft nur unter der Bedingung antreten, daß das Territorium als österreichisches Lehen zu akzeptieren. Er führte nun in Württemberg die Reformation durch.

Ulrich von Württemberg. Gemälde des zeitgenössischen Meisters J. S.

Wegen seiner Teilnahme am Schmalkaldischen Bund wurde er zur Anerkennung des → *Augsburger Interims* (1548) gezwungen. Erst sein Sohn und Nachfolger → *Christoph von Württemberg* konnte die Württemberger Reformation absichern und ihr eine geordnete Struktur geben.

Peter Martyr Vermigli

(* 1500 Florenz, † 12. 11. 1562 Zürich)

Petrus Martyr Vermigli stammte aus einer vornehmen Florentiner Familie und trat 1518 in das Augustiner-Chorherren-Kloster in Fiesole ein. Nach dem Studium in Padua, wo er sich vor allem der Lektüre des biblischen Urtexts gewidmet haben muß, wirkte er seit 1525 als Volksprediger; 1530 wurde er Abt von Spoleto; 1533 kam er als Prior des Chorherren-Klosters nach Neapel, dessen Abt er vier Jahre darauf wurde.

In Neapel wurde er durch Juan Valdes und Bernardino Occhino mit der lutherischen Lehre vertraut gemacht und entwickelte sich zu einem entschiedenen Reformer, der christliches Leben aus dem Neuen Testament heraus erneuern wollte. Trotz seines neuen Bekenntnisses wurde er 1541 noch Ordensvisitator und Prior in Lucca. Die Klagen und Verdächtigungen vor der Inquisition konkretisierten sich jedoch zunehmend, so daß er 1542 zunächst nach Zürich fliehen mußte, um dann einer Einladung → *Bucers* nach Straßburg zu folgen. In Straßburg wurde ihm die Bibelprofessur für Altes Testament übertragen, die er bis 1547 und dann von 1553 bis 1556 innehatte. 1547 folgte Peter Martyr Vermigli der Einladung Erzbischofs Cranmer von Canterbury und wurde Theologieprofessor in Oxford.

Seine Lehre – besonders hinsichtlich seines Abendmahlsverständnisses – übte einen prägenden Einfluß auf die Ausformung der englischen Reformation aus. 1553, nach der Regierungsübernahme Marias der Katholischen, ging Vermigli erneut nach Straßburg; als dort die eifernden Lutheraner das Übergewicht erhielten, zog er sich 1556 als Professor für Hebräisch nach Zürich zurück. 1561 nahm er noch an den Religionsgesprächen in Poissy teil, in denen die französischen Hugenotten sich mit den Katholiken über die religiösen Zwistigkeiten im Lande zu verständigen suchten.

Peter Walpot (Walbot; Scherer)

(* 1521 Klausen, † 30. 1. 1578 Neumühl)

Peter Walpot erlebte in seiner Heimatstadt Klausen, dem Zentrum der Südtiroler Täufergemeinde, mit acht Jahren die Hinrichtung → *Georg Jakob Blaurocks* mit und scheint sich ziemlich früh dem Täuferkreis angeschlossen zu haben. Schon 1542 war er in Mähren

Prediger und im Schneiderhandwerk tätig (»Tuch*sche-rer*«); deshalb wurde er häufig »Peter Scherer« genannt.

Peter Walpot war sehr belesen, nicht nur in der *Heiligen Schrift*, sondern auch in der kirchengeschichtlichen und polemischen Literatur seiner Zeit. Wahrscheinlich schrieb er 1547 die *Fünf Artikel des größten Streites zwischen uns und der Welt*, die neben der *Rechtfertigung* von → *Riedemann* die zweite wichtige dogmatische Schrift der Huterer wurden. 1546 reiste Walpot mit seiner Ehefrau durch Schlesien und bis nach Danzig, um polnischen Täufern zu predigen. 1556 übernahm er die geistlichen Führungsfunktionen von Riedemann. Von ihm stammt wohl auch die anonym veröffentlichte *Apologie* des Täufertums gegen dessen Verurteilung durch die Lutheraner in Worms (1557). 1565 wurde Walpot auch Nachfolger Leonhard Lanzenstiels, der bisher als Bischof die organisatorische Leitung der Bruderschaft wahrgenommen hatte, und residierte von nun an im Bruderhof von Neumühl in Mähren; hier wurde im selben Jahr Riedemanns *Rechenschaft* zum ersten und letztmalig vor dem späten 19. Jh. gedruckt.

Die friedliche Entwicklung in Mähren und in der Slowakei nutzte Walpot zur Aussendung von Missionaren in die Schweiz, nach Deutschland und bis Dänemark. Daneben regte er → *Caspar Braitmichel* an, *Das große Geschicht-Buch* der Brüder zu schreiben. Durch Regelung des Schulwesens und Mahnung und Ermunterung der Lehrer trug Walpot zu einer eigenständigen Entwicklung der Huterschen Erziehung bei; nach 1570 entwarf er einen Katechismus für Kinder, der bis heute benutzt wird. Polnische Täufer kamen zu Besuch, um die Organisation von Bruderhöfen kennenzulernen. Walpots Teilnahme am Frankenthaler Religionsgespräch (1571) ist entgegen dem offiziellen Protokoll recht unwahrscheinlich.

1577, kurz vor seinem Tode, nahm Walpot in einem Brief an die Täufergemeinde in Modenbach am Rhein zu den Unterschieden zwischen Huterern und Schweizer Brüdern Stellung. Zur selben Zeit arbeitete er an einer Neufassung seiner *Fünf Artikel* von 1547, in der er seine Argumente durch biblische und kirchenhistorische Belege abstützte; aus ihr ist *Das große Artikelbuch* der Huterschen Brüder hervorgegangen.

In seinem Nachruf in der Chronik der Brüderschaft wurde festgehalten, daß er ein getreuer Hirte, ein überragender Lehrer (Prediger) und ein gottgefälliger Herrscher (Bischof) gewesen sei.

Gerhard Westerburg

(* vor 1500 Köln, † um 1558 Neustadt-Goedens)

Gerhard Westerburg entstammte einer Patrizierfamilie und erlangte 1515 den Magistergrad an der Uni-

»*Was ist die wahre christliche Taufe?*
Ein Bund eines guten Gewissens mit Gott, in dem wir uns selbst und unseren eigenen Willen samt allem ungöttlichen Leben und Wesen absagen, entgegen aber uns Gott in Christo und seiner heiligen Gemeinde mit Leib und Seele ergeben, schenken und aufopfern.˙

Was ist das heilige Abendmahl des Herren?
Ein hohes Fest der liebreichen, holdseligen Erinnerung und Gedächtnis des bitteren Leidens und Sterbens unsers lieben Herrn Jesu Christi, eine inbrünstige Danksagung für seine teuere Erlösung . . .

Warum hat der Herr dies Abendmahl mit Brot und Wein eingesetzt?
Damit anzuzeigen, daß, wie Brot und Wein den Menschen leiblich speiset und tränket, also sei die Gemeinschaft seines Leibes und Bluts, welches ist der Geist und das Leben mit voller Völle, so er von Gott seinem Vater empfangen . . .«
Peter Walpot, *Kinderlehre*

versität Köln; danach wandte er sich nach Bologna, wo er 1517 Doktor beider Rechte wurde. Die Reformation brachte ihm Nikolaus Storch, einer der → »*Zwickauer Propheten*« nahe, den Westerburg 1522 zu einer Disputation mit Luther nach Wittenberg begleitete. Dort schloß sich Westerburg → *Andreas Bodenstein* an. 1523 veröffentlichte er für ihn eine Verteidigungsschrift, deren Titel ihm den Spitznamen »Dr. Fegfeuer« eintrug. Im folgenden Jahr zusammen mit Bodenstein aus Sachsen verbannt, reiste Westerburg nach Zürich und Basel, wo er für den Druck von Bodensteins Schriften sorgte; in Zürich wurde er mit → *Konrad Grebel* bekannt. Im Zuge des Bauernkriegs kam Westerburg im Frühjahr 1525 nach Frankfurt/Main, wo er die Publikation der 42 *Frankfurter Artikel* vorbereitete, die für die Städtereformation von Speyer bis Osnabrück Anregungen lieferten. Diese Artikel waren neben den *Zwölf Artikeln* (→ *Lotzer*) die einzigen, die während der Kämpfe im Druck erschienen (→ *Bauernkrieg*).

Nach der Niederlage der Bauern wurde Westerburg aus Frankfurt vertrieben und ging in seine Heimat Köln, wo er aber sogleich wegen seiner Ansichten zum Fegfeuer in Konflikt mit der Inquisition geriet und im März 1526 als »Ungläubiger« verdammt wurde. Dem gelehrten Anwalt Westerburg gelang es aber durch Eingaben bei kaiserlichen Behörden durchzusetzen, daß er weiter in Köln wohnen konnte. Er wandte sich gemeinsam mit seinem Bruder Arnold und ihren beiden Frauen dem Täufertum zu und widmete sich dem Ausbau der Kölner Gemeinde. Vom Täuferreich in Münster angezogen, gingen sie im Januar 1534 dorthin, kehrten aber schon Mitte Februar nach Köln zurück. Gerhard Westerburg taufte die späteren Führer der Kölner Gemeinde, wandte sich selbst aber im April nach Straßburg. Sein Bruder Arnold blieb in Köln und ging später ins Exil; einige der Führer der Gemeinde wurden am 7. 11. 1534 hingerichtet.

Gerhard Westerburg bekannte sich offenbar zwischen 1535 und 1541 zur reformierten Lehre, jedenfalls wollte er an seine Täuferzeit nicht mehr erinnert werden. 1542 kam er zu Herzog Albrecht nach Königsberg, ging dann zunächst nach Emden, um sich in Ostfriesland niederzulassen. Daß er bis zu seinem Lebensende in Neustadt-Goedens als Prediger wirkte, ist nur mangelhaft bezeugt.

Joachim Westphal

(* 1510/11 Hamburg, † 16. 1. 1574 Hamburg)

Joachim Westphal wurde an der St. Nikolai-Schule in Hamburg erzogen und kam später an die Schule in Lüneburg. Am 7. 6. 1529 begann er in Wittenberg, von → *Bugenhagen*, Luther und Melanchthon betreut, das

... »Weil über die Sakraments-lehre mehr als zwanzig Jahre unter den Gelehrten unglück-licherweise Streit geherrscht hatte, schien es, als die Streitlust sich allmählich legte und die Geister sich zur Mäßigung bequemten, das beste Vorgehen zu völliger Aussöhnung, wenn die Lehre, der die Schweizer Kirchen anhängen, in kurzen, schlichten Worten einmal zum Ausdruck gebracht würde ... Zwei Jahre darauf erhob sich ein gewisser Joachim Westphal, den unser maßvoll schlichter Wunsch nach einer Einigung in der Lehre so wenig mild gestimmt hatte, daß er gerade das Wort Consensus aufgriff, um damit wie mit einer höllischen Brandfackel den alten Hader wieder auflodern zu lassen. Denn absichtlich sammelte er von überall her Sätze, die, wie er wenigstens glauben machen will, sich wider-sprechen, um so unseren Con-sensus auseinanderzureißen, und zeigte damit, wie glühend er den Frieden hasse, indem er sein Gift hauptsächlich darum auf uns spie, weil es ihn ärgerte, daß wir in Gedanken und Ausdrücken einig geworden waren.« Calvin an die sächsischen und niederdeutschen Pfarrer, 5. 1. 1556

Theologiestudium. Bugenhagen besorgte ihm auch ein Stipendium der Heimatstadt Hamburg. Im Januar 1532 wurde Joachim Westphal Magister Artium, danach Lehrer am Johanneum in Hamburg, kehrte aber 1534 wieder nach Wittenberg zurück. Während der Pest im folgenden Jahr ging er nach Jena und später nach Erfurt, war im April 1536 schließlich in Marburg und dann in Basel, wo er Hebräisch lernte. Von dort aus zog er nach Leipzig, wobei er wenigstens Heidelberg und Straßburg besucht haben wird; im August 1537 traf er dann wieder in Wittenberg ein. 1540 erhielt Westphal einen Ruf an die Universität Rostock und zugleich an das St. Katharinen-Pastorat in Hamburg; zu Ostern 1541 nahm er dann die Berufung ins Pfarramt nach Hamburg an. Von 1562 an vertrat er die vakant gewor-dene Stelle des Superintendenten und wurde am 30. 10. 1571 schließlich mit diesem Amt offiziell betraut.

In den Lehrstreitigkeiten der Zeit nach Luthers Tod stand Joachim Westphal zwar loyal zu seinem Lehrer Melanchthon, übte aber in der Streitfrage der Einstel-lung zum → *Augsburger Interim* und der *adiaphora* strenge Kritik an seiner Haltung. Die Initiativen der Kirchen von Zürich und Genf, die protestantische Ein-heit durch ein »vernünftiges« Abendmahlsverständnis zu erreichen, veranlaßten Westphal zu klar lutherischen Gegenäußerungen und lösten von 1552 bis 1560 einen zweiten Abendmahlsstreit aus (→ *Abendmahlsstreit*). Besonderer Anlaß war vermutlich die Veröffentlichung einer Schrift, die 1552 im Sinne der Reformierten behauptete, daß → *Vermigli* 1549 in Oxford die Abendmahlslehre Luthers klar widerlegt habe. Der Streit wurde über Jahre auf beiden Seiten in einem beschämenden Stil geführt, der keine Gelegenheit zu persönlicher Diffamierung ausließ, die jeweiligen Glaubensüberzeugungen der Lächerlichkeit preisgab und Bemühungen um eine Vermittlung zwischen Lutheranern und Reformierten zusätzlich schwer belastet hat.

Wittenberger Konkordienformel

(29. 5. 1536)

Die Wittenberger Konkordienformel ist die Verständigung zwischen den deutschen Protestanten, in der die Wittenberger Theologen das Vierstädtebekenntnis nach Vermittlung durch → *Martin Bucer* als rechtgläubig akzeptierten. Es wurde eine Vereinbarung zwischen den Wittenberger Lehrern und den Lehrern der Reichsstädte in Oberdeutschland formuliert; diese Vereinbarung wurde von Vertretern der Städte Straßburg, Ulm, Esslingen, Augsburg, Memmingen, Frankfurt, Konstanz und Reutlingen unterschrieben. Von den Wittenbergern hatten Luther, → *Justus Jonas,* → *Caspar Cruciger,* → *Johannes Bugenhagen* und Melanchthon unterzeichnet. Außerdem hatten auch → *Oswald Myconius* aus Gotha, → *Urbanus Rhegius* aus dem Herzogtum Lüneburg und Georg Spalatin als Altenburger Pfarrer unterschrieben.

Die Vereinbarung verdankte sich wohl hauptsächlich einer vorsichtigen Formulierung der Abendmahlslehre, die die Interpretation beider Seiten zuließ, ohne eine klar zu bevorzugen *(→ Augsburger Bekenntnis; → Marburger Religionsgespräch).*

Georg Witzel

(* 1501 Vacha/Werra, † 16. 2. 1573 Mainz)

Georg Witzel ging zum Studium nach Erfurt und Wittenberg, wo er auch bei Luther und Melanchthon Vorlesungen hörte und von der neuen Lehre überzeugt wurde. 1520 ging er als Geistlicher in seine Vaterstadt zurück, wurde aber nach seiner Heirat durch den Abt von Fulda abgesetzt. 1524 konnte er eine Pfarrstelle in Wenigenlugnitz bei Eisenach übernehmen; in den Bauernkrieg verwickelt, wurde er auf Luthers Empfehlung 1525 Pfarrer im sächsischen Niemegg. Ein intensives Studium der Kirchenväter war für Georg Witzel 1531 Grund für seine Rückkehr in die Alte Kirche, für deren Gemeinde in Eisleben er 1533 Pfarrer wurde. 1538 ging er zu Herzog Georg nach Dresden. Nach dem Tod des

Herzogs folgte zunächst ein unstetes Wanderleben
durch Böhmen und Brandenburg, schließlich die Nie-
derlassung in Mainz.

Georg Witzel war nie ein entschiedener Gegner der
Reformation, sondern bewegte sich in der humanistischen Tradition des → *Erasmus von Rotterdam*, indem
er versuchte, einen Kompromiß zwischen Neu- und
Altgläubigen herbeizuführen. In dieser Funktion beteiligte er sich auch an den Religionsgesprächen und an
der Durchführung des → *Augsburger Interims* (1548),
von beiden Parteien mit Mißtrauen beobachtet. Da er
nach dem Tode seiner ersten Frau wiederum heiratete,
mußte das Mißtrauen von katholischer Seite, vor allem
bei den Jesuiten, noch deutlicher werden. Aus einer
umfangreichen literarischen Tätigkeit sind vor allem
Witzels Katechismen und Kirchenlieder weiterhin bedeutsam.

Wormser Reichstag

(Frühjahr 1521)

Im Januar 1521 war der kirchliche Bann gegen Luther
in Kraft getreten. Nach den reichsrechtlichen Bestim-
mungen war der Reformator damit auch in die Reichsacht gefallen. Die Wahlkapitulation Kaiser Karls V.,
die ihn zu Verhandlung deutscher Angelegenheiten

*Das Luther-Denkmal in Worms
(Martin Luther und Friedrich III.
der Weise von Sachsen).*

»... In Luther, der in Worms Disputation oder Widerlegung, irgendeine Art von Bekehrung erwartet hatte, statt dessen sich aber ohne weiteres als Irrlehrer behandelt sah, hatte sich in dem Gespräch das volle Bewußtsein einer von keiner Willkür abhängenden, in Gottes Wort gegründeten, um Konzilien und Papst unbekümmerten Überzeugung erhoben: Drohungen schreckten ihn nicht; die allgemeine Teilnahme, deren Odem er um sich wehen fühlte, hatte ihn erst recht befestigt; sein Gefühl war, wie er im Hinausgehen sagte: hätte er tausend Köpfe, so wolle er sie sich eher abschlagen lassen, als einen Widerruf leisten. Er erwiderte nach wie vor, werde er nicht mit Sprüchen der Heiligen Schrift überwiesen, daß er irre, so könne und wolle er nicht widerrufen, weil sein Gewissen in Gottes Wort gefangen sei. ›Hier stehe ich‹, rief er aus, ›ich kann nicht anders! Gott helfe mir! Amen.‹«
Leopold von Ranke, *Deutsche Geschichte im Zeitalter der Reformation,* 1839–1847, Zweites Buch

ausschließlich auf deutschem Boden verpflichtete, und seine politischen Differenzen mit Papst Leo X. veranlaßten ihn jedoch, Luther auf den Reichstag von Worms zu laden und zu verhören, ehe er ihn formell in die Reichsacht tat. Die im Reich verbreitete antirömische Stimmung hatte eine solche Entscheidung möglich, wenn nicht gar nötig gemacht, und Luthers Landesherr, der sächsische Kurfürst Friedrich der Weise, konnte vom Kaiser die Zusicherung freien Geleits für Luther erreichen. Dennoch befand sich Luther auf seiner Reise in akuter Gefahr, denn der päpstliche Gesandte Aleander hatte ausdrücklich klargestellt, daß die päpstliche Verdammung den weltlichen Arm zum Handeln verpflichte. Luther machte sich dennoch auf den Weg nach Worms; sein Einzug in die Stadt am 16. 4. 1521 wurde zu einem Triumphzug.

Am Abend des 17. 4. 1521 wurde Luther in die Reichsversammlung gerufen: Er wurde gefragt, ob er die ausliegenden Bücher als seine Schriften erkenne. Er erhielt die Erlaubnis, selbst die Titel der Schriften einzeln zu verlesen; danach wurde ihm die Frage gestellt, ob er bereit sei, sie zu widerrufen. Luther bat sich Bedenkzeit aus, die ihm bis zum nächsten Abend gewährt wurde. Am 18. 4. wurde er erst spät abends vor die Reichsversammlung gebracht. Unbefangen, souverän und freimütig gab er nun seine Stellungnahme zu den Fragen ab. Er gliederte seine Werke in drei Gruppen: erbauliche Schriften, Schriften gegen kirchliche Mißbräuche und Streitschriften. Die erbaulichen Schriften könne er nicht widerrufen, da auch die päpstliche Bulle anerkenne, daß darin viel Gutes stünde. Die Schriften gegen die kirchlichen Mißbräuche, vor allem des Heiligen Stuhls, könne er nicht widerrufen, es sei denn, er würde durch eindeutige Beweise aus der *Heiligen Schrift* widerlegt. Gleiches gelte für seine polemi-

Mit diesem Schriftstück hat Kaiser Karl V. Luther zum Reichstag in Worms vorgeladen.

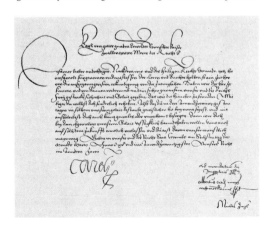

schen Schriften in ihrem sachlichen Gehalt; nur für ihren manchmal zu scharfen Ton und persönliche Verunglimpfungen sei er bereit, sich zu entschuldigen. Bei seinem Versuch, diese Entscheidung weiter zu begründen, wurde er unterbrochen und nun gezielt gefragt, ob er zum Widerruf bereit sei oder nicht. Daraufhin bekräftigte er noch einmal die Bedingung, unter der er widerrufen würde: eine Widerlegung mit klaren Beweisen aus der *Heiligen Schrift*. Die nicht völlig gesicherten Schlußworte seiner Rede »Hier stehe ich, ich kann nicht anders! Gott helfe mir! Amen!« dürften die Haltung, aus der heraus Luther argumentiert hatte, dennoch recht zutreffend wiedergeben. Sein ganzes Verhalten war geprägt von dem Bewußtsein seiner Sendung, dem Wort Gottes gegen die römischen Ansprüche Geltung verschaffen zu müssen.

Auf den Kaiser und seine spanische Umgebung, aber auch auf altgläubige Fürsten wie Joachim I. von Brandenburg hatte Luther einen schlechten Eindruck gemacht, und der Kaiser bekundete am nächsten Tag, er werde sich durch diesen »Ketzer« nicht von seinem angestammten Glauben abbringen lassen. Bei vielen Reichsrittern und Fürsten allerdings traf Luther auf Zustimmung, so daß in den folgenden Tagen eine heftige diplomatische Aktivität in Gang kam. Da man vom Kaiser die Garantie freien Geleits für Luther nur für zehn Tage erreichen konnte, verließ dieser bald Worms. Auf dem Heimweg wurde er nach einem fingierten Überfall zu seiner eigenen Sicherheit bei Eisenach auf die Wartburg entführt; bis zum März 1522 lebte er dort als »Junker Jörg«. Zunächst verbreitete sich auf seine Entführung hin das Gerücht von seinem Tod, worauf sein Protest wiederum Gegenstand öffentlicher Diskussion wurde. Auf diese Weise trugen die Ereignisse um den Wormser Reichstag entscheidend dazu bei, daß Luthers Reformationsaufforderung aus der Sphäre kirchlicher Lehrstreitigkeiten heraustrat und eine Frage der Reichspolitik wurde, obwohl noch keiner der führenden Fürsten zu diesem Zeitpunkt klar evangelisch gesonnen war.

Auch die übrigen Teilnehmer des Reichstags begannen nach dem Verhör Luthers ihre Heimreise vorzubereiten, und als der Kaiser am 25. 5. 1521 das *Wormser Edikt* als seine abschließende Entscheidung in der Sache Luthers ankündigte, waren nur noch wenige Fürsten in Worms anwesend. Deshalb datierte der päpstliche Nuntius Aleander, der die Reinschrift betreut hatte, das Edikt auf den 8. 5. zurück und brachte es am 26. 5. zur Unterschrift durch den Kaiser in die Kirche, wo der Hofstaat zum Sonntagsgottesdienst versammelt war. Der 8. 5. 1521 war bezeichnenderweise auch der Tag, an dem Karl V. und Papst Leo X. sich ausgesöhnt und einen Freundschaftsbund geschlossen hatten.

»Weil wir denn gestern alle Luthers hartnäckige Antwort gegenwärtig vernommen, so eröffne ich euch meine Gedanken: daß mich nämlich reue, daß ich so lange angestanden, gegen denselben Menschen und seine falsche Lehre zu verfahren, und daß ich ihn weiter in nichts hören wolle, was er auch immer vorbringen möchte. Gebiete demnach, daß er sogleich nach der Vorschrift des Befehls wieder heim gebracht werde, und sich laut des öffentlichen Geleites in Acht nehme, daß er nirgend öffentlich predige, noch dem Volk seine falschen Lehren weiter vorzutragen fortfahre, noch durch ihn weiter ein Lärmen oder Zerrüttung entstehe. Denn ich habe, wie gesagt, fest beschlossen, wider ihn als einen offenbaren Ketzer zu verfahren, und begehre daher von euch, daß ihr in dieser Sache dasjenige beschließet, was rechten Christen gebührt und wie ihr zu tun versprochen habt.«
Erklärung Kaiser Karls V. nach den Reichstagsakten, 19. 4. 1521

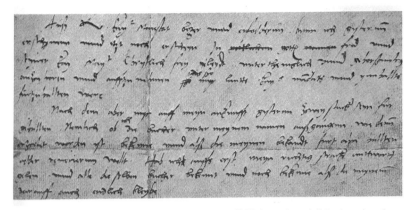

Eigenhändiger Entwurf Martin Luthers für seine Verteidigungsrede vor dem Wormser Reichstag am 18. 4. 1521.

Das *Wormser Edikt* legte fest, daß Luther ein »abgehauenes Glied« der Kirche Gottes sei und mit allen seinen Anhängern, Gönnern und Freunden der Reichsacht verfallen sei. Die Schriften Luthers und die seiner Anhänger sollten verboten sein und verbrannt werden. Damit in Zukunft keine ähnlichen Schriften mehr erscheinen könnten, wurde angeordnet, daß alle neuen Drucke einer Zensur unterzogen werden müßten. Allerdings gelang es in der Folge nicht, die Forderungen des Edikts im gesamten Reich in die Praxis umzusetzen, obwohl sie von den altgläubigen Ständen und vom Kaiser noch wiederholte Male bekräftigt worden sind.

Jürgen Wullenwever
(* um 1488 Hamburg, † 24. 9. 1537 Wolfenbüttel)

Jürgen Wullenwever war durch Heirat nach Lübeck gekommen und nach der Durchführung der Reformation 1530 als Mitglied der Kaufmannschaft in den neueingerichteten 64er Ausschuß aufgenommen worden. Bald nahm er Führungspositionen wahr und wurde 1533 Ratsherr und Bürgermeister.

Zunächst suchte er mit Hilfe der Dänen, die Holländer aus dem Ostseehandel zu verdrängen, und schließlich benutzte er die dänischen Thronwirren, um die Vorherrschaft der Hanse auch über Skandinavien auszudehnen. Zu diesem Zweck versuchte er in dänischen und schwedischen Städten demokratische Regierungen ins Leben zu rufen, mit dem weitgesteckten Ziel, den städtischen Bürgerschaften die Herrschaft über die Ostsee zu verschaffen. Wullenwevers Plan wurde jedoch durch seine Niederlage im Juni 1535 gegen König Christian III. von Dänemark endgültig zerschlagen, und das Reichskammergericht forderte auch für Lübeck die Wiederherstellung der aristokratischen Stadtverfassung.

Wullenwever schied im August 1535 aus dem Lübecker Rat aus und wurde Amtmann von Bergedorf. Da er sich auch weiter mit Landsknechten umgab, wurde er im November vom Bremer Erzbischof gefangengenommen und an Herzog Heinrich von Braunschweig ausgeliefert. Der Herzog ließ Wullenwever während der Gefangenschaft foltern und 1537 in der Nähe von Wolfenbüttel hinrichten. In seinem Prozeß wurde Wullenwever mit dem Münsteraner Täuferreich in Verbindung gebracht, obwohl er sicherlich kein Täufer war, wenn er dies auch unter der Folter eingestanden haben mag.

Katharina Zell-Schütz
(* um 1497 Straßburg, † 5. 9. 1562 Straßburg)

Katharina Schütz, Tochter eines Straßburger Schreinermeisters, wurde durch Luthers Schriften und → *Matthäus Zells* Predigt von der Reformationsbewegung erfaßt. In ihrer neuen Glaubensüberzeugung wagte sie die Ehe mit dem gebannten Priester und wurde im Dezember 1523 von → *Martin Bucer* mit Matthäus Zell im Münster getraut. Sie schrieb danach eine Verteidigungsschrift für die Priesterehe, die sie dem Bischof, der in Zabern residierte, übersandte; eine Drucklegung verbot der Senat. 1524 nahm sie achtzig der von der vorderösterreichischen Regierung aus Kenzingen im Breisgau vertriebenen Männer im Pfarrhaus in der Bruderhofgasse auf und richtete an deren Frauen einen Trostbrief, der in seiner Bibelfestigkeit verstehen läßt, warum Matthäus Zell seine Frau oft seinen »Hilfsgeistlichen« nannte. Immer wieder fanden Verfolgte bei ihr und ihrem Mann Aufnahme; 1525 Flüchtlinge aus dem elsässischen Bauernkrieg, dann täuferische Führer und Flüchtlinge aus Vorderösterreich und Württemberg. Daneben beherbergte das Ehepaar Zell immer wieder protestantische Führer, wie etwa 1529 Zwingli und Oekolampad auf ihrer Reise zum → *Marburger Religionsgespräch*. Außerdem bemühte sich Katharina um die Armenfürsorge der Stadt, besuchte Gefangene und tröstete zum Tode Verurteilte.

Die Unstimmigkeit im Verhältnis des christlichen Grundsatzes der brüderlichen Liebe zur tatsächlichen Uneinigkeit in der Lehre hat sie vor dem Hintergrund des Marburger Religionsgesprächs und des Bekenntnis-Reichstags in Augsburg sehr beschäftigt; Katharina Zell korrespondierte darüber mit Luther, der ihr die Problemlösung im Gebet vor Augen führte, weil die ersehnte Einheit nur von Gott gewirkt werden könne. 1534 gab Katharina eine Auswahl von Liedern der böhmisch-mährischen Brüder für die häusliche Erbauung heraus.

Ihren Mann begleitete Katharina 1533 nach Basel, Zürich und Konstanz, wo sie ihre Briefpartnerin

»Ich hab mich mit meines Mannes Willen und Wohlgefallen vieler Leut angenommen, für sie geredet und geschrieben, es seien die, so unserm lieben Doktor Martin Luther angehangen oder Zwinglin oder Schwenckfelden, oder die armen Taufbrüder, reich und arm, weis und unweis, alle haben zu uns kommen dürfen. Was sind uns ihre Namen angegangen? Wir sind auch nit gezwungen gewesen, eines jeden Meinung oder Glaubens zu sein, sind aber schuldig gewesen, einem jeden Lieb, Dienst und Barmherzigkeit zu beweisen. So hat uns unser aller Meister Christus gelehrt . . .
Was ich getan hab, das hat der Herr in mir getan, der mich von meiner Jugend auf also gezogen und gedingt hat um einen Groschen, daß ich in seinem Weinberg arbeiten sollt, das hab ich müssen tun. Er hat mir mehr auferlegt dann andern Weibern. Er hat mir aber auch mehr Lust und Freud an seinen Geheimnissen gegeben dann andern, damit ich es alles von ihm hab und von mir selbst nichts dann Sünde und ein ganz verderbte Natur zu allem Guten, vielmehr zu allem Bösen geneigt, wenn mich der Herr Christus nit von neuem geboren hätte.«
Katharina Zell, *Sendbrief von 1557*

→ *Margarete Blarer* persönlich kennenlernte. Auch auf Reisen nach Nürnberg und in die Kurpfalz begleitete sie Matthäus Zell; vor allem aber war sie bei ihm, als er 1538 zu Luther und Melanchthon nach Wittenberg und dann nach Preußen fuhr, um die → *Wittenberger Konkordienformel* zu erarbeiten.

Im Pestjahr 1541 pflegte Katharina die Kranken und 1543 wirkte sie am Aufbau des vom Rat der Stadt ermöglichten Schülerheims im Wilhelmer-Kloster mit, das Schüler des Gymnasiums von → *Johannes Sturm* beherbergen sollte.

Nach dem Tod ihres Mannes zog sich Katharina Zell im Juli 1548 verzweifelt zu → *Oswald Myconius* nach Basel zurück. Im Januar 1549 sorgte sie aber bereits wieder in Straßburg für die Flüchtlinge, die wegen des → *Augsburger Interims* in der Stadt Zuflucht suchten; sie verbarg auch Martin Bucer und Paul Fagius noch vier Wochen nach ihrer Entlassung im Pfarrhaus, das der Rat ihr noch für zwei Jahre nach dem Tod ihres Mannes überlassen hatte.

1556/57 kam es zu einer schriftlichen Auseinandersetzung mit den intoleranten lutherischen Predigern der zweiten Generation, die nun die Leitung der Straßburger Kirche innehatten. Katharina warf ihnen vor, daß die Kontroverstheologie nicht auf die Kanzeln gehöre, sondern die Verkündigung vor allem einfachen Leuten zu gelten habe, die selbst nur mit Mühe die heiligen Schriften lesen und verstehen könnten. Ein letztes Zeugnis ihrer christlichen Bruderliebe und »seelsorglichen Berufung« gab sie zehn Wochen vor ihrem Tod. Obwohl selbst schwerkrank, ließ sie sich auf den Friedhof tragen, um einer Anhängerin → *Schwenckfelds*, der die Geistlichen das christliche Begräbnis verweigerten, die Leichenrede zu halten. Sie selbst wurde dann im September 1562 vom ehemaligen Sekretär Bucers auf dem Friedhof von St. Urban zur Ruhe geleitet.

Matthäus Zell

(* 21. 9. 1477 Kaysersberg, † 9. 1. 1548 Straßburg)

Zunächst Professor (seit 1511) und Rektor (1517) in Freiburg im Breisgau, zog Matthäus Zell 1518 nach Straßburg, wo er Pfarrer am Münster wurde. 1521 nahm er die reformatorische Lehre an und wurde zu einem der wichtigen religiösen Führer und Anreger der Straßburger Reformation. Die städtischen Obrigkeiten und seine Pfarrkinder schützten ihn, so daß er trotz der Verurteilung durch den altgläubigen Klerus als Münsterprediger weiterwirken konnte. Gegen die bischöfliche Verurteilung verfaßte er 1523 seine Schrift *Von der Christlichen Verantwortung*, in der er die biblische Basis der Reformation darstellte. 1536 veröffentlichte Zell unter dem Titel *Frag und Antwort* einen Katechismus.

Matthaeus Zellius Pfarzer zu Straßburg. 30

Die Reine Lehr/durch Gottes gnad/
Zu Straßburg lehr/mit gutem Rhat/
Durch Jacob Sturms treüwen beystand/
Drumb wurd mein Nam grhümpt allem Land.
Starb im Jar. 1 5 4 8.

Matthäus Zell.

Klemens Ziegler (Clement Zyegler)
(* um 1480 Straßburg, † nach 1535)

Klemens Ziegler wurde spätestens 1522 in die Gärtnerzunft aufgenommen; diese Zunft wählte 1524 → *Martin Bucer* zum Prediger an St. Aurelien und nahm ihn noch im selben Jahr als Zunftmitglied auf. Zur gleichen Zeit begann Ziegler mit der Publikation von Traktaten: Er stellte Inhaltsparaphrasen und Auszüge aus der Bibel neben andere erbauliche Schriften und verfaßte ein *Bekenntnis*, das sich mit Abendmahl, *Heiliger Schrift* und Taufe beschäftigte. In seinen Schriften lagen erste Ansätze zu einer täuferischen Theologie, die sich vor allem im Aufruf zu einer radikalen – nicht behutsamen – Reform, zum Verzicht auf die Kindertaufe und zur Aufgabe unbiblischer dogmatischer Begriffe wie dem Begriff »Sakrament« deutlich abzeichnete.

1525 meldete die »christliche Gemeine« zu Ruprechtsau dem Straßburger Magistrat die Bestellung Zieglers zu ihrem Prediger. In Kork in der Herrschaft Hanau-Lichtenberg wurde Ziegler 1527 in den Turm gesperrt, weil er öffentlich dem Ortsgeistlichen entgegengetreten war. Der »Conventikel« in Ruprechtsau wurde auch von den Straßburgern bald verboten, und im Juni 1534 erließ man ein ausdrückliches Predigtverbot gegen Ziegler, das er noch für mehrere Monate ignorierte. Danach ist er entweder ausgewandert oder hat sich völlig unauffällig verhalten; jedenfalls fehlen weitere Nachrichten.

Zur Zeit des Wirkens von Klemens Ziegler haben viele wichtige Täuferführer und Spiritualisten Straßburg besucht, so daß Ziegler sicher einige davon persönlich kennengelernt hat.

Züricher Einigung (Consensus Tigurinus) (1549)

Auf Vorschlag und nach Vorbereitung durch Jean Calvin wurde 1549 in Verhandlungen zwischen Zwinglianern und Calvinisten eine Einigung über die Abendmahlslehre für die reformierten Kantone bzw. Kirchen der Schweiz erarbeitet. Dieser Konsens bildete eine Vorstufe für das zweite, von Heinrich Bullinger entworfene → *Helvetische Bekenntnis*.

Zwei-Reiche-Lehre

Der von der Alten Kirche vertretene Primat der geistlichen vor der weltlichen Macht wurde unter dem Stichwort »Klerikalismus« von den Reformatoren als Hemmnis auf dem Weg zu einer christlichen Erneuerung aufgefaßt. Alle Anstrengungen der Reformatoren

Dieses reformatorische Flugblatt stellt die neue evangelische Lehre (links) und die altkirchliche Tradition (rechts) gegenüber. Beide Konfessionen sind um die von der Universalherrschaft des dreifaltigen Gottes überwölbten, allegorischen Inhalte des Christentums gruppiert. Ein das kirchenpolitische und staatstheoretische Denken der Reformation bezeichnender Unterschied besteht darin, daß dem lutherischen Prediger auf der Kanzel eine gleichrangige Herrscherfigur in kurfürstlichem Ornat mit derselben Bekennergeste zugeordnet ist, während rechts Papst, Kaiser, Kardinäle und Kleriker unter den Ablaßprediger gestellt worden sind.

zielten deshalb auf Verhinderung eines solchen Klerikalismus in der Zukunft ab. Während Zwingli, Bullinger und Calvin eher von einer Identität von christlicher und weltlicher Gemeinde ausgingen und deshalb nach praktischen Formen des Zusammenwirkens von Laien und Predigern suchten, entwickelten die Lutheraner in der »Zwei-Reiche-Lehre« ein theoretisches Konzept zur Lösung des Problems des Primat von geistlicher oder weltlicher Macht.

Grundlegend dafür war Luthers Schrift *An den christlichen Adel deutscher Nation von des christlichen Standes Besserung* von 1520, in der das Priestertum aller Gläubigen aufgrund der Taufe betont worden war (→ *Allgemeines Priestertum*). Damit wurde die Ordinierung zur Wortverkündigung von vornherein als besonderer Beruf neben andere Berufungen des Christen und nicht über sie gestellt. In der »Zwei-Reiche-Lehre« wurden nun auch die Aufgabenfelder kirchlicher und weltlicher Obrigkeit voneinander abgegrenzt. Vollständig wäre demnach dieses Konzept als die Lehre von den zwei Herrschaftsweisen Gottes zu definieren. Denn in beiden Fällen von Obrigkeit wirkt Gott durch eben diese Instanzen in der Welt: In der kirchlichen Organisation lenkt Gott die Erlösung und Befreiung der Gläubigen, indem er über die Sakramente Taufe und Abendmahl den Christen zu seiner Freiheit beruft, ihn in ihr bestärkt; in der weltlichen Obrigkeit verwahrt er die innerweltliche Ordnung und Unter- bzw. Einordnung in das Sozialgefüge. Faktisch wurde dieses Konzept während der Erschütterung des Reiches durch den → *Bauernkrieg* zur Konsolidierung vorhandener Herrschaft wirksam und konkretisierte sich dann von 1526 an im planmäßigen Ausbau von Landeskirchen, in denen die landesherrliche Aufsicht über die kirchliche Tätigkeit festgeschrieben wurde. Zweifelhaft ist allerdings, ob diese Festschreibung als Stützung vorhandener Ordnung gegen Ansprüche auf einen sozialen Wandel eine notwendige Fortentwicklung des Konzepts der zwei Herrschaftsweisen darstellte. Sicherlich war sie indessen in dieser Form funktional für die reichsrechtliche Anerkennung der lutherischen Reformation im → *Augsburger Religionsfrieden* (1555) sowie für die Weiterentwicklung eines bürgerlichen Rechts, das nicht unmittelbar über kirchliche Vorschriften eingeschränkt und reglementiert werden konnte.

Zugleich sollte aber ein anderer Aspekt der Lehre von den zwei Herrschaftsweisen Gottes nicht übersehen werden. In der Auseinandersetzung mit den täuferischen Entwürfen von Christentum und christlicher Lebenspraxis hatte die »Zwei-Reiche-Lehre« ihren Stellenwert, indem sie den »Auszug« der Täufer aus der Verantwortung für die innerweltliche Ordnung angriff und als unchristliche Haltung verwarf. Es wäre also zu

»Darum muß man diese beiden Regimente sorgfältig scheiden und beide bestehen lassen: eines, das fromm macht, das andere, das äußerlich Frieden schafft und bösen Werken wehrt. Keines ist ohne das andere genug in der Welt. . . . Wo nun weltliches Regiment oder Gesetz allein regiert, da muß alles Heuchelei sein, wenn es auch gleich Gottes Gebote selber wären. Denn ohne den Heiligen Geist im Herzen wird niemand recht fromm, er tue so seine Werke, wie er kann. Wo aber das geistliche Regiment allein regiert über Land und Leute, da wird der Bosheit der Zaum gelöst und Raum gegeben aller Büberei. Denn die allgemeine Welt kann's nicht annehmen und nicht verstehen . . .«
Luther, *Von weltlicher Obrigkeit, wie weit man ihr Gehorsam schuldig sei,* 1523

»Darum soll jede Obrigkeit ohne Furcht sein, daß die Lehre Christi ihnen schädlich sein könne, sondern sie wird sehen und empfinden, daß ihr Reich und ihre Obrigkeit auf keine [andere] Weise besser, ruhiger, friedsamer, ja reicher sein kann als dann, wenn ohne Unterlaß das Wort Gottes steif und klar gepredigt wird, sofern sie nicht Tyrannen sind. Denn die können es nicht ertragen, daß ein Volk fromm und gottesfürchtig sei; sondern der Böseste und Frevelhafteste ist ihnen der Allerbeste, und, wie Euripides spricht: Der ist ihnen Böse, der nichts Böses tut . . . Christus hat wohl gewußt, daß kein Geschlecht der Menschen jemals so gut werden wird, daß es nicht einige habe, die so schädlich und übel leben werden, daß man ihre Unbill nicht erleiden kann. Die muß man dann mit schmerzhafter Arznei vertreiben, mit dem Eisen, mit dem Feuer usw. Darüber wachen die Fürsten und die Obrigkeit.«
Zwingli, *Auslegung der 35. Schlußrede,* 14. 7. 1523

Einer der Illustrationsholzschnitte aus dem protestantischen Sammelwerk Von der schrecklichen Zerstörung und Niederlage des ganzen Papsttums *von Martin Schrot und David de Negker (1558). Den Kern bildet das reformatorische Sprechstück* Comödie *des augsburgischen Meistersingers Schrot.*

fragen, ob die »Zwei-Reiche-Lehre« nicht gerade aus dieser Dialektik von Anerkennung vorhandener Herrschaft und aktiver Verantwortung für die innerweltliche Gestaltung solcher Ordnung ihre eigentlichen Impulse schöpfen sollte und könnte. Damit wäre der Christ in aller Anerkennung vorhandener Ordnung immer auch dazu aufgerufen, diese seine Anerkenntnis in Frage zu stellen; seine Mitverantwortung dürfte dann nicht mit dem bloßen Umstand hinreichend begründet werden, daß überhaupt Ordnung vorhanden sei.

»Zwickauer Propheten«

Zu den »Zwickauer Propheten« werden die drei reformatorischen Prediger Nikolaus Storch, Thomas Drechsel und Markus Stübner gerechnet. Sie traten in Zwickau auf, als dort → *Thomas Müntzer* 1520/21 die Reformation predigte.

Zu Weihnachten 1521 traten die »Zwickauer Propheten« bei Disputationen in Wittenberg auf und erregten durch ihre glänzende Bibelkenntnis Aufsehen. Sie beriefen sich in ihrer Lehre aber auf persönliche Erleuchtungen und verliehen dadurch ihren Forderungen Nachdruck. Sie wurden zu einer wichtigen Gruppe innerhalb der »Wittenberger Unruhen« (→ *Bodenstein*). Bald verschwanden sie jedoch aus der Geschichte der Reformation, obwohl etwa seit 1530 Melanchthon den Verdacht äußerte, Storch sei der Begründer des Täufertums gewesen.

Huldrych (Ulrich) Zwingli

(* 1. 1. 1484 Wildhaus, † 11. 10. 1531 bei Kappel)

Huldrych Zwingli, dritter Sohn des Landammanns Ulrich Zwingli, erhielt zunächst privaten Unterricht bei seinem Onkel Bartholomäus Zwingli, kam dann aber an die Lateinschulen in Basel und von 1496 an in Bern. Dort trat er als Novize in das Dominikanerkloster ein, wurde aber von seiner Familie wieder abberufen und ging 1498 zum Studium nach Wien. Von 1502 an studierte er in Basel, wo er 1506 den Magistergrad erwarb und mit dem Studium der Theologie begann. Ende des Jahres nahm Zwingli dann eine Stelle als Leutpriester in Glarus an, die er bis zum 1. 11. 1516 versah. Nebenbei hat er für das päpstliche Heer Söldner angeworben; sein späterer Protest gegen diese Praxis hatte es dann wohl notwendig gemacht, daß er sich von Glarus beurlauben ließ und ein Pfarramt in Einsiedeln übernahm. Im Dezember 1518 wurde er als Leutpriester an das Großmünster in Zürich berufen. Von September bis Dezember 1519 war Zwingli pestkrank, eine tiefgehende Erfahrung, die ihn auf den Weg zur reformatorischen Wendung gebracht haben mag.

1520 begann er mit ersten Reformen in Zürich und bereitete eine Auslegung der Psalmen vor. Dabei kam er auch mit der Theologie von Augustinus in näheren Kontakt und erarbeitete auf dieser Basis ein reformatorisches Bibelverständnis. Ende 1520 verzichtete er dann auch auf seine päpstliche Pension, die ihm aus seinen Verdiensten um die Söldnerwerbung zustand; im folgenden Jahr griff er die Werbungen erstmals auch öffentlich an. Seine Predigten über das *Matthäusevangelium* bereiteten die Zürcher Reformation vor, die dann von 1522 an schrittweise in die Praxis umgesetzt wurde; das geschah in der für Zürich charakteristischen Weise, daß in Disputationen die Neuregelungen und Reformen öffentlich beschlossen wurden.

Im Frühjahr 1522 heiratete Zwingli heimlich Anna Reinhard; am 2. 4. 1524 erst wurde diese Ehe öffentlich vollzogen. 1525 sollte dann die Reformation in Zürich durch die Abschaffung der Messe (12. 4.), die Einführung der Abendmahlsfeier in beiden Gestalten zum Osterfest und die Ehegerichtsordnung (10. 5.) ihren Abschluß erreichen.

Schon in der letzten Phase der Reformierung Zürichs kam es zu Auseinandersetzungen mit den radikalen Gruppen um → *Konrad Grebel*, die eine täuferische Theologie in die Praxis umsetzen wollten. Nachdem den Zürchern ein »Export« ihrer Reformation nach

Links: Huldrych Zwingli. Gemälde von Hans Asper.

Rechts: Titelblatt der deutschen (von Leo Jud übersetzten), 1536 postum erschienenen Grundschrift Eine kurze klare Summe und Erklärung des Christenglaubens, *die Zwingli in seinem letzten Lebensjahr als zusammenfassende Bekenntnisschrift verfaßt und an König Franz I. von Frankreich gesandt hat.*

Titelblatt der im Februar 1526 veröffentlichten Schrift Klare Unterrichtung vom Nachtmahl Christi, *in der Zwingli sein reformiertes Abendmahlsverständnis gegen die Lutherische Auffassung abgrenzte und verteidigte.*

Titelblatt von Zwinglis in Augsburg 1524 erschienenem Lehrbüchlein über die christliche Erziehung von Knaben.

Bern (1528) und nach Basel (1529) gelungen war, verschärften sich die Gegensätze zu den katholischen Kantonen der Schweiz. Der Friedensschluß von Kappel am 26. 6. 1529 verhinderte zunächst eine kriegerische Auseinandersetzung, doch beide Seiten bemühten sich weiter um auswärtige Bündnispartner. Die Reformstädte sammelten im »christlichen Burgfrieden« ihnen nahestehende oberdeutsche Städte zu einem Bund, die katholischen Kantone suchten Kontakte zu Savoyen und zu den Habsburgern. Diese Suche nach Bündnispartnern ist einer der Gründe, warum sich Zwingli auch auf die gefahrvolle Reise zum → *Marburger Religionsgespräch* von 1529 begeben hat.

Im Mai 1531 versuchten dann die Zürcher, die katholischen Kantone durch eine Lebensmittelsperre von ihrer altgläubigen Hartnäckigkeit abzubringen, sie erreichten allerdings nur, daß ihnen am 9. 10. 1531 der Krieg erklärt wurde. Zürich war nur ungenügend auf eine solche Auseinandersetzung vorbereitet und unterlag deshalb am 11. 10. in der Schlacht bei Kappel. Zwingli hatte mitgekämpft und war gefallen. Sein Leichnam wurde vom Henker der altgläubigen Kantone geviertelt und verbrannt; er erfuhr also postum die Bestrafung als Ketzer. Es gab aber auf seiten der Altgläubigen auch weniger feindlich gesonnene Urteile über Huldrych Zwingli. So bekundete der Chorherr Hans Schönbrunner, der seine Pfründe im reformierten Zürich verloren hatte, über der Leiche Zwinglis: »Wie du auch des Glaubens halber warst, so weiß ich, daß du ein redlicher Eidgenosse warst.« Zu Zwinglis Nachfolger in Zürich wurde am 9. 12. 1531 → *Heinrich Bullinger* gewählt.

Bei Huldrych Zwingli scheint weder ein tief empfundener Katholizismus wie bei Luther vorhanden gewesen zu sein, noch dürften die in der späteren Polemik überzogenen sittlichen Anschuldigungen gegen angebliche Verfehlungen in seiner Jugend zutreffen, denn die Zürcher Autoritäten waren für ihre strenge Prüfung von Kandidaten bei der Wahl von Pfarrern bekannt. Seine Entscheidung für die Reformation dürfte aus seinem Verhältnis zur humanistischen Tradition erwachsen sein. Zwingli war seit 1515 mit → *Erasmus von Rotterdam* bekannt, mit dem es allerdings 1523 wegen seiner Beziehung zu → *Ulrich von Hutten* zum Bruch kam. Noch in späterer Zeit empfahl Zwingli den Predigern als Lektüre nicht die Werke der Kirchenväter und großer Theologen, sondern die Schriften antiker Autoren.

Mit Luthers Schriften war Zwingli von Anfang an vertraut. Im Herbst 1519 feierte er den Wittenberger Reformator gar als den wiedergekehrten Propheten Elias. Dennoch muß Zwinglis Versicherung, er habe sein reformatorisches Programm unabhängig von

Luther entwickelt, beim Wort genommen werden. Zwingli selbst datierte den Beginn seiner evangelischen Predigttätigkeit auf das Jahr 1516. Diese Angabe erhält Zuverlässigkeit dadurch, daß Zwingli um diese Zeit die Werbung für den Söldnerdienst in den päpstlichen Truppen eingestellt hat. Zum selben Zeitpunkt hatte Zwingli in seiner *Psalmenauslegung* – in Rezeption der Augustinischen Theologie – damit begonnen, Rechtfertigung *allein* aus dem Glauben als Maxime des reformatorischen Bewußtseins herauszustellen.

Humanistische Orientierung und in direktem Schriftverständnis fundiertes Christentum haben sich bei Zwingli kurz nach seiner schweren Erkrankung an der Pest gegen Ende 1519 in dem klaren Bewußtsein Ausdruck verschafft, daß ein solches Christentum mit dem durch Rom installierten Kirchentum brechen müsse.

Als Zwingli am 2. 12. 1518 am Großmünster in Zürich seine Predigten begann, gestaltete er sie von Anfang an in humanistischem Geiste. Seine reformatorischen Bestrebungen, die seit 1520 Kontur gewannen, wandten sich aber noch nicht sofort der städtischen Kirchenpolitik zu. Erst daß 1522 eine Gruppe von Bürgern um Zwingli das Fleischverbot der Fastenzeit öffentlich durchbrach (→ *Konrad Grebel*), erregte solches Aufsehen, daß die Neuerungswünsche nun öffentlich präsentiert und disputiert werden mußten. Am 2. 7. 1522 richteten Zwingli und zehn Priester ein Ersuchen an den für Zürich zuständigen Bischof von Konstanz, um die Freigabe der evangelischen Predigt und der Priesterehe zu erreichen; Zwingli war zu diesem Zeitpunkt schon heimlich verheiratet. Ende Juli stimmte der Rat von Zürich ohne formelle Zustimmung des Bischofs für diese Neuerungen. Damit war der erste Schritt zu einer Reformierung der Stadt getan.

Am 29. 1. 1523 fand eine erste öffentliche Disputation statt, auf der Zwingli seine *67 Schlußreden* vortrug, die ein vollständiges Reformationsprogramm umrissen. In ihnen plädierte er, im Unterschied zu den frühen Schriften Luthers, direkt für notwendige Änderungen im Kirchenwesen. Kurz darauf veröffentlichte Zwingli noch eine *Auslegung und Gründe der Schlußreden oder Artikel.* Die wichtigsten Elemente dieser Artikel waren die Fundierung der christlichen Lehre allein auf der Bibel und die Beurteilung weltlicher Obrigkeit. Obrigkeiten sind Zwingli zufolge wohl Inhaber einer rechtmäßigen Gewalt, sie aber können von ihren Untertanen abgesetzt werden; die Rechtmäßigkeit ihrer Gewalt ist also nicht unmittelbar von Gott gesetzt.

Im Herbst 1523 wurde dann auf einer zweiten Disputation die Abschaffung der Bilder und der Messe beschlossen. Außerdem wurde das Großmünster-Stift reformiert und in die »Prophezey« umgewandelt, deren Aufgabe die Ausbildung von Predigern für Zürich wur-

AD CAROLVM
ROMANORVM IMPERATO.
rem Germaniæ comitia Augustæ cele-
brantem, Fidei Huldrychi
Zuinglij ratio.

VENITE AD ME OMNES QVI LABORATIS
& onerati estis, & ego reficiam uos.

ANNO M. D. XXX. *Mense Julio.*

Vincat ueritas.

Titelseite der Bekenntnisschrift, die Zwingli an Kaiser Karl V. zum Reichstag in Augsburg 1530 geschickt hat, um gegenüber dem von den lutherischen Theologen verfaßten Augsburger Bekenntnis die abweichende reformierte Position darzulegen.

Titelblatt der 67 Schlußreden *von Zwingli (1523).*

Dis nachbestimpte artikel
vnd meinunge beken ich Huldrich Zuingly mich Jn
der loblichē statt Zürich geprediget habē/vß grüd der
geschrifft die Theopneustos (Das ist vonn gott
jngesprochen) heisst/vñ embürt mich mitt
Gro genäte artikel zelehesstschirmē vñ ero-
brē. Vñ wo ich jetz berrichtet geschlifft
nit recht verstünde/mich bas
sero.verstäds Vocß vß ege
dachter geschrifft be-
richten lassen.

Hvins

»Alle, die sagen, das Evangelium gelte nichts ohne die Bestätigung der Kirche, irren und schmähen Gott ... Hier leisten sie aber mit einer faulen Waffe Widerstand ... ›daß, wenn ein ganzes Konzilium Gott um Verständnis der Schrift bittet, es ihm gewährt wird. Darum soll von allen gehalten werden, was ein Konzil beschließt.‹ Antwort: Die große Zahl kann die Richtigkeit des Verständnisses nicht bestätigen, wie deutlich durch Elia, Micha, Christus, Paulus ... bewiesen wird, welche allein gegen ganze Mengen gestritten und sie überwunden haben ... Und ist das Konzilium ... in Gott und um Gotteswillen versammelt, so wird es sich nicht stolz erheben und rufen: ›Konzilium, Konzilium!‹, sondern sagen: ›Gott sagt dieses oder jenes.‹ Ob es aber im Geiste Gottes versammelt sei, muß man am Prüfstein prüfen, wie 1. Joh. 4, 1–3 lehrt.« Zwingli, *Auslegung der ersten Schlußrede*, 14. 7. 1523

de. Das Prophetenamt bestimmte Zwingli im alttestamentlichen Sinne sowohl der Obrigkeit als auch dem Volk gegenüber als die korrektive Instanz, die im Auftrag Gottes das »Wort« zu verkünden und auch das Wirken der Obrigkeit wie das Verhalten des Volkes zu beurteilen hatte. Im Herbst 1524 wurden schließlich die Klöster der Stadt und der Umgebung aufgehoben.

Im Mai 1525 wurde mit der Verkündung der Ehegerichts-Ordnung die Zürcher Reformation abgeschlossen. Aus dieser Ehegerichts-Ordnung erwuchs bald ein umfassendes Sittengericht, das zusammen mit dem 1529 erlassenen Gottesdienstzwang ein wichtiges Modell für die reformierte Kirche Genfs unter Calvin werden sollte.

Als die Übernahme der Reformation Zürichs in Bern und Basel wirksam wurde, weitete sich der kirchliche Streit innerhalb der Eidgenossenschaft zu einem generellen politischen Gegensatz aus. Da für Zwingli keine Trennung zwischen weltlicher und kirchlicher Ordnung in Frage kam, sondern die Ordnung des christlichen Lebens auf einem nahezu wissenschaftlichen Programm der Rückbeziehung auf seine Quellenschriften *(Altes* und *Neues Testament)* beruhte, war es nicht verwunderlich, daß Zwingli in der Folge sein kirchliches Amt mit obrigkeitlichen Aufgaben (Ratsvorsitz) vermengte und sich bemühte, gegen die »störrischen« altgläubigen

Titelblatt der Erstausgabe der Zürcher Bibel (1530). Aus den gemeinsamen Bibellesungen in der »Prophezey«, dem theologischen Zentrum der Zürcher Reformation, war diese Bibelübersetzung als Gemeinschaftswerk von Huldrych Zwingli, Leo Jud, Pellikan, Bibliander u. a. hervorgegangen. Zwingli hat dabei vor allem die Prophetenbücher des Alten Testaments *übersetzt. Die* Zürcher Bibel *ist die nach wie vor geltende Textgrundlage der zwinglianisch-reformierten Kirche.*

Kantone, aber auch gegen die Reaktion in Europa ein
antihabsburgisches und antikatholisches Bündnis der
reformatorisch gesinnten Obrigkeiten anzustreben. Er
traf sich in diesem Anliegen sehr weitgehend mit den
Zielen Landgrafs Philipp von Hessen, beide scheiterten
jedoch an dem beim → *Marburger Religionsgespräch*
aufbrechenden Gegensatz zwischen der sächsischen
und der schweizerischen Reformation.

Bei der Beurteilung seiner reformatorischen Lei-
stung und der von ihm eingerichteten Institutionen
wurde häufig übersehen, daß Huldrych Zwingli nur
zwölf Jahre an der Verwirklichung seines Programms
arbeiten konnte; sowohl Calvin als auch Luther stand
dagegen eine Wirkungsperiode zur Verfügung, die etwa
30 Jahre umfaßte. In unmittelbarer und bewußter Tra-
ditionsnachfolge ihres Begründers Zwingli verblieben
lediglich die drei Ortskirchen von Zürich, Bern und
Basel, deren Konzeption nach dem Fiasko von Kappel
unter dem Einfluß des Zwinglinachfolgers Bullinger im
Verhältnis von Kirche und Obrigkeit allerdings modifi-
ziert wurde. Die Einflüsse humanistischer Rationalität,
ja, rationalistischer Konzepte innerhalb des reformierten Christentums, wie sie Huldrych Zwingli kennzeichneten, sind noch für Calvin nicht zu übersehen, zum
Teil sind sie auch in den reformatorischen Bewegungen
der Niederlande und in der Anglikanischen Kirche zur
Geltung gekommen; → *Martin Bucer* hat hierbei wesentliche Vermittlungsleistungen erbracht. Daß die
oberdeutschen Städte auf ihre zwinglianischen Traditionen fast vollständig verzichteten, dürfte auf die Festschreibung des → *Augsburger Bekenntnisses* als zweite
Reichsreligion im Augsburger Religionsfrieden zurückzuführen sein; daneben hatten sie wohl auch Mühe, sich
gegen die erstarkten Landeskirchen in ihrer Selbständigkeit zu behaupten.

Zeittafel

1414 Reform-Konzil zu Konstanz (bis 1418). Der tschechische Reformator Jan Hus wird auf dem Konzil 1415 als Ketzer verbrannt.
1431 Reform-Konzil zu Basel (bis 1449).
1453 Am 29. 5. erobern die Türken Konstantinopel: Untergang des Byzantinischen Reiches; die russisch-orthodoxe Kirche erhebt den Anspruch auf Nachfolge der byzantinischen Kirche.
1463 Am 17. 1. wird Friedrich III. der Weise von Sachsen geboren.
1466 (1469?) Am 28. 10. wird Erasmus von Rotterdam geboren.
1471 Am 21. 5. wird Albrecht Dürer geboren.
1477 Um dieses Jahr wird Andreas Bodenstein, genannt Karlstadt, geboren.
1483 Am 10. 11. wird Martin Luther geboren. Am 3. 12. wird Nikolaus v. Amsdorff geboren.
1484 Am 1. 1. wird Huldrych Zwingli geboren.
1485 Am 24. 6. wird Johannes Bugenhagen geboren.
1488 Am 21. 4. wird Ulrich v. Hutten geboren.
1489 In diesem Jahr werden Wilhelm Farel und Kaspar v. Schwenckfeld geboren.
1490 Am 18. 6. wird Albrecht von Mainz geboren. Um dasselbe Jahr werden Thomas Müntzer und Hans Hut geboren.
1491 Am 11. 11. wird Martin Bucer geboren.
1492 Am 4. 4. wird Ambrosius Blarer geboren. Am 20. 4. (1494?) wird Johannes Agricola geboren.
1493 Gegen Ende des Jahres wird Paracelsus geboren.
1494 Am 5. 11. wird Hans Sachs geboren.
1495 Um dieses Jahr werden Melchior Hoffmann und Hans Denck geboren.
1496 In diesem Jahr wird Menno Simons geboren.
1497 Am 16. 2. wird Philipp Melanchthon geboren.
1498 In diesem Jahr werden Andreas Osiander und Konrad Grebel geboren.
1499 Am 24. 6. wird Johannes Brenz geboren. In demselben Jahr wird Sebastian Franck geboren.
1500 Am 24. 2. wird Karl V. geboren.
1503 Julius II. wird zum Papst gekrönt.
1504 Am 4. 7. wird Heinrich Bullinger geboren.
1505 Am 17. 7. tritt Luther in das Erfurter Augustiner-Eremiten-Kloster ein.
1506 Baubeginn der neuen Peterskirche in Rom mit Ablaßfinanzierung.

1507 Am 3. 4. wird Luther zum Priester geweiht und beginnt das Theologiestudium. Am 1. 10. wird Johannes Sturm geboren.
1508 Luther hält erste Theologievorlesungen in Wittenberg.
1509 Am 10. 7. wird Jean Calvin geboren. Heinrich VIII. wird zum englischen König gekrönt. Etwa in diesem Jahr wird Jan Bokkelson (Johann von Leyden) geboren.
1511 Etwa in diesem Jahr werden Michael Servet und Joachim Westphal geboren.
1512 Das fünfte Lateran-Konzil beginnt. Luther wird Professor für Bibelwissenschaft an der Universität Wittenberg.
1513 Leo X. wird zum Papst gekrönt. Luther beginnt in Wittenberg seine Vorlesungen über die Psalmen.
1515 Luther wird Destriktsvikar seines Ordens.
1516 Huldrych Zwingli wird Leutpriester in Einsiedeln. Erasmus von Rotterdam gibt die erste Ausgabe des *Neuen Testaments* in griechischer Sprache heraus: Sie wird Luther als Text seiner Übersetzung dienen.
1517 Nach der Darstellung Philipp Melanchthons und seither nach protestantischer Überlieferung schlägt Luther am 31. 10. oder am 1. 11. seine *95 Thesen* gegen den Ablaßhandel an der Schloßkirche in Wittenberg an. Die Thesen werden an Freunde und Gelehrte verschickt. Luther fordert eine Disputation seiner Kritik.
1518 Luther veröffentlicht den *Sermon von dem Ablaß und Gnade* in deutscher Sprache. Philipp Melanchthon kommt nach Wittenberg. Vom 12.–14. 10. wird Luther in Augsburg von dem päpstlichen Legaten, Kardinal Cajetan, verhört. Luther verweigert den Widerruf seiner Thesen und fordert eine offizielle Disputation.
1519 Am 28. 6. wird König Karl I. der Niederlande und von Spanien als Karl V. zum deutschen Kaiser gewählt. Am 24. 6. wird Theodor Beza geboren. Vom 4.–14. Juli findet in Leipzig die Disputation zwischen Luther und Johannes Eck statt, auf der Luther die Unfehlbarkeit von Konzil und Papst in Frage stellt. Huldrych Zwingli wird Leutpriester am Großmünster in Zürich.
1520 Luther veröffentlicht seine reformatorischen Hauptschriften *An den christlichen Adel deutscher Nation, Über die Babylonische Gefangenschaft der Kirche, Von der*

Freiheit eines Christenmenschen. Am 15. 6. erläßt Papst Leo X. gegen Luther die Bannandrohungsbulle *Exsurge Domini,* die von Luther der Überlieferung nach am 10. 12. öffentlich verbrannt wird. Franz v. Sickingen und Ulrich v. Hutten versichern Luther ihres Schutzes. Am 3. 3. wird Matthias Flacius geboren.

1521 Am 3. 1. wird Luther durch die Bulle *Decet Romanum Pontificum* gebannt. Vom Kaiser zum Reichstag in Worms geladen, verteidigt Luther am 17. und 18. 4. seine Schriften. Über ihn wird im Mai die Reichsacht verhängt. Bei Androhung des Ketzertodes werden seine Schriften verboten. Am 9. 5. beginnt Luther seinen Aufenthalt auf der Wartburg unter dem Schutz Friedrichs III. des Weisen von Sachsen. Melanchthon veröffentlicht sein evangelisches Theologielehrbuch *Loci communes rerum theologicarum.* Thomas Müntzer wird vom Magistrat der Stadt Zwickau als Prediger abgesetzt und flieht nach Böhmen, wo er am 1. 11. sein *Prager Manifest* veröffentlicht. Im September veröffentlicht Luther seine Übersetzung des *Neuen Testaments.* Peter Walpot wird geboren. Der reformwillige Hadrian VI. folgt Leo X. auf dem Papstthron.

1522 Im Frühjahr ruft Karlstadt in Wittenberg durch radikale Kirchenreform und Bildersturm die sogenannten »Wittenberger Unruhen« hervor. Luther kehrt nach Wittenberg zurück und beendet die Unruhen. Zwingli veröffentlicht mit *Von Erkiesen und Freiheit der Speisen* sein reformatorisches Programm. Papst Hadrian VI. verkündet auf dem Nürnberger Reichstag im Herbst die Reformbedürftigkeit der alten Kirche und übt strenge Selbstkritik.

1522 Zwingli leitet mit den Disputationsthesen *67 Schlußreden* die Reformation in Zürich ein.

1523 Zu Ostern übernimmt Thomas Müntzer ein Predigtamt in Allstedt und formuliert erste sozialrevolutionäre Thesen. Am 1. 7. kommt es in Brüssel zu Ketzerverbrennungen evangelischer Christen. Johannes Oekolampad beginnt in Basel mit der Reformation. Am 7. 5. stirbt Franz v. Sickingen, am 29. 8. stirbt Ulrich v. Hutten. Klemens VII. wird zum Papst gekrönt.

1524 Am 28. 12. stirbt Johann v. Staupitz. Im Oktober legt Luther die Mönchskutte ab, nachdem er von Staupitz aus dem Ordensgelübde entlassen worden war. Erasmus veröffentlicht gegen Luther seine humanistische Lehrschrift *Über den freien Willen.* Martin Bucer reformiert Straßburg. Im Juni beginnen im Schwarzwald die Bauern-

aufstände. Im August muß Müntzer aus Allstedt fliehen; er veröffentlicht im Herbst seine sozialrevolutionäre Schrift gegen Luther und schließt sich den aufständischen Bauern an.

1525 Luther antwortet Erasmus in seiner Schrift *Über den geknechteten Willen* und heiratet am 3. 6. Katharina von Bora. Am 5. 5. stirbt Kurfürst Friedrich III. der Weise von Sachsen. Im März erscheinen die *Zwölf Artikel,* das Programm der Bauernschaften. Am 27. 5. wird Thomas Müntzer gefangengenommen und bei Mühlhausen enthauptet. Der deutsche Bauernkrieg ist zu Ende. Im Herbst beginnt Luther die protestantische Kirchenordnung in Sachsen; Melanchthon organisiert das gesamte Erziehungswesen. Albrecht von Brandenburg macht das Deutsch-Ordensland zum weltlichen evangelischen Herzogtum Preußen.

1526 Luther und Zwingli eröffnen ihren Disput zur Abendmahlslehre. In Hessen wird die Reformation eingeführt. Auf dem ersten Reichstag zu Speyer (Juni/August) wird den Reichsgebieten das Recht zur Reformation zugestanden.

1527 Am 24. 2. wird auf der ersten Synode der oberdeutschen und schweizerischen Täufer bei Schaffhausen unter der Leitung von Michael Sattler die *Schleitheimer Konfession* als Bekenntnisschrift der Täuferbewegung formuliert. Karlstadt zieht mit dem Täufer Melchior Hoffmann nach Ostfriesland und Straßburg. In diesem Jahr sterben Hans Hut und Hans Denck. In Marburg wird nach Konzepten Melanchthons die erste evangelische Universität Deutschlands gegründet.

1528 In Bern wird die Reformation eingeführt. Melanchthon veröffentlicht mit *Unterricht der Visitatoren* seine kirchenpolitische Hauptschrift. Am 6. 4. stirbt Albrecht Dürer.

1529 Luther publiziert den *Kleinen* und *Großen Katechismus.* Auf dem zweiten Reichstag zu Speyer Februar/April werden die Toleranzbeschlüsse aus dem Jahr 1526 aufgehoben. Es kommt zur *Protestation* der evangelischen Reichsstände. Im Oktober findet zwischen Luther, Melanchthon und Zwingli in Marburg ein ergebnisloses Religionsgespräch statt.

1530 Karl V. wird in Bologna von Papst Klemens VII. zum deutschen Kaiser gekrönt. Auf dem Reichstag zu Augsburg Juni/November werden in Abwesenheit von Luther das von Melanchthon konzipierte *Augsburger Bekenntnis* der evangelischen Fürsten und das protestantische *Vierstädtebe-*

kenntnis verlesen. Karl V. läßt das Bekenntnis durch die altgläubige *Confutatio* zurückweisen; Melanchthon verfaßt als Antwort die *Apologie*.

1531 Huldrych Zwingli fällt in der Schlacht von Kappel am 11. 10. Am 24. 11. stirbt Johannes Oekolampad. Der Schmalkaldische Bund wird gegründet.

1534 In England erläßt Heinrich VIII. die Suprematsakte und löst damit die englische Kirche endgültig von Rom. Luther veröffentlicht die erste Gesamtübersetzung *Biblia, das ist die ganze Heilige Schrift Deutsch*. In Württemberg wird die Reformation durchgeführt. Calvin läßt sich zum Studium der reformatorischen Theologie in Basel nieder.

1535 Johannes Bugenhagen führt in Pommern die Reformation durch. Im Herbst wird das Königreich der Täufer in Münster gewaltsam zerschlagen.

1536 Am 12. 7. stirbt Erasmus von Rotterdam. Calvin veröffentlicht in Basel sein Hauptwerk *Institutio Christianae Religionis*. Luther und Martin Bucer veröffentlichen in der *Wittenberger Konkordienformel* eine übereinstimmende Abendmahlslehre. In Dänemark und Norwegen wird die Reformation eingeführt. Im Dezember veröffentlicht Luther die *Schmalkaldischen Artikel* als Bekenntnisgrundlage für das in Mantua geplante allgemeine Konzil.

1540 Der Jesuitenorden wird von Papst Paul III. bestätigt.

1541 Calvin wird nach Genf zurückberufen, um die Reformation fortzuführen. Gegen Ende des Jahres sterben Andreas Bodenstein, genannt Karlstadt, und Paracelsus.

1542 Calvin setzt in Genf eine neue Kirchenordnung durch. Die Inquisition wird durch die Bulle *Licet ab initio* als *Sanctum Officium* neu bestimmt. Im Oktober stirbt Sebastian Franck.

1543 Andreas Osiander, der Reformator von Nürnberg, gibt die revolutionäre Schrift *Über die Umläufe der Himmelskörper* von Nikolaus Kopernikus heraus.

1545 Im Dezember wird das Konzil von Trient eröffnet (bis 1547); die Protestanten lehnen eine Teilnahme ab.

1546 Am 18. 2. stirbt Martin Luther in Eisleben. Er wird am 22. 2. in Wittenberg beigesetzt. Am 20. 7. beginnt zwischen Karl V., Papst Paul III. und Moritz von Sachsen auf der einen Seite und den evangelischen Fürsten auf der anderen der Schmalkaldische Krieg.

1547 Der Schmalkaldische Bund unterliegt den kaiserlichen Truppen am 24. 4.

1548 Auf dem Augsburger Reichstag wird als Reichsgesetz das *Augsburger Interim* am 30. 6. erlassen.

1549 Im *Consensus Tigurinus* kommt es zwischen Calvin und Heinrich Bullinger zu einer Einigung. Unter dem neuen König Eduard VI. gibt Erzbischof Thomas Cranmer der Anglikanischen Kirche Englands eine reformatorische Grundordnung.

1551 Am 1. 3. stirbt Martin Bucer.

1552 Am 17. 10. stirbt Andreas Osiander.

1553 Nach dem Tode Eduards VI. betreibt Maria Tudor »die Katholische« die Rekatholisierung Englands.

1554 Ignatius von Loyola entwirft das theologische Programm der Gegenreformation.

1555 Am 25. 9. wird der Augsburger Religionsfrieden geschlossen, in dem das *Augsburger Bekenntnis* als zweite Kirchengemeinschaft im Reich anerkannt wird.

1556 Kaiser Karl V. tritt zurück. Am 21. 3. wird Thomas Cranmer als Ketzer verbrannt.

1558 Am 20. 4. stirbt Johannes Bugenhagen. Am 21. 9. stirbt Karl V. Die evangelische Elisabeth I. folgt Maria Tudor auf dem englischen Thron.

1559 Der Calvin-Schüler John Knox führt in Edinburgh die calvinistische Reformation durch. In Frankreich organisieren sich unter theologischer Beratung von Theodor Beza die Hugenotten.

1560 Am 19. 4. stirbt Philipp Melanchthon.

1561 Am 31. 1. stirbt Menno Simons. Im September finden in Poissy Religionsgespräche zwischen den französischen Calvinisten und Katholiken statt. Am 10. 12. stirbt Kaspar v. Schwenckfeld.

1562 Die Hugenottenkriege beginnen in Frankreich.

1564 Am 27. 5. stirbt Jean Calvin.

1566 Von Heinrich Bullinger und Jean Calvin konzipiert, wird das *Zweite Helvetische Bekenntnis* die geltende Glaubensgrundlage des Calvinismus.

1570 Am 11. 9. stirbt Johannes Brenz.

1572 In der Nacht vom 23./24. 8. werden in der Pariser »Bartholomäusnacht« Tausende von Hugenotten ermordet.

1575 In diesem Jahr sterben Heinrich Bullinger und Matthias Flacius.

1577 In den Niederlanden wird der Calvinismus zur Staatsreligion erhoben.

1580 Am 25. 6. erscheint in Dresden das *Konkordienbuch*.

1589 Am 3. 3. stirbt Johannes Sturm.

1598 Am 13. 4. wird im *Toleranzedikt von Nantes* den französischen Calvinisten Religionsfreiheit zugesichert.

1600 Am 17. 2. wird in Rom der Naturphilosoph Giordano Bruno als Ketzer verbrannt.

1605 Am 13. 10. stirbt Theodor Beza.

Bibliographie

J. Adam, *Evangelische Kirchengeschichte der Stadt Straßburg*. Straßburg 1922.

N. von Amsdorff, *Ausgewählte Schriften*. Hrsg. von O. Lerche. Gütersloh 1938.

O. Beck, *Vor 450 Jahren. Der Allgäuer Bauernkrieg*. Mchn. 1975.

A. E. Berger, *Die Sturmtruppen der Reformation*. Lpzg. 1931.

W. Bienert, *Martin Luther und die Juden. Ein Quellenbuch mit zeitgenössischen Illustrationen*. Stg. 1982.

E. Bizer (Hrsg.), *Predigten des Johannes Brenz*. Stg. 1955.

F. Blanke, *Der junge Bullinger*. Zürich 1942.

P. Blickle, *Die Revolution von 1525*. Mchn./Wien 1977.

P. Brunner, *Nikolaus von Amsdorff als Bischof von Naumburg*. Gütersloh 1961.

J. Cadier, *Calvin. Der Mann, den Gott bezwungen hat*. Zollikon 1959.

J. Calvin, *Unterricht in der christlichen Religion*. 3 Bde., Neukirchen 1936–1938.

W. Delius, *Justus Jonas*. Bln. 1952.

–, *Reformationsgeschichte der Stadt Halle*. Bln. 1953.

J. Eberlin von Günzburg, *Sämtliche Schriften*. Hrsg. von L. Enders. Halle 1900.

G. R. Elton, *Europa im Zeitalter der Reformation* (Sonderausgabe). Mchn. 1982.

Evangelium, Sakramente, Amt und die Einheit der Kirche. Die ökumenische Tragweite der *Confessio Augustana*. Hrsg. von K. Lehmann und E. Schlink. Freiburg/Göttingen 1982.

O. Farner, *Der Reformator Ulrich Zwingli*. Zürich/Stg. 1949.

H. Fast, *Heinrich Bullinger und die Täufer*. Weierhof 1959.

–, *Der linke Flügel der Reformation*. Bremen 1962.

H.-J. Goertz (Hrsg.), *Radikale Reformatoren. 21 biographische Skizzen von Thomas Müntzer bis Paracelsus*. (Beck'sche Schwarze Reihe 183) Mchn. 1978.

–, *Die Täufer. Geschichte und Deutung*. Mchn. 1980.

K. Hartfelder, *Melanchthon als praeceptor Germaniae*. Bln. 1889.

M. Heinsius, *Das unüberwindliche Wort. Frauen der Reformationszeit*. Mchn. 1951.

H. Hermelink, *Johannes Brenz als lutherischer und schwäbischer Theologe*. Stg. 1949.

H. Herrmann, *Martin Luther. Ketzer wider Willen*. Mchn. 1982.

W. Hollweg, *Heinrich Bullingers Hausbuch*. Neukirchen 1956.

W. Hubatsch, *Albrecht von Brandenburg*. Heidelberg 1960.

H. Junghans (Hrsg.), *Leben und Werk Martin Luthers von 1526–1546*. Festgabe zu seinem 500. Geburtstag. Göttingen 1983.

K. Koch, *Studium Pietatis. Martin Bucer als Ethiker*. Neukirchen 1962.

W. Köhler, *Huldrych Zwingli*. Lpzg. ²1952.

H. Kunst, *Martin Luther. Ein Hausbuch. Leben und Wirken, Glauben und Denken Martin Luthers*. Stg. 1982.

F. Lau (Hrsg.), *Der Glaube der Reformatoren. Luther/Zwingli/Calvin*. Bremen 1964.

O. Lerche, *Amsdorff und Melanchthon*. Bln. 1937.

W. von Loewenich, *Martin Luther. Der Mann und das Werk*. Mchn. 1982.

B. Lohse, *Martin Luther. Eine Einführung in sein Leben und sein Werk*. Mchn. 1981.

J. Lortz, *Die Reformation in Deutschland* (Neuausgabe). Freiburg 1982.

Luther – wie ihn keiner kennt. Lutherbriefe aus dem Alltag neu entdeckt von Reimar Zeller. Freiburg 1982.

Luther-Lesebuch. Ausgewählt und eingeleitet von Christian Gremmels. Neuwied 1983.

Martin Luthers geistliche Lieder. Mit Luthers Vorrede zum Waltherschen Chorgesangbüchlein. Ffm. 1983.

D. Martinus Luther: Eine feste Burg. Luthers Kirchenlieder nach der Ausgabe letzter Hand von 1545. Mit Originalmelodien. Zürich/Mchn. 1983.

P. Manns, *Martin Luther*. Freiburg 1982.

G. Müller, *Franz Lambert von Avignon und die Reformation in Hessen*. Marburg 1958.

J. Müller, *Martin Bucers Hermeneutik*. Gütersloh 1963.

O. H. Pesch, *Hinführung zu Luther*. Mainz 1982.

S. Quandt (Hrsg.), *Luther, die Reformation und die Deutschen. Wie erzählen wir unsere Geschichte?* Paderborn 1983.

W. Rautenberg (Hrsg.), *Johann Bugenhagen*. Beiträge zu seinem 400. Todestag. Bln. 1958.

W. Schmidt (Hrsg.), *Gestalten der Reformation*. Wuppertal 1967.

H. J. Schultz (Hrsg.), *Luther kontrovers. Zwölf Porträtskizzen*. Stg. 1983.

R. W. Scribner, *Um des Volkes Willen. Zur Kulturgeschichte der deutschen Reformation*. Königstein/Taunus 1982.

A. Sperl, *Melanchthon. Humanismus und Reformation.* Mchn. 1958.

E. Staehlin (Hrsg.), *Briefe und Akten zum Leben Oekolampads.* 2 Bde. Lpzg. 1927/1934.

–, *Das theologische Lebenswerk Johannes Oekolampads.* Lpzg. 1939.

R. Stupperich, *Der unbekannte Melanchthon. Wirken und Denken des Praeceptor Germaniae in neuer Sicht.* Stg. 1961.

P. Tschackert, *Antonius Corvinus. Leben und Schriften.* Lpzg. 1900.

Weder Ketzer noch Heiliger. Luthers Bedeutung für den ökumenischen Dialog. Regensburg 1982.

G. Wehr, *Martin Luther. Mystische Erfahrung und christliche Freiheit.* Schaffhausen 1983.

R. Wohlfeil, *Einführung in die Geschichte der deutschen Reformation.* Mchn. 1982.

H. Zahrnt, *Martin Luther – in seiner Zeit, für unsere Zeit.* Mchn. 1983.

W. Zimmermann, *Der große deutsche Bauernkrieg.* Bln. 1980.

Huldrych Zwingli. Auswahl seiner Schriften. Hrsg. von Edwin Künzli. Zürich/Stg. 1962.

Bildnachweis